개발학 강의

정치, 경제, 사회문화,
인류학의 관점으로 바라본
개발학의 모든 것

개발학 강의

한국국제협력단(KOICA) 지음

푸른숲

머리말

최근 한국의 사회과학 분야에서 급격하게 관심이 높아지고 있는 학문 중 대
표적인 것이 국제개발학과 개발학이다. 전 세계적으로 선진국의 경제성장
률이 둔화하는 반면, 개발도상국의 경제활동이 활발해지면서 학문의 영역
에서도 개도국의 '개발'을 주제로 한 개발학에 관심이 높아졌기 때문이다.
아울러 학문의 영역뿐 아니라 국제개발 사회에서 한국이 G20, 원조 효과성
관련 고위급 회의 등 주요 국제회의를 개최하면서 국제적인 위상 및 역할이
증대하고 한국의 개발 경험에 대한 개도국의 관심이 높아지면서 국내에서
개발학에 대한 관심이 더욱 커지고 있다.

　개발학은 그처럼 많은 관심을 받고 있지만 국내에서는 다소 생소한 학문
으로 심지어 국제개발협력, 개발협력, 국제협력, 원조 등과 혼동을 빚고 있
는 실정이다. 개발학이 이러한 활동과 깊은 연관이 있긴 해도 개발학은 근본
적으로 학문이고 국제개발협력, 개발협력, 원조 등은 활동이다. 개발학은 그
활동에 대한 이론을 모두 포괄하는 광범위한 학문이다.

　개발의 개념을 제대로 이해하려면 개발학이 국제개발협력이나 원조 등과
차이가 있음을 알아야 한다. 그래야 개발에 이르는 다양한 이슈를 제대로 연
구할 수 있으므로 개발의 개념을 이해하는 것은 매우 중요하다.

　《개발학 강의》는 개발학이 어떤 것인지 알려주고 개발학에서 주로 다루
는 이론을 간략히 소개함으로써 개발학과 개발에 대한 이해를 높이려는 의

도로 기획했다.

　개발은 인류의 모든 문제와 연관이 있다. 개발을 다루는 개발학 역시 정치, 경제, 사회를 기본으로 다양한 분야를 종합적으로 아우르는 다학제적 multi-disciplinary이고 융합적인 학문이다. 이 책에서는 개발학에서 다루는 이론과 담론을 크게 정치, 경제, 사회, 인문 등 학문별로 구분해 정리했다.

　이 책이 개발과 개발학의 개념뿐 아니라 그 융합적이고 다면적인 특성에 대한 이해를 높이는 데 조금이라도 도움이 되길 바란다. 또 국내에서 태동 단계에 있는 '개발학'의 작은 씨앗이 되길 기대한다.

목차

제3장 | 개발경제와 사회 정책

제2절 농촌 개발

제3절 도시 개발

제4장 | # 개발과 정치

제1절 국제연합과 국제평화, 그리고 국제개발

| 제5장 | 개발과 원조 |

제1절　원조 비판론

제2절　원조 옹호론

제1장

개발학이란

Introduction to
Development Studies

주요 목표

○ 개발의 개념 변화, 개발학의 역사, 개발학의 주요 이론 및 분류, 관련 학자 분석
○ 혼재 중인 국내 개발학, 국제개발협력, 원조 등의 간략한 개념과 차이점 이해

1. 개발학의 역사와 주요 이론

개발학은 정치, 경제, 사회, 문화 등 다양한 사회 현상을 '개발'과 '개발도상
국'의 렌즈를 통해 들여다본 학문이다. 따라서 각 분야의 기초적인 주요 이
론을 이해해도 그것이 개발과 개도국의 시각에서 어떤 의미가 있는지 알지
못하면 개발학을 이해했다고 볼 수 없다.

이제부터 개발이 무엇이고 그 개념은 어떻게 발전해왔는지 알아보자.

가. 개발의 개념과 개발학 대두

개발학은 개발을 연구하는 학문으로 개발의 개념 변천과 함께 주요 패러다
임 및 중심 이론도 변화했다.

산업혁명 이전까지만 해도 개발development은 식물이나 인간이 자연적으
로 발전한다는 개선 또는 진보의 개념으로 쓰였다. 이러한 개념은 17세기
에 유럽의 중상주의가 발전하면서 국민과 국가 단위에서의 경제·사회의
성장, 즉 국부 증진으로 받아들여졌다. 즉, 개발은 인간과 사회의 자연적이
며 내재적인 성장이나 진보를 의미했다. 그러다가 산업혁명이 일어나면서

개발은 산업화, 공업화의 개념으로 바뀌기 시작했고 자연적인 성장보다 '인간의 노력이 담긴 발전intentional development'이라는 의미로 변화했다.

19세기 중반, 서구의 산업화는 자본가-노동자 계급 형성과 빈부 격차 심화 현상을 낳았다. 특히 빈부 격차가 심해지면서 자본주의의 취약성을 보완하기 위해 개발에 사회보호와 복지 개념을 추가했고, 여기에는 단순한 경제 발전뿐 아니라 사회발전의 개념도 들어 있었다.

그런데 이 개념에는 중요한 차이가 존재한다. 서구, 즉 북Global North에서는 개발이 사회발전과 복지의 개념으로 진화한 반면 남Global South에서는 그렇지 않았다. 당시 본격적인 식민지 시대를 맞은 서구 열강은 식민지의 자원 수탈을 위해 개발을 자연환경 개척과 식민지 주민의 문명화라는 개념과 연결 지었다. 한마디로 식민지 개발이란 유색인종에 대한 서구인의 우월감과 책임 의식 표출에 지나지 않았다.

이처럼 당시 서구인이 개발을 식민지 개척과 문명화로 이해하면서 식민지학이 발전하기 시작했는데, 이것이 개발학의 시초다.

백인의 책무

백인의 책무The White Man's Burden는 영국의 시인 러디어드 키플링Rudyard Kipling의 시 제목에서 따온 용어다. 1899년 키플링은 〈The White Man's Burden : United States and the Philippines Islands〉라는 시에서 미국이 야만적이고 미개한 필리핀을 문명화하고 가난에서 벗어나게 해주고자 그 나라를 지배한다고 했다. 즉, 키플링은 서구의 식민지 지배를 미개한 인종을 지원하려는 서구인의 의무감 표출로 여기며 그러한 의식을 짐burden이라는 단어로 표현했다. 이렇듯 백인의 책무에는 아프리카와 아시아 등 유색인종에 대한 서구인의 우월감과 유럽의 식민지배를 정당화하는 제국주의 의식이 담겨 있다. 아래는 키플링의 시 일부다.

"The White Man's Burden : The United States and The Philippine Islands"
Take up the White Man's burden, Send forth the best ye breed

Go bind your sons to exile, to serve your captives' need ;

To wait in heavy harness, On fluttered folk and wild

Your new-caught, sullen peoples, Half-devil and half-child.

(중략)

Take up the White Man's burden, The savage wars of peace

Fill full the mouth of Famine And bid the sickness cease ;

And when your goal is nearest The end for others sought,

Watch sloth and heathen Folly Bring all your hopes to nought.

(Modern History Sourcebook, 1899)

그런데 윌리엄 이스털리William Easterly는 2006년 같은 이름의 책《The White Man's Burden》(번역본: 《세계의 절반 구하기》)을 통해 서구인의 원조가 우월감과 제국주의 의식에서 비롯되었음을 꼬집고 있다. 더불어 개도국의 다양한 문화적, 사회적 문제나 수요를 파악하지 않고 선진국의 시각으로 계획한 하향식Top-down의 일률적인 원조 사업만 펼쳐 원조가 성과를 거두지 못하고 있다며 현재의 원조 행태를 비판하기도 했다(세부 내용 제5장 1절 참조).

식민지 시대의 식민지학은 2차 세계대전 이후 영국에서 개발학이라는 이름으로 재탄생했다. 아프리카 등 대부분의 식민지가 독립을 하던 1950~1960년대에 식민지학이 가장 발달한 영국에서 말이다. 그 무렵 미국은 러시아 등 공산주의에 대항하는 민주주의 동맹국을 포섭하기 위해 유럽에 마셜 플랜Marshall Plan 같은 대규모 원조를 시작했는데, 이것이 국제개발협력 또는 원조의 효시다. 마셜 플랜에 따라 개발의 개념은 국가가 주도하는 공업화로 바뀌기 시작했고, 아울러 개발에서 정부의 주도적인 역할이 필수로 자리 잡았다.

새롭게 독립한 아프리카와 아시아의 개도국이 어떻게 선진국의 공업화 또는 자본주의의 발전 과정을 따라잡을 것인가에 대한 이론도 개발학의 주요 내용이었다. 이 시기 개발의 개념 변화에서 주목할 만한 점은 빈곤율, 실

[표1] 시대별 개발의 개념 변화

산업혁명 이전	인간, 물질의 진보 및 개선
산업혁명 이후	산업화, 국부 증진
19세기 중반	유럽: 자본주의 발전+사회보호 및 복지 식민지: 자원 개발, 식민지 주민 문명화
2차 세계대전 이후(마셜 플랜)	공업화, 산업화
1990년대~	인간 개발(인간의 기본권 향유)

업률, 국민총생산 등 근대 계량경제학적 척도를 개발의 구체적인 측정 수단으로 도입했다는 것이다. 경제적·양적 성장이 곧 개발의 지표라는 인식 역시 이러한 기준에서 비롯되었다.

나. 1960~1970년대의 국제 정치경제의 변화와 개발학

초기에 개도국 경제발전과 관련된 개발경제학Development Economics 이론이 주류를 이루면서 개발학은 1960~1970년대 세계 경제성장 이론의 영향을 많이 받았다. 특히 2차 세계대전 이후 유럽의 복구 과정에서 정부가 거시경제 정책을 운용해 경제성장을 적극 주도하는 케인스주의Keynsianism가 각광을 받았다. 그 영향을 받은 개발학 역시 개발경제학 이론이 주류를 이뤘다.

당시 개발경제학은 수요 부족 탓에 대공황 같은 자본주의의 위기가 발생했다고 진단했다. 더불어 정부가 재정 정책, 통화 정책 등의 거시경제 정책을 운용해 투자를 확대하고 수요를 창출해 유휴 노동력을 충분히 활용해야 경제성장을 이룰 수 있다고 주장했다. 다시 말해 정부가 역할이 광범위한 복지정부welfare state로 거듭나 국민에게 보건, 교육, 일자리 창출, 연금 등 사회의 기본적인 인프라와 서비스를 적극 제공하라는 말이다. 그 무렵 개발경제학에 기반을 둔 개발 목표는 경제성장이었고 그 주체는 정부, 개발 수단은 거시경제 정책 운용이었다.

1950년대의 복지정부 논의에 이어 1960년대에는 근대화 이론이 주류를 이뤘다. 가령 월트 로스토Walt W. Rostow 등은 선진국이 전통 사회 → 도약을 위한 선행 조건 충족 → 도약 → 성숙 → 고도 대중소비를 거쳐 발전했고, 개도국도 근대화를 이루려면 이런 단계를 필연적으로 거친다고 주장했다. (세부 내용 2장 2절 참조) 로스토의 근대화 이론은 경제발전 과정에 초점을 둔 것이지만, 출발은 그 시기의 사회학자와 정치학자들이 막스 베버Max Weber의 사회학적 관점을 업그레이드한 이론들이다. 이들은 개발을 근대적인 가치관, 제도, 자본, 기술 등의 발전으로 규정했다.

1960년대 말 서구에서는 미국의 베트남 전쟁 실패와 시민운동 대두로 인권, 평등, 성 평등, 환경보호 등의 신좌파 운동이 활발해지면서 마르크스주의와 사회주의가 재조명받기 시작했다. 이러한 마르크스주의의 영향을 받아 개발학에서도 1960~1970년대에 종속 이론이 또 다른 주류로 등장했다.

종속 이론은 라울 프레비시Raúl Prebisch 등 중남미 학자가 중심이 되어 제기한 이론이다.(세부 내용 2장 4절 참조) 이들은 한 국가가 일련의 특정 단계를 거치면서 근대화를 이룬다는 근대화 이론은 국제경제 체제를 고려하지 않은 이론이라고 비판했다. 종속 이론에 따르면 선진국인 중심부core와 개도국인 주변부periphery로 이뤄진 국제경제 체제에서 중심부는 무역 등을 통해 주변부의 원자재를 싼값에 착취함으로써 계속 이윤을 남긴다. 반면 주변부는 부가가치가 낮은 원자재를 수출하는 경제구조에 고착돼 자본 축적이 이뤄지지 않기 때문에 계속 저개발 상태에 머문다.

이러한 종속 이론은 무역이 개도국 발전에 오히려 독이 되므로 개도국은 무역규제 등을 통해 자국의 공업을 발전시켜야 한다는 수입 대체 산업화Import Substitution Industrialization 정책의 배경이 되었다.

1970년대에는 정부가 국가 경제개발을 주도해야 한다는 신중상주의Neo-

[표2] 1950 ~ 1970년대 개발학의 주요 이론

이론	발생 시기	주요 학자	영향을 준 이론	주목한 문제	해결 방안
개발경제학	1950년대	Lewis, Rosenstein, Rodan	케인스주의	하향평준화	자본 투입으로 경제 수준 향상
근대화 이론	1950년대 말	Rostow, Shils, Almond, Huntington	막스 베버, 파슨스 사회학	농업 중심의 전통 사회	근대 가치와 제도 확산으로 근대화
종속 이론	1960년대	Cardoso, Frank, Wallerstein, Amin	프레비시, 마르크스주의, 중남미 경제 공동체	세계 자본주의 체제에 대한 종속	국제경제 질서에서 탈피, 사회주의
신자유주의	1970년대	Bauer, Balassa, Krueger, Lal	신고전주의, 오스트리아 경제학파	정부의 시장 개입	자유시장주의
발전국가	1970년대	Amsden, Haggard, Chang, Reinert	보호무역주의, 신중상주의 정치경제학파	시장 자유주의	생산 증가, 기술 제고 등 정부의 경제 관리

mercantilism등이 개발학의 주류를 이루었다. 신중상주의의 원류인 프리드리히 리스트Friedrich List의 보호무역주의Protectionism 및 국가체제론은 19세기 중반 독일 통일을 이룬 오토 폰 비스마르크Otto E. L. von Bismarck의 경제 정책으로 도입돼 독일의 산업화와 공업화의 주된 이론적 기반으로 작용했다. 나아가 한국, 대만, 싱가포르 등의 경제 정책 운용에도 영향을 주어 발전국가Developmental State가 등장하는 배경이 되었다.

개발학은 전체 인류의 개발을 다루기 때문에 국제사회의 다양한 이슈에 많은 영향을 받는다. 가령 1970년대부터 등장한 페미니즘, 환경보호론은 개발학에 영향을 주었고 이때부터 개발학은 환경 문제, 여성 문제 등도 중요하게 다루기 시작했다. 즉 개발에서의 여성WID, Women in Development, 여성과 개발WAD, Women and Development, 젠더와 개발GAD, Gender and Development, 환경 페미니즘Eco Feminism 등이 개발학에서 중요한 사조 중 하나로 떠올랐다.

다. 1980∼2000년대의 개발학

1960∼1970년대에는 케인스주의를 비롯한 정부 주도의 적극적인 경제개발 정책이 세계 경제학의 주류를 이뤘다. 당시 정부의 지나친 시장 개입으로 재정 적자, 공공 부문의 비효율성, 인플레이션, 대규모 실업 등이 발생했고 이는 전 세계적인 불황으로 이어졌다. 이에 따라 영국과 미국을 중심으로 신자유주의Neoliberalism가 개발학 및 국제개발협력의 주요 담론으로 등장했다.

신자유주의는 1970년대 말에 발생한 스태그플레이션stagflation을 정부의 지나친 개입에 따른 시장 왜곡 현상으로 바라봤다. 따라서 그들은 애덤 스미스Adam Smith 등 고전자유주의를 토대로 '정부의 간섭을 최소화하고 경제 의사결정을 시장에 맡겨야 한다'고 주장했다. 이러한 신자유주의는 전 세계적으로 확산되었는데 여기에는 IMF와 세계은행World Bank의 역할이 크게 작용했다.

1970년대에 오일 쇼크가 발생하고 브레튼우즈 체제Bretton Woods System가 실패하면서 미국은 금리를 인상하고 변동환율제를 채택했다. 그러자 대규모의 차관을 활용해 수입 대체 정책을 펼치던 중남미 국가가 연달아 채무불이행default을 선언했다.

이에 대한 처방책으로 세계은행과 IMF 등은 미국의 신자유주의 논리에 따라 중남미 국가들의 차관 조정을 조건으로 소위 '워싱턴 컨센서스Washington Consensus'라고 불리는 경제개혁 패키지인 자유무역, 안정적인 거시경제정책, 변동환율제도, 민영화 등을 요구했다. 신자유주의는 프리드리히 하이에크Friedrich August Von Hayek, 밀턴 프리드먼Milton Friedman, 미국의 시카고학파 등을 중심으로 발전하였으며 실제 영국의 대처리즘Thatcherism, 미국의 레이거노믹스Reagonomics 등 주요 국가들의 경제정책으로 도입되었다.

이러한 경제사조의 영향으로 1980~1990년대 개발학의 주류는 신자유주의로 바뀌었고, 1950~1970년대까지 개발의 핵심 주체로 간주하던 정부는 부패하고 비효율적이며 시장 기능을 왜곡하는 대상으로 전락해 그 입지가 줄어들었다. 더불어 개발을 위해서는 정부 개입을 최소화해야 한다는 주장이 널리 퍼져 나갔고, 긍정적인 이미지이던 발전국가도 부정적으로 바뀌고 말았다.

1990년대 들어 개발의 개념에 변화가 찾아왔는데 이는 개발학의 내용과 범위에 커다란 변화를 불러일으켰다. 개발은 아마르티아 센Amartya Sen의《자유로서의 발전Development as Freedom》을 통해 인간 개발Human Development의 개념으로 진화했다. 이 책에서 센은 개발을 '자유를 확장하는 과정', 즉 빈곤 등 자유에 대한 걸림돌을 줄이는 활동으로 설명했다. 센이 말하는 자유란 정치, 기회, 빈곤, 실업, 국민을 억압하는 정부로부터의 자유를 의미한다. 다시 말해 그의 관점에서 개발은 단순한 소득 증대와 경제성장의 개념을 넘어선다.

센의 주장에 영향을 받은 UN은 1990년대 말부터 소득 증대·정치 참여·교육 같은 각종 사회적 기회 보장, 건강을 향유할 권리 등 인간의 기본적인 권리로서의 인간 개발 개념을 제시했다. 이처럼 개발의 개념이 확대되면서 개발학의 초점은 경제성장 및 산업화에서 빈곤감소로 옮겨갔고, 개발학 내에서는 빈곤학이 부상했다. 또한 개발학의 범위도 경제개발뿐 아니라 각종 사회 정책, 인권, 민주주의, 시민사회 발전, 성 평등의 영역으로 확대됐다.

개발의 개념이 변화하면서 1990년대에는 개발학에서 주류를 이루던 신자유주의 경제 이론이 퇴색하기 시작했다. 1980년대 말부터 학계, NGO 등

각계각층이 신자유주의 이론을 비판하기 시작한 것이다. 1970~1980년대에 정부가 강력하게 경제개발을 주도한 한국, 싱가포르, 대만, 홍콩 등 동아시아 신흥국이 신자유주의의 주요 원칙을 지키지 않았음에도 불구하고 성공했기 때문이다. 반면 워싱턴 컨센서스의 처방을 따른 국가에서는 구조조정과 시장자유화에 따른 불평등, 빈곤층 증가 등의 부작용이 발생하면서 '인간의 얼굴을 한 구조조정adjustment with human faces'의 필요성이 대두되었다.

아시아(1990년대 말)와 남미 지역(2000년대 초반)의 경제위기 그리고 이에 대한 IMF의 신자유주의적 경제 개혁 처방의 부작용이 발생하자, 개발에 정부의 역할이 필요하고 시장도 실패할 수 있다는 인식이 퍼져 나갔다. 더불어 투기성 단기금융 통제처럼 정부가 어느 정도 시장에 개입하고 적절한 제도를 구축해야 한다는 신제도경제학Neo-institutional Economics 또는 포스트 워싱턴 컨센서스PWC[1]가 개발학의 주류를 차지했다.

여기에다 동아시아 지역의 높은 경제성장률과 개발 원인이 단순히 수출 주도 정책과 자유무역이 아니라 정부의 전략적인 산업 육성, 수입 규제, 고정환율제, 적자 재정 등 정부가 시장에 효과적으로 개입한 데 있음이 드러나면서 이 지역에 대한 경제적인 분석이 활발하게 이뤄졌다. 무엇보다 1990년대에는 세계화가 가속화하고 9·11사태, 중동 지역 테러·내전 발발로 개발학이 국제안보·분쟁·이민·무역·식량 안보 등의 글로벌 공공재 이슈까지 다루기 시작했다. 그뿐 아니라 2000년대 초부터 전 세계적으로 기후 변화 문제가 등장하면서 기후와 환경 문제가 개발학의 중요한 이슈로 자리 잡았다. 1990년대에 개발학에 큰 영향을 준 국제적인 사건은 냉전 종식과 세계화다. 냉전 종식으로 미국과 러시아의 동맹국들에 대한 원조는 급

---

1 포스트 워싱턴 컨센서스Post-Washington Consensus는 조지프 스티글리츠가 'Is There a Post-Washington Consensus?'에서 처음 제기한 용어로 워싱턴 컨센서스에 대한 회의에 공감대Consensus가 이뤄지고 있다는 의미다.

격히 감소한 반면 국제개발원조에서 UN, 세계은행, IMF 같은 국제기구의 역할은 늘어났다. 이에 따라 개발학에서도 세계화가 각국의 정치경제에 미치는 영향, 국제무대에서의 개도국의 입지 강화 방안, 국제기구의 거버넌스가 국제정치경제 패러다임에 미치는 영향 등을 다루는 국제정치경제International Political Economy 분야가 확대되었다.

2000년대 들어 제도학파, 신구조주의 등이 개발학에서 더욱 강세를 보였고 더불어 효과적인 제도 구축, 굿거버넌스Good Governance, 부패 척결, 시민사회 참여 강화, 민주화 등이 개발학의 큰 부분을 차지했다. 신자유주의에서 원천적으로 배제하던 정부의 역할을 강조하는 제도학파는 언뜻 신자유주의의 반대쪽에 있는 것 같지만, 시장 기능 활성화를 위해 정부가 제도 및 법적 환경을 잘 지원해줘야 한다는 것이 주요 이론이다. 그러다 보니 공여국(供與國)이 제도학파, 신구조주의 등에 근거해 수원국(受援國)에 우호적인 투자 환경 구축과 제도 수립을 강하게 요구함으로써 오히려 신자유주의를 강화했다는 평가를 받고 있다.

2000년대에는 개발 주체인 시민사회의 역할이 보다 두드러지는 특징을 보인다. 이는 국제사회가 여성, 환경, 민주화 등 사회 문제를 강조하면서 시민사회의 역할이 강화되었기 때문이다. 국제개발원조에서는 1950~1970년대에 개발의 주체이던 정부가 1980년대 이후 신자유주의의 등장과 세계화에 따라 그 역할이 축소되면서 시민사회가 점차 이를 대체한 측면이 강하다. 결국 개발학은 개발과 관련된 시민사회의 역할을 보다 넓게 연구했고, 실제로 국제개발 활동에서 시민사회의 참여도와 위상이 높아졌다.

2000년대 후반 들어 개발의 개념은 인간 개발에서 더 발전해 참살이well-being로 확대되었고 더불어 개발학에도 변화가 생겼다. 또한 중국의 부상과 함께 경제의 중심이 서양에서 동양으로 이동하고 브릭스BRICS 등 신흥경제국이 등장하면서 개발학에도 동양 및 신흥국Emerging Countries의 개발 경험을 반영한 새로운 이론이 나타났다. 즉 신흥국에 대한 개발학의 관심 증대, 경제성장에 따른 연구자금 증가 덕분에 신흥국 내부에 그들의 개발 경험에 관한 연구와 지식 생산이 늘어났다. 이러한 현상은 개발학의 패러다임에 변화를 주고 있다.

개발학의 주요 패러다임이던 정부가 개발을 주도해야 한다는 발전국가론은 1980년대 신자유주의의 등장과 세계화로 대부분 사라졌다. 그 대신 개도국의 문화적, 사회적 특성이 다양하므로 그에 따른 발전 단계를 거치고 여러 가지 처방을 제공해야 한다거나 중앙 정부보다는 시민사회와 지방정부의 역할이 중요하다는 논의가 개발학의 주요 패러다임으로 자리 잡았다.

여기에 최근 중국과 OECD 비회원 공여국의 등장, 송금Remittance 등 개도국의 자체 개발 재원 증가로 점차 개발학에 개도국의 목소리가 반영되고 있다. 이러한 국제정치경제의 새로운 흐름, 국제개발 사회에서의 신규 행위자의 등장으로 개발에서 정부의 역할이 다시 부각되는 등 향후 개발학에 새로운 패러다임이 형성될 것으로 보인다.

2. 개발학 이론의 분류와 범위

가. 개발학 이론 분류

개발에 이르는 방법에 다양한 경로가 있듯, 개발학 이론도 시대의 변화에 따라 그 주류가 바뀌기도 한다. 이처럼 과거의 이론과 새로운 이론이 병행 발전하는 까닭에 개발학 이론은 더욱 다양해지고 있다. 개발학 이론은 시대별로 주류를 구분할 수도 있지만, 그 이론이 지향하는 것이나 개발의 중점 부분에 따라 아래와 같이 크게 4가지로 분류하기도 한다.

[그림1] 개발학의 주요 이론 분류

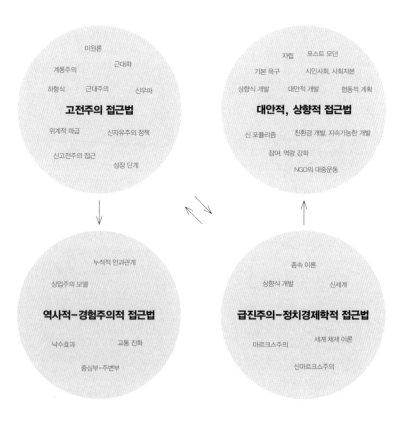

출처: Potter et al, 2008

1. 전통적인 고전주의 접근법에 기반을 둔 이론

2. 역사적-경험주의적 접근법에 기반을 둔 이론

3. 급진주의-정치경제학적- 종속 이론적 접근법에 기반을 둔 이론

4. 대안적 · 상향적 접근법에 기반을 둔 이론

첫 번째, 고전주의 접근법은 애덤 스미스와 데이비드 리카도David Ricardo 의 고전주의 경제학을 기반으로 한 이론으로 자유시장Free Market과 자유무역을 통한 경제성장을 강조하며, 근대화 이론에서 신자유주의 이론까지가 여기에 속한다.

두 번째, 역사적-경험주의적 접근법은 선진국과 개도국의 과거의 개발 과정을 분석해 나온 이론으로 개발 과정을 서술하는 데 중점을 둔다. 여기에는 세계 체제 이론과 중상주의 이론 등이 속한다.

세 번째, 급진주의-정치경제학적 접근법은 개발의 경제적인 부분보다 사회·정치·윤리적인 문제를 짚은 이론으로 마르크스주의에 기반을 둔 급진주의, 종속 이론 등이 여기에 속한다.

네 번째, 대안적·상향적 접근법은 선진국이 말하는 개발과 근대화를 비판적으로 보는 입장이다. 즉 선진국이 말하는 개발은 제국주의적, 환경 파괴적, 권위주의적이며 빈곤한 자에게 혜택이 가지 않는 개발이라고 비판하면서 대안적 개발을 주장하는 이론이다.

나. 개발학의 대상과 범위

개발학은 식민지의 문명화, 즉 과거 서구의 식민지이던 개도국이 어떻게 하면 서구의 발전 궤도를 따라해 개발에 성공할 것인가를 연구하면서 시작된 학문이다. 따라서 연구 대상이 주로 개도국과 제3세계지만 범위를 더 넓혀 인류 개발의 역사와 과정을 분석하기도 한다. 즉, 개발을 위해서는 어떤 조건과 환경이 필요한지, 그러한 환경 및 조건을 조성하기 위해 정부 같은 주요 주체는 무엇을 해야 하는지를 연구한다.

개발학은 크게 개도국이나 제3세계의 경제·사회·정치를 어떻게 개발할 것인가를 연구한다는 점에서 정치학, 경제학, 사회학을 기본으로 한다. 여기에다 개도국의 시민·역사·환경·문화·사회 등을 연구하는 지역학과

문화인류학을 비롯해 여성학, 환경학, 공중보건학, 교육학, 계량통계학 등
의 일부도 포함하는 통합적이고 융합적인 학문이다.

개발의 개념이 과거의 경제개발에서 최근 참살이와 사회복지로 옮겨감
에 따라 개발 대상도 개도국에서 전 세계를 포괄하고 있다. 더불어 개발학
의 범위가 더욱 확대되면서 융합적인 성격이 강해지고 있다. 개발학에서 주
로 논의하는 학문과 개발학과의 연관성은 아래와 같다.

- 지역학

냉전 이후 비서구세계 연구에서 비롯된 학문으로 아프리카, 아시아, 중남미
등의 문화 · 지리 · 정치 · 경제 등 종합적인 분야를 다루며 제3세계와 개도
국의 개발을 다루는 개발학과 많은 부분을 공유한다.

- 문화인류학

인류의 기원과 발달, 인종, 민족, 사회 발달, 인간관계 및 행동, 문화, 정부가
없는 집단과 사회 등을 연구하는 학문이다. 문화인류학은 과거 영국 등 서
구 열강의 식민지학에서 활발히 연구했으며 그 연장선상으로 개도국 특히
부족의 문화 · 인종 · 관습 등에 대한 연구를 개발학과 연계하고 있다. 개발
담론과 개발학 비판 이론은 대부분 문화인류학자가 연구하며 그들은 서구
사회가 일반적으로 말하는 '개발'이 다른 문화, 인종, 사회 등에 대한 몰이해
에서 비롯된 획일적이고 백인 중심적인 가치라고 비판한다.

- 인구학

인구 문제는 식량, 자원, 분쟁, 도시화 등 개발과 밀접한 관련이 있는 것으로
개발학에서 매우 중요한 이슈 중 하나다.

- 행정학

행정학은 정부의 정책 수립 과정이나 공무원이 정부 정책을 이행하는 방식
등을 연구하는 학문이다. 개발학은 개발 주체를 정부로 보기 때문에 어떻게

하면 정부의 경제성장 정책, 빈곤 퇴치 정책, 사회복지 및 사회 서비스 제공 등을 효과적으로 수행해 개발에 성공할 수 있는지 깊이 연구한다.

- 생태학

생태학은 생체학·환경학·지구과학이 합쳐진 학문으로 개발과 연관성이 높은 환경, 기후 변화 등의 주제에서 개발학과 공유하는 부분이 많다.

- 개발경제학

개발경제학은 경제학 중에서도 특히 경제성장에 집중하는 학문으로 최근까지 개발학의 주류를 이루던 학문이다.

- 정치학

개도국의 정치구조, 계급 갈등 및 권력구조, 의사결정 과정 연구 그리고 국제정치 측면에서 국가 간의 관계가 개도국 개발에 미치는 영향을 연구한다는 점에서 개발학과 밀접한 연관이 있다.

- 국제정치경제학

국가 간의 관계 및 권력구조가 각국의 경제성장과 개발에 미치는 영향을 연구하는 학문으로 경제학을 국제정치의 틀 속에서 해석한다. 1970년대의 종속 이론 등이 여기에 속하며 최근 국제정치경제학에서는 브레튼우즈, WTO 같은 국제경제기구, 세계화, 다국적기업 등을 주로 연구한다. 이러한 국제경제 체제와 주요 행위자의 활동이 개도국 개발에 어떤 영향을 미치는가를 분석한다는 점에서 개발학과 연관이 있다.

- 공학

개발에서 교통, 건설, 건축, 토목 등 각종 인프라 구축과 관련된 학문으로 개발을 현실화하는 데 필요하다.

- 환경학

최근 개발과 빈곤감소에서 기후 변화, 환경보호의 중요성이 커지고 있으며 환경적으로는 지속가능한 개발이 개발의 전제조건이 되고 있다. 이에 따라

[그림2] 개발학의 다학제적 특성

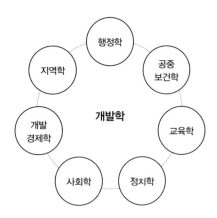

개발학에서 환경학의 중요성이 점차 커지는 추세다.

- 지리학

지리학은 특정 지역의 환경적·생태적 조건, 인구 구성 등에 대한 연구를 포함한다. 특히 근대화 이론, 도시화 이론이 많은 지리학자의 연구에서 파생되었을 정도로 지리학과 개발학은 밀접한 관련이 있다.

- 이주학

개발에서 이주는 인구와 연계해 다루는 이슈로 최근에는 이주에 따른 송금 등의 개발 재원을 개발학과 공유하기도 한다.

- 교육학

인간 개발에서 보건과 함께 가장 중요하게 다루는 분야가 교육이다. 이것은 개발을 위한 인적자원 육성, 인간의 기본권 향유, 빈곤 퇴치를 위한 조건이라는 측면에서 개발과 관련해 중요하게 다루는 주제다.

- 공중보건학

공중보건 역시 인간 개발, 인간의 기본권 향유, 인간 안보 차원에서 개발의 필요조건 중 하나로 교육과 함께 개발학에서 중요하게 다루는 분야다.

• 사회학

사회구성원의 행동·조직·제도 등을 연구하는 학문으로 윤리, 관습, 인종, 계급, 종교, 구조, 인구 등을 다룬다. 즉, 개발과 관계가 있는 사회구성원의 행동, 개발, 조직, 정책 등에는 개발학과 공유하는 부분이 있다.

• 여성학

제3세계와 개도국에서 지속가능한 개발을 꾀할 때 큰 걸림돌 중 하나가 여성 문제와 성 불평등 문제다. 특히 개도국에서 여성 개발과 성 평등 실현은 개발학과 여성학이 공유하는 부분이다.

3. 개발학, 국제개발협력, 개발원조, 공적개발원조

개발학은 개도국 또는 제3세계 개발과 모든 빈곤 이론을 종합한 학문이다. 아울러 개발의 개념이 근대화·문명화 → 산업화 → 공업화 → 경제·사회

[그림3] 개발학, 국제개발협력, ODA 비교

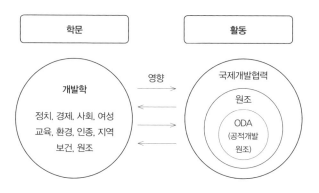

발전 → 복지의 개념으로 발달하면서 개발학은 경제, 사회, 정치 등 인류가 관련된 모든 분야를 융합적이고 통합적으로 포괄한다.

그에 비해 국제개발협력은 앞서 말한 개도국의 '개발'을 위한 국제사회 혹은 국가 간 협력 체제와 전반적인 활동을 의미한다(한국국제협력단, 2013).

국제개발협력 중에서도 공여국이 수원국에 기술 협력, 물적 자금 등 각종 형태로 지원하는 활동을 원조 혹은 개발원조라고 한다. 특히 공적개발원조ODA, Official Development Assistance는 개발원조에서도 OECD의 공여국 모임인 개발원조위원회DAC, Development Assistance Comittee에서 규정한 조건을 충족하는 국제개발원조 활동을 지칭한다.

개발학은 하나의 학문이지만 국제개발협력과 국제개발원조는 개발을 위한 국제사회의 각종 활동을 의미한다. 국제개발협력과 개발원조에 대한 연구 및 담론은 개발학에서 일부분만 차지하는 것이 일반적이다. 현재 국내에서는 이러한 개념과 용어를 다소 혼용하고 있는데 그 개념의 차이를 명확히 이해할 필요가 있다.

생각해볼 문제

- □ 개발의 개념을 논의할 때 '백인의 책무'는 무엇을 의미하며, 그것은 현재의 개발 활동에 어떤 영향을 미치는가?
- □ 신자유주의는 무엇이고 개발 논의에서 왜 중요한가?
- □ 발전국가는 개발의 중요한 열쇠인가? 만약 정부가 더 이상 개발의 주체가 아니라면 누가 이를 대신할 수 있을까?
- □ 개발학을 다면적이고 융합적인 학문으로 보는 이유는 무엇인가?
- □ 개발학, 국제개발협력, 국제개발원조, ODA는 어떻게 다르고 학문으로써 개발학의 의의는 무엇인가?

제 2장

개발과 정치경제

Political Economy of
Development

주요 목표

○ 오늘날의 국제정치경제 체제가 생성된 배경 파악

○ 국제정치경제 체제의 배경과 이를 바탕으로 설립한 국제기구 이해

○ 근대화, 케인스주의, 정부 주도 개발, 발전국가 관련 담론 분석

○ 신식민지주의와 신마르크스주의 비교

○ 국제정치경제를 뒷받침하는 세계화와 신자유주의를 표방한 워싱턴 컨센서스 이해

제1절 브레튼우즈 체제와
국제무역 이론

1. 들어가며

오늘날 국제경제의 두드러진 특징은 통합이 활발하게 이뤄지고 있다는 점이다. 유럽지역은 유럽연합European Union 결성을 통해 상당한 정도의 경제통합을 달성하였으며 아시아와 아메리카 대륙도 지역의 경제통합을 이루기 위해 노력하고 있다.

지역적 통합을 넘어 국제 자본시장과 무역을 통해서도 각국의 상호 경제적 영향력이 더욱 커지고 있다. 자본시장 개방으로 국가 간에 이동하는 자금과 무역 수준도 과거와 비교할 수 없을 정도로 규모가 커졌다.

전 세계에서 경제적 통합이 이뤄짐에 따라 개도국에는 기회와 위기가 공존하고 있다. 무엇보다 자본과 무역 시장을 개방하면 외국 자본과 다양한 재화·서비스 공급으로 자국의 경제성장을 꾀할 수 있다. 반면 늘어나는 자본과 재화·서비스를 활용할 정책, 거버넌스, 육성 전략이 없을 경우 시장개방은 오히려 개도국에 독이 될 수 있다. 결국 개도국의 입장에서는 국제경제의 흐름을 읽고 이에 따른 경제성장 전략을 구사하는 것이 필수적이다.

국제금융기구와 무역기구는 개도국의 경제발전 과정에 개입해 차관, 기술 이전, 무역, 정책 지원 등의 역할을 수행한다. 물론 그 역할은 지금도 매우 중요하다. 그런 의미에서 국제경제의 변화 양상과 국제금융기구의 역할, 국제무역의 기능을 알아보자.

2. 국제경제의 변화

2차 세계대전은 세계 각국의 경제 · 산업 기반에 심각한 타격을 안겨주었다. 미국과 유럽도 전쟁에 따른 막대한 경제적 피해에서 자유로울 수 없었다. 1920년대 후반 세계 경제와 국제무역이 깊은 불황에 빠져들자 각국은 자국의 경제를 보호하기 위해 고관세, 수입 제한 등의 보호무역 정책을 채택하기 시작했다. 그러나 이러한 보호무역 정책은 국제무역을 축소해 세계적 불황을 심화하였고, 이것은 2차 세계대전 발발 원인으로 작용했다. 이런 상황에서 국제무역 활성화와 국제금융제도 확립을 위해 1944년 7월 세계 44개국 대표가 미국 뉴햄프셔 주의 브레튼우즈에 모여 회의를 열었다. 이때 체결한 것이 브레튼우즈 협정Bretton Woods Agreement이다.

브레튼우즈 체제 성립 과정에서 가장 크게 논란을 불러온 것은 국제통화 안정을 위한 방안을 모색하는 일이었다. 당시 미국 측 해리 화이트Harry White의 제안과 영국 측 존 메이너드 케인스John Maynard Keynes의 제안이 첨예하게 대립했다. 케인스의 제안은 국제화폐 단위를 금과 연동하지 않고 자국 환율 변동을 일정 부분 허용해 국제수지 균형을 맞추도록 자율성을 보장하며 신용 창조로 유동성을 확보하자는 것이었다. 반면 화이트는 국제화폐 단위를 금과 연동하는, 이른바 금본위제도를 제안했다.

최종적으로 선택된 것은 화이트의 제안이지만 대부분의 학자가 케인스의 제안이 이론적, 현실적이라 것에 동의했다. 나아가 그들은 전후 복구 과정에서 막강한 정치력을 과시한 미국 중심의 국제통화 장치가 만들어졌다고 진단했다.

브레튼우즈 협정은 이전의 변동환율제도에서 발생하는 높은 환율 변동성의 부정적 영향을 상쇄하고 금환본위제도[2]에서 나타난 유동성과 조절 능력 부재, 각국의 평가절하 및 보호무역 문제를 해결하는 것을 골자로 이뤄졌다.

다시 말해 브레튼우즈 협정은 달러화를 금에 고정하고, 다른 통화가 달러화에 대한 기준 환율을 고정함으로써 간접적으로 금에 환율을 고정하는 효과를 냈다. 이른바 금본위제도의 시작이다. 세계 각국의 중앙은행은 보유금을 금이나 달러화로 채울 수 있었고, 미국의 중앙은행은 각국이 원할 경우 언제든 금 또는 달러화를 교환해주기로 했다.

이로써 미국 달러화는 세계의 기축통화로 자리매김할 계기를 마련했다. 나아가 세계 각국은 브레튼우즈 체제를 적절히 운용하기 위해 국제통화기금IMF, International Monetary Fund, 국제부흥개발은행IBRD, nternational Bank for Reconstruction and Development, 국제무역기구ITO, International Trade Organization 설립을 추진했다.

더불어 미국과 유럽을 중심으로 세계 경제 재건을 위한 구체적인 논의가 이뤄졌고 그 일환으로 미국이 수립한 것이 마셜 플랜이다. 마셜 플랜의 공식 명칭은 유럽 재건 프로그램ERP, Europe Recovery Program으로 1948년에 시작해 4년간 이어졌는데, 당시 투입한 금액은 약 130억 달러(현재가치 환산액: 약 1,300억 달러)에 달한다.

마셜 플랜의 주요 목적은 공산주의 확산 방지, 유럽 재건, 무역장벽 제거 및 산업 고도화에 있었다. 이것은 당시 유럽이 처한 장애요인을 제거하는

2 태환에 대비 금본위제도를 채택하고 있는 다른 나라의 통화를 보유함으로써 자국 통화의 안정을 도모하는 제도

것에 그친 것이 아니라 미래지향적인 플랜이었다. 즉, 미국식 사업모델을 적용해 유럽의 산업과 비즈니스의 현대화를 꾀함으로써 유럽 각국의 재기에 발판이 되었다.

마셜 플랜을 끝낸 1951년부터 1952년까지 서유럽 국가는 대부분 경제력을 회복했고, 덕분에 2차 세계대전 이전보다 약 35퍼센트 더 높은 생산량을 기록했다. 이후 20년간 서유럽 국가들은 상당한 경제적 번영을 누렸다.

이처럼 마셜 플랜은 하나의 유럽을 향한 첫 단계를 제공했다는 점에서 그 의의가 크다. 이것은 차후 유럽이 정치적 통합을 이루는 데 큰 역할을 담당했다.

미국과 영국은 마셜 플랜을 통해 국가 간의 활발한 무역과 국제자본 이동, 투자 활성화를 꾀했다. 또한 미국과 영국의 의도대로 국제무역과 금융 관련 국제기구는 국제무역 질서에 변화를 불러왔고, 이들 기구는 국가 간 협력 중재를 비롯해 글로벌 거버넌스의 역할을 수행하는 핵심적인 주체로 떠올랐다. 특히 브레튼우즈 체제 아래 형성된 GATT(관세와 무역에 관한 일반 협정, General Agreement on Tariffs and Trade), IMF, IBRD는 새로운 국제무역과 금융 질서를 확립하고 국가 간 무역과 금융 발전에서 핵심적인 역할을 했다.

미국 달러화를 기준으로 하는 고정환율제도에는 국가 간 안정적인 교역이라는 큰 장점이 있었지만, 그것을 지속적으로 유지하려면 '달러화 가치 안정성'이라는 전제가 필요했다. 그런데 1960년대 후반부터 미국 달러화의 가치가 지속적으로 하락하면서 신뢰는 바닥으로 떨어졌고, 결국 1971년 미국의 리처드 닉슨Richard Nixon 대통령이 달러화의 금태환[3] 정지를 선언하면

---

3 금본위제도에서 환율은 금의 가치와 연동되고, 이를 토대로 중앙은행 금과 화폐를 교환하는 것을 금태환이라고 한다. 금본위제도에서 금태환의 역할은 핵심적이라 할 수 있는데 닉슨 대통령이 이를 정지시킴으로써 브레튼우즈 체제의 종결을 가져왔다.

서 브레튼우즈 체제는 무너졌다.

그로부터 2년 후인 1973년 4차 중동전쟁이 발발하면서 석유수출국기구OPEC, Organization of the Petroleum Exporting Countries는 원유 고시 가격을 약 17퍼센트 인상하는 조치를 발표했다. 그 결과 주요 선진국의 원유 수입 가격이 상승하고 그에 따라 제조 원가와 물가 상승이 연쇄적으로 일어나면서 수요와 경제성장의 감소가 동시에 나타나는 스태그플레이션이 발생했다.

국제경제가 불안정해지자 선진국을 중심으로 보호무역을 채택하기 시작했는데 이를 신보호무역주의라고 한다. 신보호무역주의는 이전에 있던 보호무역주의와는 그 성격이 달랐다. 각국이 관세 및 쿼터가 아니라 수출 자율 규제, 수입 절차 복잡화 등의 비관세장벽을 이용해 자국 산업을 보호한 것이다. 역설적으로 GATT 체제 아래에서 신보호무역주의가 더욱 용이해진 셈이다. 선진국은 신보호무역주의가 자유무역을 강화한다는 명분을 내세웠지만, 개도국이 그것을 그저 선진국의 자국 산업 보호 정책으로 여긴 것도 이 때문이다.

미국과 영국을 중심으로 이뤄진 국제무역과 금융질서 개편이 항상 환영받은 것은 아니었다. 특히 IMF와 세계은행이 추진한 구조조정 프로그램 SAPs, Structural Adjustment Programs에 대해 반발이 일어났다. 시장 개방 논리를 중심으로 하는 신자유주의적 세계화는 미국을 비롯한 일부 선진국의 이익만 옹호한다며 개도국과 일부 유럽 국가가 반대한 것이다. 1999년 시애틀 세계무역기구WTO 회의, 2001년 도하 라운드, 2003년 칸쿤 회의는 모두 국제무역 자유화를 강화하려는 노력이었지만 비판과 혼란 속에서 대부분 큰 성과 없이 끝났다.

3. 국제금융 및 무역 관련 주요 기관

가. 세계은행

브레튼우즈 협정을 계기로 1946년 6월 설립한 세계은행은 개도국의 빈곤 감소와 경제성장을 돕는 세계 최대의 국제금융기관이다. 세계은행은 국제 부흥개발은행이라고 불리는데, 정확히 말하면 ① 국제부흥개발은행 ② 국제개발협회 IDA, International Development Association ③ 국제금융공사 IFC, International Finance Corporation ④ 국제투자보증기구 MIGA, Multilateral Investment Guarantee Agency ⑤ 국제투자분쟁해결본부 ICSID, International Centre for Settlement of Investment Disputes로 이뤄져 있고 이를 통칭해 세계은행그룹 World Bank Group이라고 한다. 이 중 IBRD는 세계은행그룹에서 가장 오래된 차관제공 기관이다. IBRD는 2차 세계대전 후 유럽의 전후 복구를 위한 차관 제공을 시작으로 1960~1980년대까지 개도국에 개발금융의 중개 기능을 수행하여 세계 빈곤감소에 기여했다.

세계은행은 일반적으로 정부나 정부의 상환보증을 받은 민간 기업에 직접 자금을 대출해줌으로써, 국제금융시장을 원활히 활용하지 못하는 개도국 정부와 기업을 지원한다. 또한 세계은행은 전 세계의 빈곤감소와 불평등 해소를 목표로 개도국의 경제 · 사회 발전을 위해 상당한 노력을 기울이고 있다. 2차 세계대전 이후에는 개도국의 경제 재건을 위해 막대한 투자를 했고, 1990년대부터는 자본주의적 시장경제를 지향하는 국가에 정책, 금융, 기술 등을 지원하고 있다.

특히 '개발'은 IBRD와 IDA가 주도적인 역할을 맡고 있다. IBRD의 회원국은 188개국인데 이들은 공정하고 지속가능한 경제성장을 위한 국가 간 협업을 강조한다. 2013년 기준으로 IBRD가 제공한 차관의 규모는 152억 달러 수준이다. IDA는 최빈국을 대상으로 양허성 차관[4]을 제공하는 다

[표3] IBRD & IDA 지역별 차관 규모

지역	약정액 Commitments(백만)			지출액 Disbursements(백만)		
	2011	2012	2013	2011	2012	2013
IBRD						
동아시아, 태평양	6,370	5,431	3,661	3,964	3,970	3,621
유럽, 중앙아시아	5,470	6,233	4,591	6,873	5,654	3,583
중남미, 캐리비언	9,169	6,181	4,769	8,376	6,726	5,308
중동, 북아프리카	1,942	1,433	1,809	768	1,901	1,786
남아시아	3,730	1,158	378	1,233	1,037	1,103
사하라 이남 아프리카	56	147	42	665	488	429
IDA						
동아시아, 태평양	1,627	1,197	2,586	1,238	1,484	1,764
유럽, 중앙아시아	655	362	729	585	482	468
중남미, 캐리비언	460	448	435	322	342	273
중동, 북아프리카	123	80	249	185	102	200
남아시아	6,400	5,288	4,096	3,027	2,904	2,724
사하라 이남 아프리카	7,004	7,379	8,203	4,925	5,746	5,799

출처: World Bank annual report, 2013

자기구로, 개도국의 경제성장 촉진과 빈곤감소를 위해 자금을 제공한다. 2013년 기준으로 IDA는 163억 달러의 자금을 제공했다.

[표3]에서 볼 수 있듯 지역별로 제공하는 차관에는 상당한 차이가 있다. 또한 IBRD와 IDA가 차관을 제공하는 중점 지역이 다르다. IBRD는 동아시아와 중남미에 상당액의 차관을 제공하는 반면, IDA는 아프리카에 차관

---

4   양허성 차관concessional loans은 이자율, 상환기간, 거치기간이 일반 융자보다 유리한 조건으로 되어 있는 차관을 말한다. 개도국에 대한 ODA가 이루어지기 위해서는 증여율이 25퍼센트 이상이어야 한다.

제2장 개발과 정치경제

을 집중하고 있다. 이처럼 세계은행 내에서도 차관 지원은 지역적 안배를 통해 이뤄진다.

한국 역시 세계은행으로부터 다양한 차관을 제공받았다. 가령 1962년에 는 1,700만 달러의 차관을 제공받아 철도 건설에 사용했다. 1995년 일인당 국민소득이 1만 달러를 초과해 세계은행의 차관 지원 대상에서 제외될 때 까지 한국은 세계은행으로부터 총 78억 달러에 달하는 차관을 제공받아 수 자원, 도시개발, 에너지, 교육, 사회 인프라 건설 등에 활용했다. 세계은행의 공식 보고서도 한국은 최단기간에 세계은행의 차관 프로그램을 졸업한 성 공적인 국가로 평가하고 있다.

한편 세계은행의 개발에 대한 기여도를 비판하는 목소리도 높다. 세계 은행은 막대한 자본을 바탕으로 미국의 학계와 경제학자들이 개발 이론 및 담론을 주도하는데, 이들은 신자유주의적이고 정성적 연구보다 정량적 연구에 치중한다는 평가를 받는다. 세계은행 전 총재 제임스 울펀슨James Wolfensohn이 이 점을 개선하려 노력하던 중 1999년 세계은행 전 수석경제 학자이던 조지프 스티글리츠Joseph Eugene Stiglitz가 IMF의 정책 및 대(對)아 시아 경제 정책을 비판하면서 사임했다. 2000년에는 세계개발보고서WDR, World Development Report 담당자 래비 캔버Ravi Kanbur가 WDR의 주요 논점과 자신의 의견이 다르다는 이유로 사임했다. 이러한 사례는 세계은행에 대한 세계 주요 석학들의 비판적 시각을 극명하게 보여준다.

특히 2000년 WDR은 세계은행의 빈곤에 대한 접근법에서 문제를 드러 냈다. 당초 캔버는 WDR 초안에 세계은행의 빈곤 퇴치 정책으로 빈곤층의 보건 및 교육에 대한 투자를 강조함으로써 노동력 강화를 통한 경제성장 을 주장하려 했다. 또한 힘없고 소외되고 목소리를 낼 수 없는 사람들과 함 께하는 성장을 제시하고자 했다. 이를 위해 그는 빈곤층의 역량 강화, 경제 활동 참여 기회 확대로 경제적 충격이 빈곤층에 미치는 결과를 최소화해야

한다고 강조했다. 그렇지만 세계은행은 이러한 시각을 반성장anti-growth적
이라 보고 수정을 요구했다(세계은행과 IMF에 대한 비판적 견해는 2장 5절 '신자
유주의와 세계화'참고).

국제개발협회

세계은행 산하 최대 기금인 국제개발협회는 최빈국 지원에 특화된 기관으로 1960년
설립 이래 최빈국의 보건, 교육, 인프라 건설, 농업 및 경제성장을 지원하고 있다.
이는 중소득국 이상을 대상으로 하는 유상차관과 달리 유상차관을 유치할 수 없는 최
빈국의 경제·사회 발전을 위해 장기적으로 투자한다는 점에서 차별적이다. 또한 국
제개발협회는 최빈국이 당면한 에너지 문제 해결을 지원하는 한편, 장기적인 기후
변화 대응을 위한 국제적 공조에 힘쓰고 있다.
국제개발협회는 지금까지 수억 명에게 빈곤 탈출 기회를 제공했고 최빈국의 보건,
학교, 도로, 영양, 전기 등에 대한 접근성 강화에도 상당한 기여를 했다. 이들의 지
원으로 약 5억 명의 아동이 예방접종을 받았고, 1. 2억 명이 식수원을 개선했으며
6,500만 명 이상이 보건의료 서비스의 혜택을 받았다.
국제개발협회 기금은 3년을 주기로 편성하는데, 선진국과 개도국을 비롯해 세계은
행그룹의 국제부흥개발은행 및 국제금융공사도 기금의 일부를 제공한다. 이들은 28개
국이 최빈국에서 벗어나는 데 기여했고 그 국가 중 상당수는 국제개발협회 기금을 출
연하는 국가로 변모했다. 국제개발협회는 최빈국의 재정 자립도 향상, 개발 자금 의
존도 감소 도모를 최우선 목표로 삼고 있다.

나. 국제통화기금

IMF는 브레튼우즈 협정을 계기로 국제금융시장의 안정을 도모하기 위해
1947년 설립되었다. IMF의 주요 기능은 ① 각국 정부 및 중앙은행의 경
제·통화 정책 자문, ② 세계 경제 상황에 대한 연구 및 통계 작성, ③ 회원
국에 대한 경제위기 극복 자금 지원, ④ 개도국의 빈곤감소를 위한 자금 지
원 등이다.
  IMF는 세계은행과 서로 보완적인 관계에 있다. 세계은행은 개도국의 장

기적인 발전과 빈곤감소를 주요 문제로 다루고, IMF는 회원국의 거시경제적 안정성과 국제수지 강화를 위한 지원에 중점을 둔다. IMF에서 회원국의 쿼터제도는 다른 회원국 대비 상대적인 경제적 지위를 의미한다. 각국은 이 쿼터에 따라 비례적으로 출자금, 의결권, 자금 사용에 대한 결정권을 갖는다. 한국에는 약 2퍼센트의 쿼터가 있다.

IMF가 세계금융시장에서 막대한 영향력을 행사하고 세계 경제가 안정적으로 발전하도록 정책 지원을 훌륭히 해온 것은 사실이다. 그렇지만 2009년 글로벌 금융위기 이후 국제금융시장에서 IMF의 역할이 큰 위협을 받기도 하였다. 무엇보다 그들은 금융위기 징후를 사전에 진단하지 못했고 그에 대한 처방도 전무했다.

이에 따라 IMF를 개혁해야 한다는 목소리가 높아졌다. 특히 IMF가 글로벌 금융위기에 무기력하게 대응한 것은 국제금융거래 규모에 비해 IMF가 사용할 수 있는 재원이 한정적이기 때문이라는 지적이 있었다. 결국 IMF는 가용한 대출자금을 7,500억 달러까지 확대하고 이를 신흥시장과 개도국의 경제성장에 지원하겠다는 약속을 했다. 더불어 IMF의 의사결정 투명성 확보와 의사결정 과정 공개 등의 노력을 하고 있다. 마지막으로 IMF는 학계, 시민사회, 민간시장 참여자 등과 협업해 국제금융시장의 균형과 질서를 확립하기 위해 다양한 시도를 하고 있다.

구조조정 프로그램

구조조정 프로그램(이하, SAPs)은 IMF 및 세계은행의 차관 지원과 관련된 정책이다. SAPs는 일반적으로 IMF나 세계은행의 차관을 지원받는 국가의 거시경제 정책과 깊은 상관이 있다. SAPs에는 정부지출 감소, 통화의 평가절하, 무역자유화, 외국인 직접투자 및 국내 주식시장 개방을 통한 투자 안정성 추구, 균형 예산 편성, 보조금 및 가격 규제 철폐, 공기업 민영화, 부패 방지와 거버넌스 개선 등이 있는데 이는 워싱턴 컨센서스의 내용과 대부분 동일하다.

SAPs는 IMF와 세계은행의 차관을 제공받는 대가로 이행해야 할 일종의 약속과 같다. 두 국제금융기관은 차관을 제공받는 국가가 SAPs를 이행하지 않을 경우 단계적으로 차관을 회수하거나 만기를 연장하지 않는 등의 수단을 동원해 SAPs의 이행을 강제한다. SAPs는 차관을 제공받는 국가의 거시경제 정책 건전화와 시장 중심 경제 시스템 구축을 목표로 한다. 이때 차관을 제공받는 국가의 거시경제적 의사결정 주체는 IMF와 세계은행이다. 이는 장기적으로 차관을 제공받는 국가의 자생적인 거시경제 시스템 구축과 위기관리 능력을 약화하는 요소로 작용하기도 한다.

SAPs는 경제위기에 빠진 국가나 경제성장 자금이 필요한 국가에 적절한 처방이 될 수 있지만, 비판의 목소리도 높아지고 있다. 특히 SAPs에서 요구하는 적자예산편성을 금지하여 균형재정을 달성하는 정책은 개도국의 교육, 보건 같은 복지 지출 감소를 초래한다. 이는 각종 사회불안을 높여 차관 도입에 따른 투자의 효율성 제고라는 긍정적인 영향보다 더 큰 해악을 야기 할 가능성이 있다. 따라서 SAPs는 차관을 제공받는 국가의 거시경제적 상황은 물론 빈곤 문제 등도 동시에 고려해야 한다.

다. 세계무역기구

1994년 제8차 우루과이 라운드에서는 GATT 체제의 한계를 인정하고 포괄적이면서도 자유로운 국가 간 무역을 위해 WTO를 설립했다. WTO의 목표는 GATT 체제의 한계를 극복하고 세계무역질서를 유지하며 무역장벽을 최대한 낮춰 원활한 국가 간 무역으로 세계 경제를 통합하는 데 있다. 원칙적으로 GATT 체제를 수용하는 WTO는 국가 간 무역 대상을 각종 서비스와 지적재산권까지 포괄해 협정 품목을 규정한다.

2013년 현재 WTO에 가입한 회원국은 총 159개국이고 한국은 1995년 1월에 가입했다. 사무국은 스위스 제네바에 있으며 약 700명의 직원이 연간 예산 1,800억 달러 정도를 다룬다. WTO의 주요 임무는 ①국가 간 협정 체결과 무역장벽 완화를 위한 회의 개최 ②무역과 관련한 법적·제도적 프레임워크 개발 및 제안 ③WTO 협정 이행과 국별 투명성 모니터링 ④개도국에 대한 무역 문제 해소 ⑤각종 연구 기능 수행 등이다.

오늘날 국제무역은 대부분 WTO의 규율에 따라 이뤄진다고 해도 과언이 아니다. WTO는 국가 간 무역 분쟁 시 이를 중재하고 불법적인 무역장벽을 모니터링해 시정 명령을 내리는 등 강력한 규제 활동을 벌인다. 특히 1980년대 들어 미국과 영국의 영향력이 줄어들고, 시장 중심의 신자유주의와 세계화가 가속화되면서 WTO는 세계 경제 통합을 위해 부단히 노력했다. 또한 WTO는 시장 개방과 세계화가 서구 중심으로 이뤄지는 상황에서 상품 및 서비스, 지적재산권 같은 교역에 국가가 개입하는 것은 정당하지 않다고 강력히 비판했다. 이처럼 WTO의 막강한 거버넌스는 세계가 자유무역을 하도록 환경을 조성해 국제사회에 크게 기여했다.

가령 WTO의 TRIPs Trade-Related Intellectual Properties는 특허권, 디자인권, 상표권, 저작권 등의 지적재산권에 대한 최초의 다자간 규범으로 GATT 체제에서 산발적·부분적으로 보호하던 것을 광범위하고 강력하게 보호하는 협정을 말한다. 개도국 입장에서 이것은 다소 불리한 협정일 수 있다. 개도국에서는 보통 기술을 혁신적으로 개발하기보다 점진적으로 축적한 기술을 활용한 기술 진보가 일반적이기 때문이다. 그런데 개발 초기 단계에 필요한 지적재산권 활용에 제약이 따르면 산업 발전에 부정적 요소로 작용할 수 있다.

결국 WTO는 출범 당시부터 최빈국에 TRIPs 적용을 유예하는 조치를 내렸다. 이 조치는 2013년에 갱신해 2021년 7월 1일까지 만기를 유예했다. 이러한 유예 협정을 통해 WTO는 최빈국의 자생력을 강화하고 선진국과의 기술·재정 협력을 지원하고 있다.

노동운동과 환경운동 그리고 반세계화를 주장하는 각국의 각종 단체는 WTO 중심으로 개편한 신자유주의적 시장 개방을 자본주의적 세계화라며 비판한다. WTO가 비판받는 주요 부분은 의사결정구조다. 품목별 협정 등에서 미국과 서구 중심의 산업 혹은 이익을 대변하는 협정이 많이 이뤄지기 때문이다. 개도국들은 미국과 서유럽 국가에 비해 산업화가 늦은 개도국에도 선진국과 동일한 수준의 시장 개방과 세계화를 요구하고 상당히 포괄적인 협정을 체결하는 바람에 개도국 스스로 산업을 일으킬 기회를 박탈한다고 주장한다. 아울러 WTO는 전 세계의 시장 개방을 통해 세계 경제를 시장 중심으로 통합하려 하지만, 특정 산업과 품목에 여전히 각국의 높은 무역장벽이 존재해 무역을 통한 비교우위를 창출하지 못한다는 비판을 받기도 한다.

4. 국제무역 이론과 개발 전략

오랜 기간 수많은 경제학자가 국가 간 무역이 이뤄지는 원인과 무역을 통한 이득에 대해서 연구했다. 상당수의 국제무역 이론이 무역을 하면 경제적 이득을 취할 수 있다고 주장한다. 이 논리는 개도국이 무역을 통해 경제성장을 꾀하고자 할 때 핵심 배경을 제공하기도 한다.

하지만 국제무역 이론이 현실을 완벽하게 설명할 수는 없으며 관련 이론은 지금도 발전하고 있다. 그런 의미에서 국제무역 이론을 개발에 적용할 때는 보다 사려 깊은 이해가 필요하다. 경제적 이득 관계만으로 분석하기에는 세계 각국이 처한 환경이 굉장히 다양하기 때문이다.

무역과 관련해 개도국의 정책입안자는 대개 수출 촉진 전략과 수입 대체 전략 중 어떤 전략을 사용할지, 관세장벽 및 비관세장벽의 경제적 실익과 그것이 경제성장에 도움을 주는지를 사전에 파악하고자 한다.

개도국에 적용 가능한 무역 전략에는 정책별로 고유한 경제적 특징이 있고, 이를 적절히 사용할 경우 국제무역 이론에서 의미하는 엄청난 생산량 증대 효과를 얻는다.

가. 국제무역 이론

- 절대우위론Absolute Advantage

인류는 오래전부터 무역을 해왔다. 그렇지만 단순한 물물교환 차원을 넘어 무역이 국가에 이익을 주는지 최초로 분석한 이는 애덤 스미스다. 스미스는 자국의 생산비가 타국에 비해 절대적으로 적은 상품 생산에 특화해 무역을 하면 두 나라 모두 이익이라는 절대우위론을 주장했다. 그러면 절대우위는 어떻게 확보할 수 있을까?

첫째, 한 국가가 다른 국가에 비해 희소자원을 보유한 경우다. 가령 석유, 금, 다이아몬드 등을 보유한 국가는 그렇지 않은 국가에 비해 같은 상품 무역에서 절대우위가 있다. 둘째, 특정 재화 및 서비스를 생산할 때 생산비가 절대적으로 적게 드는 경우다. 예를 들어 동일한 제품(예: 자동차) 한 대를 생산하면서 A국은 1,000만 원, B국은 1,500만 원을 투입한다면 자동차 생산에서 B국에 비해 A국에 절대우위가 있다.

절대우위론은 국가 간 무역이 발생하는 이유를 직관적으로 설명한다. 그런데 특정 국가가 모든 재화 및 서비스에서 절대우위가 있을 경우에도 현실적으로 무역이 발생하는 이유를 설명하지 못하는 한계를 안고 있다.

- 비교우위론[5] Comparative Advantage

데이비드 리카도의 비교우위론은 특정 국가가 생산에서 절대우위를 보이는 재화 및 서비스의 수출입에 나타나는 현상을 설명하고자 했다. 비교우위

---

5 비교우위론에 따르면 개도국은 농업 생산에 집중하는 것이, 산업화된 국가는 공업 제품을 생산하는 것이 양국 모두에게 이득이다. 그런데 바로 이 부분이 비교우위의 한계다. 개도국은 산업 시설이 부족해 필연적으로 농업에 집중하는데, 비교우위론에서는 이러한 산업구조에서 보다 발전하기 위한 전략을 더 이상 설명하지 못한다. 농업 생산에 비교우위가 있는 국가는 계속 농업 생산에 주력해야 한다는 결론에 이르기 때문이다. 실제로는 부가가치가 낮은 농업 분야보다 상대적으로 부가가치가 높은 공업과 서비스 업종으로 전환하는 것이 개도국의 산업육성 전략에서 자연스러운 현상이다. 비교우위론은 이에 대해 이론적으로 설명하지 못한다.

론에서 무역이 발생하려면 절대적인 생산비의 차이가 아니라 특정 재화 및 서비스 생산을 위한 국가 간 상대적인 생산비 차이가 중요하다.

예를 들어 A국과 B국 모두 자동차와 쌀을 생산할 수 있다고 해보자. A국의 자동차와 쌀의 상대적 생산비가 각각 10원, 8원이고 B국은 15원, 6원이라면 어떨까? A국은 자동차 생산에 특화하고 B국은 쌀 생산에 특화했을 때, 각국의 무역을 통한 이익은 A국과 B국 모두에게 돌아간다. 이를 통해 두 나라는 무역을 하기 전보다 무역을 통해 더 많은 생산을 할 수 있다.

여기서 핵심은 각 재화를 생산하기 위한 국가 간 상대적인 생산비의 차이다. 두 나라 중 어떤 나라가 자동차 혹은 쌀 생산에서 절대우위나 절대열위에 있어도 그것은 중요치 않다.

이러한 비교우위론은 국제무역이 발생하는 이유를 보다 일반적으로 설명하도록 획기적인 계기를 마련해주었다. 리카도의 비교우위론은 지금도 국제무역에서 기본적인 이론이다. 하지만 이 비교우위론에도 한계가 있다.

첫째, 무역이 발생하는 원인을 설명할 때 노동가치설에 기초해 각국의 노동만 생산요소로 취급했다. 즉, 자본집약적 산업이나 서비스 산업에서 생산한 재화 및 서비스가 국가 간 무역 대상이 되는 것을 설명하는 데는 한계가 있다.

둘째, 비교우위가 발생하는 최초의 원인에 대한 분석이 없다. 다시 말해 각국이 다른 분야에서 노동생산성에 왜 차이가 발생하는지에 대해 이론적 증명이 없다.

셋째, 비교우위론에서는 각국이 완전한 전문화, 즉 특정 제품만 특화하여 생산할 것으로 예측하지만 현실적으로 그렇지 못한 경우가 많다.

비교우위론은 리카도가 19세기에 제안한 무역 이론이라는 점에서 그의 독창성과 천재성을 엿볼 수 있다. 그런데 기술 발달과 무역이 복잡해지면서 리카도의 비교우위론만으로는 설명할 수 없는 다양한 현실 세계의 모습이 나타나기 시작했다. 결국 1950년대에 이르러 엘리 헥셔Eli Heckscher와 버틸 올린Bertil Ohlin은 리카도의 한계를 극복하고 노동과 자본을 생산투입요소로 가정한 새로운 무역 이론을 제안했다.

- 헥셔-올린 정리H-O 정리, Heckscher-Ohlin model

헥셔와 올린은 두 가지 상품과 두 가지 생산요소, 즉 노동과 자본을 갖고 있는 두 나라가 어떤 방식으로 무역을 하는지 증명했다.

H-O 정리의 핵심은 요소집약도다. 요소집약도는 두 국가(여기서는 A국과 B국으로 가정한다)에서 두 개의 상품을 생산하는 데 들어가는 자본-노동 비율(K/L)로 표시한다. 즉, 자본-노동 비율은 노동 1단위당 투입하는 자본량으로 정의한다.[6]

H-O 정리에 따르면 상대적으로 풍부하고 값싼 생산투입요소를 집약적으로 이용하는 상품을 수출하고, 상대적으로 희소하고 비싼 생산투입요소를 집약적으로 이용하는 상품을 수입한다. 즉, A국은 노동 풍부국labour-abundant country이므로 자동차를 더 많이 생산하고, B국은 자본 풍부국capital-abundant country이므로 비행기를 더 많이 생산한다. 그리고 두 나라가 필요로하는 비행기와 자동차는 무역을 통해 충당한다. 그러면 A, B 양국은 무역을 통해 무역 이전보다 더 많은 비행기와 자동차를 소비할 수 있다.

나아가 H-O 정리는 무역으로 각국의 자본과 노동의 가격이 동일해진다는 요소가격 균등화도 다룬다. 이는 무역을 통해 각국이 더욱 풍부한 자

---

6 예를 들어 A국에서 비행기를 생산하는 데 드는 자본-노동 비율이 1이고, 자동차의 경우 자본-노동 비율이 4분의 1이라고 해보자. 그렇다면 A국에서는 자동차보다 비행기를 생산하는 것이 더 자본 집약적이다.
마찬가지로 B국에서는 비행기를 생산하는 데 드는 자본-노동 비율이 4이고, 자동차는 자본-노동 비율이 1이라고 해보자. 이때 B국은 A국에 비해 총노동량보다 총자본량이 더 많으므로 B국은 자본 풍부국, A국은 노동 풍부국이다.

원에 특화하면 상대적으로 특화하지 않은 부분의 가격(자본의 경우 이자율, 노동의 경우 임금)까지도 국가 간에 균형이 이뤄진다는 논리다. 그렇지만 여기에는 완전경쟁시장이라는 가정이 필요하고, 국가 간 무역이 완전한 경제적 동기에서만 발생하는 것은 아니므로 이에 대한 비판도 존재한다.

H-O 정리는 비교우위론에서 다루지 못한 생산투입요소, 즉 자본의 역할을 경제 이론으로 설명했다는 데 큰 의의가 있다. 또한 무역으로 얻는 이득을 수리적으로 증명함으로써 각 국가가 무역의 필요성을 주장하는 데 핵심적 근거로 활용하기도 한다.

그러나 H-O 정리는 양국의 기술 수준이 동일하고 단지 생산투입요소가 서로 다를 경우에만 성립하는 이론이다. 즉, 개도국과 선진국 간의 무역을 통한 양국 모두의 이득을 설명할 때 H-O 정리를 바로 적용하는 데는 주의가 필요하다.

- 신무역 이론

국제무역 이론은 여러 한계에도 불구하고 국가 간에 무역이 발생하는 이유와 현상을 분석하는 데 가장 많이 쓰인다. 그러나 세계화와 국가 간 무역 관련 자료가 오랫동안 축적되면서 전통적인 무역 이론만으로는 설명하기 힘든 현상이 많이 나타났고, 이를 설명하기 위한 새로운 무역 이론이 지금도 계속 등장하고 있다. 여기에서는 다양한 신무역 이론 중에서 산업 내 무역intra-industry trade을 논하고자 한다.

산업 내 무역이란 통상적으로 동일한 산업에 속하는 상품의 수출입이 동시에 일어나는 무역 패턴을 의미한다. 예를 들면 한국산 자동차를 미국에 수출하고 미국산 자동차를 한국에 수입하는 것을 들 수 있다. 산업 내 무역은 1980년대 후반부터 선진국들 사이에서 나타나기 시작했다. 산업 내 무역이 확대되는 이유에는 생산구조 유사성, 상품 차별성, 규모의 경제 등이 있다.

첫째, 전통적인 비교우위 이론에서는 비교우위가 있는 재화에 특화하는 것을 무역 발생의 원인으로 본다. 그러나 생산기술 향상, 숙련 인력 증가, 국제자본의 자유로운 이동으로 각국의 생산구조가 유사해져 비교우위를 측정하는 것이 갈수록 어려워지고 있다.

둘째, 동일한 생산품일지라도 소비자는 서로 다른 효용을 보인다. 앞서 예로 든 한국산 자동차와 미국산 자동차의 무역이 가능한 이유는 동일한 자동차지만 소비자의 효용이 다르기 때문이다.

셋째, 특정 재화에 특화하면 생산 기업은 규모의 경제를 실현할 수 있고 이는 국제시장에서 가격경쟁력 확보에 이점을 제공한다.

나. 개발을 위한 무역 전략

- 수입 대체 전략Import Substitution Strategies

수입 대체 전략 혹은 수입 대체 산업화는 외국에서 수입하던 재화를 자국에서 직접 생산 및 판매해 외화 유출을 줄이고 자국 산업을 육성하기 위한 전략이다. 이 전략은 수입품에 대한 높은 관세나 쿼터를 책정함으로써 상대적으로 자국 제품 가격을 낮춰 국내시장에서 가격경쟁력을 갖도록 유도한다. 나라별로 보호무역을 전개하면서 각 나라가 자국의 미약한 시장을 보호하고 기술 발전을 통한 산업 육성을 위해 근대 유럽의 중상주의 국가 시절부터 수입 대체 전략을 많이 사용했다.

또한 개도국은 2차 세계대전 이후에도 자국 산업 보호와 자국 수요 창출을 위해 수입 대체 전략을 채택했다. 일반적으로 개도국이 수입 대체 전략을 무역의 주요 수단으로 사용하는 것은 자국의 유치산업infant industry을 보호 육성하여 다른 국가와 경쟁할 수준에 이르도록 하기 위해서다. 즉, 자국의 특정 산업에서 경쟁력을 확보해 재화 생산과 수출로 전환하는 것이 이

전략의 핵심이다.

그런데 역사적, 경제 이론적 측면에서 수입 대체 전략은 거의 성공을 거두지 못했다. 그 이유는 다음과 같다.

첫째, 수입품에 대한 높은 관세장벽은 자국 산업을 보호하기보다 생산의 비효율성을 개선할 기회를 박탈했다. 자국 산업이 생산 및 경영의 효율성을 개선할 만한 유인책이 사라졌기 때문이다.

둘째, 자국 산업 보호는 이미 그 개도국에 진출한 외국계 기업의 제품을 보호해주는 역설적인 상황을 연출했다. 결과적으로 대부분의 부(富)가 개도국에서 생산하는 외국계 기업으로 흘러들어 갔다.

셋째, 수입 대체 전략은 대개 중화학공업을 위한 것인데 이 산업은 자본집약적이라 고용 효과가 크지 않다. 이런 상황에서는 수입 대체 전략을 추구해도 그 효과가 제한적으로 나타날 수밖에 없다. 설령 개도국에서 중화학공업을 육성해도 그 생산품을 소비할 만한 시장이 개도국 내에 존재하지 않는 경우가 많다.

넷째, 수입 대체 전략으로 자국 산업을 보호할 때는 보통 전방효과[7] for-ward linkage effect를 기대하지만, 자국 산업 육성을 위한 원재료를 국내에서 조달하기보다 외국에서 수입하는 경우가 많아 그 효과가 거의 없다.

수입 대체 전략을 채택한 대표적인 예로는 1960년대 중남미 국가의 산업화 추진이 있다. 2차 세계대전 이후 본격적으로 산업화를 추진한 중남미 국가들은 그 과정에서 내부지향적 성장 정책을 시행했다. 즉, 이들은 해외시장이 아닌 국내시장을 주요 소비층으로 보고 수입 규제와 고평가 환율을 채택했다. 그 결과는 어땠을까?

---

7 전방효과(전방연쇄효과)란 특정 산업 생산품이 그것을 재료로 사용하는 다른 산업의 고용과 투자 등에 미치는 효과를 의미한다. 예를 들어 철강산업에 투자해 철강 생산량이 증가하면 이를 활용하는 자동차, 조선산업 등의 고용과 투자가 증가하는 현상을 들 수 있다.

그 결과로 무엇보다 정부가 주도하는 산업육성 정책이 없는 상황에서 기업별, 지역별 산업 집중도가 심화하는 현상이 빚어졌다. 그 영향으로 독과점이 발생하고 기업 간 불균형 성장이 심화되면서 경쟁이 약화돼 기술 발전마저 늦어지고 말았다. 여기에다 미국의 다국적기업이 중남미 지역에 진출해 그곳을 제조업의 생산기지로 활용함에 따라 사회간접자본 확충, 국가 기간산업 투자가 더욱 축소되었다.

수입 대체 전략을 채택한 중남미 국가들은 대부분 정부 부채가 늘어났고 경상수지 적자와 차관에 따른 국가 채무가 급격히 증가했다. 오늘날 중남미 국가들의 수입 대체 전략은 일반적으로 정책적 실패라는 평가를 받는다. 더불어 이 정책은 동남아시아 신흥국가들의 경제성장 전략과 비교되는 경우가 많다.

● 수출 진흥 전략Export Promotion Strategies

수출 진흥 전략은 수출 주도형 산업화로 특정 국가에서 제품을 생산해 내수에 공급하기보다 국제시장에 수출함으로써 경제성장을 이루려는 전략이다. 일반적으로 개도국은 상대적으로 값싼 노동력을 바탕으로 선진국에 비해 노동집약적인 산업에서 비교우위가 있다. 이에 따라 많은 개도국이 재화를 생산해 수출하는 전략을 구사한다.

수입 대체 전략과 달리 수출 진흥 전략은 기업이 국제시장에서 경쟁하는 체제이므로 기업 운영의 효율성을 달성하고 재화 생산에 따른 학습효과를 극대화할 수 있다. 그렇게 축적한 외화는 자국에서 경제구조를 전환하는 데 필요한 기간산업과 중화학공업에 투자가 가능하다. 수출 진흥 전략의 전형적인 예는 한국과 대만이다. 두 나라는 경제발전 초기에 수입 대체 전략을 구사했지만, 그 한계를 인식하고 1960년대 이후부터 수출 진흥 전략으로 산업육성을 꾀했다.

수출 진흥 전략에도 상당한 부작용이 있다.

우선 개도국이 수출 기업에 과도한 유인책을 제공하면서 정부와 기업 간 부패 문제가 발생할 수 있다. 여기에다 인적·물적 자본 축적이 적절히 이뤄지지 않으면 노동집약적 산업에서 자본집약적, 기술집약적 산업으로 이행하는 것이 어려운 산업구조가 고착될 가능성도 있다.

물론 개도국의 입장에서 수출 진흥 전략은 수입 대체 전략보다 현실적인 무역 전략일지도 모른다. 하지만 오늘날처럼 국제무역 자유화가 이뤄진 환경에서 정부 주도의 수출 진흥 전략이 어느 정도 영향이 있을지는 의문이다. 바실리 레온티예프Wassily Leontief가 지적한 대로 자본 풍부국이 노동집약적 산업 관련 생산품을 수출하는 일이 비일비재하기 때문이다. 그뿐 아니라 개도국의 생산품이 수입국 수요자의 신뢰를 얻기까지는 상당한 노력과 시간이 필요한데, 그 비용을 지불할 수 있는 개도국은 그리 많지 않다.

요점 정리

- ㅁ 2차 세계대전 이후 국제경제 질서는 미국·서유럽을 중심으로 하는 경제 체제로 통합되기 시작했고 이러한 노력을 계기로 세계는 세계은행, IMF, WTO 등을 창설했다.
- ㅁ 다양한 국제금융기관은 개별 국가의 경제 시스템 안정을 돕고, 국가 간 공정무역을 위한 여러 장치를 마련해 세계 경제 통합 및 공동 번영에 많은 기여를 했다.
- ㅁ 국가가 성장하려면 자국의 경제성장을 위한 노력이 필요할 뿐 아니라, 국가 간 재화 및 서비스의 교환을 통해 보다 많은 부가가치 창출이 이뤄져야 한다. 실제로 지난 반세기 동안 많은 개도국이 국제무역을 통해 신흥공업국의 지위를 얻었다.
- ㅁ 국제무역과 관련된 대표적인 이론으로는 리카도의 비교우위론, 헥셔-올린 정

리 등이 있으며, 이를 통해 국가 간에 무역이 이뤄지는 현상을 보다 잘 설명할 수 있다. 최근에는 국제무역 분업화, 글로벌 가치사슬Global Value Chain의 심화로 전통적인 국제무역 이론으로 설명할 수 없는 무역 패턴이 나타나고 있다.

□ 개도국은 국제무역을 통해 국가의 부를 창출하기 위한 다양한 전략을 구사한다. 대표적인 무역 전략으로는 수출 진흥 전략과 수입 대체 전략이 있다. 수출 진흥 전략은 자국에서 생산한 재화를 국외로 수출해 국부를 창출하는 것이고, 수입 대체 전략은 수입하는 재화를 자국 내에서 생산 및 소비하는 전략이다. 역사적으로 대부분의 신흥공업국은 초기에는 수입 대체 전략을 사용하고, 일정 기간 후에는 수출 진흥 전략을 구사했다.

생각해볼 문제

□ 오늘날 국제금융기구의 역할은 과거와 어떤 점이 다른가?

□ 국제금융기구는 선진국과 개도국 중 어느 쪽에 우호적이라고 보는가? 그 이유는 무엇인가?

□ 최근에 나타나는 대표적인 국제무역 패턴에는 어떤 것이 있으며 그 주된 원인은 무엇인가?

□ 개도국의 경제성장에 미치는 국제무역의 영향과 역할은 무엇인가?

□ 개도국이 국제무역을 통한 경제성장을 이루기 위해 과거 동아시아 국가들의 무역 전략에서 배울 수 있는 교훈은 무엇인가?

근대화와 정부 주도 개발

1. 들어가며

먼저 근대화와 계몽사상의 역사적 배경을 이해하고 이를 이론화한 발전 단계, 그리고 로스토 모델 등을 살펴본다. 또 국가와 산업화에 대한 개념 및 이론, 시대에 따른 정부 역할 대두와 그 사례를 알아본다. 사례는 과거 선진국의 정부 주도 개발과 산업화, 남미 및 아프리카 탈식민 국가들의 정부 주도 개발, 동아시아 발전국가로 나눠 살펴본다.

2. 근대화와 계몽 Modernisation and Enlightenment [8]

근대화의 시초는 멀리 중세 말기로 거슬러 올라간다. 유럽에서 근대화는 노동을 아담의 죗값을 치르는 희생이 아닌 미덕이자 부의 원천으로 생각한 16세기 개신교에서 출발한다. 이러한 의식은 직업을 소명으로, 게으름을

---

8 Peet and Hartwick

신에 대한 모독으로 여기는 칼뱅파가 더욱 강화했다. 근대화는 18세기 '계몽의 시대'와 밀접한 관련이 있는데 이 개념은 추후 신고전학파 및 자유주의에도 큰 영향을 끼쳤다. 따라서 우리는 '계몽'을 보다 확실히 이해할 필요가 있다.

《철학사전》[9]은 계몽을 봉건적 구습, 종교적 전통으로 인한 무지, 미신, 도그마에 지배당한 민중의 몽매를 자연의 빛 즉 이성에 비춰 밝히고 자유사상·과학적 지식·비판적 정신을 보급해 인간의 존엄을 자각하게 하는 것이라고 묘사한다. 또 칸트는 계몽을 "인간이 스스로의 책임인 미성년 상태에서 탈각하는 것"이라고 정의했다.

그밖에 만인의 만인에 대한 투쟁과 사회계약론을 묘사한 토머스 홉스Thomas Hobbes나 자연법에 따른 정부를 주장한 존 로크John Locke, 만인의 공통된 이익이라는 감정에서 법의 근거를 구한 데이비드 흄David Hume 등이 새로운 자본주의 사회를 구상하고 설명하려는 움직임을 보였다. 이처럼 부를 축적하기 위해 밤낮으로 일하는 사업가 계층과 관련된 이론은 17~18세기 철학자들이 만들어냈다. 그들의 목표는 인간의 자유 옹호, 개인적인 이기심과 공공의 선 사이의 조화에 있었고 이는 결국 자유·민주·진보를 추구한 근대 자유주의의 모태가 되었다. 또한 그들은 에밀 뒤르켐Emile Durkheim의 이론이 보여주듯 분업 등으로 근대화가 촉진되고 사회도 살아있는 유기체처럼 발전한다고 보았다.

근대화의 철학적 배경에는 크게 3가지가 있다.

첫째는 자연적, 유전적 우월성에 따라 발전 가능성이 달라진다고 주장하는 사회적 다윈주의Social Darwinism인 '자연주의Naturalism'다. 자연주의에 따르면 생물학적인 환경이 사회와 사람들이 개발에 대해 서로 다른 잠재력을

9 임석진, 《철학사전》, 중원문화, 2009

갖게 하며, 이러한 차이가 유럽인들을 더욱 우월하게 만들었다고 주장한다.

둘째는 막스 베버적 관점으로 문화적인 측면에 집중하여 유럽의 '이성주의Rationalism'적 문화 및 사유가 진보를 가능하게 했다고 믿는 것이다.

셋째는 2차 세계대전 이후 등장한 이론으로 자연주의와 이성주의의 일부가 공존하는 구조기능주의Structural Functionalism다. 이는 자연주의적 사회 형성 이론을 기반으로 사회의 도덕성, 집단적 양심, 문화 등의 측면에 주목했다.

그 외에 새뮤얼 아이젠스타트Samuel. Eisenstadt, 데이비드 맥클레랜드David McClelland 같은 학자들이 사회학 및 문화심리학적 측면에서 근대화 이론에 접근했다. 이 모든 이론들은 신고전주의 경제학에서 개발을 단순한 경제 발전으로 보는 것에 대한 비판으로부터 시작됐는데, 이는 개발과 근대화의 개념이 경제학에서 시작했음을 반증한다. 따라서 개발모형의 초창기적 시도인 로스토 모델을 통해 근대화의 개념을 더욱 구체적으로 살펴보겠다.

가. 발전 단계와 로스토 모델

발전을 단계적으로 표현하려는 시도는 발전에 대한 인간의 계몽학적 접근에서 출발해 마르크스의 생산양식 등으로 꾸준히 이어져왔다. 그중에서도 가장 많이 알려진 이론은 미국과 유럽의 경험을 바탕으로 국가의 사회경제가 어떻게 발전하는가를 체계화한 로스토 모델이다. 마르크스주의의 대안으로 제시한《The Stages of Economic Growth: A Non-Communist Manifesto》(1960)에 등장하는 로스토의 (경제)발전단계설에 따르면 모든 사회의 경제발전은 5단계로 나뉜다.

① 전통 사회traditional society 단계: 뉴턴의 과학기술 시대 이전의 사회로 생산성에 제약을 받아 농업 분야가 선도적이고 계층적인 구조를 이루는 사회다.

[표4] 로스토 모델

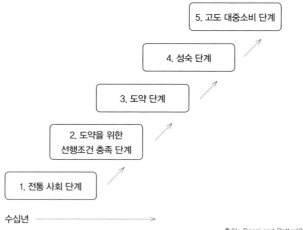

출처: Desai and Potter(2008: 84)

②도약을 위한 선행조건 충족precondictions for take-off 단계: 기본적으로 경제적 전환이 가능한 사회로 성장을 위한 과도기다. 이때 중앙집권적 국민국가를 이루고 투자 활동 및 상업 활동이 크게 확대된다.

③도약take off 단계: 성장 분위기가 조성돼 지속적인 성장이 일어나는 상태로 국민소득이 5～10퍼센트 증가하고 산업화가 진행되면서 농업이 상업화한 단계다. 무엇보다 도시화가 빠르게 이뤄지고 경제, 사회, 정치 구조에 변화가 일어나며 선도 산업이 나타나기 시작한다.

④성숙drive to maturity 단계: 국민소득의 10~20퍼센트를 투자하는 자생적 성장이 가능한 시점으로 최첨단 기술을 상용화하는 단계다. 저축률이 도약 단계보다 큰 폭으로 증가하며 적극적인 기술개발 및 도입이 이뤄진다.

⑤고도 대중소비stage of high mass consumption 단계: 내구소비재 및 서비스 산업이 두드러지고 사회복지와 정책 안보가 늘어나며 이를 위한 사회적 지원을 더 많이 투입하는 단계다.

로스토의 경제발전 5단계를 실제로 미국 사회에 적용하면 그 특성을 쉽게 이해할 수 있다.

간결성과 함축성 면에서 높이 평가받은 로스토 모델은 정부가 추진해야 할 근대화 단계를 명확히 제시했다는 점에서 의미가 있다. 반면 이 모델은 다음과 같은 이유로 비판을 받는다.

첫째, 단선적·단계적 모델로 시간에 따라 발전할 수밖에 없다는 가정을 한다.

둘째, 유럽과 미국의 경험을 바탕으로 한 유럽 중심적 모델이다.

셋째, 모든 국가가 똑같은 단계를 같은 순서로 겪을 것이라고 가정한다.

넷째, 경제발전이 곧 개발이라는 그릇된 인상을 줄 수 있다.[10]

무엇보다 로스토 모델은 다음 단계로 이행하기 위한 조건을 어떻게 충족할 수 있는지 충분히 설명하지 못한다. 로스토 모델이 유럽 중심적이라는 것은 이를 개도국에 적용하려는 시도에서 여실히 드러났고, 이것은 근대화와 개발 전체에 대한 비판으로 이어지기도 했다.

나. 유럽을 넘어선 근대화[11]

'계몽'은 유럽과 유럽의 지식인이 선도한 까닭에 상당히 유럽 중심적이었다. 이를 이어받은 '근대성' 개념도 유럽을 기타 지역과 차별화하는 경향이 있다. 심지어 야만적이고 문명화하지 않은 비서구의 근대화를 유럽의 사명처럼 여겨 근대적 이성을 제국주의적이고 인종차별적인 수단으로 악용하기도 했다.

이에 대한 비판은 개발에 대한 회의로까지 이어졌고 아르투로 에스코

---

10   Desai and Potter, 2008

11   Desai and Potter, 2008

[표5] 로스토의 경제발전 단계와 미국의 예

단계	미국의 예
전통 사회 단계	19세기 이전: 원주민의 생계유지 및 사냥 사회, 유럽 이주자는 농업생산품 무역 위주
도약을 위한 선행조건 충족 단계	1815~1840년대: 1776년 독립 이후 경제활동에 관심, 농업생산성 증대(면화 생산), 정부 재원으로 대규모 기반 시설 사업(페리 운하, 철도)
도약 단계	1843~1860년대: 북부는 도약하고 남부는 1930년대까지 도약하지 못함. 외국자본 유입으로 1850년대 중서부 지역으로 철도 확장, 곡물 수출 팽창, 동부 지역 제조 산업 성장
성숙 단계	1900년대까지 성숙기 도달: 철강 생산 증가, 농업 생산성 증가, 경제개발 정책에 대한 관심
고도 대중소비 단계	1990년대 이후: 제조업·운송업·건설업 분야에 취업하고자 도시로 이동하는 중산층 증가, 자동차·담배 등 소비자 구매력 증가, 주변 도시 증가, 포드 생산라인 설치

출처: 이금순 (2008: 19)

바Arturo Escobar는 1945년 이후 개발 프로젝트를 "아시아, 아프리카 그리고 남미를 계몽하려는 실패한 마지막 시도"라고 혹평하기도 했다.

비록 문제점이 있긴 하지만 근대화는 여전히 개도국에서 추진하는 최우선적 경제발전 정책이다. 그 방법론에서 계몽사상의 영향을 받은 애덤 스미스를 필두로 등장한 고전주의학파는 자유시장 경제를 제시했다. 이처럼 자유방임 자본주의를 주장하는 고전주의와 신고전주의Neo-classicism는 근대화와 산업화의 원동력에서 큰 부분을 차지하며, 모두 정부 개입을 최소화해야 한다고 주장했다.

이제 국가와 정부의 정의를 살펴보고 정부 개입에 대한 논의가 어떻게 전개되었는지 그 역사적 맥락을 자세히 알아보겠다.

3. 경제발전과 국가의 역할에 관한 논의

가. 국가 State 의 정의

국가는 보통 국민, 영토, 주권의 세 요소를 충족시키는 사회집단으로 정의한다.[12] 국제관계에서는 국가를 일정한 영토 내에서 무력을 행사할 독점권을 갖고 그 안에 거주하는 대다수 인구와 이웃 국가에게 합법적으로 인정받으며, 공적인 결정을 내리는 국민이 있는 독립체로 정의한다.

그런데 이 정의는 필요에 따라 만든 식민국과 여러 개도국에 적용하기 어려우며, 수천 년간 역사적 정체성을 쌓아온 유럽 국가들을 기반으로 한다는 점에서 유럽 중심적이라는 비판을 받기도 한다. 식민국이나 독립 후에도 무력 혹은 강한 공권력으로 지배하는 국가도 있음을 감안할 때 모든 국가에 비슷한 정통성이 있다고 보기는 어렵다.

근대국가와 함께 발달한 '정부' 역시 그 개념이 일정하지 않다. 정부란 넓게는 입법 · 사법 · 행정 등 한 나라의 통치기구 전체를 말하고, 좁게는 행정부 및 그 부속 행정기구를 가리킨다.[13] 여기에서는 앞서 말한 개념 형성의 주관성을 감안하되, 사전적인 국가 및 정부의 개념에 따라 일반적인 의미의 국가 전체를 대상으로 논의하겠다.

나. 경제발전에서 국가의 역할

경제발전에서 국가의 역할은 앞서 말한 국가의 정의 기준에 영향을 받을 수밖에 없다. 예를 들어 마르크스주의의 영향을 받은 급진적 개발학파는 독립한 구식민지 국가들이 여전히 식민주의에 종속돼 국가의 역할이 제한적

---

12   국립국어원
13   《두산백과》, 2014

이라고 보는 반면, 막스 베버 학파는 현대국가의 이성적 민족주의를 강조해 합법적인 국가의 역할을 중시한다.

많은 개도국이 식민주의의 유산과 소수 엘리트 중심 체계에 따라 국가적 역량 발휘에서 차이를 보인다. 예를 들어 아툴 콜리Atul Kohli는 국가에 권위를 부여하는 3가지 형태로 신가산 국가Neo-patrimonial states, 응집적 자본주의 국가Cohesive-capitalist states, 분절화한 다계층 국가Fragmented-multiclass states를 꼽았다. 일부는 중앙집권적, 비민주적인 정권이 부패와 불평등을 야기해 경제발전에 장애가 된다고 한다. 또 다른 학자들은 이러한 정권이 깨어 있는 리더십으로 효율성을 발휘해 오히려 경제발전을 촉진한다고 주장한다.

그러면 국가의 역할에 대한 여러 주장을 더욱 체계적으로 알아보기 위해 역사에 따른 논의의 변천을 살펴보도록 하겠다.

국가에 권위를 부여하는 3가지 형태
- 신가산 국가: 국가를 군주의 사적인 세습자산으로 취급하는 국가로 신자유주의적 시장 개혁에 실패한 아프리카 국가를 설명할 때 쓰이기도 한다(예: 나이지리아).
- 응집적 자본주의 국가: 발전국가와 비슷한 개념으로 자본주의 체제를 유지하되 중앙집권적 체제라 민주주의로 보기는 어려운 국가를 말한다(예: 1980년대 이전의 한국).
- 분절화한 다계층 국가: 민주적, 근대적이지만 계층이 분화한 국가다(예: 인도).

다. 역사적 배경에 따른 논의의 변천[14]

경제발전에서 국가의 역할은 케인스학파와 자유시장 경제학자들 간의 논쟁에서 불거졌다. 1960년대 산업화 및 근대화가 국가발전의 주요 목표로 떠오르면서 '어떻게 산업화할 것인가'가 주요 이슈로 등장했다. 당시 중국,

---

14 Haslam 2009, Potter외 3인, 2008

인도, 쿠바 등 여러 국가가 사회주의의 선봉인 소련의 5개년 계획을 모방했으나 산업화 역량 부족과 사회적 형평성 악화라는 부작용이 따랐다. 남미에서는 라울 프레비슈Raul Prebisch가 이끄는 시장과 국가의 중간점을 지향하는 구조주의Structualism가 나타나기도 했다. 두 차례의 세계대전과 대공황을 겪으면서 사람들은 자본주의의 부작용을 해소하고 평등하면서도 생산적인 경제체제를 구축하기 위해서는 국가가 나서서 경제계획을 세우고 분배와 복지 정책을 주도해야 한다고 인식했다.

당시 고전학파 경제학자들은 자본 축적, 생산기술 진보, 자유무역, 비교우위 파악 및 특화, 사유재산권, 경제적 자유 등 공급 능력 제고를 경제성장의 원동력으로 여겼다. 반면 대공황을 진단한 케인스는 공급 능력을 강화해도 유효수요가 부족할 경우 경기침체가 일어날 수 있다고 분석했다. 나아가 경기순환 안정과 완전고용을 실현하려면 거시적 관점에서 정부가 주도적으로 나서야 한다고 생각했다. 이에 따라 케인스학파는 완전고용 실현을 목표로 적극적인 재정금융 정책의 도입을 주장했다.

그런데 1970년대에 스태그플레이션(아래 참조)이 이어지면서 경기불황과 물가상승이 어떻게 공존할 수 있는지 이론적으로 설명하지 못하는 케인스주의를 비판하는 세력이 시카고학파를 중심으로 대두되었다. 이들은 자유시장, 규제 완화, 재산권 등을 주장하고 세계화와 시장 개방을 옹호했다.

스태그플레이션

스태그네이션 stagnation(경기침체)과 인플레이션 inflation을 합성한 신조어로 1970년대의 석유파동 이후처럼 불황기에도 물가가 계속 상승하는 것을 가리킨다. 이 경우 경제성장을 위한 확장 정책은 물가 수준을 더 높이고, 물가 안정을 위한 긴축 정책은 실업을 더욱 심화하기 때문에 정책 선택이 어렵다. 주요 원인은 소수의 대기업이 주요 산업을 지배해 수급 상태와 관계없이 제품 가격이 거의 고정적인 경향이 강한 것, 경기 정체기에 군사비나 실업수당 등 주로 소비적인 재정 지출이 늘어난 것, 기업의 관리비 상승으로 임금 상승이 가격 상승에 비교적 쉽게 전가된 것 등이다. 해결책으로는 기술혁신이나 산업 구조조정을 통한 경제 체질 강화 노력 등이 있다.

1970년대에는 잇따른 오일쇼크 등으로 많은 경제학자가 케인스주의가 주장하는 국가의 역할에 의문을 품었고 이때 신자유주의가 부상했다. 이들은 정부 역할 축소와 규제 완화, 정부 개혁, 민영화 등의 구조조정을 주장했고 이는 부채와 저성장으로 허덕이는 개도국을 위한 처방전처럼 쓰였다. 한 예로 세계은행의 보고서에는 많은 나라가 정부 개입으로 악순환을 경험했다며 민영화 등을 통해 시장이 역할을 잘할 수 있는 곳은 정부의 간섭을 줄여야 한다고 명시한 구절이 나온다.[15] 영국의 마거릿 대처Margaret Thatcher 수상 역시 국유화 등 케인스주의적 경제정책을 포기하고 민간의 자율적인 경제활동을 중시하는 강력한 경제개혁을 추진했는데, 이를 대처리즘이라고 한다. 대처 수상은 작은 정부 실현을 목표로 복지를 위한 공공지출 삭감과 세금 인하, 국영기업 민영화, 노동조합 활동 규제, 기업과 민간의 자유로운 활동 보장 등을 위한 각종 정책을 실시했다. 이에 발맞추어 미국에서도 로널드 레이건Ronald Reagan 대통령이 공급을 자극해 그 파급 효과가 수요 증대에 미치게 하는 공급 경제학Supply-side Economics, 즉 레이거노믹스를 내세웠다. 관련 정책 역시 세출 삭감, 고소득자들에 대한 소득세 대폭 감세, 기업에 대한 규제 완화 등 대처리즘과 그 맥을 같이한다. 이러한 정책은 양국의 경기 회복에 기여했으나 영국은 실업률이 다시 치솟았고 미국은 재정 적자로 허덕이는 등 부작용이 발생해 또다시 비판을 받았다.

1991년 소련의 붕괴와 시장을 신봉하는 신자유주의자들의 기세에 국가의 역할이 점점 줄어드는 듯했다. 하지만 이를 대체해 전 세계로 퍼져나간

---

15 〈World Development Report〉, 1991

신자유주의 역시 불평등 심화와 칠레 같은 자유시장 모델 실패, 국가 주도 발전 모델인 동아시아 국가들의 경제성장으로 비판을 받기 시작했다.

결국 주류 경제학자들은 효율적인 시장규제를 위한 국가의 중요성을 재인식했고 동시에 거버넌스를 강조했다. 또한 신좌파new left 학자들은 신자유주의적 학자들처럼 대중의 후원을 얻지 못한 국가에는 비판적이고, 비국가non-state 주체의 역할은 중요시하는 새로운 이론을 펼쳤다.

한편 1990년대에 정부 주도 성장의 성공 사례로 알려진 동아시아 국가들이 외환위기를 겪자, 경제발전에서 정부의 적극적인 역할에 대한 지지는 다시 흔들리기 시작했다. 하지만 이 위기들로 인해 자유 시장주의에 대한 회의론 및 국제금융 시스템 개혁의 목소리도 높아졌다.

현대 들어 세계화가 진행되자 국가의 역할이 점점 줄어들고 전 세계가 단일 체계로 통합될 수도 있다는 의견이 등장했다. 그렇지만 곧 이것은 서구 중심의 신자유주의적 발상이라는 비판과 함께 이를 서구화Westernisation 혹은 미국화Americanisation로 인식하면서 거센 반발이 일어났다.

무엇보다 국가를 대체할 거라고 여기던 국제기구들의 비효율성과 편파성이 드러나면서 국가의 정부를 대신할 만한 세계 정부World Government 출현은 더욱 요원해졌다. 국제기구와 각종 비정부기구가 국가의 역할 및 권력에 영향을 준 것은 부인할 수 없지만 국가의 존재에 위협을 주지는 못했다.

환경 문제나 경제 개혁 및 거버넌스에서 예전보다 외부의 입김이 많이 작용하긴 해도 그 협상, 결정, 실행의 주체는 여전히 국가이며 국가는 많은 영역에서 개발의 주도권을 쥐고 있다.

4. 개도국의 정부 주도 개발_{State-led Development}[16]

가. 볼리비아

볼리비아의 에보 모랄레스Evo Morales 대통령 또한 각종 경제 부문에 정부 개입을 늘렸다. 관련 조치로 외국기업의 세금을 인상함으로써 재계약에 영향을 미치기도 하고 사기업을 국유화하기도 했다. 이때 통신회사, 철강회사, 전기회사 등을 국유화했고 항공회사 등 신규 국영기업을 설립했다. 석유 산업에서도 소유권을 사기업에 과반수 넘기도록 적극 개입했고 2006년 5월 외국 소유의 석유와 천연가스 설비를 장악하기 위해 군을 소집하기도 했다. 볼리비아 정권 역시 공공지출을 확대해 2008년 11.9퍼센트의 인플레이션을 기록했다.

나. 보츠와나

보츠와나는 아프리카 국가 중에서 동아시아 발전국가에 비교할 만큼 괄목할 만한 성장을 이룬 나라다. 일부는 보츠와나에 다이아몬드 등 광물자원이 풍부하기 때문이라고 판단하지만 정부에서 구리, 소다회 등 다른 광물자원에도 투자하고 제조업을 다분화하는 등 적극적인 정책을 펴서 자원의 저주resource curse를 피했다는 점에서 주목할 만한 가치가 있다.

보츠와나가 정부 주도 개발에서 성공한 요인을 살펴보면 다음과 같다.

먼저 현실적인 환율, 통화, 재정 정책을 추구하는 정치 관료들의 개발 의지가 분명했고 개발목표 실현을 위해 공무원과 정치인이 긴밀히 협력했다. 덕분에 경제성장을 위한 기획, 예산, 이행에서 원활한 협력이 이뤄졌다. 또 자원 배분과 활용에서는 효율적이고 정치적으로는 중립적, 안정적인 관료

---

16 Weyland 외 3인, 2010

주의적 시스템도 개발에 기여했다.

무엇보다 주요 수입원인 다이아몬드를 신중히 관리한 리더십이 정부 주도 개발에서 큰 역할을 했다. 한 예로 1975년 드비어스De Beers 다이아몬드 회사와 보츠와나 다이아몬드 탄광 소유권 협상에서 50-50을 타결해 임금과 탄광의 허가, 운영 및 확장에 정부의 입김이 작용할 여지를 높였다. 또한 그 수입을 교육, 보건, 주택, 교통 등 사회 인프라에 투자해 국민이 혜택을 받도록 한 것이 보츠와나가 아프리카에서 부유하고 부패가 적은 나라로 성장한 이유 중 하나다.

다. 동아시아 발전국가

발전국가 개념이 처음 등장한 것은 차머스 존슨Chalmers Johnson의《통산성과 일본의 기적MITI and the Japanese Miracle: The Growth of Industrial Policy》(1982)에서다. 이 연구에서 존슨은 일본의 빠른 전후 복구 및 경제성장을 설명하기 위해 '자본주의 발전국가Capitalist developmental state' 개념을 도입했는데 이는 높은 성장률, 생산성과 경쟁력 등을 국가의 최우선 목표로 여기는 국가를 의미한다.

발전국가 안에서 시장은 소수의 엘리트 관료가 관리하고 이들은 사기업과 긴밀한 협력을 도모한다. 이들 엘리트 관료는 효과적인 정책을 수립하는 재량을 발휘하며 전략적인 산업 정책을 시행한다. 이러한 국가의 특징을 피터 에번스Peter Evans는 배태된 자율성embedded autonomy이라고 표현했다. 역사적 사례에서 관료 조직의 자율성과 민관 협력이 가능해진 이유를 찾는 학자들은 공산주의와 민주주의가 대치하는 동아시아의 안보 위협, 전후 산업화에 대한 동력, 일본과 미국의 헤게모니 및 식민지 경험, 초창기부터 정치적 절차에 노동을 배제한 점 등을 지적한다.

라. 발전국가에 대한 상반된 해석과 논쟁

발전국가의 경제성장 논쟁은 1970년대 후반에 시작되었다. 신고전주의 경제자들은 이를 두고 동아시아 국가들이 무역 개방, 외국자본 유입, 국내 금융 자유화, 민영화를 통한 거시경제 안정 등의 방법을 썼기 때문이라고 해석했다.

그러나 곧 이에 대한 다양한 실증적 반론이 제기되었다. 예를 들어 한국과 대만의 평균 공산품 관세율은 1970년대까지 30~40퍼센트로 매우 높았고 수출자유지역 밖에서의 규제 부과, 초국적 기업의 기술 심사 및 수출 요건 부과 등 많은 비과세장벽이 있었다. 국영 부문에서도 반론은 있었다. 가령 싱가포르의 국영 부문 규모가 국민생산 기여도로 따져 한국의 두 배이고, 한국은 필리핀의 다섯 배에 이른다는 것을 지적했다. 또 대만은 1960~1970년대에 국영 부문이 국민생산의 16퍼센트를 차지했고, 1996년까지는 민영화가 거의 이루어지지 않았음을 제시했다.[17]

그뿐 아니라 앨리스 암스덴Alice Amsden은 〈Asia's Next Giant: South Korea and Late Industrialization〉에서 한국을 예로 들며 국제 경쟁을 준비한 동아시아식 경쟁 정책, 강력한 금융 시스템 규제, 잘 정의한 기술 정책 그리고 교육과 인적 자본에 대한 국가의 투자 등이 성공 요인이라고 분석했다.

로버트 웨이드Robert Wade도 〈Governing the Market: Economic Theory and the Role of Government in East Asian Industrialization〉을 통해 동아시아 발전국가의 성공 요인으로 주요 산업에 대한 정부의 집중적인 투자, 국제 경쟁에 자국 산업 노출 등을 꼽았다.

결국 세계은행이 발표한 〈1987 World Development Report〉와 시카고

---

17   Chang, 2006 and 2007

대학에서 발표한 〈1988 Economic Development and Cultural Change〉
등은 동아시아 국가들이 이전까지 주장한 것처럼 경제자유화 정책으로 성
장하지 않았음을 인정했다. 그리고 불평등과 민주주의 등을 문제 삼으며 이
것은 다른 국가가 모방하기에 위험하다고 주장했다.

1997년과 1998년의 금융위기로 동아시아 국가의 경제가 후퇴하기 시작
하자 신자유주의 경제학자들은 동아시아 발전 모델에 문제가 있다고 평가
했고, 폴 크루그먼Paul Krugman 등의 학자들은 이를 정실 자본주의Crony Capi-
talism의 폐해로 규정했다. 그렇지만 오히려 동아시아 국가가 1990년대 후반
부터 세계화 바람에 편승해 급속도로 경제를 자유화하고 시장을 개방한 것
이 원인이라고 보는 학자들도 있다.

요점 정리

- 근대화는 노동이 미덕이자 부의 원천이라는 개신교의 주장과 함께 시작되었
  고, 직업을 소명으로 여기는 칼뱅파가 이를 더욱 강화했다.
- 계몽은 봉건적이고 종교적인 것에서 벗어나 자연의 빛, 즉 이성에 비춰 생각
  하고 비판하고자 하는 것이며 인간의 존엄을 일깨우는 일이다.
- 계몽은 칸트, 토머스 홉스, 존 로크, 데이비드 흄의 노력으로 더욱 발전했고
  이들의 철학적 내용은 계몽 이론으로 이어져 결국 자유 · 민주 · 진보를 추구하
  는 근대 자유주의의 모태가 되었다.
- 로스토는 발전을 5단계(① 전통 사회 단계 ② 도약을 위한 선행조건 충족 단계 ③ 도약
  단계 ④ 성숙 단계 ⑤ 고도 대중소비 단계)로 구분해 설명했다.
- 세계대전과 대공황을 극복하기 위해 케인스는 공급과 수요의 일치를 중요하게
  생각했다. 또한 경기순환 안정과 완전고용을 실현하기 위해서는 정부의 적극
  적인 역할이 필요하다고 주장했다.
- 국가는 국민, 영토, 주권을 바탕으로 일정한 영토 내에서 무력을 행사할 수 있
  는 독점권을 가진 독립체로 정의할 수 있다.

- 선진국(미국, 유럽 등)이 신자유주의적 산업 정책으로 산업화와 경제성장을 이뤘다는 논리는 많은 비판을 받고 있다. 사실은 이들도 과거에 국가 주도 개발 정책을 펼친 사례가 많다.
- 남미(베네수엘라, 볼리비아, 브라질 등)에서는 정도의 차이는 있지만 신자유주의적 성향보다 국유화 사업 등 적극적인 정부 개입 경제 정책을 펼쳤다.
- 아프리카 국가 중에는 정부 주도 개발로 경제성장을 이룬 사례(모리셔스, 보츠와나)도 있지만, 대다수가 나이지리아처럼 정부 주도 개발을 제대로 추진하지 못했다.
- 동아시아의 정부 주도 개발은 발전국가론으로 이어졌지만 1997년 금융위기 이후 그 성패 요인에 대한 논쟁이 현재까지 지속되고 있다.

생각해볼 문제

- 유럽의 근대화 및 국가 개념을 개도국에도 똑같이 적용할 수 있는가?
- 로스토의 발전 5단계설의 내용과 한계는 무엇인가?
- 국가의 역할과 관련해 각종 경제학파들은 각각 어떤 입장을 취하고 있는가?
- 정부 주도 개발에 관한 평가를 경제 외에 정치 · 사회적 측면에도 확대하려면 어떤 분석이 필요할까?
- 한 국가의 개발 성공 사례를 다른 나라에 이식하는 것이 가능한가? 이때 고려해야 할 요소에는 무엇이 있는가?
- 정부 주도의 개발이 성공하기 위해 고려해야 할 요소에는 무엇이 있는가?

제3절 **경제성장과 산업화**

1. 들어가며

서구 선진국뿐 아니라 신흥공업국으로 도약하려는 많은 개도국의 궁극적인 관심 대상이자 목표는 바로 경제성장이다. 경제성장은 국가와 국민의 소득이 늘어나는 것을 의미하며 그 과정에서 적절한 소득분배가 이뤄지면 모든 국민이 빈곤에서 탈출할 수 있다. 동시에 이것은 국민이 소득 불평등에서 벗어나는 확실한 방법이다.

국가가 지속가능한 발전을 이룩하고 정치, 사회, 문화적으로 보다 높은 수준의 목표를 달성하기 위한 전제가 경제성장이다. 지속적인 경제성장 없이 사회 발전을 기대할 수는 없으며, 다양한 투자 및 활용에도 한계가 있다. 한 국가의 부족한 부는 정치 시스템의 실종을 야기하고, 특정 계층이 국가의 부를 독식하는 취약한 의사결정 및 사회구조 형성의 원인으로 작용한다.

개발경제학의 목적은 개도국의 경제성장과 빈곤감소, 소득 불평등 문제를 경제학이라는 렌즈를 통해 분석 및 해결하는 데 있다. 그러므로 개발경제학 측면에서 경제성장은 경제 내의 생산량과 소득의 지속적인 증가로 요약할 수 있다. 증가한 소득은 사회 내의 소득재분배 기능을 통해 국민에게 적절히 돌아가고 덕분에 빈곤층의 일인당 소득은 증가한다. 이때 대개는 지속적인 경제성장(생산량과 소득 증가)을 이루기 위한 핵심 요소로 산업화를 강조한다.

산업화는 개도국의 경제성장 가능성을 높이는 가장 적극적인 방법이지만 모든 국가의 산업화 전략에 일관성 있는 법칙이 존재하는 것은 아니며, 그 전략은 각국이 처한 상황과 경제적 자원 및 거버넌스의 특징에 따라 다르다. 결국 현재의 개도국은 그들의 전략을 답습하기보다 산업화 전략이 성공할 수 있었던 요인을 분석하는 것이 더 바람직하다.

2. 개발경제학과 개발지표

가. 개발경제학이란

개발에서 경제성장 분야는 포괄적이고 방대한 문제를 다룬다. 개도국의 경제성장을 집중적으로 연구하는 학문이 개발경제학인데, 이는 경제학적 체계로 개도국의 빈곤과 불평등에 관해 다양한 분야를 연구한다.

2차 세계대전 직후의 개발경제학 분야에서 대표적인 학자로 아서 루이스William Arthur Lewis와 월트 로스토를 꼽을 수 있다. 1979년 노벨경제학상을 받은 루이스의 대표적인 이론은 개도국의 성장에서 나타나는 노동력의 초과 공급을 바탕으로 한 두 섹터Two-Sector 모형이다. 그는 자신의 이론을 보다 확장해 루이스 전환점Lewis Turning Point을 제안하기도 했다.

루이스 전환점이란 한 국가 경제에서 전통 부문Traditional sector과 근대 부문Modern sector에서의 임금 상승 여부를 의미한다. 개도국을 두 부문(전통부문과 근대 부문)으로 구분한 그는 개도국의 경제성장이 진행되면서 도시화가 나타난다고 분석했다.

도시화 초기에는 전통 부문의 잉여노동력(한계생산성이 0에 가까운 노동력) 이 대거 도시로 유입돼 노동 공급이 무한대에 가깝다. 이 시점에서는 노동 공급이 매우 탄력적이라 임금 상승이 이뤄지지 않는다. 그러나 도시화와 산업화가 진행돼 전통 부문의 잉여노동력이 사라지면 전통 부문과 근대 부문 의 경제가 통합된다. 더불어 노동력은 더 이상 무한 공급되지 않고 전통 부문과 근대 부문의 임금이 동시에 상승하기 시작한다.

루이스는 개도국에서 이런 현상이 전형적으로 나타난다고 밝혔다. 그리고 단순 노동력의 이동으로 낮은 임금 중심의 노동집약적 산업을 육성하는 것만으로는 개도국의 경제성장에 한계가 따를 수밖에 없음을 지적했다. 루이스 전환점은 개도국에 중요한 시사점을 제공한다. 특정 국가가 루이스 전환점을 지나면 더 이상 노동집약적 산업에 의존하는 경제구조로는 지속가능한 경제성장을 이룰 수 없으므로 경제의 구조 전환이 필요하다는 것을 의미하기 때문이다.[18]

또한 초기 개발경제학에서 큰 학문적 주류를 형성한 다른 학자가 로스토다. 그는 미국의 경제사상가로 경제발전 과정을 5단계로 체계화하고 이를 통해 개도국의 경제성장을 설명했다.[19]

루이스와 로스토의 뛰어난 통찰력과 분석력은 이후 수많은 학자가 개도국의 경제성장을 이해하고 연구하는 데 중요한 아이디어를 제공했다. 개발경제학의 연구 분야는 광범위하고 그 영역은 지금도 확장 중이기 때문에 개발경제학을 소개하고 그 범위를 한정하는 것은 매우 어려운 일이다. 주요 연구 분야는 최빈국을 비롯한 개도국의 재화·서비스 시장, 자원과 자본 활용, 거시경제의 안정성 및 감독권 그리고 경제와 정치제도까지 매우 광범위

---

18 최근 중국에 노동력 부족과 임금 상승 현상이 뚜렷해지면서 루이스 전환점을 지났는지에 대해 학자들 사이에서 뜨거운 논쟁이 일고 있다.

19 로스토의 경제발전 5단계는 2장 2절 '근대화와 정부 주도 개발'을 참고하기 바란다.

하다.

나아가 개발경제학은 전통적인 경제학뿐 아니라 정치학, 역사학의 영역도 포괄한다. 그런데 세계 각국이 처한 경제·문화적 환경의 이질성이 일반화된 이론적 체계 구축을 어렵게 하는 까닭에 중남미, 아프리카, 아시아 등의 역사적 배경을 전제로 연구하기도 한다.

개발경제학은 경제학 전공자만 연구하는 분야가 아니다. 특히 개도국에 나타나는 다양한 경제·사회·문화·환경에 대해 각각의 해법이 필요하고, 이것이 경제성장에 어떤 영향을 미치는지 다시 종합적으로 판단해야 한다. 이처럼 개발경제학은 인종, 국가, 문화 등에 따른 고유한 특징과 다양성을 바탕으로 각 개도국에 필요한 방법을 모색하고 해법을 제시한다.

나. 주요 경제개발지표

최근에는 나라별로 새로운 자료 수집과 통계 축적이 가능해지면서 개발경제학 연구 분야가 세분화하고 더불어 보다 미시적으로 접근하는 경향이 있다. 가령 전통적인 개발경제학의 관심사인 빈곤과 소득 불평등 문제는 과거보다 장기적인 패턴을 연구한다. 또 산업화에 성공해 안정적으로 경제성장을 이루는 국가의 특징도 분석하고 있다. 무엇보다 미시적 자료micro data가 풍성해지면서 지역별·국가별 차이를 연구하고 그 대안을 각각 제시하고 있다.

이처럼 자료가 풍성해지고 전문화하면서 자료를 보고 해석하는 능력이 그 어느 때보다 더 필요한 상황이다. 예를 들어 경제성장을 국민총소득GNI 증가로 보는지, 일인당 국내총생산GDP 성장률로 보는지, 또는 특정 국가가 처한 사회·문화적 특징을 반영한 결과로 보는지에 따라 동일한 자료로도 여러 해석이 가능하기 때문이다. 다양한 경제발전 정도를 측정하고 이러한 지표의 의미를 이해하는 것은 매우 중요하고 기초적인 작업이다.

- 빈곤과 불평등Poverty and Inequality[20]

개도국의 빈곤과 불평등 문제 해결은 국제사회가 국제개발로 이루려는 목표이며, 개발경제학에서 가장 많은 관심을 기울여 연구하는 분야이기도 하다. 빈곤과 불평등은 개념 자체가 매우 추상적이다. 또 학자마다, 시대마다 그 개념을 이해하는 수준이 다르다. 특히 경제학적 관점에서 빈곤과 불평등의 측정법 및 해결법을 찾으려면 보다 명확하고 구체적인 개념 설정이 필요하다.

개발경제학에서 빈곤과 불평등은 일반적으로 일인당 또는 가구당 소득과 연관성이 높다. 빈곤은 일정 소득, 예를 들어 일인당 하루 소득이 1.25달러거나 2달러 미만인 상태를 말한다.

불평등 문제 역시 특정 국가의 소득분위와 부의 분포를 의미한다. 불평등을 분석하는 방법에는 대표적으로 지니계수Gini Coefficient, 엔트로피지수Entropy Measures, 애킨슨 불평등지수Atkinson's Inequality Measures가 있다. 이 중에서 소득 불평등을 분석할 때 가장 많이 사용하는 분석법은 지니계수를 활용한 것이다.

지니계수는 [그림 4]와 같이 로렌츠 곡선Lorenz Curve을 바탕으로 도출한다. 로렌츠 곡선은 인구 누적비율과 소득 누적비율 사이의 상관관계를 나타내는데, 완전히 평등한 소득분배가 이뤄지면 로렌츠 곡선의 기울기는 1이고 [그림 4]에서처럼 대각선 형태를 보인다. 반면 소득분배가 완전히 불평등한 상황이면 로렌츠 곡선의 대각선 기울기 값은 0이다. 따라서 일반적인 로렌츠 곡선은 점선 형태를 띤다.

로렌츠 곡선의 대각선과 점선 사이 면적을 A, 나머지 면적을 B라고 하면 지니계수는 A/(A+B)로 정의할 수 있다. 완전한 소득분배가 이뤄질 경우

---

20 빈곤과 불평등에 대한 개념적 정의 및 측정 방법은 3장 3절 '빈곤'을 참고하기 바란다.

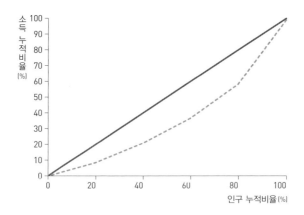

[그림4] 로렌츠 곡선

A의 면적은 0이고, 반대로 완전한 소득 불평등이 이뤄지면 A의 면적은 1이다. 이때 지니계수 값은 1 ~ 0으로 나타나는데 지니계수 값이 증가할수록 소득 불평등이 악화되었다고 해석한다.

빈곤과 불평등 문제는 특정 국가의 경제 규모를 나타내는 중요한 척도일 뿐 아니라, 장기적으로 국가의 경제성장과 관계가 깊다. 그러므로 국가의 경제성장을 유도하고 적절한 정책을 설계하려면 반드시 빈곤과 불평등 문제를 고려해야 한다.

아래의 [표6]는 세계 지역별로 하루 소득 1.25달러 미만으로 생활하는 인구 비율을 보여준다. 지난 20년간 동아시아 및 태평양 지역 국가의 빈곤율은 1990년 56.2퍼센트에서 2010년 12.5퍼센트까지 낮아졌다. 반대로 남아시아 및 사하라 이남 아프리카 지역의 빈곤율은 상대적으로 빈곤감소세가 적게 나타나고 있다. 이 지역의 빈곤감소율은 세계 평균 이하인 것으로 파악되고 있다.

다음의 [표7]은 세계 지역별 주요 경제성장률 및 저축률을 보여준다. 표

[표6] 하루 소득 1. 25 달러 미만의 인구 비율

지역	1990	1993	1996	1999	2002	2005	2008	2010	2015
동아시아, 태평양	56.2	50.7	35.9	35.6	27.6	17.1	14.3	12.5	5.5
유럽, 중앙아시아	1.9	2.9	3.9	3.8	2.3	1.3	0.5	0.7	0.4
중남미, 캐리비언	12.2	11.4	11.1	11.9	11.9	8.7	6.5	5.5	4.9
중동, 북아프리카	5.8	4.8	4.8	5.0	4.2	3.5	2.7	2.4	2.6
남아시아	53.8	51.7	48.6	45.1	44.3	39.4	36.0	31.0	23.2
사하라 이남 아프리카	56.5	59.4	58.1	57.9	55.7	52.3	49.2	48.5	42.3
전 세계	43.1	41	34.8	34.1	30.8	25.1	22.7	20.6	15.5

출처: World Development Indicators / 주: 2015년은 추정치

[표7] 세계 지역별 주요 경제성장률 및 저축률

지역	GDP 연평균 성장률 (%)			총 저축률 (GDP 대비 %)
	2000~2011	2011~2012	2012~2013	2011
동아시아, 태평양	9.4	7.5	7.9	47.7
유럽, 중앙아시아	5.2	3.0	3.6	22.9
중남미, 캐리비언	3.954	3.0	3.6	21.5
중동, 북아프리카	4.7	0.2	2.4	–
남아시아	7.3	5.4	5.7	33.3
사하라 이남 아프리카	4.9	4.6	4.9	16.8
전 세계	2.7	2.3	2.4	19.4

출처: World Development Indicators / 주: 2012~2013년은 추정치

를 보면 동아시아와 태평양 지역 국가의 2000년 이후 연평균 성장률은 약 9퍼센트인 반면, 중남미와 중동 및 북아프리카 지역의 경제성장률은 상당히 낮다는 것을 알 수 있다. 두 표의 단순 비교로도 알 수 있듯 빈곤과 경제성장 간에는 밀접한 관계가 있다.

[표8] 지역별 주요 개발지표

지역	도시인구 (전체인구 중 비율,%) 2011	실업 (전체 노동력 중 비율,%) 2007~2011	주식시장 자본화 (GDP 대비 %) 2011	휴대전화 가입률 (100명당) 2011
동아시아, 태평양	49	4.2	50.6	81
유럽, 중앙아시아	65	8.0	32.9	132
중남미, 캐리비언	79	7.7	42.0	107
중동, 북아프리카	59	10.6	–	89
남아시아	31	3.5	48.2	69
사하라 이남 아프리카	37	–	–	53
전 세계	52	5.9	68.7	85

출처: World Development Indicators / 주: 2012~2013년은 추정치

- 기타 개발지표와 성장

특정 국가의 경제성장은 다양한 지표로 측정 가능하다. 가령 경제적 상황을 나타내는 저량지표Stoock Indicators와 유량지표Flow Indicators[21]를 활용하거나 국가의 대내외적 상황 등을 통해 그 과정을 나타낼 수 있다. 또한 경제성장은 단순한 경제 규모 증가뿐 아니라 사회 발전도 동반하므로 보건, 교육 같은 지표를 분석해서 짐작할 수도 있다.

[표8]는 세계 지역별 주요 개발지표로 2000년 이후 경제성장률이 뚜렷한 국가는 도시화율이 세계 평균보다 높고, 실업률이 낮은 것을 확인할 수 있다. 또 이동통신 활용성 증가가 눈에 띄는데, 이것은 지역별로 주요 인프

---

21 저량지표는 '일정 시점'에 관찰할 수 있는 지표를 말한다. 대표적인 저량지표로는 빈곤율이 있다. 빈곤율은 특정 시점에 한 국가의 국민이 빈곤에 처한 비율로 정의하므로 시점별로 파악할 수 있다. 유량지표는 '일정 기간' 동안 관찰한 지표다. 대표적인 유량지표로는 국내총생산이 있다. 국내총생산은 1년간 한 국가가 생산한 부가가치의 합을 의미하는데, 이를 측정하려면 일정 기간이 필요하다.

라 보급과 소비자의 구매력을 간접적으로 측정할 수 있는 중요한 지표다.

안타깝게도 대부분의 개도국은 주식시장이 미성숙했음을 알 수 있다. 세계 평균은 약 68.7퍼센트지만 이를 충족하는 개도국은 찾아보기 힘들다. 주식시장은 특정 국가의 경제가 성장하면서 형성되는 자금조달 시장으로, 개도국의 경제성장 정도를 파악할 수 있는 지표다.

3. 경제성장모형Economic Growth Model

거시경제학에서 다루는 경제성장론은 특정 국가의 경제성장에 필요한 여러 요소를 파악하고 각 요소 간 관계를 분석한다. 특히 미국을 중심으로 비약적인 발전을 이룬 경제성장모형으로 상당히 높은 수준의 수리적 분석도 가능해졌다. 이러한 학문적 배경에서 개발경제학자들은 경제성장모형을 개도국에 적용하고자 다양한 연구를 진행하고 있다.

1950년대 미국식 성장모형은 선형성장모형Linear-stages of Growth Model과 구조전환모형Structural change Model으로 설명할 수 있다. 선형성장모형은 특정 국가가 경제성장을 이루는 과정은 일정한 선형 관계를 이루면서 단계로 진행되어 고도성장으로 나아간다는 논리다. 구조전환모형 역시 성장에 패턴이 존재한다고 전제한다.

하지만 이 2가지 경제성장 이론은 개별국가가 처한 다양한 경제, 문화, 사회적 요소를 고려하지 않고 극단적으로 단순화했다는 한계가 있다. 이에 따라 1960년 이후부터 보다 일반적이고 다양한 국가에 적용 가능한 경제성장을 설명하고자 이론적·실증적 연구가 활발히 이뤄지기 시작했다.

1950년대 케인스학파의 균형 이론을 바탕으로 영국 중심의 학자들이 경제성장모형 연구를 진행하는 동안, 미국에서는 로버트 솔로Robert Solow, 폴 새뮤얼슨Paul Samuelson, 프랑코 모딜리아니Franco Modigliani 등을 중심으로 해로드-도마 성장모형Harrod-Domar Growth Model(이하, H-D모형)의 단점을 지적하며 새로운 경제성장모형을 주장하기 시작했다. 이 시기에 등장한 경제성장 이론 중 대표적인 것으로 솔로모형이 있다. 솔로모형은 신고전주의 성장 이론Neoclassical Growth Theory 중에서도 대표적인 것이다. 그리고 솔로모형의 한계를 극복하기 위한 내생적 성장 이론Endogenous Growth Theory도 있다.[22]

이것은 단순히 고전학파의 시장과 가격 기능 등에만 초점을 맞춰 이론을 전개하기보다 현실을 잘 반영한 경제성장 이론을 구축하기 위해 케인스학파의 이론도 일정 부분 수용한 결과다.

H-D모형은 현대 경제성장 이론의 토대가 되는 기본적인 모형이다. 이 모형은 케인스의 단기적인 처방으로 장기 분석이 가능하도록 이론적 기반을 제공했다. 다시 말해 케인스의 유효수요 이론을 장기적인 인구 증가, 자본 축적, 기술 진보에 도입해 자본주의 경제가 지속적으로 성장하기 위한 균형 조건을 규명했다. 또한 H-D모형은 현대의 경제성장론에서 분석이 가능한 수리적 모형을 제시했다.

하지만 대부분의 경제 이론이 그러하듯 H-D모형 역시 한계점을 많이 드러냈다. 무엇보다 이 모형은 노동과 자본을 바탕으로 경제성장을 이루는 한 국가의 경제에서 노동과 자본을 완전한 보완적 관계로 설정했다. 나아가 이를 바탕으로 이론을 전개해 특정 국가가 경제성장을 이루는 조건을 제안했다. 이처럼 H-D모형이 제안한 경제성장 경로를 칼날의 성장 경로razor's edge growth path라고 부른다. 특정 조건이 바뀌어 경제성장 경로에서 이탈하

22　내생적 성장 이론은 총요소생산성TFP 중 어느 부분을 강조하느냐에 따라 다시 연구개발모형 R&D Model과 AK모형, 인적자본모형 등으로 다양하게 구분할 수 있다. 이들 이론을 설명하는 것은 본서의 범위를 넘어서므로 생략한다.

면, 즉 경제 내의 균형점에서 벗어나면 다시는 경제성장을 위한 균형 경로 복귀가 불가능하기 때문이다.

가. 솔로모형 Solow Model

1956년 솔로는 자신의 논문[23]에서 H-D모형의 기본적인 아이디어를 바탕으로 경제가 균형에서 벗어나는 경우 다시 균형점을 찾는 과정을 보완한 솔로모형을 제안했다. 즉 솔로모형은 정상상태steady tate 개념으로 한 국가의 경제가 안정적으로 성장하는 데 필요한 균형을 제안하고, 설령 외부적 충격으로 균형점에서 벗어나도 경제는 다시 균형으로 돌아온다는 것을 증명했다.

솔로모형에서 특정 국가가 경제성장을 이루는 데 가장 중요한 요소는 자본량 축적이다. 솔로는 경제는 자본 축적을 통해 경제성장을 이룬다고 가정하는데, 자본을 축적하려면 경제 내의 저축이 필요하다. 저축이 있어야 자본 투자가 일어나고 그 축적 자본에 따라 경제가 성장한다는 얘기다.

그러나 자본이 축적된다고 해서 경제성장이 지속적으로 일어나는 것은 아니다. 생산에서 한계생산이 체감하기 때문이다. 특정 국가가 경제성장을 위해 초기에 자본 축적량을 대폭 늘리면 경제는 빠른 속도로 성장하고 그 성장률 또한 매우 높다. 하지만 자본 축적량이 일정 수준을 초과하면 자본 축적을 통한 경제성장에 한계가 따르고 결국 경제성장률은 0에 가까워진다.

어쨌든 솔로모형은 개도국의 경제성장에 필요한 정책 설정에서 이론적인 핵심 기반을 제공했다.

우선 경제성장을 이루려면 높은 저축률이 필요하고, 저축률이 높을 경우 자본 축적이 이뤄져 경제는 성장한다. 또한 개도국의 경제성장률은 보통 선

---

23 Solow(1956), 'A Contribution to the Theory of Economic Growth', 〈The Quarterly Journal of Economics〉

진국의 경제성장률보다 높다. 자본 축적이 이뤄지지 않은 개도국은 경제성장을 위한 자본 축적으로 경제성장률이 높게 나타난다. 즉, 자본의 한계생산성이 높다.

특히 솔로모형은 경제성장에 필요한 소비 수준을 제안한다. 균형 성장 경로에서는 장기적인 소비 패턴의 변화없이 소비 극대화를 실현할 수 있다. 다시 말해 저축과 소비의 조화를 추구하는 동시에 최적의 자본 축적 상태인 황금률golden rule을 달성하는 것이 가능하다.

이처럼 솔로모형은 H-D모형과 달리 특정 국가의 경제성장 경로와 그 균형을 회복하는 과정을 보여준다는 측면에서 큰 의의가 있다. 그렇지만 솔로모형도 다음과 같은 한계를 안고 있다.

첫째, 장기적으로 모든 경제의 성장은 수렴한다고 본다. 그 이유는 솔로모형에서 생산함수를 한계수확이 체감하는 생산함수로 가정하고 있기 때문이다. 솔로모형은 자본 축적이 많은 선진국의 자본한계생산성[24]이 자본 축적이 빈약한 개도국의 자본한계생산성보다 낮다고 본 것이다. 개도국의 자본 축적 속도가 선진국보다 빠르므로 두 국가의 자본량과 소득은 수렴한다는 애기다. 하지만 현실에서 선진국과 개도국 간의 소득 규모가 수렴하는 것을 발견하는 일은 쉽지 않다.

둘째, 모형을 전개하는 생산함수에 관한 가정의 문제다. 생산함수는 일반적으로 수확체감의 법칙을 따른다. 그러나 생산은 학습효과, 기술 진보, 노동력의 질적 향상 등에 따라 다양하게 나타날 수 있다. 솔로모형에서는 이를 단순히 수확이 체감하는 생산함수로 설정하는 바람에 생산 과정에서 발생하는 다양한 외부효과를 적절히 반영하지 못한다.

셋째, 솔로모형에서 한 국가의 지속적인 경제성장 요인으로 보는 것은

---

24 자본 1단위당 생산량 비율을 의미한다.

기술 진보다. 그런데 솔로모형은 이 기술 진보가 어떤 방식으로 가능한지 설명하지 못한다. 즉, 기술 진보가 경제성장에서 핵심적 위치를 차지함에도 불구하고 이를 외생변수로 취급함으로써 기술 진보와 관련된 역할의 중요성을 강조하는 데는 부족한 점이 있다.

솔로모형 이후, 대부분의 경제성장모형은 솔로모형의 한계를 극복하고 현실을 보다 잘 설명하는 방식으로 이뤄졌다. 아울러 솔로모형의 대표적인 한계인 기술 진보의 외생적 가정을 완화한 내생적 성장 이론은 선진국과 개도국의 경제 규모 차이가 수렴하지 않는 원인 및 기술을 성장모형에 도입함으로써 기술 진보와 연구개발의 중요성 강조 등에 대한 이론적 기반을 제공했다.

나. 내생적 성장 이론

내생적 성장 이론은 경제성장모형에서 기술 진보를 내생변수로 취급해 분석한 것으로 기술 진보를 외생변수로 취급한 솔로모형의 한계를 극복하고자 한 것이다.[25] 내생적 성장 이론은 폴 로머Paul Romer가 처음 제안했고 이후 로버트 루커스Robert Lucas가 널리 알렸다.[26] 로머는 경제성장의 핵심 기술과 지식은 경제의 외부가 아니라 경제 주체들의 이윤 추구 동기 및 행위에서 비롯되고, 축적된 기술이나 지식은 인적 자본과 결합해 보다 생산성을 높인다고 봤다. 즉 기술, 지식 축적, 인적 자본을 결합한 생산은 수확이 체감하는 생산이 아니라 오히려 수확이 체증하는 생산 형태라는 얘기다. 나아가

---

25 학계는 기술 진보를 모형 내에서 결정되는 내생변수로 볼지 아니면 외부에서 주어지는 외생변수로 볼지에 따라 외생적 성장 이론과 내생적 성장 이론으로 구분하기도 한다. 솔로모형을 외생적 성장 이론으로 구분하는 이유 역시 기술 진보를 외부의 충격으로 보기 때문이다.

26 Romer(1986), 'Increasing Returns and Long-Run Growth,' 〈Journal of Political Economy〉, v.94, pp. 1002~1037, Lucas(1988), 'On the Mechanics of Development Planning,' 〈Journal of Monetary Economics〉v.22, 3~42.

이러한 기술과 지식을 축적하는 국가는 지속가능한 경제성장을 이룬다고 해석했다.

루커스 역시 인적 자본 축적으로 한계수확이 체감하지 않는 생산이 가능하므로 솔로모형에서 가정한 국가 간 장기적인 수렴 현상은 나타나지 않는다고 강조했다. 또한 비록 자본 축적이 약해도 교육 정책과 제도 개선으로 인적 자본 축적이 가능하고 소득과 소비를 높일 수 있음을 보여주기도 했다. 이처럼 내생적 성장 이론은 기술 진보의 특성과 이를 가능케 하는 연구개발 및 노동력의 질적 향상에 관해 다양한 견해를 밝힘으로써 경제성장에 대해 보다 넓은 시각을 갖추는 데 중요한 역할을 하였다.

4. 개도국의 산업화

가. 산업육성의 필요성[27]

개도국이 빈곤감소와 소득 불평등 문제를 해결하려면 경제구조 변화, 사회 발전이 일어날 정도로 경제성장과 함께 우호적인 소득분배가 장기간 이뤄져야 한다. 아울러 지속적인 경제성장을 위해서는 노동과 자본 같은 유형자산뿐 아니라 인적 자본, 지식, 기술 등의 무형자산을 축적해야 하며 동시에 관련 법과 제도 등의 요건을 구비해야 한다.

국민소득 증가는 생산 활동 확대를 통한 부가가치 창출의 결과다. 이 부가가치 창출은 한 국가 내부 혹은 외부의 경제 시스템에서 그 생산 활동이 얼마나 희소성이 있느냐에 따라 수요와 공급을 결정한다. 즉, 생산 활동 공급이 수요에 비해 희소성이 있으면 보다 높은 부가가치 창출이 가능하다.

---

27 김종일 · 윤미경(2012)의 연구를 요약하였다.

반면 생산 활동 공급이 양적으로는 증가하지만 질적으로는 성장하지 못한다면 장기적으로 그 생산 활동의 희소성은 사라지고 이는 공급가격 감소로 이어진다.

따라서 장기적으로 생산 활동의 성격이 변하지 않으면 지속가능한 경제성장은 불가능하다. 이를 극복하기 위해서라도 개도국의 생산 활동은 그 구성과 성격에서 적절한 변화가 필요한데 그 변화 과정이 곧 산업 발전이다.

산업 측면에서 특정 국가의 경제성장을 분석하면 일반적으로 1차 산업인 농업·어업 등에서 2차 산업인 제조업 그리고 3차 산업인 서비스업으로 중심 이동하는 양상을 보인다. 생산 활동 측면에서는 경제성장 초기에 노동집약적 산업이 확대되고 점진적으로 자본집약적 산업육성이 이뤄진다. 그러다가 점점 기술·지식 집약적 산업으로 나아간다. 기업 활동 측면에서는 경제성장 초기에 소규모 기업이 형성되고 자본 축적이 증가함에 따라 막대한 자본을 바탕으로 하는 대기업이 등장한다.

이러한 경제성장 단계를 분석하면 단계별로 전략적인 산업육성과 시의적절한 전환이 있음을 알 수 있다. 이때 산업육성 정책은 경제성장에서 중요한 동력으로 작용한다. 특히 개도국의 산업육성 정책은 경제성장을 이뤄갈 때 일종의 종합계획 역할을 하고, 각국은 이를 통해 경제성장에 대한 비전과 각종 세부 전략을 수립한다.

산업육성 정책에 대한 비판적 시각

개도국에 정부 주도 산업육성 정책이 필요하다는 것은 한국, 일본, 중국 등 동아시아 국가의 경제성장 과정에서 분명히 드러났다. 그러나 미국과 서유럽 국가들은 정부 주도 산업육성 정책에 비판적이며, 특히 WTO 체제 등 국제 무역 규범에도 산업육성 정책을 비판하는 시각이 있다.

일반적으로 산업육성 정책은 시장경제 시스템에서 해결하기 힘든 시장지배력, 정보의 불완전성, 시장 부재 등의 문제를 해결한다. 그렇지만 정부가 개입하기보다 개도국에 시장의 자율성을 보장하는 시스템이 정착하도록 하자는 의견도 만만치 않다. 이런 주장을 펼치는 학자들의 주요 논거는 산업육성 정책을 통해 시장을 조성하는 것은 근본적인 대책이 아니라는 점이다. 대신 그들은 시장 실패의 주요 요인으로 꼽히는 정보의 불완전성을 해소하기 위해 정부가 관련 산업을 육성하기보다 지적재산권 보장, 금융 정보 확충 등을 제도적으로 뒷받침할 필요가 있다고 주장한다.

또한 최근 국가 경제의 세계화가 가속화하고 글로벌 가치사슬 체계가 보다 확고해지는 상황에서 특정 국가의 산업육성 정책은 이미 구축된 글로벌 가치사슬 체계에 큰 혼란을 줄 수 있다고 본다. 이는 정부에 조정 능력이 없을 경우 보다 큰 정부 실패로 나아갈 수 있다는 경고다. 이러한 시각은 다분히 영미권의 입장을 반영하고 있다.

세계화에 따른 각국 경제 시스템의 통합은 개도국의 독자적인 산업육성 정책 추진에 제약 요소로 작용한다. 따라서 개도국이 자국 산업을 육성하려 할 때는 다른 국가의 산업육성 정책과 경제발전 전략, 특히 과거 동아시아 국가들의 경제성장모형을 자국의 경제발전 전략에 그대로 이식하기 어렵다는 사실을 인지해야 한다.

글로벌 가치사슬

가치사슬이란 재화와 서비스를 생산해 그것을 고객에게 전달하는 일련의 과정을 말한다. 이것은 마이클 포터Michael Porter 교수가 기업 전략에서 기업이 집중해야 하는 부가가치 단계를 설명하기 위해 고안한 개념이다. 하지만 현대 무역에서 가치사슬은 더 확장돼 특정 기업이 국경과 관계없이 최고의 재화 및 서비스를 고객에게 제공하기 위해 생산-조달 프로세스를 활용하는 것을 의미한다. 즉 글로벌 가치사슬은 기업의 국제무역 및 투자에서 부가가치 생성 과정을 뜻하며, 기업이 보다 많은 부가가치를 창출하기 위한 원재료 노동력과 자본을 결합하는 활동이라고 정의할 수 있다.

다국적기업은 세계적인 글로벌 가치사슬을 형성해 생산비용을 절감하고 현지의 수요 변화에 민감하게 반응한다. 이들은 선진국보다 상대적으로 인건비가 저렴한 개도국에서 노동집약적 제품 및 서비스를 생산하는데, 이들 기업을 유치하기 위한 개도국 정부 간의 상당한 신경전이 벌어지기도 한다. 개도국은 이 글로벌 가치사슬에 편입해 자국의 산업 발전을 위한 초석을 다지고자 노력하지만 자칫하다가는 보다 부가가치가 높은 연구개발과 디자인, 마케팅 기술 및 정보를 습득하지 못한 채 단순한 생산기지로 전락할 위험성도 있다.

그러므로 개도국은 글로벌 가치사슬의 형태와 여기에 편승하기 위한 중·장기적 산업 전략을 모색할 필요가 있다. 사실 21세기의 개도국이 정부 중심의 산업 전략을 독자적으로 모색하기에는 국제경제 질서에 따른 제약이 상당히 많다. 그런 까닭에 개도국은 글로벌 가치사슬에 대한 전략적 판단과 함께 주변국과의 공조를 통한 산업 유치 전략에도 관심을 기울일 필요가 있다.

나. 산업육성 이론

개도국의 산업육성은 매우 다양하기 때문에 이를 하나의 체계화된 프레임에 담는 것은 쉬운 일이 아니다. 특히 산업육성은 국가별로 경제·문화적 환경의 이질성, 부존자원 여부 및 활용도, 정치·제도적 요건 등에 큰 영향을 받는다. 따라서 여기서는 개도국의 산업육성을 전통적인 균형성장 이론과 불균형성장 이론으로 구분해 설명하고자 한다.

- 균형성장 이론Balanced Growth Theory

균형성장 이론은 래그나 넉시Ragnar Nurkse가 제안한 경제 및 산업육성 이론이다. 넉시는 개도국이 성장하려면 다양한 산업에 동시적으로 투자해야 한다고 주장했다. 가령 산업화 초기 농업과 산업에 균형 잡힌 투자가 일어나면 그것은 반드시 원료 수요를 창출한다. 넉시는 한 국가에서 동시적으로 수요가 발생할 경우 각 산업과 연관이 있는 시장 규모를 확대하고, 이것이 선순환을 일으켜 경제가 성장한다고 보았다.

넉시의 이론에서 경제성장의 중요한 요인은 시장 규모 확대다. 그는 시장 규모를 결정하는 요인으로 생산성, 통화 공급, 인구, 지리적 특징, 운송비, 무역장벽 등을 꼽았다. 특히 생산성을 중요한 요인으로 여겼는데 이는 생산성 제고로 재화 및 서비스가 증가하면 소비도 증가해 시장 규모가 커진다고 생각했기 때문이다.

넉시의 균형성장 이론은 세이의 법칙Say's law[28]에 입각한 이론이다. 즉, 넉시는 개도국의 경제성장이 이뤄지지 않는 원인은 공급 부족에 있다고 말한다. 일단 산업에 투자해 재화 및 서비스의 공급을 늘리면 수요가 창출되고, 이러한 수급(需給) 증가는 경제 규모 확대에 가장 좋은 방법이라는 것이다.

하지만 넉시의 균형성장 이론에는 다음과 같은 한계가 있다.

첫째, 불균형성장 이론의 대표적인 학자 앨버트 허쉬먼Albert Hirschman은 개도국의 초기 투자 요건에 대한 설명이 없음을 지적했다. 개도국이 발전하지 못하는 이유에 대해 치밀한 분석 없이 투자가 이뤄진다는 가설을 세운 것은 현실적으로 용납하기 어렵다는 것이다.

둘째, 넉시는 산업 간의 재화를 모두 보완재로 여겼고 대체재는 간과했다. 예를 들어 커피농장에 투자해 커피 생산이 늘어나면 사람들은 커피를 많이 마시고 커피의 생산 규모는 증가한다. 만약 차를 생산하는 농장이 차 생산을 늘리면 사람들은 커피와 차를 모두 이전보다 더 많이 소비할까? 커피와 차는 보완적 관계(보완재)라기보다 대체적 관계(대체재)로 보는 것이 일반적이다. 따라서 커피 생산 증가는 필연적으로 차 생산 감소를 불러오고 이는 경제 내의 전체 생산 규모에 긍정적 혹은 부정적 영향을 줄 수 있으므로 이를 판단하는 것은 매우 까다로운 일이다.

- 불균형성장 이론Unbalanced Growth Theory

허쉬먼, 한스 싱어Hans Singer 등은 개도국이 경제성장을 이루기 위한 산업 육성 전략으로 채택하는 균형성장 이론의 단점을 지적하면서 전후방 연관 효과backward and forward linkages effect를 강조한 불균형성장 이론을 주장했다. 불균형성장 이론은 생산에서 상보성complementarity과 유발투자induced invest-

---

ment, 외부경제external economy를 가정한다.[29] 허쉬먼은 경제성장을 위해서는 상보성, 유발투자, 외부경제가 잘 나타나는 특정 부문에 투자해야 하며 그 효과를 다른 산업 영역으로 확산하는 것이 보다 현실적인 산업육성 전략이라고 했다.

또한 허쉬먼은 경제성장을 위해 개도국의 공공과 민간이 투자할 수 있는 부문이 서로 다르다고 지적했다. 공공 부문은 항만·공항·도로 등의 사회간접자본social overhead capital에 투자하고, 민간 부문은 농업 또는 제조업과 관련된 기업의 직접 생산 활동direct productive activities에 투자해야 한다는 얘기다. 그는 공공 부문의 사회간접자본과 민간 부문의 직접 생산 활동이 조화를 이룰 때 경제성장이 가능하다고 본 것이다. 하지만 특정 국가의 자원은 한정적이라 두 부문에 대한 동시 투자는 불가능하므로 사회간접자본과 직접 생산 활동 중 어느 부문에 우선 투자할지 판단해야 한다고 했다.

이 두 부문은 서로 보완적이고 유발투자가 가능하다. 결국 두 부문 중 특정 부문에 우선 투자를 하더라도 두 부문의 성장이 서로 보완적으로 이뤄진다.

불균형성장 이론은 경제 내에서 유발투자 가능성을 극대화할 수 있는 부문을 골라 집중 투자할 것을 제안한다. 불균형성장 이론에서 가장 핵심적인 위치를 차지하는 것은 전후방 연관 효과가 가장 잘 나타나는 산업을 선정·투자·관리하는 것이다. 그 가장 좋은 사례로 한국을 들 수 있다. 한국 정부는 1960년대 산업화 초기에 경공업 중심의 산업을 육성했고, 이를 통해 축

---

29 상보성이란 하나의 재화나 서비스의 수요가 발생하면 그와 관련된 부차적인 재화 및 서비스의 수요도 필요하다는 것을 말한다. 즉, 재화와 서비스의 수요는 서로 보완적 관계일 수 있으므로 개도국은 상보성이 크게 나타나는 산업을 육성할 필요가 있다. 전체 중 특정 부문에 (독립된) 투자를 실시하면 그때 파생적으로 다양한 투자가 발생하는데, 이를 유발투자라고 한다. 마지막으로 외부경제는 어떤 경제 주체의 경제행위로 발생하는 다양한 형태의 부수적인 특징을 의미한다. 외부경제는 긍정적인 효과와 부정적인 효과가 모두 존재할 수 있다.

제2장 개발과 정치경제

적한 자본으로 중화학공업에 집중 투자했다. 특히 철강 산업에 투자하면서 조선, 자동차, 기계 등의 연관 산업을 육성해 세계적인 수출기업을 길러냈다.

불균형성장 이론은 소위 빅 푸시Big Push 이론(세부 내용 5장 1절 참조)을 구체화한 것이라는 평가를 받는다. 이는 개도국의 경우 동시적으로 충분한 양을 집중 투자함으로써 생산량을 늘리고 덕분에 빈곤 문제를 해결할 수 있다는 논리다. 산업화를 이루고자 하는 개도국의 입장에서 이러한 불균형성장 이론은 상당히 현실적이다. 또한 이 이론은 연관 효과와 더불어 그 근간인 산업과 규모의 경제economy of scale를 강조한다.

물론 불균형성장 이론에도 한계는 있다. 특히 정부가 특정 산업 육성을 위한 전략을 실행할 때 정부 실패의 문제가 발생할 수 있다. 즉, 정부가 다양한 이해관계자를 조정하는 역할을 적절히 수행하는가가 관건이다.

전후방 연관 효과

전방 연관 효과는 특정 재화를 재투입하는 산업에서 발생하는 효과고, 후방 연관 효과는 특정 재화 생산에 필요한 산업에서 발생하는 효과다. 예를 들어 자동차 제조업에서 후방 연관 효과는 완성한 자동차를 소비자에게 전달하기 위한 물류, 마케팅, 정비 서비스업 등이 유발하는 효과(고용 창출, 부가가치 창출 등)를 의미한다. 전방 연관 효과는 자동차 제조에 투입하는 강판, 기계, 부품 산업 등이 유발하는 효과라고 할 수 있다.

전후방 연관 효과를 분석하는 대표적인 방법은 산업연관표를 이용하는 것이다. 산업연관표는 일정 기간 동안 특정 국가에서 생산한 모든 재화 및 서비스 간의 거래 관계를 정해진 원칙과 형식에 따라 기록한 종합적인 통계표다. 산업연관표는 각 산업 간 중간재 거래, 노동과 자본 투입, 각 산업 부문에서 생산한 최종생산물을 소비자에게 판매하는 것을 구분한다. 이를 통해 산업별로 부가가치 효과, 고용 효과 등을 분석할 수 있고, 이는 한 국가의 중장기적인 산업육성 정책에서 중요한 기초 자료로 쓰인다. 한국의 경우 한국은행에서 0과 5로 끝나는 해(예를 들면 2000년, 2005년)에 실측조사를 실시해 실측표를 만들고, 나머지 해에는 실측표를 근거로 추정하는 연장표를 작성한다.

[그림5] 자동차 산업의 전후방 연관 효과

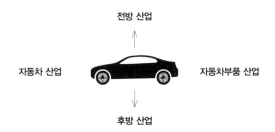

다. 한국의 경제개발 5개년 계획

1953년 한국전쟁이 휴전에 들어갔지만 한국의 국토와 산업은 이미 황폐해진 뒤였다. 당시 한국의 일인당 국민총생산은 67달러(1953년)로 세계에서 가장 가난한 나라에 속했다. 1961년 군사쿠데타로 정권을 잡은 박정희 정부는 이듬해부터 '경제개발 5개년 계획'을 추진하기 시작했다.

경제성장 및 산업화 측면에서 경제개발 5개년 계획은 대성공작이다. 세계은행은 지난 60년간 고도경제성장을 구가한 아시아 국가 중 한국을 기적적인 성장을 이룩한 국가로 평가했다. 1961년 일인당 국민총생산이 100달러였던 한국은 1995년 일인당 국민총생산 1만 달러를 돌파했고, 같은 기간 제조업 비중은 15퍼센트 미만에서 20퍼센트로 증가했다. 또 수출 비중은 1퍼센트 미만(4,100만 달러)에서 28퍼센트(1,250억 달러)로 늘어났다.

이러한 한국의 경제개발 경험은 지금도 숱한 학자의 연구 대상이며, 개도국의 많은 정책입안자가 배우고 싶어 하는 성장 모델이기도 하다.

경제개발 5개년 계획의 중요한 성공 요인으로는 '잘살아 보자'는 대통령과 국민의 강력한 의지를 꼽을 수 있다. 또한 부총리 부서인 경제기획원이 모든 경제 정책을 계획·수립·조정·예산통제·외국자본 조달 및 분배·통계까지 관리하는 막강한 권한을 쥐고 정책 추진 시 발생하는 행정적 비효율성을 최대한 낮췄다. 여기에다 정부는 경제성장률, 산업별 생산 수준, 투자 규모, 저축 등에 대한 장기적 계획까지 설정하고 관리했다.

한국 정부는 경제개발 5개년 계획을 철저한 선택과 집중의 논리로 추진했다. 최우선 과제는 바로 성장과 수출, 생산과 저축이었다. 또한 1970~1980년대 세계적인 오일쇼크가 닥쳤을 때도 7~8퍼센트의 경제성장을 위한 투자 극대화, 저축 증대 및 수출 주도 전략 추진 등 성장 모멘텀이 지속되도록 공격적으로 정책을 추진했다.

제1차 5개년 계획(1962~1966년) 때는 광공업 육성과 함께 시멘트·비료·산업기계 등 기간산업 및 공업 확충에 주력했다. 국제수지 개선을 위해 신규 수출 산업과 수입 대체 산업을 보호 및 육성하는 전략도 핵심 전략이었다.

제2차 5개년 계획(1967~1971년)에서는 조세 및 금융 지원을 통해 철강, 석유화학 등을 중심으로 하는 중화학공업 육성에 돌입했다. 또한 1·2차 5개년 계획에서는 수출주도형 공업화를 추진하기 위한 무역 정책을 시행했다. 그 결과 1960년대의 연평균 GDP 성장률은 약 5.8퍼센트, 연평균 수출성장률은 39.8퍼센트, 연평균 수입성장률은 22.6퍼센트를 기록했다.

제3차 5개년 계획(1972~1976년)과 제4차 5개년 계획(1977~1981년)에서는 본격적으로 중화학공업 육성에 초점을 맞춘 공업화 정책을 시행했다. 또한 장기적인 정책 금융과 조세 유인을 제공하고 신규 기술 인력 확보 및 연구개발 강화를 위한 정부 출연 연구소 건립 등의 조치를 취하였다. 특히 공업화 과정에 필요한 인적자원 확충을 위해 실업계 및 전문대 교육과 직원 훈련제도를 도입했다.

1970년대에는 중화학공업을 집중 육성하면서 한시적으로 수입 대체 무역 정책을 시행했다. 더불어 국내에 중화학업종 산업 기반이 조성되도록 중화학 제품에 대한 수입 통제를 강화했다. 심지어 일부 부품 수입에 대한 관세 면제를 폐지하고 국내 중화학업체 제품 구매를 장려했다. 나아가 주요 산업설비의 국산화율 요건을 강화함과 동시에 국산 자재 구입 기업에게 투자세액 공제를 실시해 이들 업종에 대한 시장의 진입장벽을 제공했다. 이 시기에 연평균 GDP 성장률은 약 6퍼센트, 연평균 수출 성장률은 36.4퍼센트, 수입 성장률은 28.1퍼센트를 기록했다.

제5차 5개년 계획(1982~1986년)과 제6차 5개년 계획(1987~1991년)은 경제 안정화를 토대로 주로 경제성장 잠재력을 회복하는 정책을 실시했다. 특히 1970년대 후반 인플레이션 상승 압력에 따른 스태그플레이션을 타개하고자 정부는 가격 안정화 정책, 산업 효율성 제고 등의 정책을 실시했다. 1980년 중반부터는 보호무역주의에 대한 선진국의 압박이 거세지면서 한국도 시장 개방 압력을 받았다. 이때 한국 정부는 수출 경쟁력을 높이기 위해 공격적인 시장 개방 계획을 수립했다.

우선 1970년대까지 시행한 정부 주도의 수입 규제 정책을 1980년부터 수입 자유화 정책으로 전환했다. 당시 수입 자유화 계획(1983~1988년)에 따라 평균 관세율을 23.7퍼센트에서 18.1퍼센트로 하향 조정했다. 또한 민간 부문의 자율성을 확대하고 시장 기능을 강화하기 위해 규제 축소(공기업 관리의 효율성 추구 및 민영화), 국민 복지 확대(전 국민 의료보험제도 확대 실시)를 강조했다.

이 시기에는 3저 현상(저유가, 저금리, 저환율)에 힘입어 한국의 연평균 경제성장률이 약 12퍼센트에 달했고, 1986년에는 최초로 국민계정 흑자를 달성했다.

성공적인 경제발전을 이룬 한국의 주요 성공 요인과 그에 따른 부작용은 다음과 같다.

첫째, 정부가 적극적인 경제 주체로 나섰다. 꾸준한 개발계획에서 정부는 행정 효율성과 국가 재정을 강화하고 수출을 장려하는 등 다양한 정책 수단을 활용했다. 또한 시장경제 질서를 지지하는 것은 물론 지속가능하고 변화에 유연하게 대응할 수 있는 산업 환경을 주도적으로 조성하는 데도 기여했다. 그러나 지나친 정부 개입은 금융 산업의 자생력을 떨어뜨렸고 기업 부문의 부채 누적 및 부실화를 조장했다.

둘째, 수출 지향적 전략을 실행했다. 자원이 부족하고 국내시장이 협소한 한국의 경제 여건에서 수출 지향적 개발 전략 도입은 매우 적절했다는 평가가 지배적이다. 풍부한 노동력을 바탕으로 한 수출 진흥 정책은 합리적인 방안이자 고도성장을 위한 초석을 다지는 전략이었다.

그러나 높은 대외의존도로 인해 한국 경제는 외환위기와 글로벌 금융위기에서 외부의 거시적인 충격에 취약한 모습을 드러냈다. 여기에다 수출 지향적 전략을 추구하는 과정에서 일본의 부품·중간재·자본재에 의존하는 구조가 고착화함으로써 대규모의 대일 무역수지 적자가 지속적으로 발생했다. 나아가 원천기술에 대한 연구개발에 적극적인 투자가 이뤄지지 않았다.

셋째, 대외경제 환경 변화에 능동적으로 대응했다. 한국 정부는 경제발전 초기부터 다자주의가 지향하는 무역 자유화 흐름에 적극 동참해 수출시장 확대를 도모했다. 1990년대 말부터는 우루과이 라운드와 WTO에 참여해 시장 개방을 국내 산업 고도화의 계기로 삼기도 했다.

[표9] 한국 경제개발 5개년 계획의 주요 내용

구분	추진 기간	주요 사업
제1차 경제개발 5개년 계획	1962~1966년	에너지원 확충(석탄, 석유) 국가 기간산업 육성(고속도로)
제2차 경제개발 5개년 계획	1967~1971년	식량 자급자족과 산림녹화 공업화 추진(산업단지 조성)
제3차 경제개발 5개년 계획	1972~1976년	중화학 공업단지 건설
제4차 경제개발 5개년 계획	1977~1981년	자력 성장구조 확립, 기술혁신
제5차 경제개발 5개년 계획	1982~1986년	물가 안정과 개방화, 시장경쟁 활성화
제6차 경제개발 5개년 계획	1987~1991년	자율경쟁 체제에 기반을 둔 시장 질서

넷째, 인적자원 개발에 적극적이었다. 유교 문화에 기반을 둔 높은 교육열은 국가 목표를 달성하기 위한 하나의 구심점 역할을 했다.

요점 정리

□ 경제성장은 한 국가의 다양한 자원을 효율적으로 사용해 생산량이 지속적으로 증가하는 현상을 말한다. 이러한 경제성장은 세계 모든 나라가 추구하는 주요 목표이며 이를 통해 사회·문화적으로도 안정을 추구하는 것이 일반적이다.

□ 개발경제학은 개도국의 경제성장 및 사회 발전을 경제학적 측면에서 분석하고, 선진국의 개발 경험을 경제학적 이론을 바탕으로 정리·분석함으로써 개도국의 성장 전략에 필요한 함의를 도출하는 학문이다.

□ 대표적인 경제성장 이론으로는 솔로모형, 내생적 성장 이론 등이 있고 이들 모형은 지속가능한 경제성장모형을 위한 해법을 제시했다는 측면에서 큰 의의가 있다.

□ 개도국은 산업화를 통해 경제성장을 이루고자 노력한다. 산업화는 필연적으

로 농촌의 유휴인력을 생산인력으로 대체하는 효과를 낳고 도시화를 가속화하며 이를 통해 자국 내의 생산성을 높인다.

□ 개도국의 대표적인 산업화 이론으로는 균형성장 이론과 불균형성장 이론이 있다. 넉시가 주장한 균형성장 이론은 모든 경제 부문의 고른 투자를 통해 동시적인 수요를 창출하고자 하는 것이다. 허쉬먼을 중심으로 하는 불균형성장 이론은 경제의 특정 부문에 집중 투자한 효과가 경제의 다른 부문에 자연스럽게 전이되게 해야 한다는 주장이다.

생각해볼 문제

□ 선진국이 과거에 산업화를 통한 경제성장을 이룬 조건과 오늘날 개도국이 산업화를 통해 경제성장을 이루기 위한 조건에는 상당한 차이가 있다. 구체적으로 어떤 차이가 있는가?

□ 위의 차이가 발생하게 된 역사적 배경은 무엇인가?

□ 개도국의 경제성장에서 중요한 것은 기술력과 풍부한 인적 자본 축적이다. 개도국이 기술력 및 인적 자본을 축적하는 방안에는 어떤 것이 있는가?

□ 산업화가 개도국의 경제성장을 위한 유일한 길인가? 그 이유는?

□ 산업화에 성공한 개도국의 전략에는 구체적으로 어떤 것이 있는가?

제4절 # 식민주의와
비전통적 비판 이론

1. 들어가며

이제 앞서 다룬 자본주의 중심의 개발 담론을 전면적으로 비판한 비전통적 비판 이론을 살펴보고자 한다. 이들 좌파 이론은 전통적인 개발 담론이 시장이나 국가 개입으로 기존 사회를 바꿔 개발 목표를 달성할 수 있다고 주장한 것에 반박한다. 더불어 애초에 빈곤과 불평등이 발생한 이유는 사회구조가 불평등·부당하고 지속가능하지 않기 때문이므로 기존의 사회구조를 그대로 둔 채 시행하는 개발 정책은 성공할 수 없다고 주장한다.

그러면 먼저 식민주의를 통해 현재의 국제정치경제 구조가 발생한 역사적 원인을 살펴보자. 이어 마르크스주의를 중심으로 국가 간, 국가 내에 불평등 구조가 발생한 원인을 분석하고 그러한 사회구조를 변화시키고자 한 이론을 소개하겠다.

2. 식민주의 Colonialism

가. 식민주의의 역사

식민주의는 한 국가가 자국 영토 외의 사람들을 정치적으로 지배하는 것을 말한다. 이는 어떤 집단이 다른 영토로 이주해 영구적으로 정착함으로써 발생하는 식민지의 개념과는 다르다. 즉 식민지는 미국, 캐나다, 호주 및 뉴질랜드 같은 정착 식민지settler colonies와 아프리카나 남미의 국가 같은 비정착 식민지non-settler colonies로 구분할 수 있다. 여기에서 식민주의 개발 담론에 해당하는 것은 '비정착 식민지'다.

유럽의 국가들은 비교적 이주민이 정착하기에 좋은 곳을 정착 식민지로 삼아 본국의 정치·경제·사회적 제도를 그대로 식민지에 이식하고 인프라에 대규모 투자를 했다. 반면 환경이 좋지 않아 이주민의 사망률이 높은 지역은 정착하는 대신 현지의 자원(노예 같은 인적자원, 농수산 및 광물자원)을 착취해 본국의 부를 축적하거나 성장을 위한 기반으로 활용했다.

식민지 착취의 역사는 15세기 말 영국, 프랑스, 스페인, 포르투갈, 네덜란드 등 유럽 국가들이 유럽 대륙 너머의 자원을 찾아 떠난 대항해 시대부터 오늘날에 이르고 있다. 그 단계별 특성을 정리하면 다음과 같다.

- 상업 식민주의 Mercantile Colonialism

초기 식민주의 시절, 식민지배국은 대규모 플랜테이션 농장을 운영하는 데 필요한 노동력을 조달하기 위해 서아프리카에서 아메리카로 노예 무역을 시작했다. 당시 급증하는 유럽의 설탕 수요에 맞추기 위해 영국은 자메이카, 프랑스는 세인트도밍고, 스페인은 캐리비안, 그리고 포르투갈은 브라질에서 대규모 플랜테이션을 운영하고 있었다. 노예는 17세기 이전 90만 명이던 것이 18세기에 약 700만 명으로 급증했고 이는 인류 역사상 가장 큰 규모의 강제 인구 이주로 평가받는다. 이를 관리하기 위한 별도의 기구도 있었는데 1672년 설립한 영국의 왕립 아프리카 회사Royal African Company 등 이 대표적이다.

또한 인도나 중국 같은 이국적인 문화와 교역해 차, 비단, 향신료 등의 희귀품을 유럽에 들여옴으로써 큰 수익을 내는 상업 활동이 주를 이뤘다. 당시만 해도 상업적 이익을 위해 동서양이 교류하는 단편적인 차원이었고, 유럽인이 이주 및 정착하거나 정치적으로 원주민을 지배하는 본격적인 식민주의 시대는 아니었다. 하지만 18세기 후반 보다 많은 상품을 확보하고 교역 활동의 안전을 보장받기 위해 유럽의 상인들이 현지 정치와 이권에 개입하기 시작했다. 더불어 현지인과 결탁해 보다 많은 노예를 확보하는 등 초기 상업적 교역 활동에 변화가 일어났다.

- 산업 식민주의Industrial Colonialism

19세기 들어 영국 산업혁명의 영향으로 기존의 자본주의에 역학적인 변화가 일어나기 시작했다. 증기기관을 이용해 상품 생산량이 급증하자 영국의 상인들이 보다 많은 이익을 내기 위해 해외에서 값싼 원재료를 들여오고, 자신이 생산한 상품을 판매할 새로운 시장을 개척하기 시작한 것이다. 또한 유럽 내 임금 수준을 낮게 유지하려면 해외에서 값싼 농산품을 들여올 필요가 있었다.

이로 인해 기존의 식민지에 회사를 세워 무역을 하던 체제에서 한 발 더 나아가 국가가 나서서 해외 영토를 점령하고, 그 영토 내의 인적 · 물적 자원을 직접 통치 및 지배하는 체제로 전환했다. 이때 식민지배국은 식민주의 국가에 입법 · 행정 · 사법 제도와 교통 체계 같은 인프라를 강제로 도입했다.

영토 점령과 자원 착취를 정당화하기 위해 유럽의 식민주의자들이 내세운 명분은 당시 유럽에서 급격히 발전하던 과학(물리학, 생물학)과 이성철학 등의 선진 문물을 미개한 원주민에게 전달해 그들을 계몽한다는 지배 이데올로기였다. 이는 한마디로 유럽의 식민지배국은 모국(母國)이기 때문에 식민지를 자식처럼 지도해야 하며, 이는 모국뿐 아니라 자국(子國)을 위한 것이기도 하다는 문화 제국주의Cultural Imperialism적 시각이다. 1899년 발표한 러디어드 키플링의 〈백인의 책무〉라는 시에 그러한 시각이 잘 나타나 있다(제1장 참조).

제국주의 Imperialism

많은 사람이 식민주의와 제국주의를 혼용하지만 일부 겹치는 부분이 있을 뿐 그 개념의 범위는 서로 다르다. 학자 간에 이견이 있긴 해도 통상적으로 제국주의가 식민주의보다 더 포괄적인 개념이다. 제국주의는 '식민지배자나 그와 비슷한 특권층이 시장에서 유리한 지위를 차지하고 자원과 노동을 자신의 이익을 위해 사용하는 모든 행위'를 일컫는다. 식민주의는 '다른 국가를 정치적으로 지배 및 통제하기 위해 영토를 차지하고 경제적으로 착취하는 정책 혹은 행위'를 말한다.

결국 식민주의는 15~19세기에 유럽 국가가 아프리카, 아시아, 아메리카에 식민지를 건설해 경제적으로 착취한 것을 의미한다. 제국주의는 시장이라는 보다 포괄적인 개념에서 유리한 입지를 확보해 간접적으로 착취하는 것으로, 이것이 오늘날 '신제국주의Neo-Imperialism'라는 이름 아래 여전히 행해진다고 보는 학자들도 있다.

유럽 식민주의자들의 제국주의적 통치는 식민지의 정치경제뿐 아니라 사회, 인구 전반에 급격한 변혁을 불러왔다. 먼저 식민주의자들은 거대 플랜테이션을 구축하기 위해 현지 농토를 재편해 소유권을 착취했다. 더불어 현지 생산자의 일거리를 빼앗음으로써 발생한 노동력을 자신의 플랜테이션이나 광산업 등에 투입해 부를 창출하였다.

이들 플랜테이션에서 경작한 농산품은 대개 유럽 내에서 수요가 큰 코코아, 커피, 목화, 팜유, 고무, 설탕, 차 등으로 현지인은 별로 소비하지 않는 품목이었다. 이는 유럽의 식민주의자들이 계획적으로 '현지인이 소비하지 않는 것을 경작하고, 현지에서 경작하지 않는 것을 소비한' 것으로, 식민지의 소비 단계와 유럽의 생산 단계를 모두 통제 및 지배하기 위한 전략이다. 여기에다 현지에서 소비하는 밀가루, 설탕, 차, 섬유는 식민지에서 원재료를 경작하고 그 가공은 유럽에서 처리했다. 이에 따라 식민지 주민은 부가가치가 들어간 상품을 비싸게 구입함으로써 이중으로 착취를 당했고 현지 제조업은 몰락했다.

결과적으로 식민지 주민의 경제적 기반과 인구구조는 급격한 변화를 겪었다. 그들은 유럽의 제조업을 보호하는 역할을 하는 동시에 유럽 의존도가 갈수록 높아졌다.

• 후기 식민주의

1920년을 기점으로 식민주의에 변화가 찾아왔다. 세계대전 발발로 유럽의 투자가 급감하고 상품가격이 급락하면서 식민지 경제가 큰 타격을 받게 된 것이다. 또한 1920년대에 세계공황을 겪으면서 유럽 국가와 식민지 사이의 무역의존도는 더욱 강해졌고, 1930년대에 영국과 그 식민지 사이의 무역량은 전체 영국 대외무역의 약 44퍼센트를 차지했다.

이러한 흐름에 따라 유럽의 불황을 피해 식민지로 이주하는 사람도 증가했다. 식민지에 유럽인이 많이 이주해오고 그들이 주요 직종을 차지하면서 상류층으로 자리 잡자, 현지 지식인들은 요직으로 나아가는 것이 어려워졌다. 이때 대부분의 현지인이 하층민으로 전락해 착취에 취약한 상황에 놓이고 말았다.

한편 이 시기에 신탁통치 개념이 등장해 식민지 주민을 위한 계몽과 개발을 지원하려는 움직임이 일어났다. 이는 이후 UN의 전신인 국제연맹League of Nation 설립의 배경이 되기도 했다. 또한 세상을 유럽과 비유럽, 즉 '우리'와 '그들'이라는 이분법적 시각으로 보는 유럽 중심적 사고가 생겼다. 이는 당시 주류이던 근대화 이론을 토대로 자본주의와 민주주의를 통한 유럽식 개발 모델을 식민지에 적용하려는 움직임의 시작이라고 할 수 있다.

대문자 'D'evelopment 와 소문자 'd'evelopment

영국의 개발학계에서는 개발의 영어식 표기인 Development를 대문자 D로 시작하는 것과 소문자 d로 시작하는 것을 구분해서 사용한다. 대문자는 2차 세계대전 이후 식민지의 독립과 냉전 체제를 배경으로 등장한 제3세계에 '개입'하는 것에 중점을 둔 개념이다. 이 개념에서는 식민주의자, 공여국, 공여기관 등의 역할을 중시한다. 반면 소문자는 지리적으로 불균등하고 근본적으로 모순적인 자본주의 개입의 '역사적 변화 과정'에 중점을 둔 개념이다. 이는 개발을 일방의 일방에 대한 개입 행위로 볼지, 아니면 일련의 역사적인 변화 과정으로 볼지에 대한 학자들 간의 시각 차이를 드러낸다.

대문자가 식민주의 신탁통치 개념에 그 뿌리를 두고 있다면, 소문자는 독립 이후 자본주의를 기반으로 한 세계 정치경제적 체제 변화를 중심으로 한다.

2차 세계대전 이후 대부분의 식민지가 독립하기 시작했는데, 그 배경으로는 크게 4가지 요소를 들 수 있다.

먼저, 세계대전 이후 주요 식민지배국인 영국과 프랑스의 경제가 파탄나면서 그들 자신이 미국의 지원에 의지해야 하는 형편이 되었다. 여기에다 국제 정세의 새 강자로 떠오른 미국과 소련의 패권 다툼으로 식민지 독립이 보다 활발하게 이뤄졌다. 미국은 기존 식민주의자들의 영향력이 약해진 틈을 타 '글로벌 자본주의'를 내세우며 국제경제 부문에서 자국의 영향력과 지배력을 강화하고자 했다. 이러한 비공식적 제국주의를 '신식민주의Neo-colonialism'혹은 '신제국주의'라고 한다.

둘째, 식민지 시절에 서구식 교육을 받은 아프리카와 인도의 엘리트층이 대중을 선동해 식민지배에 대항하는 운동을 벌였다. 대표적으로 1900년대 초 인도의 간디가 펼친 독립운동을 들 수 있다.

셋째, 2차 세계대전 중이던 1941년 미국의 루스벨트 대통령과 영국의 처칠 수상이 맺은 대서양 헌장Atlantic Charter을 들 수 있는데, 이는 UN 헌장의 이념적 기틀이다. 이 헌장은 영토 확대나 현지인의 의사에 반하는 영토 변경을 반대했고 식민지의 주권 회복과 자치를 옹호했다.

마지막으로, 실질적 지배 관계에 상관없이 글로벌 자본이 자유롭게 이동하고 독립 정부가 이를 지원함으로써 기존의 식민지배 체제의 실효성이 사라졌다.

그렇다고 식민지의 독립이 모두 비슷한 양상을 띤 것은 아니다. 영국 식민지의 경우에는 애초에 그 지배 행정 체제가 현장 중심이라 비교적 수월하게 이뤄졌다. 반면 프랑스와 네덜란드의 식민지에서는 1954년부터 1962년까지 약 8년간 이어진 알제리 독립전쟁Algerian War 같은 유혈사태가 발생하기도 했다. 이 경우 식민지에 있던 유럽 출신 거주자가 대규모로 탈출했다. 20세기 중반 대부분의 식민지가 독립을 했고 그 과정에서 식민지는 기존 식민주의자들의 약해진 지배력을 대체한 신식민주의 세력에 따라 향후 국가의 운명에 지대한 영향을 받았다.

나. 식민주의의 유산

신생 독립국들은 1940년부터 1970년대 사이에 국가의 기틀을 갖추기 시작했는데, 이들 국가의 영토는 대부분 식민지배 당시 식민주의자가 임의로 그어놓은 경계를 기반으로 정해졌다. 식민주의자들이 정한 이 영토 경계선은 현지의 환경적 · 지리적인 상황과 민족적 · 문화적인 특성을 전혀 고려하지 않고 식민지배국 사이의 영토 분할을 위한 경쟁의 산물로 이뤄진 것이었다.

결과적으로 같은 국가 내에 다양한 민족과 인종이 공존했고 이들의 상이한 언어와 종교, 문화가 뒤섞였다. 이러한 상황은 이들 집단 간의 결속력을 떨어뜨려 경쟁력 있는 국가 건설statebuilding에 나쁜 영향을 미쳤고 심지어

[그림6] 식민 지배에 따른 아프리카의 국경선

프랑스
영국
포르투갈
스페인
독일
독립국
이탈리아
벨기에

분쟁의 씨앗으로 작용했다.

식민지배국의 편의에 따라 그어놓은 영토 경계선은 현재 아프리카 국가의 국경선에 극명하게 나타난다. [그림6]에서 볼 수 있듯 마치 자를 대고 그은 듯한 국경선은 동아프리카는 영국이, 서아프리카는 프랑스가 나눠 지배하기 위해 인위적으로 만든 것임을 시사한다.

아프리카의 국경선: 분쟁의 씨앗

식민지배국이 그어놓은 아프리카의 국경선은 시작부터 독단적이고 인위적이었다. 물론 아프리카의 다양한 원주민, 유목민, 준유목민seminomadic 그룹을 모두 고려해 국경선을 나누는 것은 복잡하고 어려울 수밖에 없었을 터다. 아프리카의 정치적 구조와 제도는 마을 단위 이상을 넘지 않는 수많은 부족의 점조직으로 이뤄져 있다. 여기에다 민족이라는 개념이 약해 여러 마을을 아우르는 강한 결속력이 없고, 민족 · 종교 · 문화 · 언어 등을 고려해 국경을 구분 짓기에는 기초 정보가 부족했다. 유럽의 경우 보통 하나의 절대적인 그룹이 다른 여러 그룹을 자신의 지배 아래 둠으로써 근대적인 국가가 탄생했다. 그러나 아프리카는 다양한 부족이 끊임없이 경쟁하면서 없어졌다 나타나기를 반복했다.

1960년대 아프리카의 식민지 국가들이 독립하자마자 잠재되어 있던 이들의 대내외적 취약성이 명백하게 드러나기 시작했다. 콩고, 중앙아프리카공화국, 앙골라, 소말리아, 에티오피아는 대외적인 다양한 개입(물질적, 지정학적, 인도주의적 목적으로)으로 내부의 권한이 약해졌다. 여기에다 대내적으로 국민 간에 일관성 있고 통합적인 국가관이 없어서 정치적 불안정이 불거졌다.

이처럼 아프리카 국가의 불안정한 독립과 함께 떠오른 것이 분쟁이다. 한 국가 내 민족 간 분쟁의 대표적인 사례는 수단(1956~1972, 1989~현재), 르완다(1959~1964), 에티오피아, 나이지리아(1967~1970)의 내전을 들 수 있다. 국가 간 전쟁으로는 앙골라, 모잠비크, 라이베리아, 우간다, 수단의 사례가 있다.

식민주의 경험이 식민지 발전에 이익 혹은 해악이었는지에 관한 의견은 학자들마다 상이하다. 그러나 과거의 비정착 식민지가 현재 개도국의 대다수를 차지한다는 점에서 식민주의는 해악이 더 컸다고 볼 수 있다. 과거의 식민지가 개도국이 된 원인 중 하나는 식민지배 기간 동안 자신의 운명을 스스로 결정하고 개척할 정치·경제·사회적 힘을 빼앗겼기 때문이다.

식민지 지배를 위해 유럽 본국에서 온 관리들은 현지의 주요 대도시에 머물렀고, 그로 인해 모든 입법·행정·교육·통신 등 사회 인프라가 대도시를 중심으로 발달했다. 이것은 어디까지나 식민지 지배를 원활하게 하기 위한 수단에 불과해 식민지 전체의 발전으로 이어지지 못했고, 도시-농촌 간 격차를 키우는 결과를 낳았다. 식민지 현지인의 고등교육도 일부 엘리트층을 대상으로만 이뤄졌다. 이처럼 엘리트주의와 권위주의적 특징을 드러내는 식민주의의 하향식 지배 체제는 식민지 현지의 전통적인 지배 세력과 지배 체제 약화를 초래했다.

한편 과거 식민지배국이 현재 국제개발 협력이라는 이름 아래 식민지에 대한 영향력을 계속 행사한다는 주장도 있다. 독립 과정을 통해 식민주의자와 식민지 간의 정치적 지배 관계는 끊어졌지만, 경제적 지배 관계가 그 자리를 대체했다는 의미다. 한마디로 '식민주의자-식민지'가 '공여국-개도국'으로 이름만 바뀌었을 뿐이라는 얘기다.

그러면 이러한 지배구조를 보다 자세히 살펴보기로 하자.

후견주의 Clientelism

클라이언텔리즘을 우리말로 풀이하자면 '두목과 부하의 관계에 의존하는 사회'[30]를 말한다. 식민주의적 배경에서 이것은 정부와 시민이 후원자Patron - 고객Client 관계를 이뤄 특정 집단과 긴밀한 관계를 맺고 이들의 이익만 위하는 행태를 일컫는다. 이는 식민주의 시절 후원자(식민주의자)와 고객(식민지 현지 지배층) 간 수직적이고 불균등한 권력 및 자원 배분 관계에서 비롯된 것으로, 독립 이후 개발기구·기관과 현지 엘리트 지배층 간의 고착 관계로 이어졌다. 이에 따라 개발원조가 개도국 전반에 도달하지 않고 일부 특권층에 쏠리는 현상의 원인 중 하나로 지목받고 있다.[31]

3. 마르크스주의 Marxism

가. 마르크스주의적 개발 이론Marxist Development Theories

마르크스의 이론도 앞서 논의한 다른 이론들처럼 개발을 선형적 단계로 보았다. 그것은 고대 공산주의Ancient communism, 봉건적Feudalism·아시아적Asiatic인 사회 그리고 자본주의를 거쳐 공산주의로 발전하는 모델이다.

---

30 동아 프라임 영한사전

31 After Colonialism: Imperial Histories and Post - Colonial Displacement(Gyan Prakach ed. Princeton University Press, 1995); Citizen and Subject, Mahmood Mamdani, The Journal of Modern African Studies/volume 34/Issue 02/June 19966 참고

고대 공산주의 사회는 농경지나 농기구 같은 기본적인 경제자원을 공동 소유했다. 반면 유럽의 봉건주의 사회는 소수가 토지를 소유한 가운데 소작인은 소득의 일부를 지주에게 상납하고 그 나머지를 자신이 소유했다. 봉건적·아시아적인 사회에서는 일부 계층이 국가기관과 경제를 지배했으며 관개 시설 같은 주요 기술도 중앙에서 관리했다. 이후 자본주의 사회가 도래하면서 생산수단을 가진 자(자본가 bourgeoisie)와 그렇지 못한 자(노동자 proletariat)로 나뉘었고, 생산수단을 갖지 못한 자는 자신의 노동력을 판매해 생계를 꾸려갔다.

자본주의 사회의 중심인 시장의 주요 역할은 자원 배분이다. 마르크스가 강조한 것이 바로 자본주의에서의 자본과 노동의 관계다. 자본주의 이전 시대에는 꼭 필요한 만큼만 생산했으나, 자본주의 체제에서는 기술 발달 덕분에 필요 이상의 생산 능력을 얻었다. 그런데 그렇게 발생한 잉여자원이 노동자에게 돌아가지 않고 자본가의 부를 창출하는 일에 재투자되면서 두 계급의 격차는 더욱 벌어졌다.

마르크스는 자본주의가 태생적으로 안정적이지 못하고 위기에 취약하다고 보았다. 그리고 그처럼 불안정한 상태는 결국 자본주의의 쇠퇴로 이어질 것이라고 주장했다. 블라디미르 레닌Vladimir Il'ich Lenin도 자본주의 사회가 고도로 발달하면 부의 생산에 필요한 값싼 자원과 노동력을 식민지에서 조달하고 새로운 시장을 개척하기 위해 제국주의가 도래할 것으로 예측했다. 나아가 이러한 착취는 궁극적으로 한계가 있기 때문에 결국 사회주의가 자본주의를 압도할 것으로 내다봤다.

- 신마르크스주의Neo-Marxism

1950년대 들어 전통적인 마르크스주의Classical Marxism는 유럽의 경험만 기반으로 했다는 비판이 일면서 신마르크스주의가 등장했다. 이들은 아프리카, 중남미, 아시아 국가들이 독립 이후 전통적인 마르크스주의자가 주장하는 발전 과정을 겪지 않았음을 지적하며 20세기 자본주의의 핵심은 독점 자본주의Monopoly Capitalism라고 주장했다.

독점 자본주의는 최고 발전 단계의 자본주의 형태로 초기의 자유경쟁 체제에서 벗어나 소수의 거대한 독점기업이 국제경제를 지배하는 단계를 지칭한다. 이러한 독점기업은 가난한 국가를 착취해 부를 축적하기 때문에 가난한 국가의 정부는 자국을 개발하기 위해 써야 할 자원이 국외로 빠져나가는 것을 적극 방지해야 한다. 그렇지만 대개는 이들 나라 정부에 그런 능력이 없거나 관료가 부패해 이를 막지 못한다. 신마르크스주의자들은 이러한 상황을 타개하려면 자본주의를 버리고 국가 사회주의State Socialism 체제로 전환해야 한다고 주장한다.

• 구조주의

신마르크스주의와 시각이 비슷한 학자로 구조주의자Structuralist가 있다. 특히 1947년 설립된 라틴아메리카 경제위원회ECLA, Economic Commission for Latin America를 중심으로 한 구조주의자들은 유럽 중심주의를 비판했다. 유럽이 겪은 산업화 과정은 중남미의 경험과 동일하지 않으므로 유럽이 주장하는 근대화 이론으로는 중남미 지역의 빈곤을 해결할 수 없다는 얘기다. 나아가 미국이 옹호하는 국제 자유무역 체제는 오히려 중남미의 발전을 방해한다고 주장했다. 개도국이 유치산업 발전을 도모하려면 국제경쟁을 이겨내도록 국가가 이들 산업을 보호해 스스로 성장할 시간을 주어야 하는데 그걸 방해한다는 의미다.

이러한 주장을 기반으로 도입한 수입 대체 산업화import-substitution indus-trialisation 정책으로 브라질 등 몇몇 중남미 국가는 수입 물품에 높은 관세장벽을 세워 자국 산업 보호를 꾀했다. 하지만 이러한 초기 성공 사례에도 불구하고 중남미의 정책에는 여러 한계점이 있었다. 무엇보다 소득 수준이 낮아 국내 경제 활성화에 한계가 있었고 국가 주도로 경제 정책을 수립하다 보니 1970년의 석유위기 등 외부 영향에 효율적으로 대처하지 못했다.

● 세계 체제 이론World-Systems Theory

구조주의와 비슷한 맥락으로 세계 경제가 모두 동일하지 않고 사실은 위계적인 체제를 이룬다고 주장한 것이 세계 체제 이론이다. 구조주의와 세계 체제 이론은 공통적으로 국가 개발 문제를 한 국가 차원이 아니라 국제적인 차원에서 역사적으로 살피고, 국제 체제에서 한 국가가 어느 위치에 있느냐에 따라 그 국가의 국력이 결정된다는 것을 강조한다. 세계 체제 이론은 한 발 더 나아가 세계를 크게 세 부분으로 나누어 분석하는데 중심부core, 준주변부semi-periphery, 주변부periphery가 그것이다.

다음에 논의하는 종속 이론에서 주변부를 영원한 착취의 대상으로 본 것과 달리 세계 체제 이론에서는 중심부–주변부의 관계를 유동적이라고 보았다. 초기 자본주의 시대이던 15~16세기 유럽 국가들이 유럽 대륙 너머로 진출하며 세계 경제의 패권을 다툴 때, 북서부 유럽국이 중심부가 되고 스페인 같은 국가는 패권에서 밀려나 준주변부로 남았다.

19세기 산업혁명 이후 중심부는 미국을 포함해 중부 유럽까지 넓어졌고, 당시 식민지이던 아시아와 아프리카는 식민주의 체제를 통해 자동적으로 세계 경제 체제의 주변부로 합류했다. 21세기 현재 중심부는 서유럽 · 미국 · 캐나다 · 호주 · 뉴질랜드 · 일본을 지칭하며, 준주변부는 한국 · 홍콩 · 싱가포르 · 대만 같은 아시아의 네 마리 호랑이와 중국 · 인도 · 러시아 · 동유럽 · 남아공처럼 주변부에서 중심부로 이동해오는 신흥 산업국가NICs, Newly-Industrializing Countries를 말한다. 주변부는 그 나머지로 과거 식민지이던 개도국들이다.

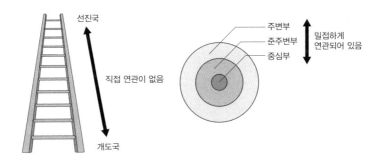

[그림7] 전통적 마르크스주의와 종속 이론 · 세계 체제 이론 비교

선진국

직접 연관이 없음

개도국

주변부
준주변부
중심부

밀접하게
연관되어 있음

- 종속 이론Dependency Theory

중남미 학자들이 주장한 또 다른 대표적인 개발 이론으로 1970년대에 큰
호응을 얻은 종속 이론이 있다. 종속 이론가들은 중남미 저개발underdevelop-
ment의 원인이 중심부 산업국가들이 주변부 비산업국가를 착취하는 구조로
되어 있는 현재의 자본주의 체제에 있다고 주장한다. 이는 전통적인 마르크
스주의 이론이 개도국을 단순히 선형적 개발 단계의 초기에 위치한다고 여
기고, 선진국과 개도국은 직접적인 연계가 없다고 본 것과 대조적이다. 이
러한 전통적 마르크스주의와 종속 이론, 세계 체제 이론과의 차이점은 [그
림7]과 같이 정리할 수 있다.

앙드레 프랑크André Gunder Frank는 이 과정을 저개발의 개발development of
underdevelopment이라고 불렀다. 그는 칠레와 브라질의 사례를 들면서 16세
기부터의 피식민지배 경험이 이러한 종속 관계의 시작이라고 주장한다. 자
본주의 체제 아래에서 이 종속 관계는 식민지배국과 식민지 사이의 관계뿐
아니라 개인 간에도 생기는데, 예를 들어 농노는 착취당하는 주변부이고 지
주는 착취하는 중심부라는 것이다. 식민지의 지주는 현지에서는 중심부지

만 세계 체제 아래에서는 다시 주변부가 되므로 개인 간·국가 간의 구조는 서로 밀접하게 연관되어 있다.

그러나 중남미 저개발의 해결 방안에 대해 앞서 말한 ECLA 같은 구조주의자와 종속주의자의 시각엔 큰 차이가 있다. 구조주의자는 정부 개입 확대와 기존 자본주의 체제의 개혁을 요구한다. 반면 종속주의자는 자본주의 체제 자체를 부정하는데 그 이유는 자본주의가 존재하는 한 주변부는 늘 착취의 대상으로 머물러 있을 거라고 보기 때문이다.

종속 이론은 중남미를 중심으로 큰 반향을 불러일으켰지만 경제적 요소에만 과도하게 치중한 탓에 정치·사회·문화 등 다른 개발 요인을 간과했다는 비난을 받기도 했다.

제3세계, 개도국, 빈곤국, 남(南)

개발학에서 선진국과 반대 개념으로 사용하는 용어로는 제3세계Third World, 개도국Developing Countries, 빈곤국Poor Countries, 남South or Global South이 있는데 이것은 모두 1960년대 즈음 등장했고 그 개념의 범주는 겹치는 부분이 많다.

냉전 시대 미국과 서유럽·일본 등의 선진 자본주의 국가는 제1세계, 소련과 동유럽의 사회주의 국가는 제2세계 그리고 그 외 지역인 중남미·아프리카·아시아·중동 지역은 제3세계로 구분한다. 제3세계는 제1세계와 제2세계의 정치경제 체제가 도입한 발전 노선을 취한다.

개도국의 개념은 이전에 후진국Backward Country이었지만 그것이 차별적이라는 비판에 따라 현재 개도국으로 칭하고 있다. 로스토의 발전단계론에 따르면 개도국은 도약 단계 과정에 있는 나라를 의미한다. 오늘날 사용하는 개도국의 정의는 UN, IMF, 세계은행, OECD 등 기관에 따라 차이가 있다. 대개는 세계은행에서 국가별 일인당 GNI 수준에 따라 저소득국, 하위중소득국, 상위중소득국, 고소득국으로 구분한 것을 기준으로 고소득국을 제외한 나머지 국가를 개도국이라 칭한다(World Bank, 2014).

남북North-South 개념은 북반구에 위치한 선진국과 남반구에 위치한 개도국 사이의 사회경제적·정치적 격차를 의미한다. 북은 G8을 중심으로 한 서방의 제1세계와 제

2세계의 대부분을 포함하고, 인구는 세계 인구의 4분의 1을 차지하며 전 세계 제조업의 90퍼센트를 소유하고 있다. 반면 아프리카, 중남미, 아시아(동북아 제외), 중동 등 전 세계 인구의 4분의 3을 차지하는 남은 약 5퍼센트에 해당하는 인구만 충분한 식량과 주거를 확보하고 있다.

남과 북의 역사는 식민주의 시대에서 기원했고 그런 까닭에 북의 경제발전을 위한 원자재를 남에서 조달하는 종속적인 관계가 이어지고 있다(Mimiko, 2012). 따라서 남북담론은 근본적으로 제국주의적 시각에 기반을 둔다. 남북문제에 관한 논의는 1980년 UN에 제출한 브란트 보고서Brant Report 발표를 계기로 더욱 활발해졌지만, 남 내부의 다양성을 고려하지 않은 채 북의 정책적 조언을 받아들이면 개발이 이뤄질 것이라는 등의 주장이 현실적이지 못하다는 비판을 받았다.

빈곤의 정의는 세계은행 기준으로 빈곤선(하루 수입 1.25달러) 미만의 경제 수준을 일컫지만, 여기에 대한 학자들의 논의가 분분하다. 빈곤국에 대해 별도로 정해진 기준과 정의는 없으나 대개 개도국, 제3세계, 남을 혼용하고 있다.

나. 사회주의 개발 모델

사회주의 개발 모델은 기본적으로 근대주의 이론을 바탕으로 한다는 점에서(개발을 선형적인 일련의 역사적 과정으로 보았다는 점에서) 자본주의와 비슷하지만, 자본주의와는 다른 노선을 선택했다. 자본주의 사회는 생산수단을 가진 자와 그렇지 않은 자로 계급이 나뉘고 인적, 물적 자원 착취를 통해 경제가 발전한다. 반면 사회주의 사회는 생산수단을 가진 자가 국가이므로 이윤 창출이 국가경제의 주요 목적이 아니다. 대신 중앙계획경제 아래 국가의 자원을 구매 능력이 아닌 '필요'를 기반으로 배분한다.

사회주의 개발 모델의 특징을 정리하자면 다음과 같다.

경제적인 면에서 ①주요 기업은 국가 소유이고 ②산업이나 인프라와 관련된 결정은 시장이 아닌 정부의 중앙계획을 통해 이뤄진다. 또 ③대외무역 및 투자 전반에 정부가 개입하고 ④노동시장에도 정부가 개입함으로써 시장이 아닌 중앙계획에 따라 고용계획을 수립한다. ⑤물가 역시 정부가 조절하고 ⑥ 농업 및 도시 - 농촌 관계에도 정부가 개입한다.

정치적인 면으로는 하나의 정당이 지배하는 구조이며 반대 성향의 조직이나 시민사회를 구성하는 것은 용납하지 않는다.

이처럼 기본적인 특성을 바탕으로 하지만 사회주의 개발 모델을 채택한 국가가 모두 동일한 발전 과정을 보인 것은 아니다. 특히 20세기 후반 들어 이전에 마르크스와 엥겔스가 주장한 '자본주의가 고도로 발전하면 사회주의가 도래한다'는 주장은 현실에서 찾아보기 어려워졌다. 실제 사회주의 개발 모델을 채택한 국가는 아래 [표10]처럼 크게 세 부류로 나눌 수 있다.

사회주의식 개발 모델을 채택한 많은 국가가 정부의 강력한 개입으로 교육 및 보건 분야에서 복지 향상 효과를 내기도 했다. 또한 자본주의 이론에서 케인스나 로스토가 주장했듯 산업 발전의 초기 단계에는 국가가 최대한

[표10] 개발 모델에 따른 사회주의 국가 분류[32]

구분	주요 국가	특징
강력한 정부가 개발을 주도적으로 진행한 경우	아프가니스탄, 에티오피아, 몽골 등	19세기 후반~20세기 초반 식민지배에서 큰 영향을 받지 않았음.
식민지배에서 벗어나는 과정에 사회주의 방식을 채택한 경우	앙골라, 모잠비크, 북한, 베트남 등	수십 년간 식민지배를 받은 경험이 개도국 내부의 불평등을 야기함. 독립운동가가 사람들을 결집하는 이데올로기로써 인민이 부를 공동 소유하는, 즉 부의 균등 배분을 주장하는 사회주의를 이용해 식민지배에 대항함.
	니카라과, 쿠바 등	당시 미국의 지원을 받던 지배층을 몰아내기 위해 사회주의 혁명을 일으킴.
중앙계획경제 체제를 도입했지만 정식으로 사회주의 체제를 채택하지 않은 경우	인도, 가나, 탄자니아, 세네갈, 알제리, 말리, 기니 등	정부가 '경제개발 5개년 계획'등을 통해 중앙집권적으로 국가의 경제성장과 개발 정책에 관여함.

32 Willis, 2005 참고

[그림8] 1980년대 사회주의 제3세계 현황

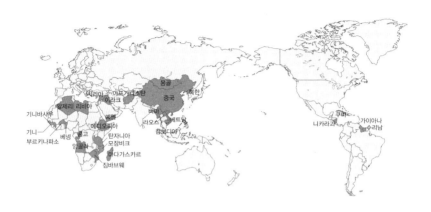

개입해 토지, 공장, 인프라 등 경제자원을 중앙에서 계획하는 것이 보다 효율적·효과적이기 때문에 사회주의 중앙계획경제를 채택한 국가는 초기에 눈부신 경제성장을 이뤘다. 그러나 중국과 소련이 보여주듯 이러한 경제성장은 자연환경과 개인의 삶의 질을 희생해서 이룬 것이며, 장기적인 경제안정에 도움을 주지 않는다는 비판도 있다.

사회주의는 이론적으로 모든 자원과 부를 평등하게 배분하므로 생산 활동에서 발생한 잉여는 모든 사람의 이익으로 돌아간다. 그런데 이런 평등은 일인당 국민소득이 낮은 수준일 때만 유지되었고, 실제로는 자본주의 체제로 전환한 후 불평등지수와 실업률 등이 급등한 것으로 나타났다. 즉, 1989년 소련 체제가 붕괴하면서 동유럽은 물론 세계 전반에서 사회주의에 대한 회의적인 목소리가 커지기 시작했다. 대표적으로 프랜시스 후쿠야마Francis Fukuyama는 사회주의의 멸망을 '역사의 종말end of history'로 칭하면서 서구 자유민주주의의 승리를 선언하며, 이를 인류 최후의 이데올로기라고 단정 지었다.

21세기에 사회주의 체제를 유지하고 있는 나라는 거의 찾아볼 수 없지만, 개발의 관점에서 사회주의 모델이 시사하는 바를 정리할 필요는 있다. 여기에서는 크게 소비에트 개발 모델, 마오쩌둥 주의 개발 모델, 아프리카 사회주의 개발 모델을 정리하고자 한다.

● 소비에트Soviet 개발 모델

1920년대 이전까지 소작농 사회가 대부분이던 국가에서 1960년대 미국과 함께 세계 패권국가로 발돋움한 소련USSR의 '사회주의 실험socialist experiments'은 많은 개도국에 영감을 주었다. 1917년 레닌이 이끄는 볼셰비키 혁명으로 황제가 물러나면서 소련은 마르크스의 이론에 기반을 둔 사회주의 체제로 이행하기 시작했다.

　그런데 마르크스는 사회주의로의 체제 변화가 도시의 산업 노동자 계층을 중심으로 한 '자본주의 체제 전복'이라는 선형적 과정을 통해 이뤄진다고 보았다. 반면 레닌의 러시아 혁명은 1920년대 신경제 정책NEP, New Economic Policy을 통해 전통적인 농업 중심의 경제 체제에서 근대화한 도시 산업 경제로의 전환을 주요 목적으로 했다. 이 신경제 정책은 경제 부문에서 국가기구가 생산 과정 전반을 결정하는 것을 골자로 한다.

　1929년 정권을 잡은 이오시프 스탈린Josef Stalin은 경제 부문에 대한 국가 지배력을 강화하고 사회주의적 공업화와 농업의 집단화collectivisation of agriculture를 추진했다. 이 과정에서 당과 국민에 대한 감시 및 탄압이 심해졌다.

　이렇듯 사회주의 초반에는 국가가 사회 전반에 개입함으로써 교육과 공공보건 분야에 대한 국가 예산 지출이 증가했다(1926년 51퍼센트에서 1939년 81퍼센트로). 이때 아동의 학교 등록률이 증가하고 성인의 문맹률이 감소하는 등 국가 전반적으로 근대화가 성공적으로 이뤄졌다.

　그런데 이 추세는 1970년대 후반 들어 점점 힘을 잃고 말았다. 국가와 관료조직의 통제가 비효율성과 창의성 소멸을 야기해 새로운 기술 도입 및 혁신을 저해한 탓이다. 더불어 모든 정치적 반대가 불가능한 경직된 사회, 자주성을 무시하는 사회, 양적 목표 달성을 중시하는 사회구조가 생산품과 사회의 질적 개선을 방해했다. 여기에다 국가 주도의 사회 보장은 국가에 대한 의존도를 심화하고, 환경과 인권을 고려하지 않은 경제 정책은 지속가능성 면에서 실패를 낳았다.

1985년 당서기장이 된 미하일 고르바초프Mikhail Gorbachev는 이러한 스탈린주의의 병폐를 해결하기 위해 페레스트로이카Perestroika 개혁 방안을 추진했다. 이 개혁 방안은 기업과 개인의 결정권 강화, 보다 큰 정치적 자유 보장, 비사회주의 국가와의 교류 활성화를 주요 골자로 하고 있다. 이처럼 이데올로기보다 국익을 우선시하는 정책은 결과적으로 1990년대의 소련 분열, CIS(독립 국가 연합, Commonwealth of Independent States) 국가들의 독립 및 사회주의 체제 붕괴 그리고 시장경제로의 전환에 결정적인 역할을 했다.

• 마오쩌둥주의Maoism 개발 모델

1949년 마오쩌둥이 중화인민공화국 정부를 수립하고 국가 주석이 되면서 그가 중국의 국가 발전을 위해 내세운 개발 정책을 일컫는다. 초기 마오쩌둥주의는 소련과 비슷하게 마르크스-레닌주의를 중심으로 했지만, 그 잔인성이나 엄격함의 정도가 소련보다 약했고 무엇보다 농민을 주축으로 한 혁명이었다는 점에서 차이가 있다. 1921년 중국 공산당 창당 당시에는 소련의 경우처럼 도시의 중심 세력이 주축이었으나, 1927년 공산당 타도를 위한 국민당의 군사 공격 이후 그 세력이 크게 위축되었다.

이 무렵 공산당 정책에 반대 입장이던 마오쩌둥이 두각을 나타내기 시작했고, 1949년 즈음에는 당의 지도층과 당원 모두 농민층이 주류로 자리 잡았다. 이는 중국이 소련과 달리 농촌에 대한 경제의존도가 높고 인구 면에서도 농촌의 인구가 도시보다 많은 반면, 도시의 노동자가 중국 전체를 산업화하기엔 그 세력이 약했기 때문이다.

중국의 혁명은 일본의 식민지배와 영국 및 프랑스 같은 외부 제국주의 세력에 대한 저항의 성격이 강하다. 또한 중국은 소련처럼 국가 전체를 산업화할 만한 재정과 자원이 없었기에 노동자, 농민, 민족 자본가를 포괄하는 혁명 집단을 중심으로 '모든 인민을 동원한' 국가 발전을 꾀했다.

마오쩌둥의 중앙계획경제는 5개년 개발계획을 통해 이뤄졌고, 특히 1953~1957년의 첫 번째 5개년 계획과 1958~1961년의 두 번째 5개년 계획인 '대약진 정책Great Leap Forward'은 중국의 개발 정책에 큰 변화를 불러왔다.

먼저 마오쩌둥은 도시와 농촌 간의 장벽을 허물기 위해 농·공업 분야의 생산 책임을 '인민공사'에 두는 현장화 정책을 시행했다. 인민공사는 농촌의 사회생활 및 행정조직의 기초 단위로 모든 생산수단을 공사의 집단 소유 혹은 전(全) 인민 소유로 했다. 이를 통해 농촌에서도 농업기계나 화학비료 생산 등의 산업 활동을 함으로써 재정 문제를 해결할 수 있을 거라고 보았기 때문이다. 대표적으로 일명 '뒷마당 용광로'가 있었다. 마을이나 가정, 학교 뒤편에 용광로를 설치해 쇠로 만든 물건을 던져 넣어 강철을 생산한 것이다. 하지만 이렇게 생산한 제품은 대부분 품질이 조악했고 농촌에서의 산업 활동이 오히려 농업 활동을 방해해 농산물 수확량의 급감을 야기했다. 여기에다 1959~1961년에 전국적으로 기근이 발생하자 이는 농촌에서 도시로의 대규모 이주를 촉발하는 원인으로 작용했다.

1976년 마오쩌둥 사망 당시, 중국의 산업성장률은 저조했으며 농업 생산량이 인구 증가세를 따라잡지 못했다. 이때 소득 공동 소유에 따른 동기부여 저하가 대약진 정책의 주요 실패 원인이라는 지적을 받으면서 농민들은 점차 자신의 경작물을 소유 및 판매할 권한을 얻기 시작했다.

이후 중국 정부는 '사회주의 시장경제Market Socialism' 체제를 도입해 외국 투자에 대해 문호를 일부 개방했다. 그 일환으로 중국은 광둥성과 푸젠성 등 동부 해안 지역에 특별경제구역을 설치해 세금 감면, 토지 임대 조건 완화 등을 통해 외국인 투자를 적극 유치하기 시작했다. 중국의 높은 교육 수준과 값싼 노동력도 외국인 투자의 좋은 유인책이었다. 하지만 외국 자본은 중국 내 공장에 대한 소유권을 가질 수 없었기 때문에 중국 공영기업과 파트너십을 형성했다. 특별경제구역에서 성공함으로써 중국은 큰 경제성장을 이뤘지만 동부 해안 지역과 내륙 및 서부 지역 간의 경제 격차와 불평등은 더욱 심화되었다.

마오쩌둥주의 개발 모델은 비록 실패로 끝났지만 탄자니아 줄리어스 니에레레Julius Kambarage Nyerere 대통령(1964~1985년)의 독립 후 개발 정책과 페루의 좌익 게릴라 조직인 센데로 루미노소Sendero Luminoso에 영향을 미쳤다.

• 아프리카 사회주의African socialism 개발 모델
1957년 가나의 독립을 시작으로 많은 아프리카 국가가 식민지배에서 벗어났다. 이들 국가는 대부분 사회주의 개발 노선을 취해 정부가 경제활동을 조정 및 관리했다. 그렇지만 소련이나 동구권, 서구의 과거 식민지배국과 거리를 유지하기 위해 완전한 사회주의 체제를 도입하지는 않았다.

아프리카 국가들이 독립 후 선택한 개발 체제는 크게 자본주의식 개발, 마르크스-레닌주의(아프로 마르크스주의Afro-Marxism), 아프리카 사회주의(혹은 포퓰리스트 사회주의Populist socialism)로 나눌 수 있다. 그런데 아프리카 국가 정부가 실제로 시행한 정책이 3가지 이념과 부합하지 않는 경우가 많아 어느 국가가 어떤 이념을 채택했다고 분명하게 구분하기는 어렵다.

탄자니아의 니에레레 대통령이나 세네갈의 초대 대통령 레오폴 세다르 셍고르Léopold Sédar Senghor는 자본에 따른 계급 구분을 주장한 식민주의자

의 지배 이데올로기를 타파하고자 아프리카 사회주의 체제를 도입해 토지와 자연자원에 대한 공동 소유 개념을 채택하려 했다. 아프리카 토착문화에는 토지의 공동 소유 개념이 이미 존재했기에 계급투쟁 중심이던 소련식 사회주의 개발 모델보다 아프리카 사회주의를 통해 진정한 아프리카의 뿌리를 찾고자 한 것이다.

이러한 사회주의 노선을 채택한 국가로는 탄자니아, 알제리, 가나, 말리, 기니 등이 있다. 하지만 아프리카 사회주의는 1960~1970년 소련식 사회주의나 자본주의를 추종하는 외부 세력에게 '순진하고 비현실적'이라는 비난을 받기도 했다.

마르크스-레닌주의 체제를 도입한 아프리카 국가로는 DR콩고, 모잠비크, 앙골라, 베냉, 소말리아, 에티오피아 등이 있다.

아프리카는 식민지배를 겪으며 현지 정치 세력과 노동자 계층이 충분히 성장할 기회를 잃어 소련, 중국 같은 강력한 중앙계획 정책이나 노동자 혁명을 기대하기 어려웠다. 또한 아프리카 국가의 낮은 교육 수준과 기술 수준 때문에 경제발전에 한계가 있었고, 서구 공여국이 원조한 부채 부담으로 대부분의 아프리카 국가가 IMF 차관을 지원받았다. 이러한 과정을 통해 아프리카 국가들은 점점 시장 지향적인 경제 체제를 도입하기 시작했다.

요점 정리

- 초기 식민주의는 유럽 식민지배국이 상업적인 목적으로 회사 차원에서 진행했고 이들은 비정착 식민지에서 플랜테이션 농업과 노예무역으로 설탕, 차, 비단 등의 생산 및 판매를 통제함으로써 막대한 이익을 얻었다.
- 두 번째 단계인 산업 식민주의는 유럽이 생산품 판매를 위한 해외시장 개척과 식민지 현지에서 원자재 및 농산품을 값싸게 수입하려는 목적으로 진행했다.

이것은 유럽 식민지배국 정부가 주도했고 이로써 본격적인 식민지 지배 체제가 갖춰지기 시작했다.

▫ 식민주의 지배 체제는 엘리트주의와 권위주의로 이뤄져 모든 지식과 자원, 자본이 식민지의 대도시로 모여들게 했다. 그리고 이것을 유럽 본국으로 이송함으로써 식민지 전반의 발전에 기여하지 못했고 오히려 전통적인 정치, 경제, 사회적 체계를 무너뜨리는 결과를 낳았다.

▫ 식민주의 마지막 단계에서는 두 번의 세계대전 발발로 국제정세에 큰 변화가 일어났다. 즉, 기존의 제국주의 세력이 약해진 반면 자본주의를 내세우는 미국과 사회주의를 내세우는 소련의 영향력은 커졌다. 이들 새로운 패권자의 주도 아래 대다수 식민지가 독립을 달성했다.

▫ 독립 과정을 통해 식민주의자와 식민지 간의 정치적인 지배 관계는 끊어졌으나, '공여국-개도국'이라는 경제적 지배 관계가 그 자리를 대체했다.

▫ 마르크스주의 개발 모델은 근본적으로 근대화 이론에 기반을 두고 있고 선형적인 발전 단계를 제시한다. 그런데 신마르크스주의자는 아프리카, 중남미, 아시아 국가들이 독립 이후 동일한 발전 과정을 겪지 않았음을 지적하며 전통적 마르크스주의의 유럽 중심적인 시각을 비판했다.

▫ 세계 체제 이론은 세계를 크게 중심부, 준주변부, 주변부로 나눠 분석했는데 중심부는 과거 식민지배국이며 주변부는 식민지배를 경험한 개도국을 말한다. 이 구조는 유동적이다. 대표적으로 동아시아 국가들은 주변부에서 중심부로 이동하는 중간 단계인 준주변부에 해당한다.

▫ 구조주의와 종속 이론은 글로벌 경제 체제를 중심으로 16세기부터 시작된 식민주의가 오늘날의 불균등한 남북 관계로 이어진다고 주장했다. 개도국의 빈곤은 중심부인 산업국가들이 주변부의 비산업국가를 착취하는 구조로 되어 있는 현재의 자본주의 체제에 그 원인이 있다는 얘기다.

▫ 사회주의 개발 모델은 정부가 국가 경제개발의 모든 부분을 계획·개입·결정하는 체제로 소비에트식 개발 모델, 마오쩌둥주의 개발 모델, 아프리카 사회주의 개발 모델이 대표적이다.

□ 21세기의 국제개발을 이해하는 데 종속 이론이 의미하는 바는 무엇인가?

□ 다음의 주장에 대해 논하시오.

'개발은 신식민주의적 사업이며 지역적 · 범지구적으로 불평등한 구조를 심화

하며 남에 대한 북의 지배를 유지 및 재생산한다.'

□ 다음의 주장에 대해 논하시오.

'현재 개도국의 정치경제적 발전 과정은 국가와 시민 간의 관계는 물론 과거

식민주의 경험과의 관계에서 분석해야 한다.'

□ 사회주의식 개발 모델과 자본주의식 개발 모델의 차이점은 무엇인가?

제5절 # 신자유주의와
세계화

1. 들어가며

개발과 개발학을 이해하려면 먼저 개발 패러다임이 변화해온 역사적 배경을 알아야 한다. 앞에서 살펴본 바와 같이 식민지 시대는 물론 산업혁명을 거쳐 자본주의가 탄생하면서 개발 패러다임이나 원조 정책이 많은 영향을 받았기 때문이다. 그런 의미에서 지금부터 신자유주의와 세계화에 대한 역사적 배경, 워싱턴 컨센서스, 포스트 워싱턴 컨센서스에 대한 이해, 제3세계 외채위기 속에서 원조 공여국과 수원국 간의 원조 조건에 따른 주권 침해, 그리고 세계화의 확대와 다국적기업을 바라보는 다양한 시각 및 부정적 영향 등을 살펴보고자 한다.

2. 신자유주의와 개발

19세기 후반에서 20세기 초반에 걸쳐 정치경제 이론을 토대로 발전한 신자유주의는 2차 세계대전 이후 세계 정치와 경제의 주류 이념으로 자리 잡았다. 세계은행, IMF 등의 국제금융기관IFIs, International Financial Institutions과 WTO 주도로 이루어진 신자유주의는 국가 권력의 시장 개입을 비판하고 시장의 기능과 민간의 자유로운 활동을 중시하는 이론이다. 국제개발에서 신자유주의에 대한 이해가 필수적인 이유는 2차 세계대전 이후 전 세계 정치경제의 주축이던 신자유주의 이념이 국제개발 정책과 사회 전반에 걸쳐 큰 영향을 미쳤기 때문이다.

우선 신자유주의가 부상할 무렵의 역사적 배경을 살펴보자.

케인스주의는 루스벨트 대통령이 채택한 뉴딜 정책의 기본 이론으로 1929년부터 10여 년간 지속된 대공황을 극복하는 데 큰 역할을 했다. 하지만 1960년 말 동시에 나타난 높은 인플레이션율과 실업률을 해결하지 못하면서 쇠퇴했다.

1973년 전 세계적으로 석유 가격이 급등하면서 1차 석유파동이 일어났고, 이어 1979년 2차 석유파동이 일어나면서 전 세계는 심각한 경제 불황기를 겪었다. 이에 선진국은 경제·사회 전반에 걸친 국가 개입에 회의를 느끼고 시장의 자정 작용과 보이지 않는 손을 지향하는 신자유주의의 재등장을 받아들였다.

석유파동으로 불황이 계속되자 케인스학파가 주창하는 국가 개입은 비효율적이고 관료주의적이며 혈세 낭비로 여겨졌다. 이에 따라 각국은 손실을 보는 공공기업과 준국가기관을 매각함으로써 국가의 역할을 최소화하고 경제 촉진 및 감세 정책을 펼쳤다. 이것이 신자유주의의 기초이자 자유무역을 촉진하는 한 최대의 규제 완화를 지지하는 경제 사조다. 다시 말해 신고전주의 경제학의 뿌리인 애덤 스미스와 리카도의 아이디어가 재등장했다.

신자유주의 이데올로기는 마거릿 대처와 로널드 레이건 시대의 주류 경제 사조로 빠르게 자리 잡았고, 개발 정책과 외채위기 극복 방법으로 개도국을 비롯한 여러 나라로 퍼져 나갔다. 같은 맥락에서 IMF, 세계은행 등의 국제금융기관도 재정 지원이나 무·유상 원조, 부채 탕감을 조건으로 개도국에 워싱턴 컨센서스 정책을 요구했다.

하지만 신자유주의를 기반으로 하는 이러한 경제회복 처방전은 GDP 감소, 실업률 증가, 사회복지 붕괴, 국가 부채 증가, 빈곤 악화 등을 거듭하며 강한 비판을 받기도 했다.

이제 신자유주의에 대한 다양한 비판 중 몇 가지를 살펴보고자 한다.

먼저, 신자유주의 정책은 저임금과 높은 불평등을 초래할 수 있다. 데이비드 호웰David Howell과 마마두 디알로Mamadou Diallo는 신자유주의 정책으로 미국 전체 노동자의 30퍼센트가 저임금을 받았고 35퍼센트는 일자리를 잃었으며, 40퍼센트만 정식으로 채용됐다고 지적했다. 딘 베이커Dean Baker는 미국에서 발생한 불평등의 배경에는 인플레이션 하락, 노동조합 반대, 의료산업계의 부당 이득 등 신자유주의 정책에서 나온 부작용이 있다고 주장했다.

또한 세계은행 부총재를 지낸 조지프 스티글리츠와 인도의 경제학자이자 철학자인 아마르티아 센, 지리학자 데이비드 하비David Harvey, 언어학자 놈 촘스키Noam Chomsky 교수를 비롯한 많은 학자가 신자유주의 이론과 실제에 대해 비판적인 시각을 갖고 있다. 이들은 신자유주의 정책 탓에 불평등이 더 심해졌고 이 정책이 정치, 사회, 경제, 보건, 환경 등의 측면에서도 많은 문제점과 한계를 내포하고 있다고 주장했다.

실제로 신자유주의 정책의 핵심 중 하나인 자유무역은 불공정하다. 선진화된 기술 및 자본력을 갖춘 선진국과 이제 출발선에 선 개도국이 규제 없는 무역을 하는 것은 프로복서와 초등학생이 싸우는 것과 같다며 장하준은 이것을 "사다리 걷어차기"라고 표현했다. 선진국에서 주장하는 신자유주의 정책은 '우리가 성장한 대로가 아니라, 우리가 말하는 대로 하라'는 후

안무치의 자세라는 의미다.

　실증적 분석에서도 신자유주의를 기반으로 한 정책을 채택한 나라가 더 잘살게 되었다는 역사적인 증거는 미미하다. 신자유주의는 기본적으로 높은 실업률, 사회복지 축소, 부의 편중화를 불러온다. 신자유주의 정책이 아닌 자국의 특성에 맞는 발전 전략을 채택한 한국·대만·싱가포르·중국(홍콩), 말레이시아·인도네시아·베트남 등을 제외한 중남미, 사하라 이남 아프리카, 아시아의 많은 국가는 오히려 경제적으로 퇴보하는 현상을 보였기 때문이다. 심지어 이 정책을 추진하는 미국과 영국 등의 선진국까지도 장기간에 걸친 실업률, 비정규직 증가, 의료비 상승, 임금 하락, 불평등 심화 등 경제·사회적 문제가 심각해지면서 자성의 목소리를 내고 있다.

신자유주의의 주요 학자

신자유주의는 세계 경제사에 큰 축을 이룬 오스트리아학파(현재의 시카고학파)의 산물이다. 균형을 기조로 자본주의를 비판하는 성향을 보이며 장기적인 비전을 제시한 독일학파는 케인스의 수요·공급 이론의 바탕이 되었다.

오스트리아학파는 케인스주의 경제학에 근본적으로 구조적인 결함이 있다고 주장했다. 사회의 엘리트층인 이들은 법과 질서를 재정립하길 원했고 시장경제 바탕의 보수적인 정치경제 체제로의 전환을 꾀하였다.

루트비히 폰 미제스Ludwig von Mises는 자금과 뱅킹 이론을 주장하며 신자유주의의 진정한 창립자로서 입지를 다졌다. 이후 그의 제자인 프리드리히 하이에크는 'gets the prices right'를 주창했다. 하이에크의 동료 밀턴 프리드먼은 신자유주의 경제학의 핵심 생산요소로 노동과 자본의 개념을 관통하는 통화주의Monetarism를 연구해 레이건의 집권에 직접적인 영향을 미쳤다. 당시 개발과 원조의 주요 패러다임은 하이에크와 프리드먼이 주도한 시장경제 바탕의 신자유주의 이데올로기였다.

가. 워싱턴 컨센서스와 워싱턴 혼란 Washington Confusion

워싱턴 컨센서스는 1970년대와 1980년 초 정부 실패의 원인인 공공 부문의 비효율성, 관료들의 부정부패 및 지대 추구rent seeking 등의 대안으로 부상했고 나아가 이것은 1980년대 말 국제경제 정책의 표준으로 정착했다. 미국의 정치경제학자 존 윌리엄슨John Williamson은 이러한 흐름을 확고히 다졌는데, 1989년 그는 시장경제 체제를 바탕으로 중남미 국가들을 위한 10가지 처방전으로 '워싱턴 컨센서스'를 발표했다. 워싱턴 컨센서스라는 이름이 붙은 이유는 IMF, 세계은행, 미국 재무부가 모두 워싱턴 D.C.에 있었기 때문이다.

미국식 경제 전략은 중남미뿐 아니라 사하라 이남 아프리카 국가, 아시아 국가까지 퍼져 나갔다. 이것은 선진국 경제 정책의 기준으로 자리 잡았고 개도국도 그 전략을 채택하도록 강요받았다. 신자유주의 정책의 대명사로 자리매김한 워싱턴 컨센서스의 주요 정책은 다음과 같다.

- 재정 건전성 확보: 중앙과 지방 정부의 장기적이고 규모가 큰 재정 적자는 인플레이션, 국제수지 적자, 자본 도피capital flight 등의 형태로 나타나는 거시경제 왜곡의 주요 원인이다. 이러한 재정 적자가 발생하는 이유는 공공 지출을 적재적소에 배분하는 정치적 역량이 없기 때문인데, GNP의 1~2퍼센트를 초과하는 실제 예산 적자는 정책 실패의 증거라고 할 수 있다.
- 공공 지출 감소: 정부 지출을 줄여야 할 경우 기초교육, 기초보건, 인프라보다 국방·공공행정·보조금subsidies 그리고 공공기업에 쓰는 비용을 줄여야 한다.
- 세제 개혁: 과세 기준은 더욱 광범위해야 하고 조세행정과 한계세율(부가세율)은 인센티브를 높이기 위해 낮춰야 한다.
- 금리 자율화: 금융 규제를 완화하면 이자율을 국가가 아닌 자율시장이 결정한다. 실제 이자율은 자본 도피와 높은 저축률을 저지하는 데 도움을 준다.
- 국제경쟁 환율 도입: 비관습적인 수출에서 빠른 성장을 촉진하려면 환

율이 충분히 경쟁적이어야 하지만 인플레이션이 나타나면 안 된다. 확신을 갖고 이런 주장을 하기 위해서는 대외개방 지향적이어야 한다.

- 무역 자유화: 10~20퍼센트 수준의 관세 인하와 더불어 수입의 양적인 제약을 없애야 한다. 그리고 자유무역 아이디어는 유치산업 보호를 위해 일시적으로 제한을 두어야 한다.
- 외국인 직접투자 허용: 외국인 직접투자FDI, Foreign Direct Investment를 유치하면 필요한 자본, 기술, 노하우를 한꺼번에 얻을 수 있고 외국인 채권자가 민영화한 공공기업 등에 자본equity을 투자하는 경우도 있다.
- 공공기업 민영화: 민간기업이 상대적으로 더 효율적이므로 공공기업을 민영화해야 한다.
- 규제 완화: 모든 기업은 경쟁 대상이다. 이것은 정부 개입을 줄이고 규제를 완화한 경제활동을 의미한다.
- 재산권 보호: 명확한 재산권 보호는 모든 사람에게 합리적인 비용에서 이뤄져야 한다.

미국 정부와 경제기구 및 싱크탱크들이 워싱턴 컨센서스에 동의하면서 이 처방전은 신자유주의 시대의 주요 경제 정책으로 세계 경제의 흐름을 바꾸는 역할을 했다. 하지만 이후 신자유주의 개발 정책 패키지에 대한 비판적인 시각이 세계 곳곳에서 나타나기 시작했다.

워싱턴 컨센서스 정책을 시행한 중남미와 사하라 이남 아프리카 국가들은 정책 실패의 희생양이었다. 미국은 개도국이 워싱턴 컨센서스의 주요 정책인 구조조정 프로그램을 받아들이지 않을 경우 그 나라를 응징하기도했다. 가령 집권세력 핵심 인물의 부패를 폭로해 무력화한 다음 힘을 다른 정당에 실어줘 구조조정 프로그램을 시행하게 했다. 이로 인해 개도국에 국가적 위기를 조장한 뒤 미국식 시장경제 체제를 퍼트리고 미국 기업이 보다 쉽게 진출하게 해서 이익을 극대화하려는 음모라는 비판도 받았다.

결정적으로 워싱턴 컨센서스를 시행한 개도국은 빈곤에서 탈출하지 못했고, 미미한 경제성장을 이루거나 오히려 악화되었다는 점에서 큰 효과가 없었다고 할 수 있다.

이처럼 워싱턴 컨센서스는 다양한 비판을 받았고, 노벨경제학상 수상자 스티글리츠는 개도국에 고금리 정책을 강요하는 것에 반대하며 IBRD에서 사퇴할 때 이 용어를 거론했다. 이를 두고 영국 〈이코노미스트〉 등의 언론들은 '워싱턴 혼란Confusion', '워싱턴 불화Dissensus'라고 비아냥댔다. 이후 세계은행이 스스로 반성하고 외부의 다양한 의견을 수렴하면서 포스트 워싱턴 컨센서스가 등장했다.

나. 제3세계의 외채위기와 원조 조건

1973년과 1979년에 연이어 발생한 석유파동으로 전 세계는 심각한 경제적 타격을 받았고, 특히 제3세계 국가는 치명적인 외채위기를 겪었다. 많은 개도국은 국제수지가 악화되고 상업차관 상환 능력을 잃게 되어 IMF의 구조 금융에 대한 의존도가 높아졌다.

의도야 어찌됐든 신자유주의학파 및 정책결정자들은 결과적으로 개도국 국민의 삶의 질에 직접적인 영향을 미치는 정책 입안 기회를 제한하는 결정을 했다. 또한 개도국 정부의 민주성을 잠식하고 세계 질서에서 강대국과 약소국의 권력 관계를 더욱 고착화했다.

이는 경제적 주권 침해뿐 아니라 한 국가를 정치적, 사회적으로 간섭한 것이라는 점에서 그 심각성이 크다. 그 사례 중 하나로 구조조정 프로그램을 포함한 워싱턴 컨센서스 처방은 공여국의 대외원조 조건인 '원조 조건' 형태로 개도국에 수용을 강요했다.

대외원조 형태와 그 패러다임은 2차 세계대전 이후 실시한 마셜 플랜부터 현재까지 시대별로 변화했는데, 그중 1980~1990년대는 원조 효과성 Aid effectiveness에 대한 논의가 활발했다. 주요 선진국은 개도국에 원조 조건을 시행함으로써 경제발전을 도모하고 부채를 상환하도록 장려했다. 반면 개도국이 원조 조건을 받아들이지 않거나 실행하지 않으면 원조액을 줄이는 등의 제재를 가했다. 원조 공여국이 수원국을 대상으로 대외원조를 당근이자 채찍으로 활용한 것이다.

원조 조건의 시대는 1982년 8월 멕시코에서부터 시작되었다. 멕시코 정부는 이자조차 갚을 수 없을 만큼 채무위기에 빠져 있었고 재융자refinancing 지원을 보장받고자 IMF와 협상을 시작했다. 당시 멕시코는 약 4조 원을 융자받기 위해 내수시장 보호 수단인 정부 지출 감소, 공공기관 직원 해고, 공시가격 설정 및 보조금 중지 등을 포함해 다양한 원조 조건에 동의했다. 이후 10여 년간 '조건 쇼핑 목록'은 다자간 혹은 양자간, IMF나 세계은행과의 원조 체결에서 전형적인 모델로 쓰였고 중남미뿐 아니라 아프리카 국가로 퍼져 나갔다.

원조 조건 사례: 잠비아공화국

사하라 이남 아프리카 국가 중 보츠와나, 에티오피아, 르완다는 원조 협상에서 비교적 자주적 결정권을 행사하는 반면 잠비아, 가나, 탄자니아, 모잠비크, 말리는 의사결정권이 약한 편이다. 이들 국가 중 잠비아 사례로 원조 조건의 한계를 살펴보자.
잠비아의 통합민주독립당UNIP 정권은 1964년 국명을 잠비아공화국이라 정하고 영국의 식민지배에서 벗어났다. 잠비아는 광물자원이 풍부하고 국가경제가 구리 생산에 크게 의존했는데, 구리산업이 석유파동과 외채위기로 악화되면서 주요 선진국이 원조 정책을 펼치기 시작했다.
1964년 독립할 당시에는 원조액이 미미했으나 구리 가격이 떨어지자 잠비아 정부는 빠른 시일 내에 가격이 회복될 거라 믿고 IMF와 세계은행의 차관을 이용했다. 그러나 구리 가격이 오르지 않으면서 부채 부담은 점점 늘어났고 이자율도 높아졌다. 이런 현상이 1972년부터 1981년까지 지속되자 잠비아는 원조 조건의 일환으로 구조

조정 프로그램을 받아들일 수밖에 없었다.

국제금융기관에서 차관을 받은 잠비아 정부는 구조조정 프로그램을 따라야 했지만, 그들은 통합민주독립당에서 추진한 NERP New Economic Recovery Program를 실행했다. 이렇게 정책 결정의 자율성Policy Space을 확보하고자 한 잠비아 정부의 바람은 채무 면제 거절로 처참히 무너졌다. 1987년부터 1991년 사이에 무상원조 금액이 46퍼센트에서 23퍼센트로 감소한 것이다. NERP는 경제지표에 긍정적 성과를 나타냈지만 자국 경제를 회복하고 정책결정권을 확보하고자 한 노력은 원조 시스템 안에서 무산되고 말았다.

다. 굿거버넌스와 포스트 워싱턴 컨센서스

1990년대 들어 학계와 시민단체의 사회운동을 통해 워싱턴 컨센서스에 대한 불만과 비판이 대폭 증가했고, 심지어 국제금융기관 내부에서조차 불만의 목소리가 불거졌다. 물론 IMF는 워싱턴 컨센서스의 장점을 옹호하면서도 개도국의 실행 실패를 비난했다. 반면 세계은행은 동아시아 국가들의 성공 사례에 주목해 이들의 부의 재분배, 교육 대중화, 정부 주도 투자 정책 등의 중요성을 인식하면서 워싱턴 컨센서스를 돌아보았다.

1999년의 시애틀 WTO 반대 투쟁을 기점으로 대규모 시위대가 국제금융기관에 대한 불만을 표출했다. 워싱턴 컨센서스 정책은 무엇보다 중남미 경제를 크게 악화시킨 주요 원인으로 비난을 받았다. 세계은행 내부에서도 워싱턴 컨센서스에 대해 강한 반성의 목소리를 냈고, 이는 신자유주의적 개발 정책을 재고하는 계기가 되었다.

1997년 조지프 스티글리츠가 세계은행 부총재로 임명되자 신자유주의 정책은 신제도경제학 기반의 정책으로 선회했다. 또한 하버드대학 국제정치경제학과 교수 대니 로드릭Dani Rodrik이 이런 재평가 흐름을 주도하기도 했다.

워싱턴 컨센서스에서 포스트 워싱턴 컨센서스로의 전환은 정부의 역할

[표11] 확장된 워싱턴 컨센서스

기존의 워싱턴 컨센서스	확장된 워싱턴 컨센서스에서 추가한 10개 항목
1. 재정 건전성 확보 Fiscal discipline	11. 기업 지배구조 개선 Corporate governance
2. 공공 지출의 우선순위 조정 Reorientation of public expenditures	12. 부패 척결 Anticorruption measures
3. 세제 개혁 Tax reform	13. 노동시장 유연화 Flexible labour markets
4. 금리 자율화 Financial liberalisation	14. WTO 합의 준수 World Trade Organisation agreements
5. 국제경쟁 환율 도입 Unified and competitive exchange rates	15. 국제금융 기준 및 규범 준수 Financial codes and standards
6. 무역 자유화 Trade liberalisation	16. '신중한' 자본계정 개방 'Prudent'Capital-account opening
7. 외국인 직접투자 허용 Openness to direct foreign investment	17. 자율적 환율 체제 Nonintermediate exchange rate regimes
8. 공공기업 민영화 Privatisation	18. 중앙은행 독립성 확보 및 인플레이션 관리 Independent central banks and inflation targeting
9. 규제 완화 Deregulation	19. 사회안전망 구축 Social safety nets
10. 재산권 보호 Secure property rights	20. 빈곤 퇴치 Targeted poverty reduction

출처: Dani Rodirk(2006: 980)

과 사회적 관계에 대한 획기적인 인식 변화가 핵심이다. 기존에는 시장의 보이지 않는 손을 맹신하고 시장경쟁만 중시했다면, 이제 시장의 불완전성을 인정하고 제도 구축과 그에 따라 다른 결과가 나올 수 있음을 인지하게 된 셈이다. 정부의 시장 간섭을 완강히 부인하고, 장·단기적으로 부정적 영향을 준다고 맹신하는 워싱턴 컨센서스에 반기를 든 것이 포스트 워싱턴 컨센서스다.

당시 논의의 핵심은 문제는 워싱턴 컨센서스의 생사가 아닌 '무엇이 워싱턴 컨센서스를 대체할 수 있는가'였다. 워싱턴 컨센서스의 실행자들은 제도적인 뒷받침 없이는 정책이 지속적인 효과를 내지 못한다고 판단했다. 대니 로드릭은 'Getting price right(제대로 된 가격)'에서 'Getting institutions right(제대로 된 제도)'으로의 변화를 주장하며 확장된 워싱턴 컨센서스Augmented Washington Consensus[표11]라 불리는 포스트 워싱턴 컨센서스를 제시했다.

로드릭은 '제도'가 사회 깊숙이 자리 잡고 실질적인 성장을 이루려면 법, 재산권 보호, 거버넌스 등 제도 안정화가 필수적이라고 생각했다. 이는 자유시장이 개도국의 발전을 저해하는 것이 아니라, 부패와 불평등이 만연하는 정치 및 법 체계가 시장의 정화작용을 방해한다고 보는 것이다.

워싱턴 컨센서스의 구조조정 프로그램은 개도국의 문제를 장기적인 관점에서 해결할 수 있다고 주장하는 반면, 세계은행은 국가의 잘못된 제도가 시장의 효과적인 작동을 가로막아 종종 성장할 기회를 잃는다고 판단했다. 정부 실패와 불안정한 국가 제도가 발전을 저해할 수 있다는 의미다. 따라서 굿거버넌스의 목표를 안정적인 재산권 보호와 책임 있는 정책 결정으로 시장경제가 원활히 작동하도록 정치적 기반을 조성하는 데 두었다. 이때 부정부패는 시장을 왜곡하고 자원의 효율적인 배분을 가로막는 가장 큰 문제로 보았다.

이에 따라 구조조정 프로그램은 국가의 청렴성과 책임성, 민주주의를 강조하였다. 더불어 1990년대 후반에는 굿거버넌스에 포괄적으로 접근하도록 했는데 이는 경제 정책뿐 아니라 사회안전망, 교육, 보건, 농촌 및 도시 전략과 환경·문화적 차원으로까지 그 범위가 확대되었다.

신자유주의 기반의 워싱턴 컨센서스에 대한 비판과 함께 제도, 거버넌스의 중요성이 커지면서 포스트 워싱턴 컨센서스는 큰 설득력을 얻었다. 포스트 워싱턴 컨센서스가 국가의 발전 과정에 사회적 관계가 중요한 요소로 작용한다는 것을 인식했기 때문이다. 그럼에도 불구하고 포스트 워싱턴 컨센서스는 신자유주의 이념에 기반을 둔다는 점에서 근본적으로 워싱턴 컨센서스와 같은 약점을 안고 있다. 즉, 워싱턴 컨센서스의 단점을 보완해 진화한 것이 아닌 개도국이 현실적으로 실행하기 어려운 정책의 나열에 불과하다는 점에서 '확장된 워싱턴 컨센서스'라는 비판을 받는다.

3. 세계화와 불평등

세계화는 일반적으로 경제·정치·사회·문화 등 여러 분야에서 국경을 초월해 자본, 상품, 노동, 서비스, 아이디어 등의 교류가 늘어나는 것을 의미한다. 세계화라는 개념은 2차 세계대전 이후 생겨나 1970년대를 지나면서 더욱 활발히 쓰이기 시작했다. 세계화는 긍정론, 부정론, 절충론이 맞서면서 여전히 논쟁의 중심에 서 있지만 여기서는 개발학의 관점에서 세계화에 대한 오해를 중심으로 살펴보고자 한다. 또한 세계화에서 비롯된 불평등 심화와 국제노동분업, 작은 정부를 지향하는 신자유주의 이념 속에서 다국적기업의 영향력과 다양한 관점도 짚어보도록 하겠다.

가. 세계화에 대한 다양한 논의

많은 경제학자가 선진국은 자유무역과 자유방임주의 정책을 통해 성공적인 경제발전을 이뤘다고 믿는다. 대표적인 예로 토머스 프리드먼Thomas Friedman은 《렉서스와 올리브 나무The Lexus and the Olive Tree》에서 국가 발전을 위해서는 황금 구속복Golden straitjacket을 입어야 한다고 말한다. 이는 국영기업의 민영화, 안정적인 물가, 정부 조직 규모 감축, 재정 균형, 무역 자유 화, 외국인 투자와 자본에 대한 규제 완화, 부패 감소 등을 도입해야 한다는 의미다.

하지만 몇몇 학자[33]는 영국과 미국이 자유방임주의 정책과 자유무역을 시행해 최초의 산업국가로 성공한 반면, 국가 주도 정책을 고수한 나라는 산업화에 뒤처졌다는 프리드먼의 주장은 사실이 아니라고 지적한다. 프리드먼이 그의 책에서 주장한 내용이 역사를 왜곡하고 있을 뿐 아니라 신자유주의 정책 실패를 은폐하고자 하는 의도까지 엿보인다는 것이다. 또한 일부 학자는 세계화는 강대국이 그들의 막강한 자본으로 세계 경제를 잠식해 가는 식민주의의 또 다른 얼굴이라고 지적한다.

세계화는 신자유주의와 결합해 다국적기업의 정치경제적 파워를 강화해왔다. 몇몇 다국적기업은 경제력이 개도국 한 나라의 GDP보다 더 크다. 식민주의 시대와 마찬가지로 다국적기업은 개도국의 1차 산업과 천연자원 개발에 주로 투자하며, 이들의 개발계획과 인프라 투자의 주요 목적은 자원 확보에 있다. 예를 들어 남아프리카공화국에 진출한 다국적기업은 현지 독과점기업과 주식시장의 40~70퍼센트를 점유한 기업들의 소유권을 장악 및 통제하고 있다. 다국적기업은 초국적인 정치적 파워를 갖추고 있고 현실적으로 지방정부에 이들을 통제 및 규제할 능력이 충분치 않다는 점에서, 개도국이 주권을 상실한 식민지 국가의 처지와 크게 다르지 않다고 주장하는 학자도 있다.

나. 국제노동분업

세계화의 영향력이 점점 더 확대되는 과정에서 명백하게 드러나는 것이 노동분업의 세계화다. 세계화에 대해 세계은행(1995)은 "지금 세계 경제는 혁명의 시대"라고 했고, 국제노동기구ILO, International Labour Organization(1995)는 "세계화는 대성공을 이끌었다"고 하였다. 이처럼 세계는 명백히 변화했지만 정확히 무엇이 변화했는지는 여전히 의문으로 남아 있다.

마르크스주의 지리학자인 데이비드 하비는 세계화는 신자유주의 기조

---

33 장하준, 2007

를 바탕으로 한 '(직접적이지 않고 정교한) 착취를 통한 (부의) 축적Accumu-lation by dispossession'이라고 비판했다. 이 주장의 주요 골자는 강대국은 개도국에 생산 공장을 설립해 싼 노동력을 이용하거나 착취하면서 부를 축적한다는 것이다. 예를 들어 미국의 다국적기업은 중국에서 저렴한 원자재와 노동력을 이용해 이윤을 극대화하지만, 그 수익을 중국에 재투자하는 것이 아니라 미국으로 회수하는 구조다. 다국적 기업의 생산 공장이자 제품 수요를 창출하는 시장인 개도국은 노동력을 착취당하는데, 그 착취는 세계화로 인해 더욱 확대되고 있다.

세계화에 따른 불평등 심화

2014 스위스 다보스 포럼(세계 경제 포럼)이 열릴 즈음 발표된 국제구호단체 '옥스팜 Oxfam 보고서'(2014)에 따르면 세계 최고 갑부 85명이 소유하고 있는 부는 세계 인구의 절반에 해당하는 가난한 35억 인구의 부와 비견할 만하고, 1퍼센트의 최고 부자들의 부인 110조 달러는 가난한 35억 인구의 부보다 65배 많다.

소득불균형 문제를 오랫동안 연구해온 스티글리츠에 따르면 2012년 미국인 1퍼센트가 미국인 총수입의 22퍼센트를 받는 것으로 나타났다. 이를 더 좁히면 미국인 0.1퍼센트가 미국인 총수입의 11퍼센트를 번다. 그리고 2009년 이후 2012년까지 미국인이 벌어들인 수입의 95퍼센트는 상위 1퍼센트에게 돌아갔다.

전 세계적으로 10명 중 7명은 지난 30년간 국내 불평등이 지속적으로 증가한 국가에 살고 있는 것으로 나타나며, 이러한 부의 집중화는 포괄적 정치경제 시스템에 큰 위협이 되고 있다. (출처: oxfam, 2014)

글로벌 금융위기가 개도국에 미친 영향

2008년 미국의 주택시장을 중심으로 글로벌 금융위기가 발생해 순식간에 유럽과 아프리카, 아시아, 중남미까지 영향을 미쳤다. 미국의 주택담보대출 mortgages 시장에서 비롯된 위기가 어떻게 전 세계로 급격히 확산된 것일까? 대부분의 학자가 동의하는 것은 20세기 후반부터 이뤄진 금융시장 개방과 경제 통합에 따른 요인이 크다는 점이다. 미국을 중심으로 한 세계 금융시장의 개방 및 통합으로 이른바 '나비효과'가 발생할 최적의 조건이 만들어졌다는 얘기다. 미국의 주택담보대출 시장에 가해진 충격이 각 국가의 금융 시스템을 넘어 소비와 투자 등의 실물시장에까지 영향을 미친 것이다. 이러한 글로벌 금융위기에서 선제적으로 대응을 잘한 국가는 상대적으로 영향을 적게 받았지만, 개도국과 신흥국처럼 국가경제의 해외자본 의존도와 대외무역 의존도가 높은 국가는 큰 타격을 받았다.

세계은행은 2009년도 보고서에서 글로벌 금융위기로 약 5,300만 명이 낮은 경제성장으로 빈곤의 덫에서 벗어나지 못하고 있는 것으로 추정했다. 또 2008년도에 비해 1.3억 ~1.5억 명이 추가로 빈곤층으로 전락했다고 보고했다. 더불어 연료와 식량 가격 상승으로 116개의 개도국 중 94개국이 더 낮은 경제성장을 기록할 것으로 예측했다.

IMF는 글로벌 금융위기로 사하라 이남 아프리카 지역에 큰 위기가 발생했다고 보고했다. 글로벌 금융위기로 이 지역 가구의 상당수가 빈곤층으로 떨어질 거라 예상했는데, 약 96퍼센트가 그 영향권에 있을 것으로 추정했다.

유네스코UNESCO는 글로벌 금융위기가 사회·문화적 영역에도 막대한 영향을 미쳤을 것으로 추정했다. 특히 교육, 영유아 사망, 아동 영양 결핍 등의 인간 개발에 부정적인 영향을 미쳤다고 보고했다.

대부분의 국제기구가 글로벌 금융위기의 주요 요인으로 꼽는 것은 '무역을 통한 세계경제의 통합'이다. 우선 글로벌 금융위기로 선진국의 소비시장이 가라앉자 개도국에서 선진국으로 수출하던 재화의 수요가 감소했다. 동시에 선진국에서 노동력을 제공하던 개도국 노동자의 자국 송금이 눈에 띄게 줄어들었다. 이것은 개발을 위한 중요한 원천으로 송금액이 줄어들면서 개도국의 소비, 투자시장도 침체를 겪었다. 그 영향력은 대외자본 의존도가 클수록 크고 장기적인 침체 국면이 나타났다.

다. 다국적기업 MNCs, Multinational Corporations에 대한
다양한 시각과 기업의 사회적 책임

다국적기업이란 세계 각지에 자회사·지사·공장 등을 확보하고 생산 및 판매 활동을 국제적인 규모로 실시하는 기업을 말하며, UN에서는 '본국을 포함해 2개국 이상에서 사업 활동을 하는 기업'으로 정의한다.[34] 이렇게 여러 국가에 걸쳐 제조 거점을 두는 이유는 주로 외국의 값싼 노동력을 활용하고 무역 마찰을 피하기 위해서다. 다국적기업이 시장과 노동력 확보를 위해 여러 나라에서 활동하는 개념이라면, 초국적기업TNCs, Transnational Corporations은 국가 단위를 넘어 글로벌 시장에서 해외 경쟁기업과 제휴 · 합병 등을 통해 얻은 거대 자본 및 규모를 기반으로 초국가적인 세력을 구축한 기업을 뜻한다.

작은 정부를 지향하는 신자유주의 이념 아래 권력은 정부에서 기업으로 옮겨가는 경향을 보이고 있다. 기업의 영향력에 대해서는 다양한 의견이 있으나 기업이 경제적 효과, 무역에의 기여, 글로벌 가치사슬과 세계화의 주요 주체임은 분명한 사실이다. 또한 주요 다국적기업이 개도국의 지역 사회와 경제발전에 크게 이바지한 점도 간과할 수 없다.

동시에 다국적기업은 여전히 국제개발 분야에서 뜨거운 논쟁의 대상이자 비판을 받는 주체다. 네슬레의 비윤리적 분유 마케팅, 캐나다의 석유업체 탈리스만 에너지의 수단에서의 석유 프로젝트, 미국 유니언카바이드와 인도 보팔 가스 참사, 엑손 발데즈호 기름 유출 사건, 나이키의 노동착취 등 기업 활동은 다국적기업에 대해 부정적인 인식을 높였다.

개발학에서 다국적기업은 다른 어떤 주체들보다 영웅, 아니면 악당으로 불리며 극단적인 평가를 받고 있다. 다국적기업이 어떤 목적으로 해외시장에 투자하고 또 개도국에 어떤 영향을 미치는지 그 객관적인 시각을 분석한 3가지 접근법은 아래와 같다.

첫 번째는 마르크스주의의 영향을 받은 종속적 · 비판적 접근, 두 번째는 상업적 · 국익에의 접근, 세 번째는 진보적이고 국제 비즈니스 관점에서의 접근이다.

34 두산백과

다국적기업을 바라보는 3가지 접근법

1. 종속적 · 비판적 접근 Dependency and critical approaches

마르크스의 영향을 받은 학자들은 다국적기업을 글로벌 자본주의의 대표주자로 인식하며, 그들이 돈을 투자하는 개도국에 나쁜 영향을 미친다고 여긴다. 이 접근법을 적극 반영한 것이 종속 이론이다. 종속 이론을 주장하는 학자들은 개도국이 발전하지 못하는 원인으로 다국적기업의 역할을 꼽는다. 폴 바란 Paul Baran은 국제 분업에서 부가가치가 높은 제조업은 여전히 선진국에 있고, 원자재 및 자원 조달은 개도국에서 이뤄진다고 주장한다. 이를 통해 발생한 수익은 대부분 기업의 본사가 있는 선진국으로 돌아간다. 제조업 기반의 다국적기업은 저비용의 노동력 착취를 통한 수익 극대화를 위해 해외 진출 전략을 세운다는 주장이다. 또한 바란은 다국적기업과 지역 주민의 사회복지에 관심이 없는 지역 엘리트층이 서로 정치적 연대를 함으로써 더 심각한 문제를 야기한다고 말한다. 최근에는 신마르크스학파가 아니더라도 다국적기업의 노동력 착취에 대한 비판적인 연구가 증가하고 있다.

2. 상업적 · 국익에의 접근 The mercantile approach and national interest

또 하나의 주요 접근법은 다국적기업을 자국의 경제적, 정치적 이익을 대표하는 주체로 바라보는 것이다. 이 관점은 미국 국적의 다국적기업을 연구할 때 특히 중요하다. 이들은 치열해지는 국제 경쟁에서 국가의 챔피언으로서 국익에 기여한다. 로버트 길핀 Robert Gilpin은 다국적기업의 시대는 미국 헤게모니 시대와 부합한다고 주장했다.

미국은 자원의 안정적인 공급과 냉전 시대의 정치 · 군사적 연대를 위한 저렴한 석유 확보, 친(親)기업 문화의 저변 확대 등을 위해 적극적으로 기업 확산에 주력했고 무엇보다 석유회사를 확대했다. 이런 일반적인 목표를 제외하고라도 미국 재무부는 특정 다국적기업과의 관계를 개도국과의 외교 정책에 활용했다. 브라질 페트로바스, 칠레 국영석유회사, 말레이시아 페트로나스, 중국 중국국립석유공사의 국제화가 보여주듯 채광산업 분야의 다국적기업은 자원 부족 국가의 안정적인 자원 공급에 여전히 중요한 역할을 하고 있다.

3. 국제 비즈니스 관점 International business perspective

국제 비즈니스 관점은 앞서 설명한 종속적 · 상업적 관점과 달리 다국적기업을 다양한 전략과 성격을 갖춘 주체로 여긴다. 즉, 다국적기업은 존 더닝 John Dunning 이 발표한 절충 이론 OLI paradigm으로 설명이 가능하다. 기업의 해외 직접투자는 기업 특유의 우위 Ownership advantages, 장소 특유의 우위 Location-specific advantages 그리고 내부화 우위 Internalisation advantages 를 충족시켜야 발생한다는 것이다. 이 절충 이론은 해외 직접투자 현상을 체계적으로 설명하는 기반을 마련했으나, 시간의 흐름을 고려하지 않은 정태적인 접근법이라는 한계가 있다.

다국적기업은 세계 경제 세계화의 핵심 주체이며 종종 국가보다 거대한 영향력을 발휘한다. 작은 정부를 주장하는 신자유주의 이념 아래 다국적기업은 국경을 초월하고 주권을 뛰어넘는 사업 활동에 대해 정당성을 확보하며, 여러 초국적 자원 및 노동비용 절감 노력으로 이윤을 창출한다.

다국적기업은 개도국의 경제·사회 발전에 필요한 자본, 기술, 직업교육, 일자리 창출 및 인프라 구축 등의 중요한 기반이기도 하지만 환경오염부터 여성과 아동에 대한 노동력 착취에 이르기까지 다양한 문제를 양산하는 주범이기도 하다.

일례로 나이키는 1990년대 초 인도와 파키스탄에서 아동 노동을 착취해 축구공을 생산하다가 비난을 받았다. 또한 2013년 방글라데시의 라나 플라자 Rana Plaza 의류공장 붕괴 사고는 세계화가 열악한 노동환경으로 현지 노동자들의 생명과 안전을 크게 위협한다는 사실을 보여준다.

다국적기업의 이러한 횡포에도 불구하고 개도국 정부가 제재 조치를 취하기 어려운 이유는 다국적기업에 대한 자국의 경제 의존도가 커서 결과적으로 정부 권력의 상위에 있기 때문이다. 더욱이 다국적기업은 자본력을 무기로 권력과 통제력을 확대하기 위해 개도국의 고위 관료나 엘리트 계층과 결탁하는 일도 빈번하다.

기업 활동에 대한 문제의식과 더불어 급변하는 세계 경제 환경 속에서 기업의 사회적 책임 CSR, Corporate Social Responsibility이 점차 중요한 화두로 떠오르고 있다. CSR을 정의하는 접근은 다양하지만 일반적으로 CSR은 기업이 주주 같은 협의의 이해관계자를 넘어 임직원, 지역 커뮤니티, 자연자원, 원주민 커뮤니티, 농업에 종사하는 사람 등 기업 활동에 영향을 받는 넓은 의미의 이해관계자에게 책임감을 가져야 함을 의미한다.

CSR은 기업이 자발적으로 이해관계자와의 관계를 개선 및 증진하고자 하는 약속이다. CSR을 통해 기업은 경영 활동의 위험 감소, 직원의 사기와 효율성 제고, 생산성 증대를 도모할 수 있기 때문에 도덕적이고 윤리적인 경영 활동을 해야 한다. 이를 위해 OECD는 1976년 다국적기업 가이드라인을 제정했다. 또한 UN에서 발족한 UN글로벌콤팩트UN Global Compact는 기업이 자발적으로 인권, 노동, 환경, 반부패 분야의 10가지 원칙을 경영 전략에 내재화해 지속가능한 경영에 동참하도록 권장하고 있다.

요점 정리

▫ 신자유주의는 개발 패러다임 변화에 지대한 영향을 미쳤고 현재까지도 주류 이념으로 작용하고 있지만 이에 대한 비판적 인식이 다양한 곳에서 일어나고 있다.

▫ 워싱턴 컨센서스는 정치, 경제, 사회, 문화적 배경이 각기 다른 국가에 똑같은 경제 처방전을 제시하는 오류를 저지르며 많은 국가의 발전에 부정적 영향을 끼쳤다는 비판을 받고 있다.

▫ 원조 조건은 국제금융기관의 개도국 원조 정책에서 당근과 채찍의 역할을 하며 공식적, 암묵적으로 개도국 정부의 주권을 침해하는 현상이 벌어지고 있다.

▫ 20세기 후반에 급속히 확대된 세계화는 국가 내는 물론 국가 간의 불평등을 심화하며 다양한 사회 문제를 일으키고 있다.

▫ 다국적기업은 세계화의 확산과 더불어 그 권력과 영향력이 커지고 있고 개도국에서 환경오염이나 여성, 아동 노동 문제 등의 주범으로 비판받고 있으나 개도국 정부가 제재하기 어려운 권력 관계에 놓여 있기도 하다.

☐ 개발의 역사에서 워싱턴 컨센서스가 등장하게 된 배경과 핵심 요소를 분석하라.

☐ 신자유주의, 케인스주의, 마르크스주의의 정치경제학적 접근을 바탕으로 '개
발'을 정의하라.

☐ 포스트 워싱턴 컨센서스의 핵심 요소인 굿거버넌스는 왜 많은 개도국의 성장
과 투자를 회복하는 데 불충분한가?

☐ 다국적기업은 개도국 발전에 도움을 주는가?

제 3 장

개발경제와
사회 정책

Development Economy and
Development Social Policy

주요 목표

○ 개발 담론을 크게 경제 부문과 사회 부문으로 나누어 다룬다.

○ 경제 부문은 개발경제학을 중심으로 경제성장, 산업화, 자본 이슈를 살펴보고 개도국
　의 빈곤과 농촌·도시 개발 문제를 이해한다.

○ 사회 부문은 사회보호 등 농촌과 도시의 빈곤 퇴치를 위한 사회 정책을 중심으로 살펴
　본다.

제1절 　빈곤

1. 들어가며

빈곤이란 무엇인가? 누가 빈곤을 경험하는가? 누구를 대상으로 한 빈곤 퇴치 정책을 세워야 하는가? 이 3가지 질문은 '빈곤과 개발'이라는 주제의 해법을 찾는 실마리를 제공한다. 빈곤은 임의의 경제적인 소득이나 소비 수준 이하의 삶으로 이해하기보다 한 개인이 존엄한 인간으로서 누려야 할 기본적인 권리 박탈 개념으로까지 확대해서 살펴봐야 한다. 빈곤의 개념을 어떤 관점으로 정의하느냐에 따라 그 측정법과 빈곤 퇴치를 위한 접근 방식이 달라진다.

2. 빈곤의 정의

경제적 관점으로 정의한 빈곤은 지난 수 세기 동안 폭넓은 지지를 얻었다. 대표적으로 MDGs Millennium Development Goals[35]는 2015년까지 하루 1달러 미만으로 살아가는 인구를 절반으로 줄이자는 목표를 표명했다.

빈곤은 다면적이지만 다음과 같이 크게 경제적 관점과 비경제적 관점으로 나눌 수 있다.

가. 경제적 관점 Monetary Concepts

일반적이고 전통적인 빈곤의 개념은 경제적 관점에서 재화money 부족 상태를 의미한다. 즉, 빈곤은 소득이나 기초 소비에 대한 필요를 충족시키는 재원 결핍 상태로 정의한다. 일인당 GDP를 소득의 정도를 나타내는 편리한 지표로 보는 이유가 여기에 있다.

세계은행은 1993년 구매력 평가purchasing power parity [36] 기준으로 하루 미화 1달러 미만을 빈곤선[37]으로 책정하고, 그 이하의 소득 인구를 절대빈곤absolute poverty 상태로 규정했다. 이에 따르면 세상에는 약 10억 명의 빈곤한 인구가 존재한다. 세계은행은 2008년부터 빈곤선을 2005년 구매력 평가 기준으로 하루 1.25달러로 조정했다. 하루 미화 2달러 미만으로 간신히 기본적인 필요를 충족하고 생존을 위협받지 않는 상태는 적정빈곤moderate poverty으로 구분한다.

일부 학자는 빈곤을 경제적 관점으로만 분석하는 것은 한정적이며 빈곤과 개발은 다면적으로multi-dimensional 이해해야 한다고 주장한다.

---

35 새천년개발목표, 2000년 UN에서 채택한 의제로, 빈곤 타파에 대한 범세계적인 약속이다.

36 구매력 평가는 미화 1달러로 지역시장local market에서 구매할 수 있는 장바구니 물가의 정도를 비교하는 것이다. 재화 및 서비스에 대한 통화 구매력을 나타내는 척도는 물가다. 구매력 평가가 성립한다는 것은 모든 국가에서 동일한 통화로 표시할 경우 그 물가 수준이 같아진다는 것을 의미한다 (시사경제 용어사전, 2010, 대한민국 정부).

37 소비나 소득 수준이 기본적인 필요를 충족시키는 최소 기준으로 수입이나 소비 등 특정 시점에 특정 사회에서 용인하는 경제활동의 최소 수준을 나타낸다. 빈곤선은 절대적인 조건뿐 아니라 상대적인 조건으로도 책정한다.

나. 비경제적 관점 Non-monetary Concepts

비경제적 관점으로 정의하는 빈곤은 보건이나 교육에 대한 접근 부족, 취약성, 소외와 무기력, 성별 및 인종적 차별, 정치적 · 경제적 권리 박탈, 주변화, 배제 등에 따른 불평등을 포함한다.

이는 크게 3가지로 요약할 수 있다.

첫째, 아마르티아 센의 '개인의 역량 부족' 관점에서 분석한 빈곤이다.

둘째, 사회의 구조적 특성으로 인해 특정 집단이 소외되고 박탈감을 경험하는 사회적 배제다.

셋째, 로버트 챔버스Robert Chambers의 빈곤층 스스로의 인식에 기초한 빈곤의 이해다.

아마르티아 센은 빈곤을 부자유unfreedom 혹은 삶의 질을 향상시킬 기본적인 역량을 제한하는 상태인 '자유의 박탈'로 규정한다. 따라서 그는 개발을 소득 수준 증가를 통한 기본적인 필요의 충족이 아니라, 개인이 누리는 자유의 증대로 바라본다.[38] 그런 의미에서 교육, 기초보건, 고용보험 등 복지 서비스에 대한 개인의 접근성을 역량 증대의 중대한 요인으로 꼽는다.

사회적 배제는 '사회에 속한 개인이 자기 권한 밖의 이유로 사회 활동에 동참하지 못하는 것'을 의미한다. 이러한 사회적 배제는 각 나라의 사회 · 문화적 배경에 따라 기준이 다르므로 배제의 정도 및 범위를 합의해야 한다. 어떤 사회에서는 배제를 관습적으로 포용하므로, 사회의 구조적인 특성과 배제를 유발하는 원인을 찾기 위해서는 빈곤에 대한 참여적 접근법이 필요하다.

---

38 노벨상 수상자 아마르티아 센은《자유로서의 발전》에서 빈곤을 분석하며 '역량 접근법Capacity Approach'이라는 새 지평을 열었다. 개인의 역량 증대는 곧 다양한 자원(예를 들면 시민으로서의 권리, 정치적 권리, 정부가 제공하는 기초 서비스를 받을 권리)에 접근하거나 요구할 수 있는 능력을 말하며, 이는 개인이 가치 있게 여기는 것을 선택하는 능력 증대를 의미한다.

제3장 개발경제와 사회 정책

챔버스의 참여적 접근법Participatory Poverty Assessment은 빈곤층이 참여해 스스로 빈곤을 평가하도록 한 것이다. 빈곤층이 인식하는 빈곤은 사회적 배제 및 정치적 고립 상황에서 발생하는 무력감을 포함한다. 그러나 이 접근법도 누구의 목소리를 경청하느냐에 따라 결과가 달라진다는 한계를 안고 있다. 이 경우 또다시 소외된 이들의 의견을 반영하지 못하는 배제의 문제와 객관적인 정보 부족, 공동체 내부의 이질성 등의 비판을 피할 수 없다.

빈곤의 구분

절대빈곤: 생존을 위한 식품 구매, 영양(칼로리) 섭취, 발병률, 식자(識字)율literacy 등의 항목에서 일정 기준에 못 미치는 상태다. 최소 기준의 자원이나 기본 필요를 충족하지 못하는 역량 박탈 상태로 세계은행의 기준에 따르면 하루 미화 1.25달러 미만의 삶을 말한다.

상대빈곤relative poverty : 사회적 기준을 통해 빈곤 상태를 판단하는 것으로 국가, 종교, 인구 계층에 따라 다르다. 시간이 흐르면서 상황이 달라지기도 하며 선진국에서는 주로 사회적 배제 상태에 놓이는 집단이 이에 해당한다.

만성빈곤chronic poverty : 소득이나 지출 변동이 심해 빈곤에 빈번하게 노출되는 상태를 의미한다.

일시빈곤temporary poverty : 경제적 충격(낮은 강수량, 가격 폭락 등)을 받아 일시적으로 빈곤해지는 상태다.

3. 빈곤 측정 방법

빈곤을 측정하는 방법은 크게 소득을 기준으로 한 빈곤율 · 빈곤격차 · 빈곤심도 측정법과, 인간 빈곤의 다양한 면을 복합지수로 표현한 유엔개발계획UNDP의 인간빈곤지수로 나눌 수 있다.

가. 소득 기준

• 빈곤율Head-count Ratio

빈곤율은 빈곤 측정에 가장 많이 사용해온 지수로 소득(소비) 수준을 가장
높은 순부터 낮은 순대로 순위를 매긴 뒤, 빈곤선 이하(혹은 미만)에 있는 인
구(또는 가구)의 수를 의미한다. 이 측정 방식은 빈곤선 이하 전체 인구를 파
악할 수는 있지만, 그들이 빈곤선에서 얼마만큼 떨어져 있는지를 나타내는
빈곤심도depth는 알 수 없다는 단점이 있다. 다시 말해, 빈곤층의 소득이 감
소하여 과거에 비해 생활이 어려워졌음에도 빈곤율은 변하지 않을 수 있다.

• 빈곤격차Poverty Gap

빈곤율의 단점을 보완하기 위해 고안한 지수가 빈곤격차다. 이것은 포스
터-그리어-토르베커Foster-Greer-Thorbecke가 자신들의 이름을 따서 명명한
FGT지수 방식과 같다. 수식은 아래와 같다.[39]

$$FGT(\alpha) = \theta = \int_0^z \left(\frac{z - \chi}{z}\right)^\alpha f(\chi)\,d\chi$$

Z는 빈곤선, α는 각 가구의 소득(소비), f(x)는 확률밀도함수다.

α는 지수의 종류를 결정하는 모수(母數)다.

$\alpha = 0$이면 빈곤인구를 세는 것과 같아지며, 이를 빈곤율이라고 한다.

$\alpha = 1$이면 빈곤격차 비율Poverty Gap Ratio이다. 빈곤선을 기준으로 그 이
하에 있는 사람들의 빈곤선과 개인(가구) 소득(지출)과의 차이를 계산한 값
이다. 총 빈곤격차는 빈곤층 전체의 빈곤격차를 합한 값으로 빈곤선 이하에

---

39   강성진(2010), 금융경제연구 Working paper 제423호. 경제성장과 사회후생간의 관계. 11쪽

있는 개인(가구) 소득을 빈곤선 상태로 끌어올리는 데 필요한 재화를 의미하기도 한다. 총 빈곤격차를 빈곤선 이하의 개인(가구) 수에 빈곤선을 곱한 액수로 나눌 경우 빈곤격차비율이 나온다.

$\alpha = 2$ 이면 빈곤심도Poverty Severity이며, 더 빈곤한 가구에 더 큰 가중치를 부여함으로써 빈곤이 얼마만큼 심한 상태인지를 나타내는 지표이다.

그러나 빈곤격차비율은 빈곤율과 달리 빈곤심도를 나타내지만 빈곤층 내의 불평등은 밝히지 못하는 단점이 있다.

• 빈곤심도

빈곤심도는 빈곤격차와 마찬가지로 빈곤선 이하에 있는 사람들의 빈곤선과 개인(가구) 소득(지출)과의 차이를 빈곤선으로 나누고 제곱해서 측정한다. 이것을 빈곤격차 제곱 비율Squared Poverty Gap Ratio로 표현하기도 한다. 빈곤격차와 달리 이 방법은 빈곤층 내의 불평등한 소득 분포를 알아내는 데 적합하다.

나. 다면적 기준

• UNDP의 인간개발지수HDI, Human Development Index 및 인간빈곤지수 HPI, Human Poverty Index

UNDP는 '장수하고 창조적인 삶을 누리면서 지식을 쌓으며 적절한 경제적 생활수준을 향유하는 등 인류의 보편적이고 개인의 삶에 필수불가결한 조건'을 기준으로 생존, 지식, 생활 수준의 합성지표인 인간개발지수를 마련했다. 1990년 〈인간개발보고서Human Development Report〉는 인간 개발을 개인의 선택을 확대하는 과정으로 언급하며, 빈곤에 대한 센의 다면적 접근이 다차원적 측정 기준인 인간개발지수 발전에 영향을 끼쳤음을 보여주고 있다. 인간개발보고서는 경제적 발전 위주에서 인간 중심적인 개발 정책으로 전환하는 계기를 제공한 것으로 평가받는다.

인간개발지수

인간개발지수는 UNDP가 1990년부터 문자해독률과 기대수명, 일인당 실질국민소
득 등을 토대로 각 나라의 선진화 정도를 평가하는 수치다. UNDP는 매년 나라별로
인간개발지수에 점수를 부과해 순위를 매긴 인간개발보고서를 발행한다. 인간개발
지수는 0~1의 점수로 표시하며 0.8점 이상은 선진국, 0.5점 이하는 개도국으로 분
류한다. 인간개발지수는 경제개발을 통한 소득 증대가 빈곤 해결과 직결되지 않는다
는 인식에 기초해 국민소득, 고용, 교육, 건강, 환경 등을 총망라한 개념이다.

1997년 인간개발보고서는 빈곤의 다양한 측면을 파악하기 위해 인간빈
곤지수를 도입했다. 인간빈곤지수는 인간 개발에 대한 저해 요소를 계량화
해 어떤 한 집단의 빈곤 정도를 총체적으로 측정한다. 특히 인간빈곤지수는

[표12] 인간개발지수 국가 간 비교

국가	순위(위)	전년대비 순위 변동	HDI	기대 수명(세)	평균 교육 연수(세)	기대 교육 연수(세)	일인당 GNI($)
노르웨이	1	–	0.955	81.3	12.6	17.5	48,688
미국	3	△ 1	0.937	78.7	13.3	16.8	43,480
일본	10	△ 2	0.912	83.6	11.6	15.3	32,545
한국	12	△ 3	0.909	80.7	11.6	17.2	28,231
핀란드	21	▽ 1	0.892	80.1	10.3	16.9	32,510
중국	101	–	0.699	73.7	7.5	11.7	7,945
최상위 47개국 평균	–	–	0.889	80.0	11.3	15.9	33,352

출처: e-나라지표.[40], UNDP, 〈인간개발보고서〉, 2012

40 http://www.index.go.kr/potal/main/EachDtlPageDetail.do?idx_cd=1527 참조

인간개발지수에 이미 반영한 3가지 필수적인 요소(평균수명, 지식, 적절한 생활 수준)의 박탈에 초점을 맞춘다. 그러나 UNDP의 인간빈곤지수는 정치적 자유 부족, 개인의 안전 위협, 공동체 생활에 자유롭게 참여할 기회 부재 그리고 지속가능성에 대한 위협 등 측정 및 계량화하기 어려운 빈곤의 다면성을 포함하지 못한다는 한계가 있다.

4. 빈곤의 원인

영국 옥스퍼드대학의 경제학과 교수 폴 콜리어Paul Collier는 자신의 책《빈곤의 경제학The Bottom Billion》에서 전 세계 10억 인구가 직면하는 빈곤의 원인으로 최빈국을 빈곤에 빠뜨리는 4가지 덫traps을 설명했다. 그것은 내전, 천연자원, 내륙국의 지형, 나쁜 통치 및 경제 정책을 말한다. 이와 달리 카를 마르크스는《공산당 선언Communist Manifesto》을 통해 봉건사회에서 자본주의로 넘어가는 과정에서 "노골적인 자기 잇속과 냉정한 현금 지불 외에 인간과 인간을 이어주는 그 어떤 연결고리도 남겨두지 않았다"고 지적하며 자본주의가 인간관계의 빈곤을 초래한다고 주장했다. 따라서 여기에서는 다양한 빈곤의 원인 중 대표적으로 소득과 자산 부족, 박탈, 취약성, 불평등, 사회적 배제를 살펴본다.

가. 소득과 자산의 부족

경제적 관점으로 빈곤을 하루 1.25달러 미만의 수입으로 정의하면 소득이 없는 고용 상태(실업) 혹은 낮은 소득이 곧 빈곤의 직접적인 원인이다. 또한 토지·식수·가축·주택 등의 천연 자산, 교육·기술·건강·인간관계 등의 인적 자산이 부족한 상태도 빈곤을 초래한다. 뿐만 아니라 지식, 정보, 공공 서비스, 사회 기반 시설, 시장 접근성 부족도 빈곤의 원인이 될 수 있다. 결국 빈곤층은 인적 자산, 천연 자산, 물리적 자산, 금융 자산, 사회적 자산 등 자산 축적 및 접근성에서 불리하기 때문에 더욱더 빈곤해질 수밖에 없다.

나. 박탈 Deprivation

비경제적 혹은 다면적 관점에서 빈곤[41]의 원인은 무엇일까? 영국 서섹스Sussex대학 개발학연구소IDS, Institutes of Development Studies의 교수 챔버스는 박탈의 덫Deprivation Trap이라는 새로운 용어를 만들어 아래와 같이 5가지 빈곤의 결정 요인을 설명했다.

①물질적 빈곤material poverty: 소득 및 소득 수단(노동력, 자산 등) 부족 상태

②신체적 허약physical weakness: 기아, 영양결핍, 질병에 취약, 가족 내 건강한 구성원의 노동력에 대한 의존도 심화

③고립isolation: 고립된 지역에 거주하기 때문에 공공 서비스 및 커뮤니케이션 혜택을 받지 못하고 사회 활동에 참여하지 못하는 상태

④취약성vulnerability: 자연재해나 질병, 폭력, 강제 이주 등 빈곤을 심화하는 상황으로 인해 생존을 위한 최소한의 소유마저 잃을 수 있는 취약성에 노출된 상태

⑤무력감powerlessness: 자신의 요구와 주장을 펼칠 수 없는 상황. 정치적 대표를 선임하거나 자신의 요구를 국가 혹은 사회의 주요 정책으로 반영 및 관철하기 어려움. 대금업자 · 임대주 · 상인 · 관료 등에 대한 공정한 법 적용, 폭력 · 위협 · 착취로부터의 보호, 이해관계 관철 등 여러 면에서 차별 대우를 받는 상황

---

[41] 보건이나 교육에 대한 접근성 부족, 취약성, 소외와 무기력, 성별 및 인종적 차별, 정치적 · 경제적 권리 박탈, 주변화, 배제 등으로 인한 불평등을 포함하는 개념

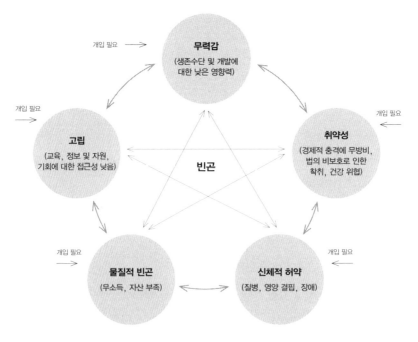

[그림9] 박탈의 덫

무력감
(생존수단 및 개발에
대한 낮은 영향력)

개입 필요 →

개입 필요 →

취약성
(경제적 충격에 무방비,
법의 비보호로 인한
착취, 건강 위협)

← 개입 필요

고립
(교육, 정보 및 자원,
기회에 대한 접근성 낮음)

빈곤

물질적 빈곤
(무소득, 자산 부족)

개입 필요 →

신체적 허약
(질병, 영양 결핍, 장애)

개입 필요 →

출처: Mukheriee(1999: 68)

다. 취약성 Vulnerability

취약성은 다양한 상황에서 쓰이고 문맥에 따라 그 정의가 달라진다. 챔버스
는 취약성을 충격에 대한 대응력 부족과 위험이 결합한 상태로 해석했다.

한편 캐트리나 앨런Katrina Allen은 사회적 취약성을 외부의 위험과 별개
로 사회구조의 내부적 특성으로 인해 외부 위험 발생 시 사회나 공동체를
취약하게 만드는 구조적인 요인으로 정의했다. 물리적 자산, 천연 자산, 금
융 자산이 낮은 빈곤층은 부정적인 충격(경제위기, 자연재해, 분쟁 등)이 발생
할 경우 더욱 취약해질 수밖에 없다.

일례로 경제위기로 가정의 생계를 위해 아동의 교육을 중단하거나 천연 자원을 지속가능한 수준 이상으로 사용해 자원 고갈을 유발하는 상황, 토지나 가축의 저렴한 급매, 건강 유지에 필수적인 요건 이하의 영양 섭취 등은 빈곤을 더욱 심화한다. 그뿐 아니라 위험 대비 장치 부재도 빈곤의 원인이 될 수 있다. 정부나 지역공동체가 빈곤층이 처한 위험을 경감하는 데 필요한 대응력을 갖추지 못한 상황으로 인해 빈곤이 심화될 수 있다.

따라서 빈곤 문제를 해결하려면 관개 시설, 사회 기반 시설, 공중 보건, 공정하고 엄정한 준법 체계, 재난 발생 시 공공 근로 계획, 소액금융, 보험, 사회적 지원 네트워크 등을 활용해 취약성을 줄여야 한다.

라. 불평등 Inequality

세계은행의 2006년 세계개발보고서 〈형평성과 개발Equity and Development〉은 개인의 타고난 환경 및 살고 있는 국가나 사회의 정치 · 경제 · 사회적 불평등이 제도화 또는 일상화된 경우, 불평등은 하나의 덫이 되어 개인의 선택의 자유를 제한하고 이는 곧 보건 · 교육 · 재정 · 일자리 등의 서비스를 제공받을 기회에도 영향을 미친다고 지적한다. 사회구성원의 소속은 기회의 불평등을 야기하기도 한다. 가, 사회, 가정 환경 등의 조건은 개인의 초기 시작 자본endowments(물리적, 인적, 사회적 자산)과 기회 및 제도를 결정한다.

그러므로 빈곤의 원인을 개인의 성향(근면성 부족)과 노력 여하에 따른 결과가 아닌 정치, 경제, 사회, 역사, 문화 등의 구조적인 문제로 바라보는 시각의 전환이 필요하다. 또한 초기 소득분배 불평등 수준과 시간이 지남에 따른 소득분배의 변화 양상도 경제성장과 빈곤 감축의 상관관계에 영향을 끼친다.

[그림10] 불평등의 덫: 정치적, 경제적, 사회문화적 불평등 간의 상호작용

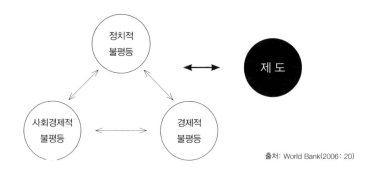

출처: World Bank(2006 : 20)

마. 주변화, 사회적 배제 Social Exclusion

개인이나 집단이 정치적·경제적·사회적·문화적 제도, 인권, 자원 및 인간 관계 영역에서 사회 내 전체적인 또는 부분적인 참여에서 배제당하는 상태도 빈곤의 원인이 될 수 있다. 영국 런던정경대학LSE, London School of Economics의 사회 정책과 교수 데이비드 피아쇼드David Piachaud는 개인이 사회적으로 배제당하지 않고 그 사회 내의 활동에 참여하려면 아래와 같은 자산에 접근해야 한다고 주장한다.

기술skills: 능력, 교육, 훈련

사회 기반 시설public infrastructure: 도로, 학교, 병원 등

금융 자산financial assets: 유산inherited assets, 소득earned assets, 취득won assets

기타 자산other assets: 토지, 기타 소유권

사회적 자산collective social resource: 네트워크, 공유 규범, 가치 등

이는 여성, 노인, 장애인, 소수민족 등을 개인보다 집단에게 박탈이 발생하

는 과정 및 원인을 사회적·정치적으로 이해하는 관점이다. 더불어 차별 철폐, 불평등 재고 및 재분배 이슈를 빈곤 감축 정책에 반영해야 하는 이유다.

5. 빈곤 퇴치

빈곤의 정의와 측정 방식, 원인 분석은 빈곤 퇴치를 위한 여러 정책의 형성 과정을 결정한다. 그리고 국제금융기관, 국제기구, 공여국의 원조기관과 민간단체(시민사회), 수원국 정부 및 수혜자 등은 각각 '빈곤 퇴치'라는 지구촌의 대명제를 목표로 고유의 역할과 접근 방식으로 상호 협력한다. 이들이 추진하는 빈곤 퇴치 프로그램은 기관의 설립 목적과 기능, 수행 방식에 따라 다양하다. 이 가운데 가장 대표적인 빈곤감축전략보고서, 빈곤감소적 성장, 사회보호 정책을 살펴본다.

가. 빈곤감축전략보고서 PRSP, Poverty Reduction Strategy Papers

- PRSP의 탄생 배경 및 목적

1990년대 아시아의 경제위기와 함께 국제금융기관의 각종 회의에 대해 전 세계적인 반대 시위가 늘어나자 국제금융기관들은 설립 목적에 맞게 빈곤 퇴치를 강조하기 시작했다. 포스트 워싱턴 컨센서스를 지향한 이들은 특히 새롭게 부상한 포괄적 개발계획 CDF, Comprehensive Development Framework 원칙을 정책의 큰 틀로 기획했다. 이 원칙에 입각한 가시적인 도구로 1999년 G8 정상회담 때 탄생한 것이 PRSP다.

포괄적 개발계획

1999년 세계은행의 제안으로 기획되어 각국이 보다 효과적으로 빈곤 퇴치를 실시하는 접근 또는 절차를 의미한다. 개발의 모든 요소(사회구조, 인간, 정부, 환경, 경제 그리고 재정의 연관성)를 강조하며 개발과 빈곤 퇴치를 위해 다음과 같은 요소를 중요시한다.

- 전체적이고 장기적인 비전
- 개발의제 설정 및 이행에서의 수원국의 주인의식
- 민관 협력 및 포괄적 파트너십 구축
- 실질적인 개발 결과물을 유도하는 투명하고 결과 중심적인 원조 방식

아울러 1990년대 이후 개발학자와 원조 실무자들은 굿거버넌스를 개발과 개발 목적 그 자체를 성취하기 위한 수단으로 인식했고, 정부기관이나 정책 과정의 건전성을 측정하는 초석으로 삼았다. 이로 인해 굿거버넌스 개념은 금융기관의 차관 공여와 원조 투자 확장에서 중요한 기준이 되었다.

세계은행과 IMF는 고채무빈곤국HIPC, Heavily Indebted Poor Countries의 외채탕감 및 국제적 지원 체제를 기존의 구조조정을 통한 차관 공여 방식에서 PRSP로 전환해 광범위한 성장을 통한 빈곤 감축을 추진했다. 이들 금융기관은 개도국 정부에 채무 구제와 양허차관 공여 조건으로 PRSP를 요구했고, 빈곤감소를 위한 주도적인 국가적 정책 수립을 독려했다.

PRSP는 개도국 정부가 국내의 개발 관련 이해당사자들 및 외부 개발 협력 파트너들과 함께 빈곤 상황을 분석하고 이를 바탕으로 3년간 추진하는 거시경제적, 구조적, 사회적 개발 정책 혹은 프로그램을 의미한다. PRSP의 목표는 포괄적인 성장과 빈곤 감축이며 이를 위해 거시경제적 구조 안정 및 제도 개혁, 빈곤층에 대한 수혜, 개발 과정에의 참여와 파트너십 확대를 추진한다.

- 핵심 원리

PRSP는 개도국의 주인의식을 강조함으로써 선진국과 개도국 간의 새로운 협력 공조 체제를 구축한다. 1995년부터 2005년까지 세계은행 총재를 역임한 제임스 울펀슨James Wolfensohn은 "주인의식이란 운전자가 운전석에 앉아 어디로 갈지 진로를 정하듯 개도국이 원조 프로그램의 목표, 단계, 시간, 순서를 결정하는 것이다"라고 언급한 바 있다.

　PRSP의 수립과 개발 실행을 위해서는 아래의 5가지 원칙이 필요하다.

　① 개도국 주도 아래 참여 및 모니터링 강화

　② 성과 중심적 사업 추진

　③ 빈곤의 다면적 특성인 무력감과 취약성 인식, 이를 개선하기 위한 시장 접근성 확대 등 빈곤에 대한 포괄적인 접근

　④ 양자간, 다자간, 비정부기관, 수혜자 등 다양한 이해관계자가 파트너로 참여해 빈곤 평가 및 참여적 개발 수행

　⑤ 장기적인 관점으로 수행

- PRSP에 대한 평가와 도전과제

국제금융기관들은 PRSP가 개도국의 주인의식을 높이고 정책 논쟁에서 빈곤감소를 중요한 위치로 끌어올렸다며 긍정적으로 평가한다. 그러나 그와 반대되는 평가도 있다.

　예를 들면 주인의식은 결국 개도국이 원조를 얻기 위한 신용 공여 조건의 연장이나 변형일 뿐이며, 이 상황은 '개도국이 운전석에 앉아도 세계은행이 손님으로 승차해 방향을 알려주고 임금을 지불하는 것과 다를 바 없다'는 지적이 있다.

　또한 국제금융기관은 PRSP로 인해 개도국이 빈곤감소를 위한 정책 및 프로그램을 고안하는 과정에서 다양한 이해관계자가 파트너로 참여함으로

써 더욱 개방적인 대화가 가능해졌다고 평가한다. 하지만 일각에서는 시민사회 대표자 참여는 단편적일 뿐이며 정책 과정에 늦게 반영하거나 신자유주의 논리인 PRSP에 제동을 걸지 않는 '안전한' 시민단체만 참여한다는 비판도 있다.

참여적 방식, 파트너십, 공동체 등은 비정치적으로 보이지만 다중적인 표어를 조합해 정당성을 부여한 것뿐이며 NGO를 비롯한 시민사회 그룹은 취약 계층을 위한 대리대표로서 관례적으로 관여하는 것이라는 비판도 있다.[42] 일부 시민단체는 PRSP의 근본적인 접근 방식과 의제(신용 공여 조건)의 궁극적인 변화가 없는 것에 대해 냉소적인 입장이다.

한편 PRSP는 최빈국에 대한 세계은행과 IMF의 영향력 확대 및 개도국의 내정 간섭, 신자유주의 정책의 연장에 불과하다는 비판도 있다. 데이비드 사이먼David Simon은 비용 절감을 통한 효율적인 경제 관리 체제와 정치적 거버넌스를 지향하는 신자유주의적 거시경제 개혁이 빈곤감소를 촉진할 것이라는 생각은 빈약한 가정이며, 'PRSP를 국제금융기관들이 조종하는 하나의 도구에 불과하고 참여적 접근 과정은 트로이의 목마일 뿐이다'라고 비유하였다.[43]

그러나 국제금융기관이 신용 공여 조건을 내세우며 자금을 지원하던 이전의 성공적이지 못한 원조 방식이 섹터별 접근sector-wide approaches, 예산 지원budget support 등의 형태로 확대됨으로써 원조 효과 향상이라는 시대적 흐름에 부합한 것으로 보는 시각도 있다. 아울러 금융기관들이 지적한 것처럼 시민사회, 정부, 공여국 등 다양한 이해관계자 간의 지속적인 대화와 활발한 협력으로 민주적인 굿거버넌스에 어느 정도 긍정적인 영향을 미쳤다.

---

42 Craig and Porter, 2002, p. 54

43 2008, p. 90

그럼에도 불구하고 데이비드 부스David Booth가 주장한 것처럼 "빈곤은 좋든 싫든 정치적인 체제 내에 있기 때문에 PRSP 시행은 정치 체제와 정책의 결정 과정"이 관건이다.[44] 결국 빈곤층의 권한 강화를 위한 민주주의, 법치, 선정 등의 여건 개선은 개도국이 직면한 주요 도전과제 중 하나다.

나. 빈곤감소적 성장 Pro-poor Growth

● 빈곤감소적 성장의 기원 및 탄생 배경

세계은행의 전 총재 로버트 맥나마라Robert McNamara는 1973년 나이로비에서 열린 운영위원회에서 "개도국의 성장과 빈곤의 기본적인 문제는 간단히 정리할 수 있다. 바로 성장이 빈곤층에게 공평하게 미치지 않는다는 점이다"라고 언급했다. 빈곤감소적 성장은 세계은행의 전폭적인 지원으로 1974년 발간한 〈성장의 재분배Redistribution with Growth〉에서 그 기원을 찾을 수 있다. 그러나 이 보고서는 소득이나 부의 실질적인 재분배를 옹호하지 않고 다만 빈곤층의 절대소득 증대에 대한 그림만 그려본 것에 불과하다는 지적을 받았다. 더불어 프로젝트 수준에서는 모순과 모호함으로 실행이 어렵다는 비판을 받기도 했다.

1990년 세계은행의 세계개발보고서에 언급된 포괄적 성장Inclusive growth 개념에도 빈곤감소적 성장의 의미가 함축되어 있다. 하지만 빈곤감소적 성장이란 용어를 본격적으로 사용한 것은 1999년 아시아개발은행ADB, Asia Development Bank의 보고서 〈아시아 · 태평양 지역 빈곤과의 싸움: 빈곤감소전략Fighting Poverty in Asia and the Pacific: The Poverty Reduction Strategy〉이다. 이 보고서는 "빈곤감소적 성장은 노동 지향적이고 불평등을 완화하는 기제이며 특히 빈곤층 가운데 여성 및 사회 소외계층을 위한 소득 정책과 고용 가능

---

44 2003, p. 137

프로그램을 동반할 때 가능하다"고 설명한다.[45]

빈곤감소적 성장의 개념이 탄생한 배경은 아래와 같다.

1990년대 말부터 주류 개발학자들은 경제성장, 거시경제의 불균형 해소, 거시경제 정책 및 거버넌스 개선 등의 결과로 빈곤 퇴치와 부의 재분배를 자동적으로 얻을 수 없는 현실을 인정해야 했다. 또한 국제금융기관은 불평등이 정치경제적인 안정성을 위협하고 극단적인 경우 정치적 폭력과 내전 등의 부정적 요인으로 작용한다는 사실에 직면했다. 이로 인해 성장과 불평등에 대한 찬반 토론[46]이 빈곤감소적 성장의 개념을 이끌어내 주목을 끌었다.

성장과 불평등은 빈곤과 밀접한 관련이 있다. 소득 불평등이 커지면 성장이 빈곤층의 소득에 기여하는 효과가 감소하지만 빈곤감소적 성장을 통해 불평등을 줄일 수 있다.

• 빈곤감소적 성장의 개념

빈곤을 경제적 관점과 비경제적 관점으로 나누어 정의할 때, 빈곤감소적 성장은 경제적 측면과 관련이 있다. 빈곤감소적 성장이란 '빈곤층이 성장의 창출 및 혜택에 공평하게 참여하는 것'을 말한다. 빈곤감소를 위해서는 빠르고 지속적인 빈곤감소적 성장이 필요하다.

빈곤감소적 성장은 다음의 3가지 개념으로 나눠볼 수 있다.[47]

①절대적 측면에서 성장이 빈곤층의 소득에 도움을 주어 국가의 일인당 GDP가 상승함에 따라 빈곤율이 감소하는 경우.

②부유층보다 빈곤층에게 비례적으로 나은 성장. 이것은 성장을 통한 분

---

45 Nanak and Ernesto, 2000, p. 1

46 대표적인 학자로 나나크 카콰니와 마틴 라발리온이 있다.

47 Velde, 2008, p. 208

168

배의 상대적 개념으로 평등과 관련이 있다. 현 손Hyun H. Son과 나나크 카콰니Nanak Kakwani(2006)는 비빈곤층에게non-poor 비교적으로 더 나은 혜택을 주는 성장을 빈곤감소적 성장이라고 정의한다.

③성장이 빈곤층의 절대적인 소득에 도움을 주고 빈곤층이 상대적으로 더 많은 혜택을 받는 경우. 이는 ①과 ②의 정의를 모두 포함한 개념이다.

한편 산토시 메흐로트라Santosh Mehrotra와 엔리케 델라모니카Enrique Dela- monica는 저서《인간 빈곤의 종말Eliminating Human Poverty》(2007)을 통해 빈곤감소적 성장을 "소득, 사회 서비스 지원, 근무 환경 개선, 환경보호 측면에서 사회·경제적으로 가장 낮은 계층에게 보다 많은 혜택이 돌아가는 성장"으로 정의한다.[48]

• 경제성장은 빈곤층에게 도움이 된다?

경제성장은 과연 빈곤층에 유리할까? 빈곤감소적 성장 개념이 등장하기 이전에 경제학의 주요 개념으로 낙수 이론Trickle Down Theory이 발전했다. 낙수 이론은 경제성장을 통한 부자들의 소비 증진이 낙수 효과를 통해 빈곤층에까지 그 혜택이 돌아간다는 의미다. 그러나 실제로는 불평등한 사회의 소수 부자가 경제성장의 이득을 취함으로써 빈곤층에게는 혜택이 적거나 불평등을 심화한다는 지적을 받았다. 이는 성장의 혜택이 빈곤층에까지 자동적으로 흘러가지는 않음을 의미한다.

이와 관련해 데이비드 달러David Dollar와 아트 크레이Aart Kraay는 평균 소득 증가는 최하위 극빈층 20퍼센트의 소득이 비례 증가함을 의미하고, 평균 소득이 1퍼센트 증가할 때 최하위 극빈층 20퍼센트의 소득도 1퍼센트 증가한다는 연구 결과를 발표했다. 이와 함께 이들은 빈곤감소를 위한 경제성장

[48] pp.59~60

정책으로 법치주의, 재정 정책, 국제무역에 대한 개방성 등을 강조했다.

반면 하워드 화이트Howard White와 에드워드 앤더슨Edward Anderson은 성장과 분배 간의 균형trade-off 측면[49]에서 달러와 크레이의 주장을 다음의 3가지로 비판했다.

첫째, 빈곤층이 성장의 혜택을 누리는 정도는 시간 경과와 상황에 따라 크게 다르다.

둘째, 성장은 항상 충분하지 않다.

셋째, 성장이 빈곤 퇴치에 늘 커다란 영향을 끼치는 것은 아니다.

이들은 빈곤층의 지속적인 소득 증가를 불러오는 일반적인 성장보다 소득분배에 초점을 두고 성장이 소득 불평등도inequality를 개선할 경우만 빈곤감소적 성장이라고 주장했다.

결국 '성장이 빈곤층에 유리하다'는 명제는 불평등 및 소득분배 결과에 따라 빈곤감소적 성장인지 아닌지가 결정된다는 것이 지배적인 담론으로 굳어졌다. 이에 대해 마틴 라발리온Martin Ravallion은 성장률이 같아도 빈곤 감소 효과는 국가마다 다르며 그 원인으로 다음 2가지를 언급했다.

첫째, 초기 불평등 정도가 심할수록 빈곤층은 성장에 따른 수혜를 덜 받는다. 총 경제성장에 참여할 수 있는 부분이 작아 그에 따른 수익도 적은 것이다. 인도와 중국의 경우, 빈곤감소율이 토지와 인적 자본의 초기 분배 상태(불평등 정도)에 따라 달라진다. 인적 · 물리적 자산 및 공공재에 대한 접근, 사회기반 시설과 교육, 보건 등 사회 서비스에 대한 접근성의 불평등은 빈곤층이 경제성장에 따른 기회를 차지하는 데 어려움을 주는 직접적인 원인이 된다.

둘째, 성장률이 일정할 경우 빈곤감소에 영향을 주는 요인은 불평등의 변

---

49 무언가를 얻으려면 반드시 다른 것을 희생해야 하는 경제 관계. 완전고용과 물가 안정은 서로 모순 관계에 있는데, 가령 실업률을 줄이면 물가가 올라가고 물가를 안정시키면 실업률이 높아진다.

화다. 국가마다 소득분배에 영향을 주는 요인이 다양하기 때문에 일반화하기에는 어렵다. 그럼에도 불구하고 공통적인 요인으로는 지리적, 섹터별 성장 유형이 빈곤감소에 끼치는 영향을 꼽을 수 있다. 대개는 농업 분야 성장, 도시와 농촌 간의 지리적 특성에 따른 성장이 빈곤감소에 영향을 미친다.

고도성장을 이룬 몇몇 개도국에서는 지역의 불균형 발전으로 빈곤층이 경제성장의 혜택을 받지 못하는 경우가 있다. 빈곤층 집중 지역 및 분야에서 경제성장이 이뤄지는 형태는 일반적인 경제성장보다 빈곤감소에 더 이롭지만 지리적, 섹터별 성장 유형도 나라별로 다르므로 성장에 따른 빈곤감소 효과에는 어느 정도 차이가 있다.

● 빈곤감소적 성장 정책과 집행 방식

빈곤감소적 성장은 GDP 성장 중심의 경제개발은 물론 인적, 물리적 자산 향상을 위한 사회 개발과 소득분배를 동시에 고려해야 하는 광범위한 주제다. 따라서 경제성장만을 위한 정책이 아니라 빈곤층 역량의 불평등, 토지·훈련·자본 등 생산 재원 및 자산에 대한 접근성의 불균형 개선을 정책으로 요구해야 한다.

OECD는 2006년, 2007년 〈빈곤감소적 성장 촉진: 민간 부문 개발Promoting Pro-poor Growth: Policy and Guidance for Donors〉 보고서를 통해 개도국의 민간 부문 활성화가 빈곤감소적 성장에 긍정적 효과를 끼치므로 빈곤감소를 위해서는 중장기적으로 민간 부문 양성이 중요하다고 강조했다. 그리고 이를 위한 정책적·제도적 환경을 조성하기 위해 개도국 정부가 주체적으로 역할을 수행해야 한다고 주장한다.

빈곤감소적 성장 정책

마틴 라발리온은 빈곤감소적 성장을 위한 정책으로 다음의 3가지를 제안했다.

- 성장 촉진과 함께 빈곤층의 참여 기회 확대, 성장에 직접 기여할 수 있는 정책 수립
- 불평등을 줄이는 방향으로 정책 집행. 국가별로 성장에 따른 분배에 영향을 끼치는 지역적인 불평등 요인 개선
- 빈곤감소적 성장을 촉진하는 정책에 따른 상쇄trade-off를 정량화하고, 사회적 재분배 정책을 수용하거나 성장 정책 대안으로 활용

다. 사회보호Social Protection

● 사회보호의 정의와 목적

사회보호는 사회적 위험으로부터 개인을 보호하는 제도로 사회보험을 통한 소득보장제도뿐 아니라 공적인 사회 서비스를 포괄한다. 특히 지역사회 기반의 각종 보호 프로그램 중 생계 지원, 질병·산재에 대비한 보험 그리고 여성과 아동 보호 등의 내용을 포함한다.

개발학 내에서 사회보호는 좁게는 국내 복지 수준의 사회부조pure welfare(social assistance)로, 넓게는 생계 촉진livelihood promoting으로 해석하며 그 중간으로 봐야 한다는 시각도 있다. 개도국의 경우, 사회 부조 수준을 넘어 빈곤 해결을 위한 근본적이고 포괄적인 사회적 지원이 필요하다. 하지만 이 때문에 국내 복지와 빈곤감소를 위한 개발 정책으로서의 사회보호 프로그램 간에 명확한 경계를 설정하기가 어려운 점도 있다.

개도국에서 사회보호 목적은 궁극적으로 빈곤과 극단적인 형태의 박탈을 줄이는 데 있다. 취약성 요소인 위험과 대응 역량을 다루는 것도 마찬가지다. 이는 복지 서비스 및 생계 지원을 통해 빈곤 상태로 전락하는 것을 막고 자산을 팔아 영양 및 기본 필요를 채워야 하는 상황을 면하게 하는 것이다. 더불어 충격 발생 시 이를 보완하는 지원으로 위험을 줄이고, 자산 잠식을 막아 향후에 닥칠 위험을 방지하려는 목적도 있다. 그러므로 무엇보다 직접적인 자산 증가(예를 들면, 가축 제공) 형태나 영농 투입재 보조로 생산력 증대를 통한 생계 복원력을 강화하는 것이 바람직하다.

사회보호와 취약성

사회보호 정책 및 프로그램에서 취약성은 크게 생계에 악영향을 미치는 위험한 상황과 그 상황에 대처하는 능력 저하로 정의할 수 있다.

위험한 사건이나 상황 혹은 충격은 건강·질병·사망 등의 개인적인 차원과 가뭄·홍수·농작물 병충해·가축의 질병 같은 지역 공동체 차원에서 비롯된다. 이러한 외부적 충격으로부터 생계 붕괴를 막고 위험에 대처하는 능력은 가계의 자산 수준에 따라 다르며 실질적인 자산 정도는 대처 능력에 큰 영향을 끼친다.

개도국을 취약하게 만드는 여러 원인 중, 특히 아프리카에서 볼 수 있는 대표적인 사례는 아래와 같다.

① 생계 유지에 필요한 육체 노동력(건강) 상실

② 현금 수입이 가능한 기회 상실(주로 경기 침체 및 성장 부진이 원인)

③ 낮은 농업 생산력

④ 잦은 외부적 충격(짧아지는 발생 빈도 주기)

취약성은 위험이 증가하거나 위험 대처 능력이 줄어들 때 더욱 커지며, 지속적인 충격이나 위험으로 인해 자산을 쌓을 충분한 기간이 부족할수록 증가한다. 이처럼 빈곤과 취약성은 밀접히 관련돼 있으며 빈곤 정도에 따라 취약성이 크게 증가하기도 하고, 취약성으로 인해 빈곤해지는 경우도 발생한다.

아시아개발은행의 〈사회보호 지표 편람Social Protection Index II Handbook〉(2011)에 따르면 사회보호는 아래의 3가지로 나뉜다.

①사회보험 : 실업, 임신 및 출산, 노령, 질병, 장애 등 사회적 위험에 대비해 국민에게 갹출한 재원으로 운영하는 각종 공적 보험(예: 고용보험을 통한 실업급여, 출산 전후 휴가급여와 육아휴직)

②사회부조 및 사회복지 서비스: 비갹출로 빈곤층과 장애인 등에게 제공하는 복지 서비스와 공공부조. 지역사회와 아동보호 프로그램 포함(예: 자녀양육비 지원, 재해 구호 및 지원 등)

③노동시장 : 고용 창출·고용 유지와 관련된 프로그램으로 공공근로 프로그램과 직업 소개, 직무교육, 노동법률 제정 및 개정 등

- 사회보호 프로그램

ADB의 3가지 사회보호 프로그램 이외에 추가한 프로그램은 빈곤을 다면적으로 이해하고 세대 간 지속성을 바탕으로 고안한 것이다. 이런 새로운 방식의 사회보호 프로그램은 생활수준 보호, 미래의 빈곤 상황 예방, 인적 자산에 대한 투자 촉진, 사회 정의 실현을 위한 변화를 모두 아울러 실시하는 형태다.

개도국에서 시행하는 새로운 사회보호 프로그램은 크게 4가지 사회적 이전social transfer 형태로 지원한다.

① 현금cash : 현금 지원의 경우 지폐, 은행계좌에 입금, 스마트 전자카드, 휴대전화 문자 등의 방법으로 전달한다. 현금 대용으로 통화가치가 있는 바우처를 특정 상점에서 사용하게 하거나 사전 지정한 범위 내의 상품을 사용하게 하는 방법도 있다.

② 식량/식품food : 곡물, 밀가루, 가공식품 형태의 지원으로 가령 옥수수-콩의 혼합처럼 특정 영양 섭취를 목적으로 미리 섞은 형태의 식품을 지원한다. 균형 잡힌 영양을 고려해 식물성 기름, 콩, 옥수수 가루를 포함한 패키지 형태로 제공하는 경우도 있다.

③ 투입재inputs : 영농 투입재, 가정 원예 지원을 의미하며 상업적 목적이나 제조업 과정의 투입재와는 상관이 없다. 이 경우 투입재는 예를 들면 씨앗, 뿌리작물(카사바, 씨감자 등)과 비료에 해당한다. 필요에 따라 혼합 채소 재배나 농작물을 다양화하기 위한 특별한 목적으로 패키지 구성도 가능하다. 쿠폰 형태로 발급하는 투입재도 있는데, 이때 수혜자는 투입재의 시장 가격 중 일부만 쿠폰으로 지불한다.

④ 자산assets : 농기구나 가축 지원이 대표적인 형태다. 이런 단기적인 형태의 자산 지원 외에 중장기적인 자산 형성을 위한 공공근로(현금 형태cash for work와 식량 형태food for work 급여 지급)로 도로, 관개 및 배수 공사, 운하 건

설 등이 이에 해당한다. 그뿐 아니라 인적 자산의 역량 강화를 위해 수업료 지원, 급식, 진료소 이용권 등 세대 간의 빈곤과 취약성을 줄이기 위한 방법도 있다.

사회보호 프로그램의 형태 및 시행 국가들

□ 무조건적 현금(현물) 지원Unconditional cash(in–kind) transfers

- 비갹출 연금non-contributory pensions: 남아공, 브라질, 나미비아, 보츠와나, 레소토, 인도, 방글라데시, 네팔

- 아동 양육 급여child support grant: 남아공

- 사회 이전: 잠비아

- 최저생계비 지원minimum Living Standard Guarantee: 중국, 대한민국

- 아동 수당child allowances: 과도기transition 국가

□ 조건적 현금(현물) 지원Conditional cash(in-kind) transfers

- 노동 공급labor supply: 인도, 아르헨티나

- 아동 노동 근절을 위한 학교 출석 지원: 브라질, 방글라데시

- 학교 출석, 건강검진, 영양 공급: 멕시코, 니카라과, 온두라스, 브라질 등

□ 통합적인 빈곤 감축 프로그램: 칠레

요점 정리

□ 절대빈곤은 인간으로서 기초적인 생활을 영위할 수 없는 상태를 의미한다. 경제적 관점으로는 연간 일인당 수입/소비액 빈곤선(하루 미화 1.25달러)이며, 비경제적 관점으로는 영양 부족, 질병, 단명, 높은 유아사망률, 문맹률, 역량 부족, 사회적 배제, 빈곤층 스스로 정의하는 빈곤 등이 있다.

□ 빈곤 측정 방법으로는 경제적인 빈곤선을 기준으로 한 빈곤율, 빈곤격차, 빈곤심도가 있고 빈곤의 다면적 정의를 반영한 UNDP의 인간빈곤지수가 있다.

□ 빈곤 결정 요인은 크게 소득과 자산 부족, 박탈, 취약성, 불평등, 사회적 배제가 있다.

□ PRSP는 개도국 정부 주도의 포괄적인 성장과 빈곤 감축을 목표로 한 3년간

의 거시경제적, 구조적, 사회적 개발 정책 및 프로그램이다. 이는 거시경제적 구조의 안정 및 제도 개혁, 빈곤층에 대한 수혜와 개발 과정에의 참여적 접근, 국내외 이해관계자들의 파트너십 확대를 목적으로 한다.

□ 빈곤감소적 성장은 빈곤층이 성장 창출과 혜택에 공평하게 참여해 빈곤층의 절대소득이 증가하거나, 빈곤층의 소득이 비빈곤층에 비해 비례적으로 증가하는 상태로 빈곤감소에 영향을 주는 성장을 일컫는다.

□ 사회보호는 공적 또는 사적 수단을 동원해 빈곤층과 취약 가정에 소득과 현물을 지원하는 빈곤감소 정책 및 프로그램이다.

생각해볼 문제

□ 빈곤 감축 정책에 빈곤 측정 방법을 어떻게 반영할 수 있는가?

□ 개도국의 빈곤에는 어떤 특징이 있는가?

□ PRSP를 통해 ① 공여기관과 개도국 정부 간의 관계, ② 개도국 정부와 시민 사회 간의 관계가 빈곤층을 위한 정책과 정치 체제로 어떻게 변화했는가?

□ 빈곤감소적 성장이란 무엇을 의미하는가? 빈곤감소적 성장인지 아닌지에 대한 증거는 무엇인가? 어떠한 요소가 빈곤감소적 성장을 가능하게 하는가?

□ 빈곤감소적 성장률을 측정하려면 어떤 빈곤 측정 방법을 써야 하는가?

□ 사회보호는 다른 빈곤 퇴치 정책과 어떤 점에서 차이가 있는가? 사회보호에서 다루는 빈곤의 종류, 취약성, 위험은 무엇을 의미하는가?

제2절　　농촌 개발

1. 들어가며

2007년을 기점으로 전 세계 인구의 절반 이상이 도시에서 살아간다. 게다가 도시로의 인구 이동 증가로 도시의 규모는 점점 커지고 있다. 이러한 도시화 추세는 농촌 빈곤 문제를 해소했거나 농촌이 개발 우선순위에서 도시 빈곤의 심각성에 밀린 것처럼 보이게 만든다.

하지만 도시화 진행과 상관없이 전 세계 빈곤층의 대다수는 여전히 농촌에 거주한다. 통계적으로 전 세계 빈곤층의 약 4분의 3이 농촌에서 살고 있으며, 그들의 68~75퍼센트는 하루에 1달러 미만으로 생계를 유지하고 있다.

이처럼 농촌 빈곤은 21세기에도 개발에서 중요한 문제로 남아 있다. 대륙과 국가를 막론하고 농촌 소작농들의 빈곤 문제는 산업혁명 이전부터 늘 존재했고, 빈곤 탈출을 위한 MDGs의 궁극적인 목표 달성에서 농촌 개발은 상당히 중요한 문제다.

그런 의미에서 농촌이 직면하고 있는 빈곤 문제를 포함해 농촌 개발 상황을 살펴보고자 한다.

첫째, 농촌 개발에서 농촌의 중요성을 알아보고 농촌의 빈곤층 비율이 높음에도 불구하고 왜 농촌은 늘 개발에서 밀려나고 뒤처졌는지 파악한다. 또한 농촌에서 농업의 역할 및 중요성을 이해하고 농업과 관련해 농촌이 직면하고 있는 변화, 즉 농업 비중 감소와 비농업 수입 비중 증가를 살펴본다.

둘째, 지난 반세기 동안 농촌 빈곤을 완화하고자 개발·적용해온 다양한 이론 중 지역 개발Community Development, 통합적 농촌 개발IRD, Integrate Rural Development, 참여적 농촌 평가 방법PRA, Participatory Rural/Rapid Appraisal 그리고 지속가능한 생계Sustainable livelihood를 설명하고 그 장점 및 한계점을 알아본다.

셋째, 농촌의 빈곤층이 겪어온 기근, 기아, 식량위기 등 고통과 문제점을 소개하고 그 해결방법을 생각해본다.

넷째, 농촌의 빈곤 완화를 위해 실행한 토지개혁, 녹색혁명, 관개기술, 협동조합, 유전자 조작 작물, 농촌-도시 간 이주 등의 제도와 노력이 각각 어떤 성과를 이뤄왔고 또 여기에 어떤 한계점이 있는지 설명한다.

2. 농촌 개발

가. 농촌과 농업 그리고 농촌의 변화

- 농촌의 중요성

농촌은 개도국의 GDP와 GDP 성장에 기여하는 바가 크다. 일단 개도국의 농촌에 거주하는 인구수만 보더라도 농촌의 노동력이 얼마나 큰지 짐작할 수 있다. 이들은 곡물, 과일, 화훼 같은 농산물을 수출해 GDP 성장에 큰 기여를 하고 있다. 또한 농촌 사람들은 농산물을 생산하는 생산자이자 소비자로 농촌 그 자체가 하나의 커다란 잠재적인 시장이다. 나아가 이들은 국가 전체에 식량을 공급하는 식량 공급자로서 중요한 역할을 하고 있고, 특히 1차 산업은 위기의 순간에 생계를 위한 최후의 수단이다.

농촌은 식량 생산, 수입과 고용 창출을 위한 근원으로 중요한 역할을 해왔으며 빈곤을 논의할 때 농촌 빈곤은 전체 빈곤 문제의 중심에 있다. 그렇지만 농촌은 도시에 비해 경제개발에 대한 기여도가 낮은 것으로 인식하는 경우가 많다.

예를 들어 2차 세계대전 이후 나타난 이원론Dualism은 개도국 경제의 이중적 성격을 제시하는데, 이는 현대의 선진화한 경제적 측면이 전통적이고 퇴보하는 측면과 공존한다는 것이다. 아서 루이스는 경제적 측면을 자본주의형과 자급자족형의 2가지로 구분했다.

그는 가족 기반의 소규모 자급자족형 농업 생산량은 대규모 농장 농업이나 도시에서의 제조 산업을 통한 자본주의형 생산량보다 적다고 설명했다. 따라서 그는 국가의 경제발전을 기대한다면 농촌의 잉여 노동력을 도시의 노동력으로 투입하는 것이 좋다고 말했다. 자급자족형은 그 역량이나 능력이 부족하므로 국가의 생산성 향상을 위해 수동적인 형태로나마 그들에게 자본주의 측면을 지원하는 것이 더 좋다는 의미다.

이러한 루이스 모델은 1950년대와 1980년대의 개발계획에 중요한 영향을 미쳤다. 하지만 루이스 모델은 개발 과정에서 소작농이 기여하는 긍정적인 면을 무시했다는 비판을 받았다. 녹색혁명처럼 기술을 통한 농경제도가 성공하면서 농촌의 자급자족형 생산성 증가가 개발 정책의 중요한 목표로 떠올랐기 때문이다.

어쨌든 농촌 지역, 즉 도시에서 멀리 떨어진 외딴 지역은 언제나 경제적·정치적으로 외면당해왔다. 거리상의 제약이나 농촌의 복잡하고 힘든 삶에 대한 부정적 이미지가 농촌의 잠재력을 인정해주기보다 농촌 개발을 외면하게 만들고 있는 것이다.

- 농촌 지역의 비농업non-agriculture/non-farm화 추세

개발학자와 전문가들은 오랫동안 개도국의 농촌 생계를 뒷받침하는 가장 중요한 부분은 농업이라고 생각해왔다. 이 관점은 농촌 개발을 위한 토지 재분배나 농업 활성화 같은 많은 개발 전략의 뒷받침을 받았다. 그러나 지금은 농촌의 생계가 다양화하면서 생계수단이 점점 비농업화하고 있다는 관점이 보다 폭넓게 받아들여지고 있다.

농가에게 농업은 생계 유지를 위한 중요한 수입원이지만 가계 수입을 농업에만 의존하는 농촌 가정은 찾아보기 힘들다. 즉, 농업은 더 이상 농촌 빈곤층의 수입 창출에서 큰 역할을 하지 못하고 있다. 농촌의 농업이 식량작물food crop 생산에서 환금작물cash crop 생산으로 넘어가면서 농촌 사람들은 더 이상 그들을 위한 식량을 얻기 위해 농사를 짓지 않는 추세다. 이런 관점을 모든 지역에 일반화하는 것은 무리지만 오늘날 농촌 생계의 다양화는 명백한 현실이다.

아시아 농가 수입의 50퍼센트 이상, 사하라 이남 아프리카 농가 수입의 30~50퍼센트가 비농업 수입원non-farm income source에서 나온다. 농촌의 직업과 생계가 다양해지고 가계 수입의 균형이 농가에서 농가 밖으로 이동하고 있는 것이다. 이는 농촌의 생계가 농업에서 점점 멀어지고 있다는 것을 의미한다.

농촌 사람들은 연중 몇 달씩 도시 혹은 다른 지역에 살며 건축이나 대규모 농장지대에서 일한다. 그처럼 도시나 다른 지역으로 일자리를 찾아 나간 가족 구성원이 보내준 돈이 농가 수익의 큰 부분을 차지하고 있다. 다시 말해 농촌 사람들이 다양한 지역에서 생계multi-local livelihood를 꾸려가는 새로운 트렌드가 생긴 것이다.

지금은 농촌과 도시로 나눠 생계의 차이를 구분하는 것이 쉽지 않다. 빠른 도시화와 통신수단 및 운송수단의 기술 향상은 농촌 인구의 유동성을 높

였고 이로써 농촌과 도시 간의 인구 이동으로 강한 결합이 일어나고 있다.

　농촌의 빈곤층은 때로 돈을 벌기 위해 먼 곳까지 진출하며 국경을 넘어 국제적으로 이주하기도 한다. 이제 한곳에 정착해 살아가는 농촌 빈곤층은 많지 않다. 농촌 빈곤층이 도시로 이동하면 농토는 도시의 부유한 비농부non-farmer 소유로 넘어가는 경우가 많다. 그뿐 아니라 젊은 노동력이 도시로 빠져나감에 따라 농촌 인력의 평균 나이가 상승해 농업 생산량에 영향을 미치는 문제도 발생하고 있다.

나. 농촌의 범위

디지털 시대를 살아가는 우리가 외딴 지역 소작농의 삶을 연상하는 것은 어려운 일이다. '농촌' 하면 우린 그저 피상적으로 논, 밭, 숲, 초원, 목초지, 산간 마을, 광산, 해안 등을 떠올릴 뿐이다. 농촌이 무엇인지, 어디까지를 농촌으로 볼 것인지, 농촌과 도시의 차이는 무엇인지 정확히 아는 것은 쉽지 않다.

　물질적인 측면에서 농촌은 낮은 인구 밀도, 농업 기반의 생계, 도시에 비해 상대적으로 풍부한 자연 자본과 노동력, 도시의 반대라는 특징을 보인다. 관념적인 측면에서는 도시에 비해 유대감이 높은 지역사회 구조, 가부장적 분위기, 맑은 공기나 도로의 흙먼지, 고된 노동, 질병, 고립되고 황폐한 느낌 등의 분위기로 '도시가 아닌' 곳으로 구분한다.

　농촌을 특징짓는 중요한 차이 중 하나는 농촌 빈곤의 정도와 농업이 생계 수단으로써 얼마나 큰 범위를 차지하는가 하는 점이다. 국가 단위로 분류할 때 〈세계개발보고서: 개발을 위한 농업World Development Report: Agriculture for Development〉은 농촌과 관련된 국가 형태를 농업 기반 국가Agriculture-based countries, 과도기적 국가Transforming countries, 도시화 국가Urbanized countries의 3가지 형태로 나눈다.

[표13] 농촌 국가 분류

빈곤율 기준: 1일 1.08달러

	농업 기반 국가	과도기적 국가	도시화 국가
농촌 인구(백만 명, 2005년 기준)	417	2200	255
농촌 인구 비율	68	63	26
일인당 GDP(달러)	379	1068	3489
GDP 내 농업 비율	29	13	6
성장에 대한 농업 기여도	32	7	5
농촌 빈곤 인구(백만 명)	170	583	32
농촌 빈곤율	51	28	13
도시 빈곤율	45	11	6

출처: World Bank Report(2007)

농업 기반 국가는 농업이 GDP와 GDP 성장에 중요한 요인으로 작용하는 나라로 사하라 이남 아프리카 국가가 대부분 이 범주에 속한다. 과도기적 국가는 농업이 주요 경제성장 요인은 아니지만 농촌 빈곤이 사회적 문제로 남아 있는 국가로 인도·중국·인도네시아 등의 동남아시아 국가와 중동, 북아프리카, 태평양 연안의 국가가 여기에 속한다. 도시화 국가는 빈곤 문제가 대개 도시에 집중돼 있지만 여전히 농촌 빈곤이 존재하며 농업이나 식품산업이 GDP의 3분의 1을 차지하는 국가로 중남미, 카리브 해 연안국, 동유럽, 중앙아시아 국가를 말한다.

3. 농촌 개발을 위한 다양한 접근법

가. 패러다임의 변화

지난 반세기 동안 농촌 개발은 2가지 주요 패러다임에서 변화를 겪어왔다.

[표14] 농촌 개발에 대한 주요 관점

기간	주요 관점	주요 활동
1950년대	녹색혁명	농업 확대, 기계화, 관개 등의 설비 투자. 현대화를 위한 서구 기술 필요성 강조.
1960~1970년대	토지개혁	농업 식민지화, 토지 재분배 및 농업 지역 확대. 토지 재분배, 농촌 빈곤층에게 양질의 토지 공급.
1970~1980년대	통합적인 농촌 개발	제반 시설, 농업, 소규모 산업, 관개 시설 등 지역 기반 투자. 세부적인 것에서 시작하는 상향식 방식과 충분한 참여를 동반한 통합적 접근 강조.
1980년대~현재	지속가능한 개발	현 세대의 요구를 충족시키는 개발 시스템 지속. 경제·사회·정치 차원에서 장기적인 환경 개발과 분배 측면 강조. 더 큰 평등에 도달해야 한다는 것 강조.
1990년대~현재	빈곤감소적 성장 /MDGs 도달	시장의 힘 촉진과 환경에 권능을 부여하는 것의 필요성 강조. 활력 있고 자유로우며 투명한 토지시장 창조. 소액대출·저축 시스템·지속가능한 농촌 관광 지원.
2000년대	개발 전략으로서의 이주	이주자가 농촌 개발을 위해 보내주는 돈의 생산적인 이용 강조.

출처: The Companion to Development Studies(2012)

첫째, 1960년대 중반에 일어난 관점의 변화다. 이전까지만 해도 소규모 소작농업은 본질적으로 덜 효과적이고 덜 생산적이라고 보았지만, 이후 효율성과 생산성을 높일 잠재적인 힘이 있다고 바라봤다. 소규모 소작농에게 자원은 이미 합리적으로 할당돼 있으므로 그 효과성을 높일 적절한 도구가 주어진다면 그들이 농촌 개발에 충분히 기여할 수 있다는 시각이다.

이 관점은 농업이 국가의 전체 경제성장에서 중요한 역할을 한다는 주장을 이끌었다. 그들은 그 경제성장이 농촌의 노동력이나 자본, 식량, 작물의 수출입, 시장 등의 농업적 기여를 통해 이뤄진다고 보았다. 이러한 생각은 농촌 개발 전문가들을 자극해 결국 녹색혁명으로 이어졌다. 농촌 환경에 적합한 기술을 도입해 소작농의 생산 효율성을 높이도록 이끈 것이다. 일례로 콜롬비아, 브라질, 인도, 말레이시아는 소작농의 농업 생산성이 최소한 두 배 이상 증가했다.

둘째, 1980년대 후반부터 1990년대 초반에 나타난 것으로 농촌 개발에 대한 국가적 수준의 정책과 하향적 접근 방법을 탈피한 변화다. 농촌 사회 스스로 개인의 참여도를 높이고 조절과 통제를 통해 농촌을 개발하도록 만들어야 한다고 생각한 것이다. 이 변화는 1980년대 이후 널리 퍼져 나갔고 지금은 세계은행 같은 국제기구에서부터 NGO에 이르기까지 광범위하게 이 사고를 받아들이고 있다. 이러한 관점 변화는 1950년대의 지역 개발 접근법으로 시작해 NGO가 개도국 발전을 위해 진출할 무렵이던 1970∼1980년대까지 이어져 통합적인 농촌 개발 정책 프로젝트로 이어졌다.

나. 지역 개발

지역 개발은 개발 과정, 방법, 프로그램, 제도 등과 관련이 있다. 이것은 지역 주민 스스로 지역사회의 경제적, 사회적, 문화적 상태 개선을 시도해 발전을 도모하기 위한 과정이다. 다시 말해 지역 주민이 일자리, 소득 및 사회 기반 시설 등을 스스로 창조하거나 그들의 지역이 근본적으로 더 나아지는 변화를 이루도록 만든다. 고용 증가와 사회 기반 시설 향상 같은 지역 개발 제도의 장점은 지역 주민의 태도 개선, 기술 집결, 사회구조망 개선, 새로운 방법을 통한 지역 자산 활용 등을 통해 일어난다. 지역 개발의 목적은 지역의 경제적 상황뿐 아니라 지역 스스로의 역량을 강화하는 데 있다.

인도는 독립 전인 1940년대에 농촌 재건 운동을 진행하면서 지역 개발을 통한 발전을 꾀했다. 지역사회가 발전하면 자신이 이익을 얻는다는 것을 농민 스스로 깨달을 경우 그들이 지역 개발에 부응할 거라고 봤기 때문이다. 무엇보다 보편 타당한 지역 개발 프로그램으로 사회 전체를 통합적이고 균형 있게 개발하기 위한 방안을 모색하면 그것이 국민의 관심을 끌 거라고 예상했다.

이 접근법은 2차 세계대전 이후 1950년대를 거치면서 널리 퍼져 나갔고, 지금도 전체적인 개발을 강조하는 지속가능한 생계 접근법과 함께 많이 쓰이고 있다. 하지만 지역 개발 프로그램이 1960년대 표준모델이고 제도화 과정에서 지나치게 단순화 및 표준화해 각 지역의 다양한 현실을 제대로 반영하지 못한다는 비판도 있다.

다. 통합적 농촌 개발

이후 지역 개발 접근법은 2가지 서로 다른 관점에 반영되었다. 하나는 녹색 혁명 기술을 통한 소작농의 성장과 농업 개선 강화다. 다른 하나는 대규모의 통합적 농촌 개발 프로젝트를 통해 균형적인 농촌 개발을 촉진한 것이다.

IRD는 중요 자원의 재분배, 경쟁에서의 상대적 불평등 감소, 농촌 자원 이용 강화법 모색 등과 함께 지역 주민의 요구를 반영해 그들의 삶을 개선하고 농촌의 가치를 향상 및 유지하기 위한 목적으로 등장했다.

1960년대까지 IRD 접근법은 독립 이후 빈부 격차가 확대되고 있는 신생국가에서 활기를 되찾고 지역 개발을 이루기 위해 활용했다. 그리고 그 과정에서 소작농의 생산 효율성을 높이기 위한 새로운 방안을 제시했다. 무엇보다 산업과 도시 성장에만 의존하는 방법이 아닌 국가의 모든 지역을 균형 있게 발전시키는 개발 전략을 중시했다. 일례로 중국은 IRD 전략을 통해 농촌 공영화 과정을 거치면서 생산과 소비 전체를 개선하는 데 성공했다.

이론적으로 IRD를 통해 이룬 결과는 단독으로 수행한 프로젝트의 결과보다 훨씬 더 효과가 크다. 가령 관개 시설에 대한 투자와 도로 개선 사업을 통합적으로 해냈을 때, 관개 기술 덕분에 생산량이 증가하면 개선한 도로를 이용해 남는 농산물을 다른 지역의 시장에 내다 팔 기회가 늘어난다.

그런데 통합적 프로젝트를 위해 대규모로 예산을 투입하는 것은 해당 지역을 정치적 대상으로 만들어 예산 및 프로젝트 성과가 관련 정부기관과 원조 공여국, 도급업자에게 상금처럼 할당될 수도 있다. 이런 이유로 IRD 프로젝트를 위한 사업 지역을 선택하는 것은 정치적으로 민감하게 받아들여진다. 정부기관은 비교적 부유한 지역 대표로 구성되기 십상이라 사업 지역 선정과 예산 할당이 공정하게 이뤄지지 않을 우려가 있기 때문이다.

IRD는 몇 가지 이유로 비판을 받았다. 예를 들면 기본적으로 하향식 개발 방법이고 공급 주도형 접근법이며 지속가능하지 않은 관리 구조라는 것이 있다. 단발성 시범사업으로 시도한 IRD 프로젝트가 성공힐 경우 다른 지역에도 그와 똑같은 프로젝트를 시행했지만 국가 재정 부족, 전문 인력 부족, 지역 간의 불균형 같은 많은 걸림돌이 IRD 프로젝트의 발목을 잡기도 했다.

라. 참여적 농촌 평가 방법

IRD나 지역 개발을 기반으로 한 농촌 개발 접근법은 주로 큰 규모의 프로젝트 위주인 반면, 참여적 농촌 평가 방법은 농민 스스로 자신의 문제를 파악 및 통제하는 작은 규모의 개도국 농촌 개발을 위한 접근법이다. 농업 체계 연구FSR, Farming System Research와 빠른 농촌 평가법RRA, Rapid Rural Appraisal 같은 전체론적인 연구에서 발전해 로버트 챔버스 덕분에 대중화한 이 접근법은 1970~1980년대에 개도국의 농촌 생계 개선을 위해 시행한 많은 농촌 개발 프로그램의 약점을 보완했다.

PRA는 이해관계자, 특히 지역 주민의 충분한 참여를 고려하지 않고 하향식으로 실행한 점이 이전 접근법이 실패한 중요한 이유 중 하나라고 지적한다. 이전의 지역 개발 접근법과 관점이 서로 다른 PRA의 주요 특징은 개발전문가의 태도가 지역 주민을 위하는 방향으로 바뀐 것에 있다. 즉, 전문가가 위에서 지역 개발을 지배하려 하기보다 조력자 혹은 촉매자의 역할을 하게 된 것이다. 현재 지역 개발을 촉진하고자 하는 많은 개발 단체에서 PRA를 적용하고 있다.

1990~2000년대에는 대규모 IRD 접근법에 대한 해답으로, 농촌 주민의 목소리에 귀 기울이고 그 목소리에 응답하는 정부가 되도록 지원하는 개발계획을 시도했다. 그런데 정부가 개발 과정을 부적합하게 장악하거나, 거시적인 정책 환경과 광범위한 통치 절차 간의 관련성 미흡 등의 약점이 드러났다. 또 농촌 빈곤층을 그저 농민으로만 보는 제한적인 시각 때문에 그들이 노동자이자 소비자라는 보다 다양하고 넓은 관점으로 나아가는 것을 방해하기도 했다.

주민의 직접적인 '참여'에 대해서도 실제로는 지역의 역량 강화를 위한 공간 및 도구를 마련하지 않았다는 비판이 있다. 이는 실제 참여에 예상보다 훨씬 더 복잡하고 많은 자원과 노력이 필요하다는 의미다. 이로 인해 많은 프로젝트가 그들의 하향식 접근법을 효과적으로 포장하면서 참여그 자체를 미화했다는 냉소적인 견해를 불러일으켰다. 진정한 참여에 대한 잠재적 가치가 떨어졌다고 봤기 때문이다.

로버트 챔버스의 농촌 개발에 대한 새로운 관점

로버트 챔버스는 1993년에 저술한 《Challenging the Professions : Frontiers for Rural Development》에서 이전 농촌 개발 이데올로기의 한계점을 다음과 같이 설명했다.

- 설계자의 관점으로, 중심에서 바깥으로, 위에서 아래로
- 사람이 아닌 경제적인 면 중심
- 소규모가 아닌 대규모
- 현장에서가 아닌 연구실에서

결과적으로 농촌을 위한 처방은 모든 상황에 보편적으로 적용 가능하도록 획일화 · 규격화되었다.

마. 지속가능한 생계

지속가능한 생계 접근법은 농촌 빈곤에 맞서기 위해 가장 최근에 시도하고 있는 제도다. 이것은 농촌 빈곤에 대한 분석 체계로 1990년대에 영국 개발 학회의 로버트 챔버스와 고든 콘웨이Gordon Conway가 개발했다. 이 접근법은 농촌 개발과 관련해 지금까지 가장 훌륭한 방법으로 평가받고 있고 도시의 빈곤 상황에 적용하기도 한다. 생계 접근법은 농촌 개발에 대한 이전의 접근법을 개선해 농촌의 빈곤을 완화하고 발전을 촉진하는 효과적인 방안으로 쓰이고 있다.

이 접근법의 옹호론자들은 생계 접근법의 가장 중요한 가치는 농촌 지역에서 추구하는 생계 전략의 전반적인 분야를 모두 고려한다는 데 있다고 말한다. 생계 접근법은 빈곤층을 단순히 수동적인 수혜자로 그리던 이전의 접근법과는 반대의 관점을 보여준다. 빈곤층을 무언가가 부족한 사람들로 보지 않고 그들이 미래를 주체적으로 개척할 능력을 갖추었다고 여겨 그 능력에 초점을 맞추는 것이다. 또한 빈곤층이 소유한 자본, 이를테면 기술·교육 등의 인적 자본, 사회적 자본, 금융 자본, 토지·물·광물 같은 자연 자본, 주택·가축·기구를 포함하는 물질적 자본 등 자본 접근성을 높인 생계 전략으로 그들 스스로 삶을 개선하는 것이 중요하다고 본다. 더불어 이들 자본 사이의 융통성 있는 조합과 균형을 중요시한다.

생계 접근법의 중점 목표는 이전의 방안과 달리 농촌 주민의 일상생활에 필요한 의미 있는 방법으로 보다 효과적인 방안을 찾는 것이다. 다시 말해 생계가 물질적 행복에만 국한된 것이 아니라 비물질적이고 정신적인 행복도 포함하고 있음을 강조하면서 생계에 대해 전체적인 이해를 돕고자 한다. 즉 빈곤이 단지 경제적인 문제만은 아니며 정치적, 문화적, 사회적, 환경적인 면도 포함한다는 총체적인 관점을 보여준다.

그러나 생계 접근법은 초점이 개인의 능력 향상과 자본 접근성에 맞춰져 농촌의 구조적인 제한점을 무시한다는 한계가 있다. 가령 농촌 사람들은 토지를 소유하고 있을지라도 대개는 더 이상 농업에 생계를 의존하지 않는다. 토지는 그저 황폐한 작은 재산에 불과한 경우가 많으며 그것은 농촌 빈곤층이 빈곤에서 벗어나도록 도와주지 못한다. 이는 앞서 말했듯 농민이 도시나 다른 농촌 지역으로 이주해 비농업 생계 방법으로 수입을 창출하는 등 농촌의 생계가 농업에서 벗어나 다양하게 변화하고 있음을 의미한다.

따라서 지속가능한 농촌 생활을 위해 농촌에만 초점을 맞추는 것에는 한계가 있다. 농민이 농촌을 떠나면서 농업 인력이 감소하고 그로 인해 많은 농촌 지역사회가 무너지고 있기 때문이다. 농업에 기반을 둔 농촌 생활에서 벗어난 새로운 접근 방법이 필요한 이유가 여기에 있다.

4. 농촌 빈곤

20세기 후반과 21세기 초반 아프리카, 아시아, 중남미의 많은 나라가 빠른 속도로 농업 용지를 잃고 농업 기반 생활에서 벗어났다. 그와 동시에 더 많은 사람이 환경적으로 취약한 지역에 자리 잡았고 극빈extreme poverty의 발생 정도는 더욱 심해졌다. 극심한 소비 빈곤에 처한 전 세계 12억 인구 중 4분의 3이 농촌 지역에 거주하고 있다.

국제기구 및 각 정부와 NGO는 농촌 빈곤을 개선하기 위해 노력했고, 20세기 중반 이후부터 다양한 전략을 시행해왔다. 지난 몇 십 년 동안의 농촌 개발 전략, 이를테면 녹색혁명, 토지개혁, 농촌종합개발 등의 정책적 목표는 농촌의 성장과 지역 발전에 있었고 최근에는 지속가능한 개발과 빈곤 완화 등으로 변화하고 있다. 이런 노력에도 불구하고 농촌의 생계는 좀처럼 나아지지 않았으며, 오늘날 농촌 빈곤층은 만성적 빈곤층chronically poor으로 불리고 있다.

개도국의 농촌 빈곤은 단순히 식량이나 배고픔 같은 일차원적 문제에만 국한된 것이 아니다. 기본 교육 시설이나 보건 시설, 기본적인 사회 기반 시설, 국민 건강과 직결되는 식수 개선 서비스 같은 공공 서비스 보급은 여전히 도시와 농촌 간에 큰 차이가 있다. 도시보다 높은 농촌의 영유아 사망률만 보아도 도시와 농촌 간의 차이를 알 수 있다.

가. 농촌의 빈곤층이 겪는 고통: 기근과 기아

• 기근과 기아의 구분

개도국의 농촌 지역은 기아나 빈곤과 관련해 많은 것을 해결하지 못한 채 중요한 문제로 남겨 두고 있다. 1990년까지도 개도국 인구의 20퍼센트에 달하는 약 785만 명이 만성적 영양결핍 상태에 놓여 있었다.

우선 기근과 만성적 기아를 구분해야 한다. 기근은 단순한 배고픔이 아닌 불충분한 식량과 심각한 수준의 질병 등이 함께 발생한 것으로 높은 사망률을 동반한다. 그런데 기근이 나타나지 않아도 전 세계의 많은 사람이 영양결핍으로 고통받고 있다. 만성적인 기아가 유발하는 장기적인 현상은 기근보다 덜 주목받지만, 사실 더 많은 사람이 극심한 기근이 아닌 만성적 기아 때문에 죽어가고 있다.

• 기근

기근이란 넓은 지역에 오랫동안 음식 공급이 중단되고 대체식량 공급마저 불가능해 극심한 영양실조와 높은 영유아 사망률이 발생하는 현상을 말한다. 20세기에도 대략 70만 명이 기근으로 사망했다. 1970년대까지만 해도 기근은 대부분의 아시아와 유럽에서 근절되었지만 1984년 에티오피아에서 발생한 'Band-Aid[50]' 기근 이후, 대규모 기근이 아프리카와 아시아에서 발생했다. 농업 기술과 통신수단 등의 발전을 고려하면 21세기까지 이어진 기근 현상은 가히 모순적이라 할 수 있다.

20세기 이전만 해도 기근 현상은 자연재해로 농업을 기반으로 한 지역이 파괴되고, 농업 이외의 생계수단이 미약하거나 식량 구호 시스템 등이 미비한 상태에서 발생했다. 19세기 후반 이후에는 운송수단과 통신수단 발달로 외딴 농촌 지역의 식량위기도 예방 혹은 완화할 수 있었다. 그 후 식민지 시대를 거치면서 식량 작물이 점점 상업화하고 환금작물 재배가 확대되면서 자급자족형이던 많은 국가의 경제구조가 점점 취약해졌다.

역사적으로 기근이 일어나기 쉬운 나라는 두 개의 노선 중 하나를 택했다. 인도 같은 몇몇 국가는 기근을 일으키는 취약적인 요인을 줄이기 위한 방안을 세우고, 기근 예방을 위한 정치적 책임감을 강화해 '녹색혁명'과 함께 식량 생산량을 늘리려 노력했다. 덕분에 1974년의 방글라데시 기근 이후 남아시아에서는 더 이상 큰 기근이 발생하지 않았다.

반면 아프리카에서는 많은 국가가 독립하면서 정치적으로 불안정해졌고 전쟁으로 인한 기근이 발생하기 시작했다. 이후 많은 나라(앙골라, 모잠비크, 라이베리아, 시에라리온, 우간다 등)가 분쟁과 군사화에 따른 식량위기로 고통을 받았다. 아프리카 뿔(에티오피아, 소말리아, 지부티)에서의 전쟁과 가뭄의 치명적인 조합은 지속적인 기근이 현재까지 이어지도록 만들었다.

기근에 대한 이론

토머스 맬서스Thomas Malthus는 저서 《인구론Essay on the Principle of Population(1978)》에서 기근이 인구 증가를 조정하고 식량 공급 및 요구의 균형을 맞추기 때문에 지구가 감당할 수 있는 용량 이상의 인구 폭발은 발생할 수 없다고 주장했다. 그의 이론은 지금까지도 큰 영향력이 있지만 많은 한계가 있다. 우선 맬서스의 이론은 산업혁명

50 영국의 세계적인 아티스트들이 만든 에티오피아 기근 퇴치를 위한 음반

이전에 만든 것이다. 산업혁명으로 많은 인구가 농촌에서 도시로 이주했고 운송수단과 통신수단 발달은 잉여 식량의 자유로운 이동을 도왔으며, 농업 기술 발달로 곡식 생산량이 극적으로 증가했다. 그뿐 아니라 맬서스의 예언과 달리 전 세계 어느 나라도 기근으로 인구증가율이 조정되지 않았다. 1960년경 중국의 대약진 정책 때 약 30만 명이 사망했지만, 현재 중국 인구는 13억 명에 달한다.

아마르티아 센(1981)이 쓴 《빈곤과 기근Poverty and Famine》에는 맬서스 이후 기근에 대한 가장 영향력 있는 이론이 담겨 있다. 그에 따르면 식량에 대한 인간의 권리는 4가지 원천에서 비롯되는데 그것은 생산, 무역, 노동, 원조를 말한다. 기근은 국가적 식량 공급 능력 부족과 개인 및 집단 수준에서 식량에 대한 접근에 실패할 때도 발생할 수 있다. 권리에 대한 접근법은 빈곤과 기근을 경제적인 측면에서 설명한다. 즉, 식량 생산이나 시장 공급이 감소하면 식량 가격이 올라서 식량을 구입할 능력이 없는 사람은 굶주릴 수밖에 없다. 가뭄으로 작물 생산에 실패해도 오직 빈곤층만 식량에 대한 권리를 박탈당할 뿐, 부유층과 도시 거주자는 거의 영향을 받지 않는다. 결과적으로 식량을 생산하는 농부가 기근에 가장 취약한 모순적인 상황이 발생한다.

21세기 초반 기근은 많은 요인으로 인해 악화되고 있다. 자유주의 과정 결함, 정치적 민주화 결함, HIV/AIDS 증가 등이 대표적이다. 현대 기근의 원인은 더 복합적이고 다양한 양상을 보이는데 예를 들면 날씨, 극복 전략coping strategies, 시장, 지역 정치 등이 있다.

• 기아

기아는 생체에 필요한 영양소가 결핍된 상태를 말한다. 전 세계 인구의 만성적 기아는 1963년 10~15퍼센트, 1965년 55퍼센트, 1980년 15퍼센트 등 그 추산 값이 매우 다양하다. 그 이유는 측정에 필요한 최소 섭취 에너지 요구량이 불분명하고 측정 방법도 다르기 때문이다.

국제적인 기아 수준의 평균은 다음의 2가지 방법으로 산출한다.

첫째, 국가의 식량 가용성national food availability 측정법으로 일인당 평균 최저 식량 공급 가능 정도를 측정한다. 둘째, 빈곤 가정의 평균 수입을 측정해 그것을 최저 영양을 공급할 수 있는 식량 가격과 비교해 산출한다. 1985년 이 방법을 사용한 세계은행은 340~730만 명이 충분한 에너지를 얻을 만큼 가계 수입을 올리지 못한다고 추정했다.

최근의 국제 기아율 측정에서는 이 2가지 방법의 몇몇 요소를 함께 사용했고, 그것은 현재 가장 좋은 측정법으로 받아들여지고 있다.

동아시아와 동남아시아에서 기아율은 빠르게 감소하고 있다. 1960년대에는 이 지역 사람들의 41퍼센트가 영양결핍 상태였지만 20년 후에는 16퍼센트로 줄어들었다. 이 지역의 산업화와 토지개혁·산업 성장으로 평등한 토지 소유, 도시 고용 창출, 식량 분배 같은 공공 지원 시스템이 확대되었기 때문이다.

기아의 원인 중 하나는 환금작물 생산 증가다. 팔기 위한 곡식 재배가 먹기 위한 곡식 재배 생산량을 넘어서면서 농촌 인구가 먹을 식량이 부족해지는 현상이 나타났다. 이런 변화는 기아의 최약층인 농촌 빈곤층을 더욱 취약하게 만든다. 환금작물 생산은 단순히 농작물만 사고파는 것이 아니라 환금작물을 생산하기 위해 토지, 농기구, 노동력 역시 사고팔아야 하는 까닭이다.

식량을 구입하기 위해 돈을 벌어야 하는 사람들은 자신의 노동력을 파는 노동시장에서 특별히 더 취약할 수밖에 없다. 식량 가격 대비 임금 감소나 실업률 증가는 이들에게 재앙과도 같다. 토지를 소유하지 않은 임금 노동자landless wage labourer 계급은 현대사회에서 기아와 기근의 희생자가 되고 만다. 식량 부족과 궁핍으로 사회적 붕괴가 일어나지 않게 하려면 식량에 대한 권리나 생계를 보장하고 보호해야 한다. 기근 예방을 위해 생계를 창출하고 보호하는 것은 정부의 공공 정책으로 이룰 수 있다. 즉 정책을 통해 일자리를 제공하고 의료 서비스, 교육, 사회보장 시스템을 제공함으로써 만성적인 기아를 줄여야 한다. 나아가 영양학적, 경제적, 기술적 측면의 전문 지식뿐 아니라 정치적으로 가난하고 취약한 사람들을 위해 목소리를 내는 것도 필요하다.

영양실조와 영양결핍

- 영양실조 Malnutrition

영양실조는 활동에 필요한 에너지가 섭취하는 에너지보다 많을 때 생기는 질환이다. 특히 개도국에서 기근, 전쟁 등으로 식량 공급이 이뤄지지 않아 발생하는 경우가 많다. 만성적인 영양실조는 너무 가난해서 충분한 음식을 먹지 못하는 사람들에게 영향을 미친다.

농업이 가정의 식량 및 가계 수입의 주된 공급원인 지역에서는 영양실조 문제가 계절의 영향을 받는데, 사람들이 추수 전까지 몇 달간 배고픔에 시달리는 것이 대표적인 예다. 만성적인 영양실조는 사람들의 활력을 빼앗고 노동력을 잃은 사람들은 더 큰 질병에 노출된다.

영양실조가 세 살 미만 영유아에게 미치는 영향은 훨씬 크다. 영양실조는 어린이의 신체와 정신 발달에 영향을 미치고 성인이 되었을 때도 그 역량을 떨어뜨려 결국 빈곤 세습을 낳는다. 무엇보다 젊은 여성의 영양실조 상태는 저체중 출산의 원인으로 작용한다.

이처럼 만성적 영양실조가 끼치는 피해는 매우 크지만 그것이 갑작스러운 사망으로 이어지는 게 아니기 때문에 현실적으로 식량위기나 기근보다 덜 주목을 받는다.

만성적 영양실조를 개선하려면 일단 극심한 빈곤에서 탈출하도록 도와야 한다. 이를 위해서는 기본적인 식량 가격을 낮게 유지하고 알맞은 건강관리와 위생적인 생활을 보장받도록 지원해야 한다. 식료품 가격을 낮추려면 식량 생산량을 늘리는 것이 가장 좋은 방법이다. 식량 가격을 인위적으로 조절하거나 정부 보조금을 통해 낮은 가격을 유지하는 것은 최선의 방법이 아니다. 1980년부터 2000년까지 방글라데시는 녹색혁명 덕분에 식량 생산량이 증가해 식량 가격을 반으로 줄이는 데 성공했다.

- 영양결핍 Nutrition Deficiency

영양결핍은 필수영양소가 부족한 상태를 말한다. 1996년 UN세계식량정상회담 WFS, UN World Food Summit은 전 세계적으로 영양결핍에 처한 사람들을 반으로 줄여

2015년까지 세계 인구의 6퍼센트, 즉 415만 명까지 줄이자는 데 합의했다. 그러다가 보다 현실적으로 목표를 재설정해 2015년까지 20퍼센트에서 10퍼센트까지 줄이는 것으로 바꿨다.

베트남의 경우 영양결핍 인구가 31퍼센트에서 17퍼센트로 줄어드는 가시적인 결과가 나타났다. 중국은 1990년대에 거의 50만 명이 식량위기에서 벗어났고 영양결핍 인구도 16퍼센트에서 2퍼센트로 감소했다. 아프리카에서는 1990년 이후 영양결핍 인구가 줄어들긴 했지만 절대인구 증가에 따라 그 수치는 계속 증가할 것으로 보인다. 2015년에는 1990년보다 더 많은 사람이 영양결핍 상태에 놓일 것으로 예상된다.

전 세계에서 약 20억 명이 요오드, 비타민 A 같은 미량영양소 결핍 상태에 놓여 있다. 특히 어린이들이 미량영양소 결핍으로 질병과 장애에 시달리거나 신체적, 정신적으로 충분히 성장하지 못하고 있다. 미량영양소 결핍은 잘 인식하지 못하는 사이에 영양불균형을 야기해 숨은 기아hidden hunger로 불리기도 한다.

나. 식량 안보 Food Security

MDGs의 첫 번째 목표는 기아 현상을 반으로 줄이는 데 있다. 실제로 개도국에 사는 어린이 네 명 중 한 명이 체중 미달이고, 특히 농촌에 거주하는 체중 미달 어린이는 도시에 비해 두 배나 많다. 식량 안보의 중요성을 강조하는 이유가 여기에 있다. 또한 식량 가격 상승과 토지 소유 문제 등도 식량 안보의 주된 도전과제로 남아 있다.

모든 사람에게는 건강하고 활동적인 삶을 살아갈 권리가 있다. 그런 의미에서 식량 안보는 물리적, 경제적 측면에서 충분하고 안전하며 영양이 풍부한 식량을 보장받는 것을 말한다.

1970년대 초반 세계 식량위기를 겪는 동안 실제로 이러한 문제가 나타났고, 열악한 작물 재배량과 감소한 식량 비축량이 식량 가격의 빠른 상승을 초래했다. 이에 따라 1980년대에는 식량에 대한 접근access to food과 이를 수호하는 식량 안보의 중요성이 더욱 두드러졌다. 더불어 식량 안보 문제는 국가적 우려에서 국제적 우려로 옮겨갔고, 개인과 가정의 식량 접근을 보장해 개개인이 충분한 영양을 섭취하게 해야 한다는 인식이 강해졌다.

식량 안보 접근에는 3가지 요소가 있다.

첫째, 시장에서 식량 공급이 잘 이뤄지는가에 대한 물리적 접근Physical access이다. 둘째, 충분한 구매력으로 식량을 구매할 수 있는가에 대한 경제적 접근Economic access이다. 셋째, 깨끗한 식수관리와 일차적 건강관리를 통해 섭취한 음식이 체내에서 잘 흡수되는가에 대한 사회적 접근Social access이다.

식량위기와 관련 이슈

• 기후 변화

기후 변화는 식량 공급과 접근 모두에 영향을 미친다. 작은 기후 변화도 농업 생산량 감소에 영향을 주고, 특히 강수량 감소는 위도에 상관없이 농업에 막대한 악영향을 끼친다. 예상치 못한 날씨 변화는 단기적인 충격을 주고 기온 변화와 수원 변화는 장기간 영향을 미쳐 작물의 생산량이 감소한다. 앞으로 국가적, 지역적 혹은 대륙 수준의 작물 자급자족 악화로 식량 이동에 더 많은 세금이 붙고 식량 공급이 어려워져 식량 공급 문제가 식량 안보 정책의 중점 사항으로 떠오를 전망이다.

• 식량 체계 변화

세계 식량 체계는 생산 기술, 산업화 시장에서의 소비 과정 및 방법의 변화라는 특징을 보인다. 특히 식량 사업은 국가 간 식량 이동에서 새로운 역할을 하고 개도국에 새롭게 공급 체인을 만들고 있다. 더불어 도시화는 음식 패턴과 기호를 바꿔놓고 사람들의 식이에 단백질과 지방의 비율을 높이는 '영양학적 전이nutrition transition'를 일으키고 있다. 이러한 세계 식량 체계에서 빈곤한 생산자가 혜택을 받게 하려면 새로운 식량 정책이 필요하다.

• HIV/AIDS

세계에서 HIV/AIDS 발생률이 가장 높은 남아프리카 지역에서는 HIV/AIDS가 주요 식량 안보 의제다. 기근은 HIV/AIDS의 발병률을 높이고 노동력을 취약하게 만들어 식량 생산율을 떨어뜨린다. 실제로 HIV/AIDS의 영향을 받는 가정은 재산이나 생산량이 줄어드는 경향이 있다. 질병은 노동력 감소로 이어지고 이로 인해 생산량이 줄어드는데, 질병 치료를 위한 약값을 마련해야 하므로 소유한 재산을 소비하게 만든다. 또한 영양 결핍 상태에서는 HIV/AIDS 감염에 더 취약하다. HIV/AIDS 치료를 위한 항레트로바이러스 약antiretroviral drug은 적당한 영양을 공급해야 큰 효과를 발휘하는 까닭에 영양학적 요구량이 더 증가하기 때문이다.

5. 농촌 수입 증대

농촌에서 농업은 직간접적 수입원으로 농촌 개발 노력은 농업 생산물 증가와 이를 통한 수입 증대에 초점이 맞춰져 있다. 그러면 농촌의 수입 증대와 빈곤 퇴치를 위한 다양한 노력 중 토지개혁, 녹색혁명, 관개 기술, 협동조합, 유전자 조작 작물 등에 대해 알아본다.

가. 토지개혁

토지개혁이란 토지를 소유하지 못한 소작농이나 임차 소작인에게 토지를 재분배함으로써 생산율을 높여 경제성장을 꾀하는 제도다. 토지는 농업 생산의 기본 요소로 여겨져 왔고 많은 농촌 개발 프로그램이 토지 재분배, 특히 효과적으로 이용하지 않는 토지를 재분배해 사회적 평등과 경제적 효과를 도모했다.

토지개혁 프로그램은 다양한 형식으로 시행하는데, 일반적으로 토지분배에서 토지차용개혁tenancy reform과 토지소유개혁land ownership reform도 여기에 속한다. 짐바브웨는 독립 이후 토착민을 지배하기 위해 토지개혁을 이용했고, 쿠바는 토지개혁을 혁명의 어젠다로 사용하기도 했다. 한국의 경우 일본 식민지에서 벗어난 후 정부가 3헥타르 이상을 소유한 지주에게 보상금 명목으로 소작인에게 토지를 돌려줄 것을 강요해 토지분배를 이루려 했다. 대만도 사회적 정의를 실현하기 위한 방안으로 토지개혁을 활용했다.

반면 필리핀에서는 1972년, 1988년, 1994년에 토지개혁을 실시했음에
도 분배한 토지는 10퍼센트 정도에 머물렀고 그 혜택을 받은 농민은 약 8퍼
센트에 지나지 않았다.

토지개혁의 효과를 정의하기는 쉽지 않다. 아직 많은 토지개혁 프로그램
이 미완성인 채로 남아 있고 그 실행 결과를 모니터링한 데이터가 부족하
기 때문이다. 또한 토지개혁이 농촌 개발을 위한 만병통치약은 아니다. 이
것은 지역 수준에서의 사회제도처럼 다른 방안과 함께 진행할 필요가 있다.
다시 말해 토지개혁은 미래의 농촌 개발 전략 중 하나로 이에 적합한 사회
적, 정치적, 경제적, 환경적인 검토가 필요하다.

나. 녹색혁명

지금까지 농촌 빈곤을 완화하고 농촌 생활을 개선하기 위한 농업 기술이
다양한 형태로 발달해왔다. 기술 개발에서 풍부한 자원의 유무는 중요한 영
향을 미친다. 농업 기술 개발의 대표적인 예로 녹색혁명은 1960년대에 쌀
과 밀의 수확량을 높이기 위해 개발 및 확산되었다.

녹색혁명은 화학비료, 종자 개량, 농업의 기계화 등 새로운 기술을 통해
농업 생산량을 끌어올린 농촌 개선 방법 중 하나다. 덕분에 다양한 교배종
쌀이 등장했고 1982~1992년에는 전통적인 생산 방법에서보다 생산량이
두 배로 증가했다. 가령 아시아에서는 곡식 생산량이 25퍼센트가, 아프리카
에서는 41퍼센트가 증가했다.

녹색혁명은 식물 육종과 교배 육종을 통한 다수확 품종HYVs, High-Yielding
Varieties, 즉 쌀과 밀 같은 작물 개발로 생산성 증가에 도움을 주었다. 다수
확 품종은 필리핀과 멕시코에서 대규모의 해외원조를 받아 개발한 것으로
이 기술은 비료, 살충제, 관개 기술 등과 함께 많은 개도국으로 퍼져 나갔다.
1960년대 중반~1980년대에는 기근과 식량난에 시달리던 남아시아에서

곡식의 다양화를 이뤄냈고 비료, 관개 기술도 발전 및 개선했다.

　녹색혁명은 쌀이나 밀 같은 주요 곡식에서 다수확 품종을 늘리고 곡식의 다양성을 확대했을 뿐 아니라, 가뭄과 벌레에 잘 견디고 염도에도 강한 작물을 연구 개발했다. 더불어 토양의 산성도와 낮은 비료 품질도 개선했다. 종자나 비료의 이러한 생화학적 기술은 농장의 규모에 상관없이 어디에나 동등하게 적용돼 농부들의 생산량과 수입 증대에 기여했다.

　1950년대 인도는 국가가 나서서 식량을 자급자족하도록 만들었고 이때 지역 주민들은 새로운 종자를 받아들였다. 그렇지만 녹색혁명은 지역적, 사회적으로 그 효과에 차이가 있었다. 1970년대까지는 녹색혁명이 국가의 식량 자급에 큰 역할을 한 듯 보이지만, 실상은 1960~1985년에 15개의 주 중 11개 주에서 일인당 곡식 생산량이 감소했다.

　중남미와 아프리카에서도 녹색혁명은 그 한계를 드러냈다. 개도국 농부들이 녹색혁명의 중추 작물인 쌀과 밀을 재배하는 경우가 많지 않았던 것이다. 대부분의 아프리카 국가에서는 일반적으로 낱알이 굵은 옥수수, 기장, 수수 같은 작물을 식량으로 재배했다.

　이에 따라 세계는 열악한 자원 환경 속에서 살아가는 개도국 농민의 식량 생산성을 높이기 위해 새로운 녹색혁명 기술을 꾸준히 도입해왔다. 가령 1980년대에 인도와 아프리카에서 추가 투입물 없이 수수, 기장, 카사바 같은 작물을 전통적인 방식으로 재배하는 방법을 고안했지만 한계가 있었다. 이런 어려움을 극복하고자 연구자들은 유전자를 다루는 생명과학에 주목하기 시작했다.

다. 유전자 조작 작물 GM crop

1980년대 중반 유전자 조작 작물 재배 기술이 등장한 이후 그 재배 및 다양성 개발에 대한 법적, 윤리적, 경제적 측면에서의 논쟁이 계속 이어지고 있다. 개도국이 직면한 식량 안보와 관련해 유전자 조작 작물의 장점과 함께 여러 문제점이 주목받고 있는 것이다.

유전자 조작Genetic modification은 생물체의 게놈에 유전자 삽입, 이동, 삭제 등을 행하는 것을 말한다. 이 원리를 이용해 인공 교배한 작물을 유전자 조작 작물이라고 한다.

- 유전자 조작 작물의 장점

유전자 조작 식품의 가장 큰 장점은 미래의 식량 안보에 대한 잠재성이다. 유전자 조작으로 생산한 옥수수는 수확량이 증가했고 콩은 투입하는 화학 비료와 생산에 필요한 노동력을 줄이는 결과를 냈다.

유전자 조작 식물 옹호론자의 주된 의견은 유전자 조작 기술이 식물의 유전적 다양성을 유지하는 것에 멈추지 않고 식량의 질 개선, 작물의 저장 및 유통 기한 확대로 식량 안보에 도움을 준다는 것이다. 유전자 조작에 참여하는 기업은 유전자 조작 작물이 더 안정적이고 저렴하며 영양과 맛이 좋아 건강한 삶을 영위하는 데 도움을 준다고 주장한다.

유전자 조작 작물은 종류에 따라 가뭄, 염분, 토양의 산성도에 저항하도록 만들기 때문에 적은 양의 살충제나 화학비료를 사용해도 무방하다. 이것은 때로 비료나 살충제 값을 감당할 수 없는 소작농에게 중요한 문제다. 특히 유전자 조작 작물은 살충제와 해충에 강하고 재배 기간이 짧다. 심지어 바이오연료, 의약품, 백신까지도 유전자 조작으로 생산한다. 이것이 유전자 조작 작물로 세계의 기아 문제를 해결하고 식량 안보 확보와 수익성을 높일 수 있다는 주장의 근거다.

- 유전자 조작 작물의 문제점

유전자 조작 작물에는 다양한 장점과 더불어 여러 문제점도 있다.

우선 개도국 농민에게는 유전자 조작 작물 재배 결정권이 거의 없고, 유전자 조작 작물의 장점 및 단점과 그것에서 얻는 이익에 대해 정확한 정보나 지식이 없다. 사실상 유전자 조작 작물 재배의 수혜자는 개도국의 농민이나 정부가 아닌 유전자 조작 작물의 국제적인 무역 확산을 주도하는 선진국의 기업들이다. 또한 수요 증가 없이 유전자 조작 작물로 생산량이 증가하면 농산물 가격 하락으로 농민이 얻는 수익은 줄어든다. 여기에다 유전자 조작 작물 종자는 소수의 종자 공급업자에게 구입해야 하는데, 이는 결국 특허가 있는 소수에게만 작물 재배를 허용하는 상황으로 이어져 종자 공급자에게 큰 권력이 돌아간다.

다른 한편으로 유전자 조작 작물의 해충 저항력은 갈수록 증가한다. 만약 유전자 조작 작물에서 비유전자 조작 작물non-GM crop로의 유전자 탈출이 일어나면, 비유전자 조작 작물이 오염돼 이른바 슈퍼 잡초super weed가 생길 수 있다.

유전자 조작 작물의 주 시장은 유럽이지만 유럽의 소비자들은 유전자 조작 작물에 적대적이고, 그 생산물을 구입하지 않으려는 경향이 있다. 특히 유럽인은 유전자 조작 식품을 비유전자 조작 식품과 구분해 표시하게 하고, 수입업자와 정부기관도 유전자 조작 작물이 들어간 식품을 별도로 표시하도록 압력을 넣고 있다. 이처럼 개도국에서 생산하는 유전자 조작 작물은 사실상 선진국에서 환영받지 못하는 실정이다.

유전자 조작 작물 생산을 이끄는 선진국 기업은 자유무역과 세계화를 통해 세계 곡물시장을 장악했고, 개도국에서는 오히려 식량 생산이 감소해 식량 안보를 위협당하고 있다. 사실 개도국은 작지만 효과적인 가족 중심의 농업 환경에 있었다. 이것을 비효과적이고 덜 이로운 산업화한 식량 체제로 바꿈으로써 당초 예상과 달리 개도국의 농부나 국가에 이익을 주기보다 선진국과 그 기업들만 이익을 창출한다는 주장도 있다. 이 점과 관련해 유전자 과학 기술에 대규모로 투자하는 대기업들의 생명공학에 대한 책임론도 등장했다.

또한 대부분의 유전자 조작 작물이 생산성 증가 효과를 내지 못했다. 그러한 작물을 재배하려면 추가로 최적의 환경을 만들어주어야 하지만 소작농들은 대개 그런 조건에 놓여 있지 못하기 때문이다. 그들은 비싼 유전자 조작 기술에 접근하는 것조차 쉽지 않은 실정이다.

라. 관개 기술

관개 기술은 인류의 문명 발달과 개도국의 농업 생산성 증대에서 중요한 역할을 해왔다. 이 기술을 기본으로 한 농업 개발은 홍수나 가뭄을 시기적절하게 조절해 농업 생산량을 높이는 것을 목표로 한다. 덕분에 관개 기술은 농사철 증가나 이모작 확장을 불러왔다.

개도국에서 관개 시설 확대는 1960년대부터 빠르게 일어났는데 이는 녹색혁명, 근대화 같은 개발 이데올로기와 맥을 같이한다. 관개는 주로 큰 댐이나 영구 하천에 둑을 건설함으로써 이뤄졌다.

전체 개도국의 관개 시설 지역 중 절반 이상이 인도, 중국, 인도네시아 등 아시아에 있다. 반면 이집트나 수단 외 아프리카 지역에서 관개 시설 확장은 훨씬 더 느리게 나타났다. 수단의 동쪽 지역에서는 1920년대부터 관개 시설을 개발했고 이들은 청나일 강Blue Nile[51]에서 물을 끌어다 쓰고 있다. 관개 시설을 개발하기 이전에 수단의 소작농은 주요 식량인 대추야자, 채소, 수수의 한 종류인 두라dura를 재배하기 위해 나일 강 둑에서 황소를 이용해 물을 끌어올렸다. 이후 영국의 식민지배를 받으며 목화, 밀, 수수, 땅콩 등의 생산량을 늘리고자 관개 시설과 관련해 게지라 계획Gezira scheme을 시행했다.

---

51 아프리카 북동부를 흐르는 나일 강의 지류로 에티오피아의 타나 호에서 흘러나와 수단의 수도 하르툼에서 백나일 강과 합류할 때까지의 강을 말한다.

게지라 계획은 초반에 꽤 성공적이었지만 1970~1980년대에 생산량이 감소했다. 관개 시설과 운하로 이어지는 좁은 수로에 물이 잘 흐르도록 깨끗하게 유지하는 것이 점점 어려워져 물 공급 문제가 발생했기 때문이다. 여기에다 살충제로 인한 오염 문제가 발생하고 토양의 염도가 높아져 미래의 식량 생산을 위협했다.

마. 협동조합

협동조합은 농업 생산성 증진과 농가 소득 증대를 통해 농민의 경제적, 사회적 지위 향상을 목적으로 조직한 농촌의 생산자 단체를 말한다. 지역 조합원의 공동 혜택을 추구하는 협동조합은 크게 공식 협동조합Formal cooperative과 비공식 협동조합Informal cooperative으로 나눌 수 있다. 공식 협동조합은 공식적인 규제 체계 아래 설립한 것이고 비공식 협동조합은 통합 노동, 저축 등 관례적인 방법으로 만든 것이다. 그 외에 협동조합 협력기관으로 소액대출이나 소액저축, 공정무역 등을 촉진하는 NGO가 있다.

일반적으로 많은 사람이 수익 창출을 위해 규모가 작은 비공식 협동조합을 이용한다. 즉, 농촌 주민은 특정 사업을 시행할 때 마을 내에서 노동력을 모으거나 교환하면서 협동한다. 일례로 케냐 여성단체의 경우 공동 노동과 공동 저축으로 지역 발전에 크게 기여하고 있다. 특히 1976년 방글라데시에 설립된 그라민 은행Grameen Bank은 가난한 사람들만을 위해 소액 자금을 대출해주었고, 일차적으로 그 대상은 작은 집단의 여성이었다. 그라민 은행은 비공식적인 저축 모임으로, 집단의 대표가 대출 상환을 보장함으로써 빈곤감소와 여성 권리 향상에 큰 효과를 냈다.

협동조합 활동을 촉진하는 것 중 하나는 NGO를 통한 공정무역인데, 대표적인 공정무역품이 바로 커피다. 공정무역은 커피의 세계 시장가격이 낮을 때는 커피 생산자에게 최저가격을 맞춰주고, 가격이 오르면 추가적인 프리미엄을 덧붙임으로써 생산자의 수익을 보장한다. 특히 공정성 촉진과 생산자의 생산량 조절을 위해 공정무역기구FTOs, Fair Trade Organizations는 협동조합이나 그 외에 다른 생산협회하고만 거래를 한다. 1960년대 협동조합에 대한 신뢰가 쌓이면서 협동조합이 FTOs와 얼마나 잘 연결돼 있고, 그것이 생산자인 조합원의 요구와 얼마나 일치하는지 고려하기 시작했다.

협동조합을 통한 무역으로 농민에게 많은 이익이 돌아갔지만 동시에 많은 문제점도 남겼다. 공식적인 협동조합을 통한 공정무역 커피 공급이 수요를 넘어섬에 따라 공정무역 협동조합은 커피를 재래시장에 대량으로 팔아야 했다. 더욱이 국제 시세가 낮을 때는 공정무역 가격이 농민에게 이익을 남겨주지만, 국제 시세가 오르면 농민은 커피를 오픈마켓에 팔고 싶어 했다. 가령 코스타리카에서 농민들은 종종 품질 좋은 커피를 좀 더 비싸게 팔기 위해 공정무역 협동조합을 거치지 않고 외부에 판매한다. 이는 협동조합과 공정무역 기구 간에 갈등을 일으키고 있다. 또한 공정무역 규제가 협동조합 조합원인 생산자에게 오히려 짐이 된다는 지적도 있다.

요점 정리

- 농촌은 많은 인구가 노동력을 제공해 국가의 경제성장에 크게 기여하고 식량 확보를 위해 중요한 역할을 해왔다. 그럼에도 불구하고 농촌은 경제적 생산성이 낮다는 부정적인 이미지 때문에 개발에서 우선순위가 뒤로 밀리는 현상이 이어져왔다.
- 국가 단위로 분류할 때 농업이 생계수단에서 차지하는 범위와 빈곤의 정도에 따라 농업 기반 국가, 과도기적 국가, 도시 국가로 구분한다.
- 지역 개발 접근은 지역 주민 스스로의 노력으로 지역사회를 개선하고 지역의 역량을 강화하는 것을 목적으로 한다. 통합적 농촌 개발 접근법은 자원 재분배와 농촌 자원 사용 강화 등을 지역 주민, 외부의 노력 및 제도와 통합적으로

실행해 농촌 주민의 삶을 개선하는 것으로 단독 프로젝트보다 좋은 결과를 낸다. 농촌 평가법은 농민이 스스로 문제를 인식하고 해결할 줄 안다는 관점에서 출발하는 농촌 개발 방법이다. 생계 접근법은 빈곤층의 능력에 초점을 맞춰 접근하며 현재까지 농촌 개발 제도 중 가장 좋은 것으로 평가받는다.

□ 기근은 단순히 식량 부족뿐 아니라 사회적, 경제적, 기후적 변화로 삶에 대한 권리가 약해질 때 발생하는 것으로 최근에는 전쟁이 중요한 원인 중 하나다. 만성적 기아는 식량 공급보다 사회적, 경제적 발전을 통해 완화할 수 있다.

□ 토지개혁은 토지를 재분배해 사회적 평등과 경제적 효과를 높이는 것을 목적으로 하는데 그 효과는 환경에 따라 다르게 나타난다. 녹색혁명은 화학비료, 종자개량, 농업의 기계화로 농업 생산량을 높여 농촌 빈곤 완화에 기여한다. 관개 기술 확장은 농사짓는 기간을 늘려 농업 생산성을 키운다.

□ 협동조합은 농촌 생산자의 경제적, 사회적 지위 향상을 통해 농촌의 생산성과 이익을 높인다.

□ 유전자 조작 기술은 식량 안보 측면에서 긍정적인 효과를 내지만 2차 해충 피해, 공급 과잉 가능성, 부정적인 인식에 따른 소비 위축 등으로 농민에게 돌아오는 이익은 많지 않다.

□ 농촌 주민이 소득을 늘리기 위해 도시나 다른 농촌 지역으로 이주하면서 농촌은 점점 비농업화하고 있다. 특히 이주는 농가 소득을 높여주는 중요한 방법으로 그 비중이 커지고 있다.

생각해볼 문제

□ MDGs의 첫 번째 목표는 2015년까지 극심한 빈곤과 기아를 줄이는 데 있다. 농촌 빈곤과 식량 불안 사이의 관련성을 식량에 대한 권리와 연관 지어 어떻게 설명할 수 있는가?

□ 이주는 사회적 보호의 한 형태라는 말에 동의하는가? 농촌의 가정과 개인의 측면에서 볼 때 이주를 통한 생계 전략은 어떤 결과를 낼 수 있는가?

□ 농촌 빈곤층의 생계 안정과 농업 및 생산 활동을 위한 기술 변화나 기술 진보의 중요성을 평가하라.

제3장 개발경제와 사회 정책

제3절 도시 개발

1. 들어가며

오늘날 세계 인구의 절반, 즉 36억여 명이 도시에 거주하고 있다.[52] 그리고 세계 도시 인구의 75퍼센트는 개도국 도시에 거주한다. 1950년 3억 명 정도에 불과하던 개도국의 도시 인구는 반세기 만에 9배 가까이 증가했고 가파른 도시화 과정과 도시 성장으로 급증한 적정 주거 및 기반 시설, 사회적인 기본 서비스 수요는 개도국 정부의 도전과제로 부상했다. 더불어 도시 빈곤과 불평등 문제가 심각해지고 있다.

세계 도시 인구의 4분의 1은 슬럼가에 거주하며 대륙별 슬럼 거주 도시 인구 비율은 아프리카 51퍼센트, 아시아 30퍼센트, 중남미 23.5퍼센트에 이른다. 앞으로 절대적 빈곤층의 대다수가 도시에 거주할 것으로 보이며, 도시 빈곤은 21세기에 다뤄야 할 가장 시급한 사회적 문제로 꼽히고 있다.

---

[52] 국가별로 도시와 도시 중심가를 정의하는 방법이 달라 세계 도시화율 데이터를 도시 및 국가별로 비교할 때 주의해야 한다. 도시화율 수치는 정확한 수치로 인식하기보다 개략적 수치로 이해하는 것이 바람직하다.

2. 개도국의 급속한 도시화 및 도시 성장

가. 개도국의 도시화 추세와 특징

선진국 도시의 절반 가까이가 성장률 0퍼센트 혹은 감소 양상을 보이는 반면, 개도국 도시의 절반이 2~4퍼센트의 성장률을 보이고 있다. 일부 도시는 4퍼센트를 초과한다. 아프리카는 다른 지역에 비해 도시화율이 가장 낮지만 그 성장률은 가장 빠르며, 아시아는 비교적 낮은 도시화 속도를 보이는 반면 절대적 도시 인구수는 대륙 중 가장 높다.

아직 많은 개도국의 인구가 농촌 지역에 거주하고 대부분 30퍼센트 전후의 도시화율을 보이고 있지만 도시 인구 성장률과 도시화 속도, 도시 인구의 절대적인 수치를 감안할 때 개도국의 다양한 도시 문제는 심각한 이슈로 받아들여지고 있다.

농촌 인구는 대개 일자리 기회와 기본적인 사회 서비스에 접근하기 쉽다는 이유로 도시로 이주한다. 이 현상이 도시 성장에 기여하긴 해도 사실 가파른 도시 성장을 유발하는 주된 요인은 도시 인구의 자연 증가다. 도시 인구 출산율은 농촌에 비해 낮은 편이지만 도시 인구의 평균 연령이 낮아 자연 증가율이 꽤 높다.

가파른 도시 성장과 빠른 도시화 과정은 상하수도와 주거 등 도시 기반 시설이나 기본 사회 서비스 제공 속도를 초과한다. 이는 정부의 재정 부족, 도시 계획 및 관리 역량 부족과 겹치면서 심각한 문제를 야기하고 있다. 도시로 밀려든 이주민과 증가하는 도시 인구는 도시 근교의 미개발 토지에 대규모 판자촌을 형성해 자체적으로 주거를 해결한다. 하지만 상하수도, 위생 시설, 전기, 고형 폐기물 수집 등 공공 서비스가 존재하지 않아 많은 도시 빈곤층이 열악한 주거환경에 노출되어 있다.

개도국의 도시화 과정과 도시 성장이 반드시 그에 상응하는 경제성장을 동반하는 것은 아니다. 일자리를 찾아 도시로 이주한 사람들은 공식적인 경제 부문으로 충분히 스며들지 못하고 있다. 그 결과 도시 경제에서 비공식 경제 부문의 비중과 역할이 높아졌고, 이는 수많은 비공식 경제 종사자와 도시 빈곤층이 사회적 안전망 없이 취약한 환경에 놓이는 결과를 낳았다.

또 다른 개도국의 도시화 과정에서 나타난 두드러진 특징은 중소규모 도시의 비율이 높다는 것이다. 지금까지 대부분의 연구는 개도국의 대규모 도시 혹은 메가시티 등장과 성장에 집중해왔다. 선진국과 달리 개도국에서는 몇몇 도시에 인구가 집중하는 특징이 있기 때문이다.

1990년대 사하라 이남 아프리카의 경우 수도에 거주하는 도시 인구 비율이 33퍼센트에 달했고, 라틴아메리카와 북부 및 중동부 아프리카는 그 비율이 약 25퍼센트였다. 하지만 실제로 급속한 도시 인구 증가 현상은 비교적 작은 규모의 도시에서 자주 나타난다.

콜카타, 부에노스아이레스, 상파울루, 멕시코시티, 리우데자네이루 같이 인구 천만 명이 넘는 개도국의 메가시티는 예상과 달리 1990년대 들어 낮은 인구증가율을 보였다. 예를 들면 1980년에 UN은 멕시코시티 인구가 2000년에 3,100만 명에 이를 것으로 예상했지만, 실제로는 1,800만 명에 그쳤고 상파울루와 뭄바이도 비슷한 양상을 보였다.

개도국은 대규모 도시 또는 메가시티를 형성하기에는 비교적 인구수가 적었고 도시 기반 경제도 취약했다. 낮은 경제성장률이나 경제성장 감소로 도시로 이동하는 인구가 예상보다 적고, 새로운 투자를 유치하기에는 도시 정부 및 국가의 역량이 부족했다는 의미다.

도시화urbanisation**와 도시 성장**urban growth
도시화는 국가 전체 인구 중 도심 지역에 거주하는 인구 비율을 의미한다. 농촌 인구 이주는 도시화의 확대 요인이긴 하지만 주요 요인은 아니다. 대부분 농촌 지역이 성장하면서 도시 지역으로 재정의하거나 기존 도시의 경계가 주변 지역으로 확장돼 농촌 지역이 도시 지역에 편입되면서 도시화율이 높아진다. 따라서 도시화 과정은 인구 변화 외에 경제적, 사회적, 정치적 변화를 수반한다.

도시 성장은 도시 지역에 거주하는 인구수의 증가를 의미한다. 보통은 도시 내 인구의 자연 증가로 발생하지만 도심 이주 현상도 도시 성장에 기여한다.

나. 세계 경제와 개도국 도시

세계화 현상과 함께 경제활동 공간은 국가 단위를 초월해 전 지구적으로 통합 및 확대되고 있다. 더불어 경제활동이 집적된 도시의 역할이 세계 경제 체계에서 점차 중요해지고 있다. 사회학자이자 개발학자인 존 프리드먼 Jonh Friedmann은 그의 저서 《The World City Hypothesis》에서 이러한 도시를 세계 도시World Cities로 칭했다.[53] 국제 자본은 세계 도시에 집중적으로 축적되었고 이와 함께 산업자본주의의 주요 모순인 공간적·계급적 양극화 현상이 국제적 수준에서 극대화하는 양상이 나타났다. 자본 집중은 다수의 국내 및 국제 노동력의 급속한 이주 현상을 야기했고 이를 수용하기 위한 주거, 교육 등 사회적 기본 서비스 수요도 급증했다. 그 결과 세계 도시의 성장은 국가의 재정 능력을 초과하는 사회적 비용을 유발했다.

국가 경제와 위상을 국제적 수준과 연계하려 할 때 세계 도시의 존재 여부는 상당히 중요하다. 따라서 대부분의 개도국은 지금까지의 성과를 공간적, 계급적으로 적절히 분산하기보다 주요 도시에 혁신과 투자를 집중하는 것을 선호한다. 이처럼 균형 발전이 아닌 성장 극대화에 집중하는 정책 및 개발 방향은 개도국의 경제적 이중성과 불균형 성장 현상을 심화하고 있다.

한편 이전 시대에 이미 견고한 기반을 다지고 지속적인 성장을 추구하는

---

53 프리드먼 이후 세계 도시를 논의한 학자로는 앤서니 킹Anthony D. King, 사스키아 사센Saskia Sassen, 폴 크녹스Paul L. Knox 및 피터 테일러Peter J. Taylor가 있다. 이 중 킹과 사센은 'Global City'라는 수정한 표제로 논의했다.

세계 주요 도시들은 여전히 세계 경제에서 거점 역할을 하고 있고, 앞으로도 그 역할을 지속 및 강화할 것으로 보인다. 이에 따라 후발 주자로서 세계 도시를 기대하는 개도국의 노력은 한계와 어려움에 직면하고 있다.

1980년대의 부채위기와 구조조정 프로그램이 도시에 미친 영향은 그 정도나 방식이 도시마다 달랐다. 그렇지만 대부분의 도시에서 가격 인상과 임금 동결, 식량·주거·교통 등에 대한 보조금 절감이 발생해 도시 빈민이 심각한 영향을 받았다. 또한 시장 개방으로 투자 자본이 농촌 지역에서 새로 무역이 가능한 상품으로 이동했고 이로 인해 도시 경제가 영향을 받았다. 실제로 1980년대 말 몇몇 국가의 도시 인구 일인당 소득은 1970년대 또는 1960년대 수준으로 하락했다.

다. 도시화 현상과 도시 발전의 의미

도시화 현상은 농촌 경제와 농민의 희생을 강요한다는 관점에서 제한하거나 통제해야 할 대상 혹은 문제로 여겨져 왔다. 대규모 산업화에 따른 도시화 과정은 서구적 모델을 이상형으로 추구하는 근대화를 강요하고 개도국의 토착사회와 정통성을 해친다는 측면에서도 부정적 인식이 있었다. 그리고 환경주의자의 관점에서 도시화는 지구온난화와 환경 파괴의 주범이었다. 정치·경제학적 시각에서 도시화의 문제점은 마이클 립톤Michael Lipton의 세계 개발의 도시 편향성론Urban Bias thesis을 기반으로 보다 활발한 논의가 이뤄졌다. 도시 편향성론에서 립톤은 빈곤 국가의 도시 계급이 권력과 영향력을 행사해 공공 정책이 자신들에게 유리하도록, 즉 농촌 계급에 불리하도록 편향적 개발을 유발한다고 주장했다.

하지만 도시 편향성론은 식량을 저렴하게 구할 수 있는 농촌 거주민의 이점, 농촌 경제 하락에 미치는 다양한 변수, 무엇보다 도시 빈곤과 농촌 엘리트 권력의 영향력을 간과했다. 개도국에 사는 약 5억 명의 도시 인구가 절대빈곤을 겪고 있고, 8억 6천여 명은 슬럼에 거주하는 현상은 립톤이 주장한 도시 편향적 자원분배가 실제로 제한적이라는 것을 보여준다. 도시와 농촌의 정의가 불명확하다는 점, 국가 GDP에서 차지하는 도시 GDP 비율에 비해 도시 지역이 적은 혜택을 받는 사례는 더욱더 도시 편향성론의 관점에 의문을 더해주었다. 도시 편향성론은 농촌 인구를 후진적이고 무지한 이미지로 정형화하고 정부도 그러한 관점으로 농촌 인구를 다루었다는 측면에서 비판을 받고 있다.

1990년대 초부터 최근까지 UNDP와 UN-HABITAT(유엔인간정주계획, 218쪽 설명 참조)를 비롯해 주요 국제기구들은 도시의 역할을 오히려 지속가능한 발전과 경제성장 및 빈곤감소를 이끄는 중요한 동력으로 보고 그 긍정적 역할을 실현하기 위해 적절한 도시 개발 전략과 정책을 강조하고 있다.

도시 편향성론

도시 편향성론은 개도국의 농촌 지역은 인구 비중이 높으면서도 교육과 건강 복지 지원은 너무 적고, 세금 할당 몫은 높다는 점을 지적한다. 또한 물류 및 자원의 정부 지정 가격을 도시 편향적으로 책정해 농촌 지역으로 들어오는 자원은 지나치게 비싸고, 반대로 농촌 지역에서 산출한 자원은 싸다고 주장한다. 다시 말해 도시 편향성론은 자원·유산 분배상의 도시 편향성과 불공정한 가격 왜곡, 비효율적인 개발을 지적하면서 도시 기반 산업이나 도시보다 더 높은 수익 창출 가능성 측면에서 농촌에 대한 정부 자금 배분의 필요성을 주장했다.

이후 다수의 학자[54]가 사례 연구를 통해 도시 편향성론을 지지했고 이는 사하라 사막 이남 아프리카 지역에서 친농민 정책을 지원하는 원조 정책 흐름으로 이어졌다.[55] 도시 편향성론의 개념은 신자유주의 경제 정책 옹호자의 지지를 받았고, 이 이론에 기반을 둔 세계은행도 수출 농업 지향적 정책을 지원했다.

---

54 로버트 베이츠Robert Bates와 엘리엇 버그Elliott Berg

55 예를 들면 1981년에 발간한 세계은행 보고서 〈Accelerated Development in Sub-Saharan Africa〉는 이후 사하라 이남 아프리카 국가 대상 세계은행 정책의 기준이 되었다.

3. 도시 빈곤

가. 추세

근대화 이론과 신고전주의 경제학에 따르면 도시 빈곤은 도시에서의 생산과 소비가 균형을 찾고 이주민이 도시 생활에 융합하면 사라져야 할 일시적인 현상이다. 그런데 아이러니하게도 1970년대부터 지금까지 무허가 정착지는 급증했고 도시에서 비공식 부문은 더욱 확대되었다. 물론 도시화는 경제성장의 동력으로 국가의 전반적인 절대빈곤 감축에 크게 기여했지만 도시 빈곤 문제에는 그 기여도가 적었다. 1993~2002년, 하루 1달러 이하로 살아가는 농촌 빈곤층은 1억 5천만 명 감소한 반면 도시 지역에서는 그 인구가 5천만 명 증가했다.

세계 소비 빈곤층의 4분의 1은 도시 지역에 거주하고 그 비율은 나날이 늘어나고 있다. 많은 국가에서 도시 빈곤 발생률이 비교적 낮게 나타나고 있지만 전체 빈곤율에서 차지하는 비중은 지난 몇 십 년간 증가했고 세계은행은 2035년 즈음이면 도시 거주 빈곤층 인구가 농촌 지역을 능가할 것으로 추정하고 있다.

한편 도시에서의 불평등은 농촌 지역에 비해 높고 그 정도는 최근 몇 십 년간 증가해왔다. 빈곤의 도시화 현상은 지역마다 다르게 나타나고 있지만, 일반적으로 도시 인구증가율보다 빠르게 증가할 것으로 보인다.

나. 도시 빈곤의 이해

• 모든 서비스의 화폐화monetised와 도시 빈곤

도시에서는 모든 서비스를 구매해야 한다. 예를 들면 기본 식재료, 주거 소유, 식수 및 생활용수, 위생 시설, 하수 처리 등 기본 서비스 이용을 위해 도시민은 반드시 금전적 대가를 치러야 한다. 기본적인 사회 안전망과 서비스

(예를 들면 육아 같은)를 농촌처럼 공동체적으로 해소하는 것에도 제약이 따른다. 도시에서는 이 모든 서비스가 화폐화해 공공 서비스와 시설이 존재해도 반드시 이용 가능한 것이 아니다. 빈곤 가정의 재정적 역량에 따라 그 이용과 접근 가능성에 제한이 따른다.

모든 서비스가 화폐화하는 특성 때문에 도시와 농촌의 빈곤 발생 정도는 소득 수준 내지 소비 지출 지표를 기준으로 단순 비교하기가 어렵다. 도시-농촌 간의 물가 차이를 고려하는 것은 물론, 주요 소비 항목의 차이도 따져봐야 하는 까닭이다. 농촌에서는 선택사항일 수 있는 항목이 도시에서는 반드시 지출해야 할 소비 항목에 속하기도 한다.

이에 따라 도시 빈곤층은 농촌 빈곤층에 비해 시장 변화나 가격 변화, 임금 변화에 더욱 취약하다. 예를 들면 1980년대 개도국의 도시 빈곤층은 구조조정 정책으로 더 크게 타격을 받을 수밖에 없었다. 무역 및 금융 자유화, 가격 조정과 각종 보조 정책 폐기, 물리적·사회적 서비스의 상업화 등 전형적인 구조 정책은 공식 부문에서 실업률을 높였고 도시의 기본 서비스 이용비와 생활비도 높아져 도시 빈민층의 실질소득이 감소했다.

특히 개도국 도시에서 비공식 주거에 거주하는 빈곤층이나 노숙자는 빈곤 평가 조사를 위한 표본조사에서 제외되기도 한다. 도시 및 농촌의 경계가 불명확해 도시 경계 외곽의 임시 거주지에 정주(定住)하는 도시 빈곤층이 표본조사에서 제외되거나 도시 경계 내부에 거주하는 농촌 가구가 조사 대상에 포함되는 경우도 발생한다.

- 토지 및 주거 환경과의 밀접한 관계성
토지시장이나 토지 소유와 관련된 문제는 개도국 도시 빈곤층에 악영향을 미치는 대표적인 요인이다. 개도국의 도시 빈곤층은 안정적인 토지 사용권을 소유할 만한 재정적 역량이나 정치적 입지가 매우 취약해 불안정한 정주 환경에 놓이는 경우가 많다. 이는 곧 불안정한 주거권, 비공식적 주거, 정부의 공공 기반 시설 공급 부재와 연계되고 결국 열악한 주거 및 위생 환경이라는 빈곤 현상을 야기한다.

한편 도시화 과정에서는 다수의 도시 빈곤층이 토지 가치가 상대적으로 낮은 도시 외곽 지역이나 주변부에 정착하는 상황으로 내몰린다. 그 결과 도시 빈민의 지리적 일자리 기회 접근성이 낮아지고, 그들이 도심 일터로 이동하기 위한 교통비용 부담은 증가한다.

도시 빈곤 현상 중 또 다른 중요한 특징은 주거 환경과의 밀접한 관계성이다. 과밀한 거주, 오염된 식수, 열악한 위생 시설 혹은 위생 시설 부재, 지속적인 홍수나 산사태 위험, 산업 오염 등의 주거 환경은 도시 빈민층이 심각하게 환경적 보건 위험에 노출되어 있음을 시사한다.

• 도시 빈곤과 비공식 부문

공식 부문 일자리 창출, 적정한 주거 개발 과정, 기반 시설 및 공공 서비스 제공이 도시의 성장 속도를 따라가지 못하면서 많은 사람이 비공식 부문으로 내몰렸다. 공식 부문 주거를 임대하거나 구매할 수 없는 사람은 임시 거주지informal settlement에 정주했고, 물리적 기반 시설과 사회 시설 접근성 제약을 극복하기 위해 비공식적 방법으로 기본 서비스를 해결했다. 도시 빈곤 문제의 주요 특징인 취약성과 불안정성은 이같이 높은 비공식성과 관계가 있다.

비공식 부문 경제에 종사하는 도시 인구가 많다는 것은 그만큼 많은 사람이 외부적 충격에 취약하고, 쉽게 빈곤해지거나 빈곤 정도가 심해질 수 있음을 시사한다. 비정기적 고용과 수입, 고용 불안은 빈곤층의 자산 축적은 물론 수입 창출 활동이나 주거 마련을 위한 금융제도권 자금에 접근하는 것을 제한해 빈곤 극복을 위해 선택 가능한 여러 전략을 가로막는다.

도시 노동시장은 도시 빈곤의 결정적 요인이다. 도시 최빈층은 실업자와 임시 고용자가 주를 이룬다. 개도국의 많은 도시에서 공식 부문은 노동 인구 흡수에 한계가 있었다. 일자리 창출 가능성 측면에서 비공식 부문이 주목을 받으면서, 비공식 부문에 대한 규제 완화 정책을 실행하기도 했지만 그 효과는 기대만큼 성공적이지 않았다. 실제로 비공식 부문이 스스로 공식 부문으로 바뀌는 사례는 매우 적었다. 개도국의 도시 경제에서 비공식 부문은 경제성장에 기여하는 동력으로 작용하기보다 주로 생존 방법으로 작용하는 경향을 보였다.

- 자산에 기반을 둔 도시 빈곤의 이해

도시 빈곤은 빈곤층이 축적해온 자본적 자산의 정도로 규정하기도 한다. 캐롤라인 모저Caroline Moser와 캐롤 라코디Carole Rakodi는 다차원적인 도시 빈곤의 특성과 원인, 취약성을 도시 거주민이 소유한 자산을 기반으로 분석했다. 라코디의 자본적 자산 프레임워크Capital assets framework와 모저의 자산 취약성 프레임워크Assets vulnerability framework에 따르면 5가지 기본 자본[56]이 부족한 경우 그 가구의 생계가 불안정하고, 결국 질병 · 실업 · 재난 · 경제위기 같은 내외부적 충격 요소에 취약해 쉽게 빈곤층으로 전락한다.

---

56 ① 물리적 자본physical capital: 주거, 기반 시설, 소득 창출을 위한 설비 혹은 용품들
② 재정적 자본financial capital: 저축, 신용 공급
③ 인적 자본human capital: 교육, 건강, 개인 영양 상태 등. 인적 자본은 노동력과 밀접한 연관이 있다. 건강 상태는 개인이 일할 수 있는 역량을 결정짓고, 교육 및 기술은 노동의 대가 수준에 영향을 미친다.
④ 사회적 자본social capital: 무형 자산으로 사회적 관계와 구조, 그 사회의 제도에 내재된 규범 · 의무 · 규칙 · 호혜 · 신뢰 등을 의미한다. 미시적 수준에서는 공동체나 가구에 내재된 무형 자산을, 거시적 수준에서는 시민사회, 정치적 제도, 시장, 공식기관을 다스리는 규칙과 제도를 의미한다. 개인 혹은 어떤 그룹이 사회적으로 영향을 미치고 대표성을 갖는 통로인 정치적 자산과 공동체적 자산은 도시 빈민층에게 중요한 자산으로 작동한다.
⑤ 자연적 자본natural capital: 토지, 공기, 숲, 광물, 물 등 자연적 자산을 의미한다. 도시 맥락에서는 그 중요도가 낮지만 주거를 위한 토지는 중요한 자연적 자본으로 여겨진다.

제3장 개발경제와 사회 정책

자산 기반 프레임워크는 특정 자산이 부족할 때 나타나는 현상, 각 자본적 자산을 전략적으로 축적하는 방법, 외부 충격에 대응하기 위해 감축해야 할 자본과 그 활용에 따라 다르게 나타나는 빈곤 감축이나 심화 현상을 분석 및 이해하는 분석틀로 쓰인다. 이는 도시 빈곤층 지원과 빈곤감소를 위한 정책 개발에 중요한 시사점을 제공한다.

빈곤층은 외부적 타격과 영향에 자신이 소유한 자산을 다양한 방법으로 활용해 대응한다. 가령 물리적 자산을 처분하거나 보다 열악한 주거 환경으로 이사한다. 장기적으로 인적 자본(교육 및 기술)이 줄어들어도 교육을 중단하고 자녀를 일자리로 보내기도 한다. 또 건강(인적 자원)에 부정적 영향을 미칠 위험을 감수하고 음식의 질과 양을 줄이거나 진료 및 치료를 연기한다. 사회적 자본을 활용해 일자리 기회를 모색하고 긴급 자금을 융자하며, 강제 이주 위협이 있을 때는 커뮤니티와 시민단체 등 다양한 사회적 네트워크를 활용하기도 한다. 예상하지 못한 외부적 타격에 대응하는 능력은 결국 어떤 자산을 전략적으로 다양하게 축적해왔는가와 긴밀한 관련이 있다.

한편 만성적 빈곤층은 위기에 대응할 자산이 절대적으로 부족하기 때문에 외부적 충격에 더욱 취약하다. 여기에다 도시에서 활용 가능한 다양한 경제적 기회의 장점을 미처 취하지 못해 빈곤과 박탈이라는 악순환에 갇히는 양상을 보인다.

도시 빈곤층에게는 그 나름대로 자산 축적 전략이 있지만 그것은 다양한 외부적 여건(노동·토지·주거시장 여건, 범죄나 폭력, 기반 시설 접근성과 공공 서비스 공급 정도, 각종 제도적 규제 등)의 영향을 받는다. 특히 도시에서 일어나는 다양한 활동을 관리하고 규제하는 규범 및 제도는 도시 빈곤층의 주택 건설과 비공식 부문 경제활동을 규제하거나 차별해 그들의 자산 축적을 어렵게 하는 요소로 작용하기도 한다.

• 정책 시사점

개도국의 도시 빈곤에 직간접적으로 영향을 미치는 것은 아무래도 국가 경제와 사회 정책이다. 특히 도시 빈곤층의 노동력과 인적 자산, 주거 접근성, 비공식 경제활동을 위한 자본적 자산 접근성 등에 정책 개입과 지원이 절실하다. 나아가 최근에야 도시 빈곤층의 지역 커뮤니티 같은 사회적 네트워크와 지역의 정치적 과정에 대한 접근도 중요하다는 것을 인식하기 시작했다. 그 외에 제한적인 공공 서비스나 주요 자산 접근성도 도시 빈민층을 위한 정책 수립 시 고려해야 할 중요한 요소다.

4. 도시 문제

가. 토지문제

개도국 도시에서는 공식적 토지 구매보다 비공식 토지 점유가 지배적이다. 비공식 토지 점유가 지배적인 이유는 법에 명시되어 있고 관례적인 토지 보유권의 실패, 즉 관련 제도가 저소득층의 필요에 응하는 데 실패했기 때문이다. 실제로 개도국의 도시들은 낡은 식민지 시대 법에 기반을 둔 토지 제도를 유지하는 경우가 많다. 예를 들면 부적절한 토지 이용 규제법이나 비현실적인 최소 토지 구획 규정, 소수 엘리트 계층 중심의 제도를 지키기도 한다. 또한 높은 법적 비용이 드는 부동산 양도, 세금, 토지 명의 등록 같은 비효율적이고 복잡한 제도는 비공식 토지시장이 지배적인 원인이기도 하다. 가령 남아프리카공화국의 한 주에서는 토지 양도를 다루기 위해 천 개가 넘는 관련법을 이해해야 하고, 페루에서는 구매한 토지를 합법적으로 등록하는 데 최대 20년이 걸린다.

개도국의 미흡한 토지 제도와 엘리트 우호적인 제도는 토지 투기 현상을 부추기는 반면, 빈곤층의 토지 사용 및 소유권에 대한 접근성을 낮춰 도시에서 빈부 격차를 확대하는 요인으로 작용한다.

나. 주거Housing [57] 및 주거 환경

남아시아를 제외하고 개도국의 노숙자 인구 비율은 선진국에 비해 낮은 편이다. 개도국 도시의 주요 쟁점은 절대적 주택 부족보다 부적당한 주거Inadequate housing, 그리고 빈곤층과 저소득층이 감당할 수 있는 가용 주거Affordable housing 부족이다. 개도국 도시의 주거 문제 정의와 양상은 그 국가 및 도시 맥락과 사회 분화에 따라 다르게 이해할 필요가 있다. 토지시장 성격, 국가 경제 상황, 기본 공공사업을 제공하는 정부의 역량, 또는 지역 기후와 지세에 따라 적정한 주거를 판단하는 기준이 다르게 나타날 수 있기 때문이다.

주거 및 인간 정주human settlement를 위한 국제 정책 흐름

적정한 주거 공급의 중요성은 1976년 캐나다 밴쿠버에서 열린 유엔인간정주회의 UNCHS Habitat, United Nations Conference on Human Settlements(이후 해비타트 I)를 계기로 국제 사회에서 규모 있게 인지하기 시작했다. 1970년대는 주거 문제 해결을 위해 국가가 주도적으로 공공주택을 제공하고 도시 개발을 하는 시대였지만, 10년 후 발간한 〈Habitat Global Report on Human Settlement(UNCHS Habitat, 1986)〉는 국가 주도 및 공급형 정책보다 권한 부여 주거 전략enabling shelter strategies을 강조했다. 이는 수많은 빈곤층과 커뮤니티 기반 그룹, 기타 주거 문제에 관여하는 다양한 주체가 주거 문제를 해소 및 개선하는 활동이 가능한 환경을 제공해야 한다는 관점이었다.

이 접근 방법은 법적, 제도적, 금융적 틀을 적절히 수정 보완하면 주거 문제를 효과적으로 개선할 수 있고 또 수요자의 특성과 소득층별로 선택 유형을 다양하게 제공할 수 있음을 강조한다. 1996년 6월 도시정상회의City Summit로도 알려진 해비타트 II는 모

---

[57] 주거는 주택House과 그 개념을 구분할 필요가 있다. 주거는 주택 건물 내부와 외부의 물리적 환경을 모두 포함하는 의미로 주택 및 그 기반 시설, 기타 주변 거주 환경 문제를 포함한다. 예를 들면 적정성 측면에서 거주 공간 밀도, 상하수도, 위생 시설, 주택 건축구조와 재료 등의 문제가 있다.

두를 위한 주거Shelter for All와 도시화하는 세계에서 지속가능한 인간 개발이라는 2가지 테마로 구성했다. 해비타트 II에서는 주거권 이슈를 중요하게 논의했고 궁극적으로 모든 사람에게 주거 권리[58]가 있다는 것에 동의했다.

- 슬럼slum

세계 인구 여덟 명 중 한 명, 도시 인구 네 명 중 한 명은 슬럼에 거주한다. MDGs 7의 세부 목표 7D는 2020년까지 슬럼 거주자 최소 1억 명의 생활 여건을 현저히 향상시키는 것이다. 2000년부터 2012년 사이만 해도, 2억 명 이상의 슬럼 지역 거주자가 개선한 식수나 위생 시설을 사용하게 되었다.

슬럼에 거주하는 도시 인구 비율은 39.4퍼센트에서 32.7퍼센트로 줄었지만, 그 절대인구는 계속 늘어나고 있다. 1990년 6.6억 명이던 슬럼 거주 인구는 2000년 7.6억 명으로, 2012년에는 약 8.6억 명으로 증가했다. 지표 상으로는 MDGs 7의 세부 목표를 달성했으나, 도시 빈민의 주거 환경 개선 필요성은 줄지 않았고 슬럼 거주민의 절대인구 증가율도 떨어지지 않았다.

슬럼의 정의

슬럼이라는 용어와 정의는 지역별, 국가별로 그 사회적 통념에 따라 다르게 받아들여진다. 어떤 곳에서는 단순히 도시 빈곤층 밀집 지역을 일컫고, 또 어떤 곳에서는 우범 지역으로 받아들이거나 판자촌처럼 열악한 구조를 주요 특성으로 이해하기도 한다. 이는 도시의 발전 역사, 슬럼의 발생 및 형성 과정, 사회·문화적 특성 등 다양한 요인에서 기인한다.

유엔인간정주계획은 인간 정주에 기본적으로 필요한 5가지 거주 환경 요소를 바탕으로 슬럼을 정의한다. 즉, ①개선한 식수 자원 접근성 ②개선한 위생 시설 접근성 ③충분한 거주 면적 ④주택 내구성 ⑤거주권 보장 중 한 가지 이상이 결핍된 환경에

---

58 유엔이 정의하는 적정한 주거권Right to adequate housing의 개념 및 의미는 UN-Habitat and OHCHR (2010) Fact Sheet No. 21/Rev.1: The Right to Adequate Housing에 자세히 나온다.

도시 인구가 거주하는 경우 슬럼으로 본다. 아직까지는 대부분의 국가에 '거주권 보장' 정도를 보여주는 이용 가능한 정보가 없기 때문에 ⑤를 제외한 4가지 지표를 바탕으로 슬럼 거주 가구를 정의한다.

- 불안정한 거주권insecure tenure

개도국의 도시에 가면 이주민이나 저소득층이 도시 외곽 및 국공유지처럼 비어 있는 토지를 무단 점유해 형성한 비공식 주거지informal settlement를 볼 수 있다. 도시 인구가 갑자기 늘어나 공식 주거지에 적절히 수용하지 못했기 때문이다. 이는 시간적, 재정적인 역부족에서 비롯되기도 하고 저소득층이 가용한 주택이 부족한 탓도 있다.

불안정한 거주권은 비공식 주거지에 거주하는 도시 빈곤층을 여러 측면에서 취약하게 만든다. 우선 언제든 강제로 퇴거당할 위험에 있고 공식적인 금융권 대출과 자기사업 운영 같은 대안적 수입 창출 방법이 불가능해 자산 축적 기회에 제한을 받는다. 상하수도나 위생 시설 같은 도시 공공 서비스 접근성에도 제한을 받아 의료비 지출, 노동력 손실 위험에 취약하다.

정부 입장에서 비공식 거주지에 공공 서비스를 제공하면 거주지의 합법화를 공인하는 셈이 된다. 이 경우 토지 및 구축물의 가치를 높이는 결과가 발생한다. 이런 이유로 정부에 예산이나 운영 능력이 있더라도 반드시 도시 빈곤층 다수가 적정한 공공 서비스를 제공받는 것은 아니다.

합법적 거주권legal tenure 제공은 비공식 주거지에 거주하는 많은 도시 빈곤층의 삶을 현저히 개선할 가능성이 있다. 합법적 거주권이 있으면 거주자가 주거 환경을 점진적으로 개선하기도 한다. 또한 은행대출과 주택 자산화로 도시 빈곤층의 실제 수입이 늘어날 수 있다. 그렇다고 합법적인 거주권 제공이 모든 문제를 해결하는 것은 아니며 한계점도 있으므로 다른 대안들과 함께 고려할 필요가 있다.

- 비공식 주거 informal housing

많은 개도국에서 도시 판자촌이나 무허가촌 같은 비공식 주거를 제거 혹은 다른 형태의 주거로 대체해야 할 대상으로 인식해왔다. 이 문제에 일반적으로 거주민 퇴거 및 재개발, 국가 주도의 공공주택 신축과 공급으로 대응한 이유가 여기에 있다. 그런데 도시 외곽에 신축한 공공주택은 대개 도시 빈곤층의 일자리 접근성을 낮추고 유지 관리나 주거비가 빈곤층이 부담하기에 너무 높다는 한계를 드러냈다. 더구나 개도국 정부는 충분한 주택을 공급할 만큼 재정적으로 넉넉하지 못하다.

이처럼 기존 관점의 한계가 점차 가시화하면서 오히려 비공식 주거지의 긍정적 역할이 주목을 받았다. 판자촌이나 무허가촌 같은 비공식 주거는 문제라기보다 도시 저소득층에게 가용한 주거 공간을 제공한다고 보기 시작한 것이다. 1960년 말 국제기구는 비공식 주거를 주거 부족 해결책으로 보고 거주민의 퇴거·이주 정책보다 수용·지원 정책의 필요성을 논의하기 시작했다.

이후 1980년대부터는 각종 원조 사업과 정책 조언, 국제 정주 의제에서 본격적으로 논의가 이뤄졌다. 특히 빈곤층 스스로 주거 문제를 해소하는 주거 활동 housing process 지원에서 정부의 역할을 강조했다. 같은 맥락에서 많은 개도국이 비공식 주거지 및 슬럼 지역 주거 환경 개선, 사이트-서비스 site-and-services, 코어 하우징 core housing, 주거 소액 금융 shelter microfinance, 커뮤니티 기금 community fund 같은 대안적 정책과 원조 사업을 실행하고 있다.

1990년대에는 다양한 접근 방법에 대한 열의가 현격히 줄어들었다. 이는 구조조정 프로그램 아래 복지 프로그램에서 국가의 역할이 줄어들고 또 다양한 시도에도 불구하고 주거 문제를 가시적으로 해결하지 못했기 때문이다. 국제기관의 기금이 메마른 것도 한몫했다.

도시에 대한 권리

도시에 대한 권리 개념은 사회운동뿐 아니라 유엔의 국제도시 의제가 인권을 도시 차원에서 해석하고, 이후 주거권을 중요한 요소로 다루는 논의의 기반을 제공했다.

도시에 대한 권리는 1968년 프랑스의 철학자이자 도시학자인 앙리 르페브르Henry Lefebvre가 처음 제시했고 이후 데이비드 하비(2003), 프리드먼(1987), 엥긴 아이슨Engin Isin(2000) 등이 후속 논의와 연구를 계속했다. 앙리 르페브르에 따르면 도시는 도시 거주자가 참여해 공동으로 만들어온 장소이며, 도시 공간을 생산하거나 정의하는 의사결정에서 도시 거주자가 중심적 역할을 하는 참여 권리는 중요한 구성 요소다. 모든 도시 거주자의 도시 생활 기회 접근, 도시 생활 및 공간에서 소외당하는 사람들 포용, 도시 거주자의 요구와 권리 확보도 여기에 속한다.

다. 도시 공공 기반 서비스 공급 부족

개도국의 많은 도시에 공공 서비스, 즉 적절한 물과 위생 시설(하수 처리 시설, 오수 정화조 등), 고형 폐기물(쓰레기) 수거 및 처리 서비스 공급은 매우 중요하고도 어려운 도전과제다. 특히 도시 빈곤층은 적절한 물과 위생 시설 접근에 제한을 받거나 기존 시설이 낙후돼 심각한 환경위생 문제와 건강 불평등에 노출되어 있다.

많은 도시에서 고형 폐기물 중 3분의 1 이상이 수거되지 않고 있고, 저소득층 거주 지역은 최소한의 수거 서비스도 부족한 경우가 많다. 쓰레기를 적절히 수거하지 않아 쌓이면 배수관이 막히거나 감염성 질병 숙주, 쥐·모기·파리 같은 해충, 유해 동물이 모여든다. 그렇지만 많은 개도국 도시의 지방자치기관이 기술적인 지식, 기관의 역량, 자금 부족 등으로 공공 기반 서비스 공급에 어려움을 겪고 있다.

그 대안적 방법으로 개도국에서는 커뮤니티 참여형 지역 기반 상하수도 사업을 다수 실행하고 있다. 파키스탄 카라치Karachi의 NGO 오랑기 파일럿 프로젝트OPP, Orangi Pilot Project의 저비용 하수도 사업이 대표적인 사례로 꼽힌다. 하지만 지역 기반 시설을 상하수도 본관 같은 도시정부 차원의 서비스 네트워크와 연결할 때 정부의 협조 유도가 어렵고, 전 도시적 수준에서 근본적인 불평등 문제를 개선하는 데도 한계가 있다. 1990년대에 많은 국제기관이 효율적인 상수도 및 위생 시설 공급 확대 전략을 위해 새로운 자본을 끌어들이고 서비스의 민영화와 민관 합작을 실행했지만 그 결과는 기대에 미치지 못했다.

도시의 공공 기반 서비스 공급 비용을 도시 빈곤층에 부과하는 것도 이미 존재하는 불평등을 심화한다는 의견이 있는가 하면, 시설 투자비용 회수와 관리 측면에서 저소득층 지역에도 요금을 청구해야 한다는 주장도 있다. 개도국 정부의 역량을 고려할 때 저소득층에게 보편적 무료 공공 서비스를 제공하는 것에는 한계가 있기 때문이다. 또한 현재 빈곤층이 행상인에게 물을 구매할 때 지불하는 비용에 비해 공공 서비스 이용에 부과하는 요금이 저렴해 실제로 빈곤층은 요금을 지불할 의향이 높은 것으로 나타났다.

저소득층 밀집 주거 지역은 고형 폐기물 처리 서비스가 미치지 못하는 경우가 많다. 빈곤층이 그 비용을 감당하지 못하거나 비공식 주거지라 정부의 책임이 낮기 때문이다. 고형 폐기물 중 병, 종이, 캔, 플라스틱 등 재활용품 수집은 도시 빈곤층의 주요 수입원이며 도시 외곽에 형성된 쓰레기 매립장에 거주하며 재활용 사업으로 생계를 유지하는 가구도 적지 않다. 지역 및 국제 NGO는 이런 자생적 경제활동을 활용해 도시 빈곤 커뮤니티의 재활용 및 쓰레기 수거 사업 운영을 설립·지원해왔다.

한편 개도국 정부는 서비스 개선과 신기술 도입을 통한 효율성 증대를 위해 환경 미화 서비스를 민영화하거나 공공 부문에서 대규모로 사업화한다. 이 경우 인도 첸나이의 마드라스Madras 지구처럼 기존 저소득층의 자생적 경제활동과 NGO 지원으로 발생한 소규모 지역 환경미화사업 체제가 부정적 영향을 받기도 한다.

5. 도시와 농촌 지역의 관계

농촌 지역에서 도시 지역으로의 이주는 도시 성장의 주요 요인이라는 인식이 강했고, 많은 연구가 경제적 기회의 차이 때문에 도시-농촌 간 이주가 일어난다고 주장했다. 하지만 도시로의 이주와 경제적 측면의 관계는 국가 및 도시마다 맥락이 다르기에 일반화하기 어렵다. 경제적 요소 외에도 역사와 문화, 커뮤니케이션 특성, 교통 등 다양한 요소가 이주 결정에 영향을 미치기 때문이다. 일례로 방글라데시에서는 대규모 농촌 빈곤 문제가 곧 대규모 도시 이주로 나타나지 않았다.

개발에 대한 초창기 연구는 도시 또는 농촌이라는 이분법적 성향이 있었고, 정책 개발도 이분법적 사고를 기반으로 한 경우가 많았다. 사실 두 지역은 지리적, 사회·경제적 및 문화적 경계가 모호한 경우가 많다. 도시와 농촌 지역이라는 이분법적 사고에 본격적으로 이의를 제기하기 시작한 것은 1980년대부터였고, 더불어 두 지역 간의 상호작용과 관계성을 강조하는 논의가 20세기 말부터 활발히 전개되었다. 이런 움직임은 특히 인구와 이주 연구 분야에서 두드러졌다.

도시 주변부는 토지 용도가 혼합돼 도시와 농촌의 경계가 모호한 현상이 자주 나타난다. 테리 맥기Terry McGee는 아시아 지역 도시를 연구하면서 교통 및 커뮤니케이션의 지리적 회랑을 따라 확장되는 확대 도시권에 주목했다. 확대 도시권에서 두드러지는 특징은 도심과 도심을 둘러싼 주변 지역을 연결하는 회랑을 따라 농업과 비농업 활동이 극심하게 섞여 있고, 그곳 주변으로 고밀도 거주 농촌 지역이 존재한다는 것이다.

도시와 농촌의 경제활동 성격도 명확히 구분하기가 어렵다. 농촌 지역에 임금 고용 같은 도시적 경제활동이 존재하는가 하면, 도시 농업처럼 도시 지역에서 농촌 활동이 발생하기도 한다. 또한 두 지역 간에 강한 상호 의존성이 존재하며 도시-농촌 접점에 존재하는 생계를 위한 복합적 경제활동과 자원 관리는 기존의 이분법적 사고로 분석하기 어렵다.

결국 도시-농촌의 관계성을 이해할 때는 고정된 공간적 영역에 집중하기보다 도시-농촌 사이의 흐름과 연계를 이해하는 유연한 관점이 필요하다. 개도국의 도시와 농촌 간 상호교류 흐름은 식량, 자연자원과 오염, 인구, 생각 및 발상 그리고 재원이라는 5가지로 이해할 수 있다.

또한 농촌-농업 부문과 도시-산업 부문이 서로 성장을 촉진할 수도 있고, 반대로 서로 성장을 억제 혹은 방해할 수도 있는 도시-농촌 간 순환 고리가 존재한다. 예를 들어 농업 부문에서 수요가 발생하는 제조 상품은 도시 산업 부문에서 조달하고, 도시 산업에 필요한 원자재는 농업 부문에서 제공한다. 농업 부문은 빠르게 성장하는 도시에 식량 안전을 보장하는 한편, 도시의 식량 소비자는 농업 경제 유지 및 성장 기반을 제공한다. 그렇지만 이러한 상호 흐름이 적절히 연계되지 못할 때 어느 한 지역이나 두 지역 모두 부정적 순환 고리를 겪을 수 있다.

'개발' 연구자들은 도시-농촌 간 물리적 상호작용에서 벗어나 사회·경제적 관계와 흐름을 이해하고 적절히 활성화하는 것이 더 중요하다는 데 의견이 일치한다. 그렇지만 대부분의 이론적·실증적 개발학 논의는 여전히 도시와 농촌 지역에 분명한 구분이 있다고 전제한다. 도시 주변부의 상호작용에 대한 연구 중 물리적 상호작용에서 벗어나 두 지역 간의 관계가 더 중요하다고 주장한 세실리아 타콜리Cecilia Tacoli의 연구(1998)가 대표적이다. 그는 도시 및 농촌 지역이 물리적으로 만나는 곳에서도 이 같은 연계는 두 지역을 구축 혹은 구성하는 방법보다 더 중요하다는 데 의견이 일치한다고 주장한다.

6. 도시 문제와 개발 이슈

가. 도시와 환경

초기 성장 단계를 지나면 도시는 생태·녹지 지역의 도시화, 도시 내 제조 산업 성장, 자동차 교통량 증가 등 산업화와 기술 발전으로 생태 환경이 주요 문제로 떠오른다. 개도국 도시는 적정한 도시개발계획 및 관리 역량 부족, 화학·물리적 오염, 수질 오염, 공기 오염 등으로 생태 환경이 파괴된다. 가령 지표와 물의 흐름 변경, 토양 침식, 산림 파괴, 생태적 기능을 보유한 토지나 농업 용지 손실 등이 발생한다.

또한 도시에서 발생한 오염물질과 폐기물을 적절히 관리하지 못한다. 처리하지 못한 도시 폐수는 인근 해역 어업에 피해를 주고 부적절하게 설계 및 관리하는 쓰레기 처리장은 토지와 지하수 오염을 야기하며 산업 도시는 산성비를 초래한다.

도시에서의 수자원 고갈 문제 또한 중요한 사안이다. 많은 도시가 이미 담수를 제공할 지역적 역량을 초과해 성장했거나 수자원 남용 또는 관리 소홀로 더 이상 사용이 불가능하다. 이들 도시는 더 먼 거리에 있는 고비용의 수자원을 이용하고 이는 수자원 원천 지역의 손상을 불러일으킨다.

이 외에도 도시 내부나 인근의 산업 폐기물, 병원 등 특수기관의 폐기물 같은 유해 폐기물을 인간과 자연 환경에서 반드시 격리 처리해야 하지만 대부분의 개도국 도시가 이를 소홀히 한다. 높은 유해물질 관리비용과 함께 기업의 경우 공식 규정을 준수해도 인센티브가 낮고 실제로 기소될 위험이 낮기 때문이다.[59]

개도국 도시정부는 도시 오염 발생이나 그 영향을 줄이고 생태 환경과

---

[59] 생태적 도시화 논의는 Special issue of Environment and Urbanisation(2006) 18(1) and 18(2) 참고

지속가능한 상호작용을 할 수 있는 도시 개발 정책을 실행하는 것을 어려운 과제로 여긴다. 정부의 역량과 제도가 제한적이기도 하지만 개도국의 많은 도시가 빈곤, 기본 공공 서비스 부족, 높은 취약성이라는 보다 시급한 문제를 안고 있어서 환경 문제를 주요 정책의 우선사항으로 고려하기 어렵기 때문이다. 이는 개도국의 도시 환경과 도시 주변 지역 환경 개선을 위해서는 빈곤 완화, 적정한 제도 마련, 정책 개발 노력이 뒤따라야 함을 시사한다.

갈색 의제 Brown agenda

갈색 의제는 개도국 도시나 산업화 지역의 여러 환경적 문제, 특히 환경 위생과 관련된 문제를 일컫는다. 개도국 도시의 열악한 주거 환경, 도시 공공 서비스 접근성의 어려움, 급속한 산업화에 따른 오염, 안전상의 위험 문제가 여기에 속한다. 주로 도시 환경 위생 문제에 취약한 도시 빈곤층이 당면한 문제와 관련이 깊다. 이는 생물다양성, 환경보호, 삼림 파괴 같은 문제를 주로 논의하는 녹색 의제와 대조적이다.[60] 개도국 도시의 입장에서 갈색 의제는 매우 중요한 사안이지만 이것은 그동안 충분한 관심을 받지 못했다. 갈색 의제가 비교적 익숙하지 않은 개념이기도 하고 도시화 및 산업화 과정이 빠르게 진행돼 문제를 적절히 다루기가 어렵기 때문이기도 하다. 비슷한 시기에 환경보호주의가 주로 녹색 이슈에 관심을 두는 중산층 도시 엘리트들과 함께 등장한 영향도 있다. 갈색 문제의 영향을 받는 사람들은 대개 판자촌 거주민이나 이주민 같은 개도국의 빈곤층으로 이들은 환경 정책 방향에 직접적으로 영향을 미치기 어렵다.

• 도시와 자연재해 및 기후 변화 영향

개도국의 도시 인구, 특히 도시 빈곤층은 자연재해와 기후 변화 영향에 더욱 취약한 상황에 놓여 있다. 우선 구조가 불안정한 건물과 비공식 주택들이 높은 밀도로 존재한다. 또 도시화 과정에서 포장한 지표는 투수성을 낮

---

60 개도국 도시 맥락에서 갈색 의제와 녹색 의제를 자세히 비교한 논의는 McGranahan and Satterthwaite (2000) 참고

추고 급성 호우나 높은 강우량을 적절히 감당할 수 있는 배수 시설이 부족해 취약성과 피해 정도를 더욱 높인다. 특히 기반 시설이 거의 없는 도시 외곽, 강가, 해변, 산비탈, 산업 지구 주변, 철도 주변 등 도시 내부나 인근 지역의 비어 있는 토지에 불안정한 구조의 비공식 주거를 마련하는 도시 빈민층은 잦은 홍수 같은 재난 위험에 취약하다.

빈번한 기상이변과 해수면 상승 등 기후 변화의 영향을 받아 위험한 상태에 놓여 있는 세계 인구의 대부분은 개도국 도시에 거주한다. 이들의 연안 지역 거주 비율은 고소득 국가에 비해 높기 때문에 기후 변화에 따른 해수면 상승에 취약하다. 해수면 상승은 도시에서 하수 및 배수에 지장을 주고 담수성 대수층에 해수 침투를 야기해 식수 공급에 영향을 주기도 한다.

그밖에 기후 변화에 따른 이례적인 기온 상승은 도시의 열섬 현상과 맞물려 심각한 영향을 미칠 수 있다. 최근에는 국제 네트워크, 유엔기구 및 각종 기부기관이 재난 방지와 기후 변화의 영향에 대응할 통합적 정책의 필요성을 인식하고 개도국에 회복력 있는 도시resilient cities를 구축하기 위한 프로그램을 실행하고 있다.[61]

나. 도시와 여성

개도국 도시 연구에서 젠더 이슈는 주로 비공식 주거지, 물과 위생 시설, 토지 사용권, 기반 시설, 생계, 고용, 교통 이슈와 관련해서 나타난다. 1950~1960년대의 근대화와 급속한 도시화 과정에서 여성의 역할은 드러나지 않았다. 특히 도시에서의 주거 공간, 공공 기반 시설, 도시 경제, 도시 공학 등 도시 계획 부문에서 남성의 역할이 지배적이었다. 그 결과 여성의 요구와

---

61 예: 지방자치단체 국제환경협의회ICLEI, International Council for Local Environmental Initiatives의《Resilient Cities Forum(series)》, 유엔국제재해경감전략기구UNISDR, United Nations Office for Disaster Risk Reduction의《Making Cities Resilient》, 록펠러재단Rockefeller Foundation의《100 Resilience Cities》

우선순위를 고려한 성인지적(性認知的) gender-sensitivity 도시 계획이 없었고 전문가들도 이에 대한 주의와 지식이 부족한 편이다.

그런데 1980년대 구조조정과 경제위기 이후, 개도국에서 도시 이주의 여성화와 여성 가구주 증가 현상이 나타났다. 여성 가구주 증가로 수입 창출 의무와 부담이 높아졌고 경제구조가 변화하면서 여성에게 유리한 비공식 서비스 부문의 성장이 두드러졌기 때문이다. 또한 경제의 세계화와 정보화 현상으로 주로 남성의 일자리이던 제조 산업 부문이 축소된 반면 여성이 종사하는 서비스 부문, 돌봄 산업, 비공식 경제 일자리는 증가했다. 사하라 이남 아프리카의 경우 비농업 부문에 종사하는 여성 중 84퍼센트는 비공식 부문에 종사한다. 하지만 개도국 도시 저소득층 여성의 경제활동은 빈곤 완화에 기여하기보다 생존 수단으로 작용하는 경향이 있다.[62]

개도국 도시의 여성 가구주는 도시 빈곤 지역에서 부적절한 주거 문제에 따른 부정적 영향을 불균형적으로 받고 있다. 예를 들어 케냐와 니카라과에서 슬럼을 정의하는 주거 박탈 요소 중 4가지 이상에 해당하는 가구의 3분의 1이 여성 가구주다.

적정한 주거는 도시 빈곤의 핵심으로 여성의 권한을 증진할 수 있는 중요한 출발점이다. 개도국의 도시 여성은 문화적·제도적으로 주거소유권과 토지사용권 소유에 제한을 받는 경우가 많아 의사결정권이 낮고 남편 사망 후 주거지에서 퇴거당할 위험이 높다.

또한 여성은 주거 공간 내외부에서 보내는 시간이 남성보다 많다. 즉 여성은 쓰레기, 배설물, 각종 생활 폐수 등 열악한 위생 환경에 직접적으로 노출되는 빈도가 남성에 비해 많아 질병에 걸릴 확률이 높다. 비공식 주거지에서 생활용수나 식수 해결은 주로 여성과 소녀의 몫으로 이것은 기타 경

---

62 Kantor Paula, 2009

제활동 및 교육 기회를 제한한다. 도심 학교와 비공식 주거지의 화장실은 성별 구분을 하지 않거나 외진 곳에 위치해 있고 심지어 사생활이 보장되지 않는 경우가 많다. 이는 학교 출석률 저하를 야기하고 여성, 특히 소녀들을 위험한 환경에 놓이게 한다.

한편 개도국 도시에서 대중교통 부족은 여성들의 사회·경제 활동을 제한한다. 여성 가구주의 자동차 소유 비율은 남성 가구주에 비해 낮기 때문에 여성들의 대중교통 의존도는 높다. 가령 혼잡한 버스와 관리가 부적절한 인도는 여성의 일자리 접근성을 저해하고 여성을 성추행과 성폭력 위험에 노출시킨다.

다. 도시와 안전

범죄와 폭력은 보통 도시 지역에서 더 심각하게 나타난다. 도시 범죄와 폭력의 유형은 가정 내 폭력, 아동학대, 청소년 범죄 조직, 마약 거래, 매춘, 마피아, 총기류 연계 폭력 및 범죄, 성폭력, 절도 등 다양하다. 적어도 과거 5년 동안 개도국 도시 거주민의 60퍼센트는 범죄에 희생당한 경험이 있고 남아메리카와 아프리카도 그 비율이 70퍼센트에 달한다.

절도와 강도는 개도국의 심각한 범죄 중 하나로 그 피해율은 다른 지역에 비해 남미와 아프리카에서 높게 나타난다. 아시아 지역은 1970~1990년대에 국가적 차원에서는 범죄가 감소했지만 인구 10만 명이 넘는 도시에서는 조직 범죄, 재산 범죄, 마약 밀매 범죄가 대폭 증가했다. 하지만 전체적으로 아시아 지역의 범죄 및 폭력 발생률은 북미와 서유럽 국가에 비해 낮다.

1960~1970년대 개발학 문헌에서 폭력은 급속한 도시화나 이주민 소외와 연결해 논의가 이뤄졌다. 이후 1970~1980년대에는 신마르크스주의와 종속 이론 논쟁의 영향으로 구조적 원인을 강조하면서 제도적, 구조적 요소의 복잡성을 인지하는 논의가 활발해졌다. 도시 범죄 혹은 폭력은 빈곤보다

불평등, 사회적 소외가 주요 원인으로 세계화와 신자유주의가 불러온 사회적 양극화는 범죄와 폭력 증대에 영향을 미쳤다. 특히 세계화 현상은 개도국 도시에서 마약, 총기류, 매춘 등의 범죄 증가에 영향을 주었다.

일상적인 범죄는 개도국의 정치 분쟁과 민주화 과정에서 고질적으로 나타난다. 남미의 경우 권위주의 체제를 탈피해 민주 정부로 전환하는 과정에서 불법 무장단체, 게릴라, 군부대 세력 구성원이 불법 마약 산업을 이끌거나 거리 조직 혹은 범죄 조직을 형성했다.

한편 개도국의 경찰은 수입이 적거나 업무 수행 장비와 자원이 부족해 치안 관리 역량이 낮은 경우가 많다. 또한 개도국 도시의 부적절하거나 미흡한 도시 계획은 도시 치안 악화에 영향을 미친다. 대중교통 시설이 닿지 않고 가로등이 부족하거나 적절한 도시 계획 부재로 생긴 외진 공간, 미흡한 공원 관리 제도 등은 범죄나 폭력이 발생할 수 있는 공간적 환경을 제공한다.

흔히 도시 빈곤층을 범죄와 폭력의 주요 선동자이자 가해자로 인지하는 경향이 있지만 이는 문제와 원인을 지나치게 단순화한 것이다. 물론 슬럼 지역과 불법 점유 주거 지역은 도시 내 다른 지역에 비해 높은 범죄 및 폭력 발생률을 보인다. 그렇다고 도시 빈곤층이 실제로 범죄와 폭력 행위에 가담한다는 의미는 아니다. 선진국이든 개도국이든 모든 도시에는 범죄 조직과 마피아가 존재하며 이들은 가난하지도 슬럼에 거주하지도 않는 사람들이 지배하는 경우가 많다. 오히려 도시 빈곤층은 그들의 취약성 때문에 범죄의 희생양이 되곤 한다.

라. 도시 위생과 보건

도시 지역의 질병 발생률은 1980년대 말부터 1990년대 중반 사이에 빠르게 상승했다. 개도국 도시의 열악한 위생 환경과 보건 상황은 빈곤에서 비롯된다. 공공 서비스 접근성에서도 도시 빈곤층은 제한적이고 불평등한 상황에 놓여 있어 건강에 위협을 받고 이는 경제적 빈곤에도 영향을 미친다.

개도국 도시에서 질병과 사고에 따른 전반적인 발병률과 사망률은 도시마다 다르지만 모두 빈곤 지역에서 더 높게 나타난다. 몇몇 사례의 경우 슬럼 지역의 발병률이 농촌 지역과 같거나 더 높다. 하수 시설과 위생 시설의 열악함 혹은 부재, 쓰레기 수거 미흡처럼 공공 서비스 부족이 질병의 숙주(예를 들면 모기, 전염성 뎅기열, 황열) 확산을 초래하기 때문이다.

고밀도 주거 공간과 환기가 원활하지 않은 거주 공간은 호흡기 감염의 전이를 심화한다. 특히 여성과 아동은 가정 내에서 활동하는 경우가 많아 취사 및 난방 연료에서 발생하는 유해가스, 주거 공간 내 질병 매개체와 숙주에 노출되는 비율이 높다. 이에 따라 개도국 도시에서 주요 사망 원인 중 하나인 결핵이나 기관지염에 걸리기 쉽다.

또한 교통 관리 역량과 체제, 적절한 도시 계획, 기반 시설이 부족해 개도국 도시 내 교통사고 발생 및 치사율은 매우 높다. 교통수단에서 발생하는 유해가스도 도시 거주민의 건강을 위협한다. 그 외에 슬럼 지역에서는 보건적 측면에서 위험한 성관계 비율이 높게 나타나고 비위생적 환경에서의 성관계, 다중 성적 파트너, HIV/AIDS에 대한 지식 부족 등으로 HIV/AIDS 감염률이 높게 나타나고 있다.

요점 정리

□ 주요 도시에 집중 투자해 균형 발전보다 성장 극대화에 집중하는 정책 및 개발 방향은 개도국의 경제적 이중성과 불균형 성장 현상을 심화한다.

□ 개도국 도시는 비공식 토지 점유와 주거 형성, 일자리 및 사업 운영 등 비공식 부문의 비중과 역할이 높다. 많은 도시 거주자가 사회 안전망의 보호를 받지

못하고 취약한 환경에 놓여 있기 때문이다.

□ 도시와 농촌 지역은 깊은 상호작용과 흐름, 관계성이 있다. 개도국의 도시화와 도시 성장, 농촌 경제 및 개발은 이분법적 관점보다 상호작용의 장점을 최대화하는 유연한 접근이 필요하다.

□ 개도국의 급속한 도시화와 도시 성장 과정은 상하수도 같은 도시 공공 서비스와 주택 제공 속도를 초과하며, 이는 높은 비공식 주거와 슬럼 형성을 야기한다. 도시 빈곤층은 적절한 주거권을 확보하지 못하고 있고 열악한 거주 환경은 도시 빈곤층의 건강에 부정적 영향을 미친다.

□ 개도국의 미흡한 토지 제도와 엘리트 중심 체제는 토지 투기 현상을 부추기는 한편, 빈곤층의 토지 사용과 소유권에 대한 접근성을 낮춰 도시에서 빈부 격차를 확대하고 도시 빈곤층 주거권을 위협한다.

□ 개도국 도시의 급속한 산업화 과정은 자연 환경 오염과 파괴, 지구온난화를 야기하고 있다. 개도국 도시는 해수면 상승, 이례적인 폭우, 태풍 같은 기후 변화 위험에 취약하고 그중 도시 빈곤층은 더욱 취약한 상황에 놓여 있다.

□ 개도국 도시 여성은 비공식 일자리, 비공식 주거지, 물과 위생 시설, 토지사용권, 기반 시설, 생계, 고용, 대중교통, 도시 범죄와 폭력 관련 이슈에서 전반적으로 취약하다. 개도국에서는 아직도 도시 계획과 설계가 남성 지배적이며 성인지적 도시 계획도 없다.

□ 치안제도 미흡과 정부의 역량 부족, 적절한 도시 계획 부족, 세계화로 주요 도시에서의 마약·총기류·매춘 등 범죄 발생 요인 증가, 정치적 분쟁과 불안정한 치안은 개도국 도시에서 높은 범죄와 폭력 현상을 야기한다.

생각해볼 문제

□ 도시 빈곤과 슬럼 증가는 지역적 해결책을 요구하지만 그 특성과 규모는 글로벌 대응을 필요로 한다. 도시 빈곤과 슬럼 문제는 글로벌 경제 및 개발 동향과 어떻게 연계되는가?

□ 오늘날 개도국의 도시화 현상은 사회적·환경적으로 부정적 영향을 미치는가? 아니면 지속가능한 발전을 가능하게 하는 동력인가?

□ 개도국 도시의 특성을 고려할 때 기존의 도시 계획과 공학, 정책 이론이 개도

국 도시의 여러 심각한 문제를 적절히 다루는 데 한계를 보이는 이유는?

□ 개도국 도시 토지시장에서 공식 부문과 비공식 부문을 구분하고 그 특징을 분석하라.

□ 농촌 지역과 비교할 때 개도국 도시 지역이 받는 기후 변화 영향의 주요 특성은 무엇인가? 차별적 특성의 원인을 고려할 때, 개도국 도시의 기후 변화 적응을 위해 고려해야 할 사안은 무엇인가?

제4절 이주와 개발Migration and development

1. 들어가며

1990년대 중반 이주자가 본국으로 송금하는 액수가 ODA보다 크다는 사실이 밝혀지자, 송금액이 빈곤을 줄이고 경제성장의 원동력이 될 수 있다는 논의가 본격적으로 시작되었다. 반면 이주가 개발에 부정적 영향을 미칠 수 있다는 주장도 있다. 개도국의 고등교육자와 숙련노동자의 두뇌 유출brain drain이 이들 국가의 성장 잠재력 저하와 인적 자원 투자 손실을 초래한다는 얘기다.

그러면 이주와 개발의 관계를 논의해보자. 그 전에 글로벌 이주 경향과 배경을 살펴보고 이주 및 개발의 관계를 송금액과 두뇌 유출에 집중해 논의하고자 한다. 이어 비정규 이주자 문제를 다루면서 글로벌 남북의 착취 관계와 인신매매, 밀입국 등을 알선하는 초국적 네트워크의 문제점을 살펴본다.

2. 글로벌 이주 경향

국제적으로 이주자에 대한 보편적인 정의는 없지만 대개 개인의 편의를 위해 외부의 강제적 개입 없이 자유롭게 이주를 선택하는 모든 경우를 말한다. 더 나은 물질적·사회적 조건, 자신이나 가족의 보다 나은 미래를 위해 이주하는 사람들이나 가족이 여기에 속한다. UN은 자발적인지 비자발적인지, 정규적인지 비정규적인지 그리고 수단이 무엇인지와 상관없이 1년 이상 외국에 거주하는 개인을 이주자로 정의한다. 이 정의에 따르면 단기간 여행자는 이주자로 간주하지 않지만 계절적 농장 노동자 같이 특성 기간 이주하는 사람은 이주자로 간주하며 대부분의 국가가 UN의 정의를 따른다.

UN 사무국 경제사회국에 따르면 2013년 현재 2억 3,200만 명이 해외에 거주하고 있고 이는 세계 인구의 3.2퍼센트에 해당하는 규모다. 2000년 1억 7,500만 명, 1990년 1억 5,400만 명과 비교해볼 때 지난 20여 년간 이주 인구가 급격히 증가했음을 알 수 있다. 스티븐 캐슬스Stephen Castles와 마크 밀러Mark Miller(2009)는 이를 두고 우리는 이주의 시대Age of migration를 살아간다고 말했다.

이주의 시대는 크게 4가지 경향을 보여준다.

첫째, 최근 들어 다수의 이주자가 북에 거주한다. 1990년 이전에는 많은 이주자가 개도국, 즉 남에 살았지만 최근에는 선진국에 다수 거주하고 있다. 2013년 기준으로 볼 때 1억 3,600만 명이 북에 거주한다. 같은 해 기준으로 유럽에 7,200만 명, 아시아에 7,000만 명, 북아메리카에 5,300만 명, 아프리카에 1,800만 명, 중남미 및 캐리비안에 850만 명, 오세아니아에 790만 명의 이주자가 거주한다. 세계 이주자의 약 20퍼센트가 미국에 살고 있으며 980만 명은 독일, 910만 명은 사우디아라비아, 그리고 아랍에미리트와 영국에 각각 780만 명이 거주한다. 이들의 출신국이 어디인지 찾아내는

[표15] 2013년 국제이주 동향

	이주인구 (천명)	여성 이주자 비율	홍 인구대비 비율	평균 연간 변화비율	
연도		2013		1990-2000	2000-2013
전세계	231,522.20	48	3.2	1.2	2.2
선진국	135,583.40	51.6	10.8	2.3	2.2
개도국	95,938.80	43	1.6	-0.1	2.3
LDCs	10,958.20	45.3	1.2	-0.6	0.5
사하라이남 아프리카	17,228.40	46.4	1.8	-0.1	1.3

출처: 유엔 경제사회국 인구과, International Migration 2013을 참고하여 재작성

[표16] 2000년, 2013년 이주인구가 많은 10개국

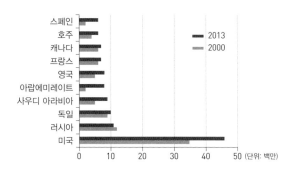

[표17] 1990년, 2000년, 2013년 주요지역 누적 이주인구

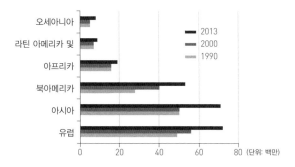

제3장 개발경제와 사회 정책

것은 어려운 일이며 UN 통계에 따르면 1,400만 명의 인도인, 930만 명의 중국인, 540만 명의 필리핀인이 해외에 거주한다.

둘째, 전통적으로 분명하던 출신국Countries of origin, 환승국Transit countries, 목적국Destination for migrants이 모호해지고 있다. 오늘날 모든 국가는 출신국, 환승국, 목적국의 기능을 모두 수행하고 있다. 특히 지중해 국가가 이 특징을 잘 보여준다.

셋째, 이주의 여성화Feminisation다. 2013년 기준 UN 통계에 따르면 세계 이주자의 50퍼센트가 여성이다. 과거에는 여성이 남성 파트너의 이주에 동행하는 형태였지만 최근에는 여성이 독립적으로 이주하며, 그들 중 많은 여성이 본국에 있는 가족의 생계를 책임진다.

넷째, 일시적 이주Temporary migration의 증가다. 과거에 영구적 이주Permanent migration, 즉 한 번 이주하고 본국으로 돌아와 정착하는 형태의 이주가 주류를 이뤘다면, 최근에는 일시적으로 여러 번 이주하고 본국으로 돌아오되 이주와 이주 사이에 잠시 돌아오는 형태가 보편적이다. 심지어 오랜 기간 해외에 거주하는 이주자도 저렴해진 항공료 덕분에 본국 방문 횟수가 빈번해지고 있다.

3. 이주 증가의 원인

지난 20여 년간 전 세계적으로 이주가 급속도로 증가했다. 그처럼 이주가 빠른 시간 내에 증가한 이유는 무엇일까? 여기에는 다양한 동기가 있겠지만 무엇보다 이주 증가 요인을 세계 경제·사회 구조의 변화를 중심으로 살펴보고자 한다.

가. 세계적인 일자리 위기

이주에서 가장 결정적인 요인은 구직이다. 선진국조차 최근 세계적인 금융 및 경제 위기로 실업률이 증가하는 추세지만 실업률은 전반적으로 줄어들고 있다. 반면 개도국의 취업률은 지속적으로 높은 수준을 유지하고 있다. 2011년 중동과 북아프리카에서 '아랍의 봄'이 촉발된 이유를 12퍼센트가 넘는 실업률 때문으로 분석하는 학자가 많다. 이와 달리 산업화한 선진국은 평균 6퍼센트의 실업률을 유지하고 있다. 이러한 실업률 차이는 점점 더 커지는 경향을 보이고 있다.

실업이 세계적인 일자리 위기를 전부 설명해주는 것은 아니다. 세계적인 일자리 위기에서 중요하게 논의해야 하는 부분은 바로 일자리의 불안정성이다. 많은 노동자가 비공식 부문에서 일하고 있는데 이들의 고용은 예측 불가능하며 계절 단위, 주 단위, 심지어 하루 단위로 일한다. 또한 임금이 생존에 턱없이 부족한 경우가 태반이다.

강제 노동 역시 세계적인 일자리 위기에서 중요한 부분을 차지한다. 세계노동기구ILO는 전 세계 1,200만 명이 열악한 강제 노동 환경에 놓여 있다고 보고했다.

개도국의 경우 절반에 가까운 인구, 즉 약 13억 명이 농업에 종사한다. 그러나 많은 수의 소규모 농장이 다국적기업의 상업적 확장 혹은 환경 파괴로 위협을 받고 있다. 그 결과 도시화와 함께 도-농 간 소득 격차가 심해지고 이주가 늘어나고 있다. 도-농 이주를 국제 이주의 첫걸음으로 보는 것과 마찬가지로 농업 위기도 이주 증가의 원인으로 해석할 수 있다.

나. 분절된 노동시장

고소득 국가일수록 노동시장이 분절된다. 특히 이것은 자국민이 낮은 소득, 낮은 지위, 위험하고 불안정한 3D 일자리를 꺼릴 때 발생한다. 이 경우 농업, 어업, 플랜테이션, 중공업, 건설, 가사노동 등의 3D 일자리에 이주자들이 몰린다. 이들 산업에서 일자리를 찾는 노동자는 대개 불법 이민자가 많아 낮은 임금, 위험한 노동 조건에도 불구하고 기꺼이 일한다.

다. 통신 및 교통수단 발달

통신 및 교통수단 발달은 세계화를 이끄는 데 중추적인 역할을 해왔다. 이메일, 인터넷, 위성TV, 이동전화, 낮은 요금의 국제전화 같은 혁명적인 발전을 통해 세계는 하나로 이어졌고 사람들은 남과 북의 개발 격차를 깨닫는 동시에 국경 너머에 더 많은 기회가 있음을 알아챘다.

그뿐 아니라 다양하고 저렴해진 교통수단 발달도 세계화의 또 다른 중추다. 이는 항공사 간의 경쟁으로 가격이 저렴해진 것이 가장 큰 요인이다. 하지만 석유 매장량 감소와 가격 상승으로 이 교통수단 혁명은 그리 오래 지속되지 못할 것으로 보인다.

한편 선진국이 숙련기술자는 환영하는 반면 비숙련기술자는 합법적인 입국을 제한하는 바람에 비합법적 여행을 시도하는 이주자가 늘고 있다. 이들의 여행비는 합법적인 여행보다 비싸기 때문에 교통수단 혁명의 혜택을 누리는 이들은 특정 계급에 한정될 것으로 예측할 수 있다.

라. 이주 네트워크 형성

대다수 이주자는 친구나 가족이 이미 정착한 곳으로 이주한다. 이를 초국적 이주 네트워크Transnational migration networks 또는 연쇄 이주Chain migration라고 한다. 이것은 과거보다 많은 수의 친구, 가족, 친지가 해외에 살고 있고 선진국에 거주 중인 이들과 개도국에 남겨진 이들이 이 네트워크로 연결돼 이주가 증가하고 있음을 보여준다. 사람들은 이 네트워크를 통해 정보를 교환하고 잠재적 이주자에게 재정적 지원을 해준다. 또 이주자가 새로운 곳에 정착하고 일자리를 구하도록 도우며 기타 경제·사회적 지원을 제공한다.

마. 지역 간 기구 설립으로 이동의 자유 증가

EU의 무역협정 및 지역경제협정은 노동자의 자유로운 이동을 허가한다. 또한 특정 분야의 사람들, 예를 들면 비즈니스 종사자, 학자, 학생, 스포츠 선수, 엔터테인먼트 종사자는 비자를 신청할 필요가 없거나 비자 신청 과정이 단순하다. 많은 선진국이 장기 이주자의 가족 이주도 허가하고 있으며 1951년 난민협약에 가입해 난민 보호 및 지원을 보장하고 있다.

하지만 EU를 제외한 나머지 국가에서 노동자의 자유로운 이동은 매우 제한적이다. 가족 결합은 엄격한 행정 절차를 요구하며 비숙련노동자, 저숙련노동자, 망명 신청자는 보다 엄격하게 규제하고 있다. 그 결과 비공식 이주 현상이 전 세계적으로 급격히 증가하는 추세다.

바. 이주 산업 발달

이민 전문 변호사, 여행사, 브로커, 주택 관련 업자, 송금 담당 에이전시, 이민 및 세관 직원, 국제이주기구IOM 같은 다양한 활동가를 통해 이주를 위한 노동자 모집을 하고 있다. IOM은 100여 개의 회원국을 보유하고 있으며 이주자의 이동을 책임지고, 난민의 공식적인 재정착과 귀환 프로그램을 운영한다. 또 다양한 NGO가 이주자와 난민을 위한 지원 서비스를 제공하고 있다. 이들이 새로운 이주 산업 혹은 이주 비즈니스를 형성하는 셈이다. 이 외에도 인신매매, 밀입국·밀수자 같은 비합법적인 이주 산업도 있는데 여기에서 많은 이윤이 발생해 이주가 촉진된다고 보기도 한다.

4. 개발-이주 넥서스

세계적으로 이주, 특히 개도국에서 선진국으로의 이주가 증가함에 따라 이주자의 국내 송금 규모도 증가했다. 국제금융기관은 ODA 규모보다 이주자의 송금액 규모가 더 크다는 것에 착안해 국내 송금액이 경제성장의 원동력이 될 수 있음을 설명하기 시작했다. 나아가 그들이 새로운 기술과 경험, 인맥을 갖추고 본국으로 귀환하면 빈곤을 해결할 수 있다고 주장했다. 반면 이주는 인적 자원이 부족한 저개발국의 인력 유출을 심화해 개발에 부정적 영향을 미친다는 주장도 있다.

가. 이주와 개발 낙관론: 송금

21세기 들어 이주는 세계화, 가속화, 여성화, 정치화하고 있다.[63] 특히 송출국과 목적국의 구분이 모호해지고 많은 국가가 송출국, 목적국뿐 아니라 환승국의 역할을 함으로써 복잡성을 띠고 있다. 최근 이주를 개발의 잠재적 원천으로 여기는 낙관론은 이 맥락에서 나온 것이다. 많은 국가가 이주자를 개발의 중요한 활동가로 간주하며 다자기구 특히 세계은행과 IMF는 이주민과 이들이 본국으로 보내는 송금액에 집중하기 시작했다.

이주와 개발을 연결짓는 것이 중요한 이유는 송금액 규모가 공적개발원조나 민간 자금 규모보다 크기 때문이다. 중국, 인도, 멕시코 같이 해외 거주 국민이 많은 나라는 해외자금 이체에서 송금액이 핵심이다.[64] 해외 거주

---

63 Castles and Miller, 2009

64 2011년 세계은행은 송금액을 인도 580억 달러, 중국 570억 달러, 멕시코 240억 달러로 추정했다. 표 참고. World Bank(2011) Outlook for Remittance Flows 2012~2014. Migration and Development Brief 17. Migration and Remittances Unit. http://siteresources.worldbank.org/INTPROSPECTS/Resources/334934-1110315015165/MigrationandDevelopmentBrief17.pdf

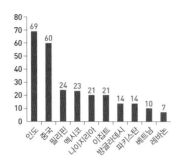

[표18] 가장 많은 송금액을 받는 10개국
(백만 달러, 2011년 추정치)

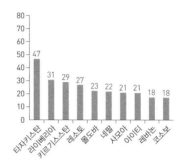

[표19] GDP 대비 송금액 규모가 큰 10개국
(GDP 대비 %, 2010년)

출처: World Bank (2011) Outlook for Remittance Flows 2012~2014

인구가 많은 작은 국가의 경우 이러한 자금 이체가 GDP에서 큰 비중을 차지한다. GDP 규모 대비 가장 많은 송금액을 받는 국가는 타지키스탄(31퍼센트)이다. 그다음으로는 레소토(29퍼센트), 사모아(25퍼센트), 키르기스스탄(23퍼센트), 네팔 및 통가(20퍼센트) 등이다.

이런 이유로 개발학자들은 이주자를 '개발을 위한 잠재력'으로, 송금액을 사회적 서비스 같은 공공 투자 금액의 감소 수단으로 여기고 있다.[65]

이주자는 해외 통화를 공급할 뿐 아니라 사회적 송금Social remittance이라 불리는 기술과 지식을 전달하는 역할도 한다.[66] 해외 거주 이주자는 본국의 가족과 소통하면서 그들이 거주하는 국가의 문화 및 직업과 관련된 것을 소개한다. 이들이 본국으로 귀환하면 해외에서 체득한 기술과 지식을 이전

---

65 Nina Glick Schiller, 2011

66 Peggy Levitt, 1998

함으로써 기술 및 경제적 혁신을 이끌어낼 수 있다. 일례로 이들은 새로운 비즈니스를 창업하거나 새로운 기술과 조직 운영 방법을 적용해 생산력을 높일 수 있다. 하지만 이러한 접근 방식은 출신국이 목적국보다 발전 수준이 낮아, 목적국에서의 기술 이전이 경제개발에 긍정적 영향을 미칠 것이라 가정한다는 점을 간과해서는 안 된다.[67]

이주 형태는 교통·통신의 발달로 영구적 이주에서 일시적 이주로 변화하고 있다. 일시적 이주 또는 순환적 이주Circular migration는 송출국과 목적국의 정책입안자가 반기는 이주 형태다. 송출국 입장에서는 인적 자원 투자 손실을 줄이고 국내 가족이나 친지와 강한 결속을 유지하는 일시적 이주가 영구적 이주보다 낫다. 더구나 일시적 이주는 지속적인 송금이 유지된다. 목적국 입장에서는 비숙련노동자보다 고숙련노동자의 영구적 이주를 반기고 장려하는 경향이 있다. 체류 기간에 제한을 받는 비숙련노동자는 보통 임시적 이주를 선택한다.

토머스 파이스트Thomas Faist와 마르기트 파우저Margit Fauser는 이주-개발 넥서스nexus가 전혀 새로운 것은 아니라고 주장한다. 그들은 세 단계의 논의를 언급했는데 2차 세계대전 이후 1950～1960년대 이주자의 송금액과 귀환에 초점을 맞춰 이주와 개발과의 연관성을 주장한 것이 첫 단계다.[68]

두 번째 단계는 1970～1980년대의 저개발과 이주에 초점을 맞춘 것으로 빈곤과 두뇌 유출이 주요 화두였고 이주 원인이 빈곤과 저개발에 있다는 주장이다. 이 논의에 따르면 두뇌 유출이 빈곤국의 숙련노동자 부족 문제를 야기해 빈곤을 더 심화한다고 본다. 이는 이주와 개발을 역의 관계로 바라보는 시각이다.

67   Tanja Bastia, 2013

68   Hein de Hass, 2012

세 번째 단계는 초국적 순환이 개발에 긍정적 효과가 있다는 주장이다. 여기에는 3가지 전제가 있다. 임시·순환 이주가 이상적이라는 것, 임시 이주 혹은 두뇌 순환이 개발을 달성하기 위한 새로운 방안을 마련할 기회를 제공한다는 것, 디아스포라Diaspora의 순환적 움직임이 지역 발전과 분쟁 후 재건에 기여한다는 것이 그것이다.[69]

그런데 이주-개발 넥서스는 몇 가지 사실을 간과했다.

첫째, 이주-개발 넥서스에 초점을 맞춘 정책은 주로 국내로의 소득 이전 혜택에만 집중한다. 그러나 여기서 더 중요한 것은 돈을 어떻게 사용할 것인가, 이것이 삶의 질 개선에 기여하는가, 나아가 사회적 발전에 기여하는가 하는 문제다. 이와 관련해 송금액을 생산적으로 사용하는지, 소비를 중심으로 사용하는지 오랜 기간 논의가 이뤄졌다.[70]

송금액을 단순소비에 쓰더라도 이는 영양섭취나 건강 향상 같이 개인의 복지 증진에 들어가고, 그 소비가 승수효과를 일으켜 사회 전체에 긍정적 영향을 미칠 수 있다.

그러나 송금액에 따른 개인의 소득 증가가 사회 전체에 미치는 영향도 고려해야 한다. 가령 송금액을 받은 가족이 국가의 공공 교육, 보건, 레저 시설에 만족하지 않아 송금액으로 민간 서비스를 선택해 문제를 해결했다고 해보자. 이 경우 정부의 서비스에 대한 불만 제기나 서비스 향상 요구가 줄어들고 결과적으로 정부의 서비스 질 향상은 기대하기 어려워진다. 이처럼 송금에 따른 소득 증가가 사회 전체에 미치는 영향을 고려해야 함에도 불구하고 아직까지 주요 논의는 거시 지표에 초점을 맞춰 이주-개발 논의를 진행 중이다.[71]

69 Hein de Hass, 2012

70 Wade Pendleton et al. 2006; J. Edward Tayler, 1999 참고

71 Tanja Bastia et al, 2011; Gillian Hart 2001

둘째, 송금액이 개발에 긍정적 영향을 미친다는 논의는 사실 이주가 가능한 사람은 본국에서 상대적으로 형편이 나은 사람이라는 점을 간과한다.[72] 이주는 재정, 사회적 네트워크, 목적국 노동시장에 대한 정보 같은 다양한 재원이 있어야 가능하다. 최빈곤층은 일반적으로 사회적 자본이 부족하고 재정도 충분치 않으며 목적국에 대한 정보도 별로 없다.[73] 이는 최빈곤층의 경우 이주가 거의 불가능하고 상대적으로 형편 좋은 사람만 해외 이주가 가능함을 보여준다.[74]

이런 맥락에서 보면 이주는 사회의 불평등을 더욱 심화한다. 플뢰르 우터스Fleur Wouterse는 이주가 가능한 사람은 상대적으로 형편이 좋은 사람인데 이들의 송금은 이미 형편이 좋은 가족에게 혜택을 주는 것이므로 불평등을 더 심화한고 말한다.

셋째, 근본적으로 이주-개발 넥서스는 국가 단위로 논의한다. 젠더, 민족, 계급 등의 다양성을 무시한 채 국가를 '개발을 위한 기본 단위'로 여긴다는 의미다.[75]

넷째, 국내 이주는 무시하는 경향이 있다. 아프리카 같이 도시화가 빠르게 진행되는 경우 국내 이주가 국외 이주보다 더 빈번함에도 불구하고 국내 이주는 큰 관심을 받지 못하고 있다.

나. 이주와 개발 비관론: 두뇌 유출

1970~1980년대에 두뇌 유출은 빈곤국의 숙련노동자 부족 문제를 야기해 빈곤을 더 심화한다는 의견이 지배적이었지만, 이것을 역의 관계로 바라보

---

72 Uma Kothari, 2003

73 Jan Nederveen Pieterse, 2003

74 Ronald Skeldon, 1997

75 Nina Glick Schiller and Thomas Faist, 2010

는 시각도 있었다. 만약 본국의 실업률이 높을 경우 해외 이주는 국내 고용 시장 경쟁을 떨어뜨리고 경제성장에 기여한다는 점에서 긍정적으로 해석할 수 있다. 더불어 앞서 살펴본 송금액은 필리핀 같은 개도국의 해외 이주 장려 정책을 설명해준다.

그렇지만 이주는 선별적으로 이뤄진다. 대개는 기업가정신이 투철하고 최고의 교육을 받은 인재들이 이주를 결정한다. 특히 선진국은 개도국의 인재들을 유인하기 위한 정책을 편다. 만약 본국에 교육 수준이 높은 숙련노동자가 충분하다면 이들의 해외 이주는 문제될 것이 없다. 가령 인도의 많은 컴퓨터 전문가와 기술자가 이민을 결심하는데, 인도에는 젊은 기술자가 충분하기에 문제가 되지 않는다.

하지만 대다수 개도국에는 숙련노동자와 뛰어난 기술자가 부족하기 때문에 이들의 유출은 경제성장 원동력 상실로 이어진다. 이를 두뇌 유출이라고 부른다. 이는 단순히 기술력 이탈이 아니라 인적 자원에 대한 국가의 교육 및 훈련 투자의 유실을 뜻한다.

사하라 이남 아프리카의 경우 의료진(간호사와 의사) 유출이 특히 심각한 문제다. 2000년부터 사하라 이남 아프리카 출신 1만 6,000명의 간호사가 영국에 등록했고 잠비아는 독립 후 배출한 600명의 의사 중 50명만 국내에 남아 활동한다. 영국 맨체스터에는 말라위 출신 의사의 수가 현재 말라위에서 활동하는 의사의 수보다 많다. 의료진 유출보다 관심을 적게 받고 있지만 아프리카는 교사 유출도 심각한 실정이다.

한편에서는 이러한 두뇌 유출을 별다른 문제로 여기지 않는다. 개인이 자신의 삶을 개선하고 잠재력을 높이기 위해 이주하는 것은 문제될 것이 없다고 보기 때문이다. 출신국이 충분한 고용 기회와 체류할 유인을 제공하지 못하는 것은 출신국의 문제지 개인의 선택을 비난할 수는 없다는 것이다.

반면 계속해서 숙련기술자들을 유인하는 선진국을 비난하는 목소리도 있다. 실제로 고등교육을 받은 숙련기술자가 선진국으로 이주해 자기 수준에 상응하는 일자리를 구하지 못하는 등의 두뇌 낭비brain waste 현상도 빈번히 나타난다.[76]

예를 들면 존 메이Jon May와 그의 동료들은 2007년 국외 출생 노동자가 런던 노동시장의 저임금 일자리에 모여드는 것을 보며 새로운 노동분업이 이뤄지고 있음에 착안한 연구를 진행했다. 이 연구 결과에 따르면 소위 비숙련 업종에 종사하는 이들 중 상당수가 영국 이주 전, 고숙련 업종에 종사했고 49퍼센트가 고등교육을 이수했으며 20퍼센트는 배우는 중인 것으로 나타났다. 상당수의 이주 노동자가 영국 노동시장에 진입해 기술 하향de-skilling하고 있다는 얘기다.

최근 학자들은 전통적인 두뇌 유출 혹은 두뇌 유입Brain Gain 개념을 대체하는 두뇌 순환Brain Circulation 개념을 내세우며 두뇌 유출 문제를 해결할 수 있다고 주장한다. 두뇌 순환의 주요 논지는 목적국은 노동 수요에 대응하고, 송출국은 송금액으로 개발의 원동력을 얻으며, 이주자는 일자리를 찾는다는 점에서 'win-win-win' 전략이라는 것이다.[77] 애너리 색서니언An-naLee Saxenian은 미국에서 교육받은 인도나 중국 출신 기술자가 본국의 정보기술 산업 개발을 촉진한 예를 들면서 두뇌 순환이 본국의 경제성장을 지원할 수 있음을 밝혔다.

고등교육을 받은 숙련기술자가 본국으로 돌아가 기업가정신을 펼칠 수 있는 것은 자유로운 기업 활동과 성장 토대 마련 등 충분한 인센티브가 있기 때문이다. 아프리카나 중남미 등의 개도국은 기술 기반과 정치적 개방성이 낮아 귀국자들이 습득한 기술을 적용할 토대가 부족하다. 이 경우 귀국

---

76 Khalid Koser, 2009

77 Steven Vertovec, 2007

인센티브가 적어 두뇌 순환보다 두뇌 유출 결과로 남을 가능성이 크다.

결국 두뇌 순환이 출신국의 경제성장으로 이어진다는 주장에는 한계가 있는 셈이다.

5. 비정규 이주자 Irregular migrants

'비정규 이주자'는 목적국 시각의 정의로 자국민이 아닌 사람이 입국, 체류, 노동을 위해 필요한 수속을 마치지 않은 경우를 일컫는다. 이는 비정규 입국(은밀한 이주), 비정규 거주(방문비자를 가지고 체류 기간 이상 머무는 경우), 비정규 활동이나 고용 활동(노동 허가 없이 또는 허가받지 않은 단체나 기업에서 근무하는 경우)을 포함한다.[78] 비정규 이주자와 비슷한 개념으로 불법 이주자, 불법 외국인, 밀입국자, 미등록 이주자Undocumented migrants 같은 개념도 사용한다. '불법'이라는 말에는 의도적인 차별성이 담겨 있고 국제 이주자를 부정적 이미지로 낙인찍는 것이기도 하다. 또한 그들이 목적국에서 법적 시스템 밖에 존재함을 강조하는 것으로 법적 보호를 받을 수 없음을 의미하기도 한다.[79] 국제노동기구나 국제이주기구 같은 국제기구는 이러한 차별과 선입견을 방지하기 위해 비정규 이주라는 개념을 사용한다. 비정규 이주자에 대한 정확한 통계치는 파악하기 어렵지만 3,000만 명에서 많게는 4,400만 명까지로 추산하고 있다.[80]

글로벌 시장에서 자본 이동은 국경을 초월하는 반면, 노동자는 제한적인 이동만 가능하다. 특히 선진국이 비숙련·저숙련 노동자의 장기 체류나 입

---

[78] Dennis Conway, 2008

[79] Patrick Taran, 2000

[80] Peter Stalker, 2000와 Franck Duvell, 2006 참고

국을 제한하기 때문에 이들은 보통 비정규 이주를 선택한다. 대다수 선진국에는 분절된 노동시장이 있고 비숙련·저숙련 노동자가 몰리는 산업 분야는 농업, 관광업, 섬유산업, 건설업, 호텔 같은 서비스업, 돌봄산업, 가사노동 그리고 성매매·마사지·클럽 등의 성산업이며 이들이 선진국 숙련 노동시장의 일자리를 침범하는 경우는 드물다.

선진국은 실리적인 차원에서 비정규 이주자를 어느 정도 허용한다. 예를 들면 이탈리아나 스페인 등 남부유럽의 경우 비정규 이주자에 대한 의존도가 전 산업에 걸쳐 꽤 높은 편이다. 미국은 비정규 노동자 없이는 산업 경쟁력을 유지하기가 어렵다. 미국에 가장 많은 비정규 이주자가 있을 것으로 보이며(2004년 기준 1,030만 명) 이는 1990년 400~450만 명에서 상당히 증가한 수치다. 비정규 이주자는 그 수치뿐 아니라 출신국도 다양하다[81](멕시코, 중앙아메리카, 캐리비안, 캐나다, 필리핀, 인도, 폴란드 등). 이들 국가는 저임금 노동력을 이용해 산업을 유지하고 경쟁력을 높이는데, 이는 또 다른 형태의 남북 간 노동착취 관계라고 할 수 있다.

이러한 수요에 대응하기 위해 비정규 이주, 인신매매나 밀입국을 돕는 국제지하조직 혹은 연합체도 존재한다. 이들은 국경 감시를 피하거나 뇌물을 주는 등의 방법으로 국제 이주를 지원한다. 또 비정규 국제 이주 네트워크를 조직하고 송출국, 환승국, 목적국의 지하경제를 활용하기도 한다. 이런 방법으로 국경을 넘는 이주자는 의도치 않게 마약밀반입 같은 조직 범죄에 연루되기도 하고 위험에 빠지기도 한다.

그밖에도 소규모의 초국적 조직이 존재하는데 가족, 커뮤니티, 혈연집단을 바탕으로 하는 이들은 경제적 이익보다 이주 자체가 용이하도록 돕는 데 목적을 둔다.[82] 국제지하조직이나 연합체가 오로지 경제적 이익만을 추

---

81 Jeffrey Passel, 2005

구해 비정규 이주자를 상품처럼 취급하며 반인륜적 위협에 노출시키는 것과는 대조적이다.

이주 산업으로 이득을 취하는 국제범죄그룹, 연합체 및 조직은 어린 여성이나 아이들을 대상으로 새로운 형태의 노예시장을 형성한다. 많은 경우 이들은 성매매, 노동착취 같이 불법적·비인도적이고 위험한 직종에서 일한다. 국제노동기구에 따르면 약 2,000만 명이 강제노동의 희생자이고 그 중 22퍼센트인 450만 명이 성 착취나 학대에 노출되어 있다고 한다. 적어도 200만 명이 상업적 성 노예, 강제 노동, 노예 노동을 위해 거래되며[83] 성 착취 목적으로 이뤄지는 인신매매의 98퍼센트는 여성과 소녀가 차지한다.[84]

요점 정리

- □ 국제 이주 경향은 다음의 4가지로 정리할 수 있다. 첫째, 다수의 이주자가 선진국에 거주한다. 둘째, 전통적으로 분명하던 출신국, 환승국, 목적국의 구분이 모호해지고 있다. 셋째, 이주의 여성화가 이뤄지고 있다. 넷째, 일시적 이주가 증가하고 있다.
- □ 이주 증가의 원인은 글로벌 빈부 격차 심화, 세계적인 일자리 위기, 선진국의 분절적 노동시장, 통신과 교통수단의 혁명적 발달, 이주 네트워크 형성 및 지역 간 기구 설립에 따른 이동의 자유 증가로 정리할 수 있다.
- □ 이주와 개발은 송금액의 규모가 ODA나 외국인 직접투자 규모보다 크다는 사실을 계기로 국제사회의 관심을 받기 시작했다. 사회적 서비스 같은 공공 정책 투자금액이 줄어드는 현실에서 송금은 공공투자 감소를 완화하고 개발의 원동력으로 작용한다.

---

82 Shah and Menon, 2002 참고
83 ILO 2012
84 ILO 2005

- 두뇌 유출이 빈곤국의 숙련노동자 부족 문제를 야기해 빈곤을 심화할 수 있다는 점에서 이주는 개발에 부정적 영향을 미칠 수 있다. 특히 선진국은 개도국의 인재들을 유인하기 위한 정책을 펴고 있지만 많은 숙련노동자가 자신의 숙련도에 대응하는 일자리를 찾는 데 실패한다.
- 글로벌 시장에서 자본 이동은 국경을 초월하는 반면 노동자, 특히 비숙련노동자는 이동이 제한적이다. 그러나 선진국의 경우 생산성과 산업경쟁력 유지를 위해 저숙련 비정규 노동자 고용을 암묵적으로 허용한다.
- 비정규 이주, 인신매매, 밀입국을 돕는 국제지하조직 및 연합체가 존재한다. 이들은 어린 여성과 아이들을 대상으로 새로운 형태의 노예시장을 만들었다. 많은 경우 이들은 성매매, 노동착취 같이 불법적·비인도적인 직종에서 일한다.

생각해볼 문제

- 국제 이주자란 누구를 가리키는가?
- 이주의 주요 원인에는 무엇이 있는가?
- 어떻게 국제 이주가 빈곤을 개선하고 개발에 기여할 수 있는가?
- 송금액이 송출국의 개발에 기여할 수 있는 방법은 무엇인가? 반대로 사회적 불평등 및 갈등을 유발하는 요인은 없는가?
- 두뇌 유출은 무엇이며 어떻게 일어나는가? 이것이 왜 문제가 되는가?
- 국제 이주와 여성과의 관계는?

제5절 인류학과 개발

제5절

1. 인류학의 방법론과 개발 관점

가. 총체론적 접근 Holistic Approach

인류학과 개발학의 밀접한 연관성을 인식하지 못하는 경우가 많은데 이는 크게 2가지의 오해에서 기인한다. 하나는 개발을 경제적인 문제로 생각하는 것이고, 다른 하나는 인류학은 현재 세계가 당면한 국가나 지역개발 문제와 상관없이 오직 사람과 문화를 다룬다는 생각이다.

알고 보면 개발만큼 경제를 넘어 다차원적이고 복잡한 문제도 없다. 또 인류학만큼 현재 세계 각지에서 살아가는 주민의 생계와 권력 관계, 생활세계를 경험적으로 연구하는 학문도 드물다.

개발 문제는 경제적 · 정치적 · 문화적 · 기술적인 문제다. 개발은 환경과 역사, 사람들의 관계와 마음, 과학기술과 지식, 법 · 제도 · 통치의 문제다. 따라서 개발 문제는 항상 다차원적으로 보고 여기에 종합적으로 접근해야 한다. 이것은 인류학이 오랫동안 견지해온 총체적 접근법과 일치한다. 인류학에서 총체적 접근법은 부분을 항상 다른 부분이나 전체와의 상관관계에서 이해해야 한다는 것이다. 또 모든 사회 문제는 단선적인 인과관계로 볼 수 없으므로 다층적이고 복잡한 관계망 속에서 상호관계를 이해해야 한다.

총체적 접근법에서는 사회와 문화를 인간의 몸처럼 하나의 온전한 유기체로 이해한다. 인간의 몸이 끊임없는 신진대사를 통해 항상성을 유지하고 모든 부분이 각각의 역할과 기능을 담당하면서 하나의 온전한 몸을 이루듯 사회와 문화도 그렇다는 의미다. 모든 사회와 문화는 부분의 복잡한 연결망을 통해 상호 보완적으로 기능함으로써 전체 사회가 항상성을 유지한다. 이러한 인류학에서 총체적 접근법은 다른 학문 분과에도 받아들여져 빈곤과 개발의 문제를 소득이나 물질적 부 같은 단일 요인으로 치환하는 것의 위험성을 경고한다. 또 변화 이론Theory of change 구성에서 단선적 인과관계가 아닌 복잡한 변화 요인을 고려해 사회 변화의 다차원성과 총체성을 이해하는 데 기여한다.

나. 현지 연구Fieldwork 방법

인류학자는 항상 마을 안에 들어가 세상을 연구한다. 이를 현지 연구라고 하는데 이것이야말로 인류학의 오래된 지적(知的), 방법론적 전통이다. 특히 사회과학 방법론에서 인류학적·질적 연구와 참여적 연구 방법은 인간과 문화, 환경과 기술, 구조와 주체 간의 복잡한 동학(動學)을 이해하는 데 지대한 공헌을 했다.

모든 인류학자는 마을 안에 들어가 1년 이상 주민과 함께 살면서 원주민이 영위하는 삶과 공동체 그리고 개발 문제를 어떤 특수한 맥락에서 이해해야 하는가를 연구한다. 즉, 그들은 마을 자체가 아니라 마을이 세상과 어떻게 관계를 맺고 변화하는가를 연구한다. 특히 장기간의 현지 연구로 마을에 영향을 미치는 세계화와 글로벌 정치·경제 구조, 오랜 역사 및 전통, 환경과 지리적 특성, 이주와 문화 변동 과정 등을 모두 고려한다. 이러한 전통 때문에 세계의 지역과 민족, 사람들에 대해 인류학자만큼 구체적이고 다양한 지식을 갖추고 있는 학자는 없다.

현지 연구를 할 때 가장 중요한 것은 현지인과의 신뢰 관계, 즉 래포rapport를 형성하는 일이다. 질적 연구를 수행하려면 정보제공자인 현지인과의 신뢰 관계가 필수적이기 때문이다. 양적 연구에서의 서베이survey나 설문지 조사 방식과 달리 현지 연구는 주민들과 함께 먹고 마시고 일하고 놀면서 진행하는 까닭에 참여 관찰Participant observation 연구라고도 한다.

참여 관찰에 따른 심층 인터뷰로 연구자는 현지 주민의 생각과 행동 특성, 서로 다른 이해관계와 집단 간의 갈등, 지식 체계 및 세계관을 이해한다. 특히 현지 연구를 장기간 수행하는 연구자는 개발 문제를 이해하기 위해 경제학자나 정치학자와 다른 관점을 제시한다. 개발 문제를 현지인의 관점에서 이해하고 특수하거나 복잡한 현지의 권력 관계와 역사, 환경적 맥락에서 이해를 돕는 것이다. 장기간의 현지 연구를 하면 외부인의 개발이 안고 있는 문제점과 갈등을 깨닫는 것은 물론, 현지 주민의 지식과 자원을 활용하는 주민 참여적 개발의 필요성을 이해할 수 있다.

다. 문화 상대주의 Cultural Relativism 관점

개발학의 종주국 영국에서 인류학은 경제학과 정치학만큼이나 개발 문제 이해에서 영향력 강한 학문이다. 특히 2차 세계대전 이후 '제3세계'라고 불리는 신생독립국과 피식민지 국가에 대해 인류학만큼 현지 연구를 통해 오랫동안 개발 문제를 연구한 학문은 없다.

19세기 식민주의 시대부터 피식민 사회를 연구한 인류학은 마을, 민족, 종족, 소수민족, 원주민 사회와 관련해 참여적 연구와 실천적 연구를 오랫동안 지속해왔다. 유럽은 인류학자들을 활용해 식민지 관리와 경영을 위한 효과적인 '지배 기술'을 찾으려 했다. 하지만 인류학자들은 원주민 사회와 피식민 사회의 문화 및 전통을 보호하기 위해 그들이 스스로 통치하도록 간접통치indirect rule 방안을 제시했다. 이 때문에 인류학자들은 식민지 수탈과 직접적 지배를 목적으로 하는 식민지 관료나 다른 분야의 학자들과 자주 충돌했다. 식민지배자의 관점인 진화주의나 계몽주의 전통과 달리 항상 원주민과 주민의 입장을 중요하게 생각하는 이들의 인류학적 관점 및 전통은 문화 상대주의로 구체화되었다.

모든 문화는 근본적으로 우열의 차이가 없고 제각각 특수하고 다양하므로 그 고유한 맥락과 전통 속에서 이해해야 한다는 것이 문화 상대주의의 전통이다. 이것은 개발 문제도 공여국과 서구 중심의 진화론적 관점과 달리 수원국 주민의 입장에서 개발을 바라보게 해준다. 그래서 인류학은 다른 사회과학과 마찬가지로 식민지 학문으로 시작했음에도 가장 탈식민주의적인 전통을 지니고 있다. 인류학은 개발 문제에 오래전부터 실천적으로 개입해왔고 서구적 관점에 대항해 원주민의 관점에서 개발 과정을 이해하고자 했다.

문화상대주의자는 발전을 문명이나 진보 개념처럼 서구가 다른 비서구 문화권에 강제로 이식하거나 부가하고자 하는 개념일 뿐이라고 생각한다. 1947년 미국 문화인류학협회는 UN이 정한 세계인권선언조차 서구 중심적이고 인종차별적이라는 이유로 거부했다. 이러한 문화상대주의자의 반대편에서 인류의 보편적 발전 과정과 동일한 진화론적 발전 경로를 강조하는 사람들을 반(反)문화상대주의자라고 부른다. 이들은 발전과 진보를 신봉하며 발전은 서구나 비서구를 가리지 않고 모든 인류 사회가 추구하는 세계적이고 보편적인 목표라고 말한다.

최근 인류학자들은 극단적인 문화상대주의가 자칫 보편적 인권을 거부하고 가치관의 혼란을 야기할 수 있음을 인정하고 있다. 그들은 문화상대주의 관점에도 불구하고 빈곤과 질병, 문맹 퇴치뿐 아니라 개인의 자유와 선택의 기회를 확대하고 환경적으로 지속가능하며 모두가 인권을 보장받는 발전이 인류의 보편적 지향점이어야 한다는 것을 인정한다.

라. 통(通)문화적 비교 연구 Cross-cultural Approach

인류학은 비교의 학문 또는 비교사회학이라고 할 정도로 비교 연구 방법을 많이 활용한다. 인류학자는 항상 타문화 연구를 통해 자문화를 비교·연구·성찰하는 사람들이다. 가령 인류학은 상이한 역사적 시기를 통시적으로 비교하거나 동시대의 다양한 사회를 공시적으로 비교한다. 문화의 비교 연구가 가능한 것은 세계의 모든 문화에 다양하면서도 보편적인 공통분모가 있기 때문이다. 이를 인류 문화의 보편소라고 한다.

모든 문화에서 발견할 수 있는 가족, 친족, 혼인, 정치, 법, 종교, 언어, 예술 등이 문화의 보편소다. 개발 문제를 연구할 때 인류학자는 다양한 발전 경로와 경험을 비교함으로써 서구의 특수한 발전과 진화 과정을 일반화하거나 보편화하는 오류를 범하지 않고자 한다. 특히 이들은 자문화, 자민족 중심주의에 입각해 공여국의 발전 경로와 개발 경험을 이식 및 전파하는 시도가 얼마나 위험한 일인지 지적한다. 동시에 비교 연구 방법은 모든 발전 과정에서 공통적으로 나타나는 일정한 법칙과 개발의 보편소를 찾아내는 데 기여한다. 즉 모든 발전 과정에서 결정적으로 중요한 역할을 하는 정부, 시민사회, 민간기업, 지역사회, 경제 체제, 교육제도, 보건의료제도, 인프라, 거버넌스, 자연환경, 자원, 사회자본 등을 서로 비교하고 개발 과정에서 이들 간의 관계를 연구하게 한다.

현지 연구를 통한 인류학자의 다양한 사례 연구와 통문화적 비교 연구는 국제개발을 단선적 과정이 아니라 다양한 경로와 다차원적 관점에서 이해하게 하는 데 매우 중요하다. 즉 국가, 시민사회, 경제, 기술, 환경, 법과 제도, 가치관과 행위 규범, 전통과 예술을 포괄하는 모든 영역의 비교 연구 방법으로 인류의 발전 및 개발 과정의 공통점과 차이점을 도출할 수 있다. 나아가 이것은 개발 문제의 보편성과 특수성을 구분하게 해준다.

인류학자는 아시아와 아프리카에서 서구와 다른 시민사회가 어떻게 발전하게 되었는지, 비서구 사회에서 다양한 시장과 공동체가 어떻게 발전해 왔는지를 비교 연구한다. 이처럼 경험적 사례 연구에 기초한 비교 연구 방법을 통해 개발 과정의 특수한 맥락을 이해하는 동시에 서구 및 다른 사회와는 상이한 발전 과정과 경로를 파악하게 한다.

2. 개발인류학 Development Anthropology

가. 개발인류학과 지역 지식

인류학은 처음부터 이론과 응용을 구분하기 위해서가 아니라 지식과 경험을 응용하고자 이론을 필요로 했다. 따라서 응용인류학 Applied Anthropology 또는 개발인류학은 순수인류학을 전제로 한 특별한 영역이 아니라, 현장 및 참여 연구로 식민지와 문화 접근 등 현실 문제에 개입할 수밖에 없는 인류학의 본래 역사이자 출발이라고 할 수 있다.

식민지 시기 이후 인류학자들은 줄곧 식민지 행정과 개발 문제에 깊이 관여할 수밖에 없었다. 특히 전후에는 국제개발 영역에서 개도국의 개발 목표와 전략을 수립하고 대안적 개발의 길을 모색하는 데 적극 참여했다.

또한 많은 응용인류학자가 원주민과 농민, 도시 빈민, 부랑자, 여성의 권익 및 정체성을 보호하고자 하는 도덕적 명분과 실천적 요청에 부응했다. 이에 따라 이들은 다양한 분야에서 주민 참여적 개발 계획을 수립하고 개발 과정과 그 결과를 평가하는 작업에 골몰했다.

다른 한편에서는 상아탑의 순수한 인류학자들이 개발 문제를 저급한 수준의 학문으로 간주해 회피했고, 개발인류학자를 사회공학자 혹은 행정에 동원된 기술전문가로 매도하기도 했다.

응용인류학과 실용인류학Practical Anthropology

응용인류학 개념은 1881년 줄리언 피트리버스Julian Pitt-Rivers가 처음 사용했고 1906년 옥스퍼드대학에서 학위 과정을 개설했다. 식민지 상황에서 리처드 탬플 경Sir. Richard Temple은 인류학을 실용과학으로 주창했다. 래디클리프-브라운Radcliffe-Brown은 1920년대 초 남아공 케이프타운대학 사회인류학 교수로 부임해 응용인류학 과정을 개설했고, 1930년에 발표한 논문 〈Anthropology as Public Service and Malinowski's Contribution to It〉에서 응용인류학이라는 개념을 학술적으로 사용했다.

반면 실용인류학 개념은 이미 1860년대에 런던 인류학회 창시자 제임스 헌트James Hunt가 사용하기 시작했고, 브로니스와프 말리노브스키Bronislaw Malinowski는 1929년 실용인류학 논문을 발표했다. 에드워드 타일러Edward. B. Tylor는 인류학을 정책과학으로 간주했고 인류학을 인간의 조건을 개선하는 데 사용해야 한다고 주장했다.

영국에서 인류학은 나이지리아, 피지 등에서 식민지 행정에 사용했고 미국에서는 1934년 인디언 재조직법을 만들 때 인류학자를 본격적으로 동원했다. 이에 따라 2차 세계대전 중인 1941년 미국 응용인류학회SfAA를 창립했으며 1949년 응용인류학회 학회지를 〈Human Organization〉으로 개편 및 출판해 인류학자의 윤리선언을 발표했다. 이후 트루먼 대통령의 포인트 포Point Four 프로그램에 응용인류학자가 대거 참여했고 또 미국 국제개발처USAID를 중심으로 한 개발 프로젝트 설계와 영향 평가, 타당성 조사 등에도 인류학자가 참여했다. 1983년에는 미국 인류학회에서 실용인류학회NAPA를 창립했고 이는 응용인류학회와 함께 양대 분과를 형성했다.

경제학과 정치학, 사회학 등 주류 사회과학에서 개발은 근대화·산업화·도시화를 의미한다. 사실 지배적인 근대화론은 모든 사회가 전통사회에서 근대사회로, 농촌사회에서 산업사회로, 귀속사회에서 성취사회로 발전했다고 보는 단선적인 이론이다. 근대화와 산업화의 단초도 식민지 지배에서 비롯되었다고 본다. 이러한 주류 사회과학의 개발론 혹은 근대화론은 식민주의에 대한 깊은 성찰과 이해 없이 식민지 지배를 합리화하고, 결과적으로 식민지 독립 이후에도 개발원조를 근대화를 달성하는 중요한 수단으로써 구식민제국의 지속적인 개입과 지원을 정당화한다.

반면 인류학자들은 식민지 시기 이후 무엇이 원주민 사회 개발에 도움을 주었는가를 관찰·실험·연구해왔다. 특히 개발 연대로 불리는 1960년대 이후에는 대외원조와 개발에 관한 많은 연구를 수행했다. 식민주의가 인류학을 배태한 권력구조였다면 개발 문제는 현대 인류학의 전반적인 맥락을 제공했다고 할 수 있다.

인류학은 19세기부터 지역학과 불가분의 관계였고 인류학적 지식은 지역 지식local knowledge을 발굴·재현하는 것이므로 인류학은 진정한 의미의 지역학에 가깝다. 인류학자 클리포드 기어츠Clifford Geertz가 말한 것처럼 항해, 정원 가꾸기, 정치학과 시학, 법과 문화지는 장소의 산물이다. 이것은 모두 지역 지식이라는 전조등 아래 작동한다. 국제개발은 이러한 지역 지식이 없으면 제대로 작동할 수 없다.

인류학자에게 국제개발은 '사악한 쌍둥이evil twin'처럼 분리할 수 없는 것이자 양날의 칼 같이 불편하고 위험한 영역이다. 어떤 인류학자도 개발 문제를 완전히 외면한 채 현지 연구를 수행할 수 없으므로 모든 인류학자는 개발인류학자이기도 하다. 인류학자는 오랫동안 현지 연구를 하면서 지역학자이자 개발인류학자로 거듭난다.

개발 영역에서 개발인류학은 많은 비판과 논란에도 불구하고 참여적 개발Participatory development과 지역 중심의 지속가능한 개발Sustainable development 논의 및 실천에 지대한 기여를 해왔다. 더불어 서구와 비서구 사회에서 인류학은 개발 문제에 개입하며 성장했다. 인류학자는 개발 문제와 실질적으로 연계하고 개발 프로젝트와는 일정 거리를 두는 비판적 관계를 유지하면서 개도국의 개발 문제에 오랫동안 개입해왔다.

개발인류학자는 응용인류학과 식민지 인류학의 전통을 이어받아 개발계획과 정책 수립 및 실행, 평가 과정에 직접 참여했다. 전후에는 선진국의 원조기관과 세계은행 같은 국제금융기구 등에서 활동하며 세계의 다양한 지역에서 벌어지는 개발 사업을 평가하고 여러 지역사회에서의 개발 사례와 개발원조의 실천 과정을 비교 연구하였다.

나. 개발 분야에서 개발인류학자의 역할

USAID의 최초 고위직 인류학자 앨런 호븐Allan Hoben이나 마이클 호로비츠Michael Horowitz 등에 따르면 인류학자는 개발원조 프로그램 디자인 단계부터 문제 해결 방식에서 다른 분야 전문가와 차이를 보인다. 이들은 문화적으로 수용 가능하고 기술적으로 적합한 프로그램을 계획하며 서로 다른 문화 간의 매개자 역할을 담당한다. 또한 주민 입장에서 프로젝트 사업의 사회 · 문화적 파급 효과를 고려하고 특히 이주와 재정착 계획, 농경, 하저(河底) 개발, 천연자원 개발, 비공식 경제 분야 등에서 인류학자의 역할이 두드러진다고 평가한다.

간혹 인류학자는 개발 정책의 근본 목표에 도전적이고 때로는 '기인' 같은 말을 해서 세계은행을 비롯한 국제개발기구에서 조직의 일에 실질적으로 기여하지 못한다는 평가를 받기도 했다. 하지만 인류학자의 기인 같은 말도 차츰 국제개발에서 문화적 변수로 중요하게 받아들여지면서 프로젝트 디자인 단계부터 인류학자의 관점을 공식적으로 수용하기 시작했다. 무엇보다 인류학자의 총체적 관점이 각종 국제개발 사업을 모니터링하는 데 가장 적절하다는 인식이 확대되었다.

전통적인 인류학의 참여 관찰 방법과 행위자 중심의 시각은 농촌 지역 개발 프로젝트에 적절하고 가치 있는 관점을 제공했다. 인류학적 현장 연구 관점과 방법은 참여적 농촌 평가, 참여적 빈곤 평가Participatory poverty assessment, 사회적 건강 평가Social soundness assessment, 이해당사자 분석Stakeholder analysis, 다지역 개발 프로젝트 비교 분석, 사회 · 문화적 적합성 분석, 권리에 기반을 둔 개발Rights-based approach to development 같이 구체적인 개발 정책 수립과 평가 기법으로 거듭났다. 미국 응용인류학회는 세계 각 지역에서 인류학자가 수행한 수백 건의 개발 프로젝트 기법과 연구 성과를 체계적으로 기록해 종합적으로 관리하고 있다.

국제개발에서 거시인류학Macro Anthropology이란 국별 전략 계획 수립에 필수적인 거시경제 보고서에 잘 통합되도록 국가 수준의 사회, 문화, 정치적 변화를 기술 및 설명하는 것을 말한다. 거시인류학에서는 보통 6주 이내에 현장 연구를 수행하고 현지 연구자가 연구에 참여해 활용하며, 체계적인 지역적 표본조사와 현장 연구 이전에 폭넓은 문헌 연구가 이뤄진다. 이러한 거시인류학은 사회 영향 평가Social impact assessment나 국별 협력 계획을 수립하는 데 기초 자료로 쓰인다.

또한 인류학자는 인적자원 개발이나 지속가능한 개발 같은 주요 개발 전략을 거시적 차원에서뿐 아니라 지역 수준에서 적용하고 그 의미를 재해석한다. 개발 전략이 사회·문화적 맥락에서 동일하게 모든 개발 사업에 무차별적으로 적용되는 것은 아니다. 인류학자들은 국지적 차원에서의 개념 변용과 개발 과정의 차이에 주목하기도 했다.

지속가능성에 대한 많은 연구 사례는 이 개념이 국지적으로 어떻게 받아들여지는가를 보여준다. 개발에서 지속가능성 개념은 1987년 부룬트란드 보고서Brundtland Report 이후 가장 중요한 정책 담론으로 자리 잡았다. 1980년대 말부터 모든 개발계획은 지속가능한 개발이라는 기준에 맞게 설계·수행·평가하는 것이 일종의 국제 규범이다. 하지만 지속가능성 개념은 대체로 환경주의자가 독점했고 최근까지도 사회·문화적 지속가능성은 개발 프로젝트 사업에서 중요한 평가 기준이 아니었다.

환경 영향 평가Environmental impact assessment는 개발계획이 물리적 환경에 어떤 영향을 미치는가를 조사한다. 하지만 개발계획에 밀려 정체성 위기를 겪고 정착지를 박탈당한 채 이주하기도 하는 주민들의 뿌리 뽑힌 삶과 생계 방식에 대한 평가는 제대로 이뤄지지 않았다. 이런 맥락에서 인류학자의 지속가능한 생계 방식에 대한 관심은 지속가능성 개념을 사회·문화적 차원으로 해석하고 적용하는 데 기여했다.

인류학자에게 지속가능성은 주민이 생활양식을 지키고 보전하는 능력을 의미한다. 인류학자들은 개발 프로젝트에서 지속가능성 개념을 지속·혁신·스트레스와 충격에 대한 반응, 다양성이라는 기준으로 적용 및 평가하려 했다.

스노모빌의 사회 영향 평가 사례

인류학자 페르티 펠토Pertti Pelto의 연구에 따르면 핀란드 사미인 사회에서 스노모빌 도입은 재난이었다. 이 사회에서 순록은 경제생활에 가장 중요한 것으로 식량뿐 아니라 운송, 의복, 교역 등 사회·경제적 기능을 담당했다. 1960년대 사미 사회는 스노모빌을 도입했는데 이것이 모든 것을 바꿔놓았다. 사람들은 더 이상 순록 떼 길들이는 일을 하지 않았고 스노모빌이 모든 일을 하면서 순록 떼 수가 급격히 줄었다. 스노모빌을 구입하고 휘발유를 사려면 현금이 필요했는데 이는 경제적 종속과 불평등을 만들어 냈다. 더불어 스노모빌은 젊은 목축인을 늘려 젠더에도 영향을 미쳤다. 주민들은 빚이 늘어났고 공동체가 무너지면서 문화적 재난을 초래했다. 이것은 사회 영향 평가 없이 신기술과 개발 사업을 무분별하게 도입하면 때로 예측할 수 없는 재난이 발생할 수 있음을 보여주는 문화지 사례다.

개발 전문가가 갖춰야 할 공통의 핵심 역량은 지역 지식과 경험, 문화적 소통 능력인데 이를 강조하는 경우는 많지 않다. 지역 지식이 결여된 국제 개발 전문가는 일방적으로 서구와 자국의 지식, 기술을 이식하는 일에만 몰두한다. 따라서 현지 문화와 제도, 다양한 정치적 맥락에서 수용 가능 및 적용 가능하고 적절한 개발 프로젝트 사업을 발굴할 수 없다.

기능적, 공학적 지식에 기초한 분야별 전문 인력도 사업 수행에 요긴하지만 원조 사업을 시행하는 파트너 국가와 지역사회에 대한 충분한 이해가 없으면 원조 사업이 긍정적인 영향을 미칠 수 없다. 나아가 개도국은 서구의 지식과 관리 체계에 영원히 종속되는 원조 종속Aid dependency과 빈곤의 악순환에 빠진다. 그런 의미에서 국제개발 전문가는 다른 무엇보다 지역 전문가로서의 자질을 갖춰야 한다. 파트너를 모르고 공여자의 입장에서 원조를 수행하는 것은 공여자 중심주의Donorcentrism다.

지역 전문가란 '특정 지역의 현지어와 현지 문화를 익혀 현지인과 자유롭게 소통하고 특정 분야의 지역 지식을 체계적으로 갖춘 자'로 정의할 수 있다. 이들은 현지어, 현지 문화, 전문 분야의 지역 지식을 숙달하고 있다. 지역 전문가의 자질을 갖춰야 수원국 문화와 제도 및 환경에 맞게 효과적인 원조를 수행할 수 있으므로 국제개발 전문가는 지역 지식의 토대 위에서 전문적인 직능 기술을 습득해야 한다.

다. 인류학적 빈곤 연구와 삶의 질 개념

인류학자가 강조하는 빈곤과 문화의 다차원적 접근법은 세계은행 등 주요 개발 기구의 경제-기술 결정론적 관점을 바꾸는 데 기여했다. 멕시코를 비롯한 중남미와 인도, 방글라데시 등에서 인류학자가 연구한 빈곤 문제는 빈곤의 문화Culture of poverty에 대한 논쟁을 불러일으켰다. 더불어 빈곤은 권력 관계, 문화적 구조, 외부와의 연계, 중심-주변 관계 등 복잡한 요인을 고려해야 한다는 관점이 점차 확산되었다.

빈곤의 문화

빈곤의 문화 개념은 오스카 루이스Oscar Lewis가 멕시코 도시 빈민 계층의 삶과 문화의 특성으로 제시한 것이다. 빈곤의 악순환이 벌어지는 도시 빈민의 삶에는 가난이라는 하위문화가 존재한다는 의견이다. 루이스는 빈곤 문화를 70여 가지의 경제, 사회, 심리적 특성으로 설명한다. 예를 들면 빈민은 경제적으로 생존을 위해 끊임없이 투쟁하며 실직, 저임금, 직업의 불안정, 무계획적 소비 등을 반복한다. 사회·문화적으로는 주거공간이 비좁고 알코올의존자가 많으며 잦은 폭력과 아동학대, 가정폭력, 성 문란, 모(母) 중심 가족, 가장의 가족 유기, 권위주의적 가족 관계, 모계적 성향이 강하다. 심리적으로는 주변 의식, 무력감, 고립감이 강하고 소속감 결여 등이 나타난다. 이러한 빈민의 생활방식은 다음 세대로 이어져 빈곤의 악순환이 일어난다. 이 주장은 빈곤을 개인의 탓으로 돌리고 또 빈곤 그 자체보다 빈곤 문화를 없애는 것이 쉽지 않다는 주장으로 발전해 이후 많은 논쟁을 낳았다. 가령 데이비드 발렌타인 David Valentine은 가난한 사람들에게도 지배적인 문화 규범이 있으며 가난한 자와 부유한 자의 문화 규범은 그리 다르지 않다고 했다. 많은 진보 인류학자가 빈곤을 문화가 아니라 구조적인 원인 때문으로 보았고 빈곤을 개인의 탓으로 돌리는 것은 잘못이라고 비판했다. 이들은 빈곤 문제 해결을 위해 중요한 것은 물리적 박탈과 사회·문화적 모순을 제거하는 것이며 경제, 교육, 정치 제도를 포함한 불평등한 사회구조를 개혁해야 한다고 주장했다.

세계은행의 세계개발지수와 UNDP의 인간개발지수는 개발과 빈곤의 개념이 어떻게 변화하고 있는지 그대로 보여준다. 1968년 맥나마라가 세계은행 총재가 되기 전까지 빈곤의 개념에 관심이 있는 사람은 많지 않았다. 개발의 유일한 지표는 일인당 GNP 수준과 성장률을 올리는 것이었다. 맥나마라는 실질적으로 절대빈곤 상태에 있는 주민을 지원하는 데 개발 목표를 두었고, 가난한 국가 지원에서 주민 지원으로 개발 사업의 목표를 바꿔놓았다. 이후 세계은행은 교육, 영양 상태, 문해literacy, 기술 훈련, 소농 지원 등 주민들이 실질적으로 수혜를 받을 수 있는 사업을 전개했다. 1970년대에는 개발 연대로 인간의 기본 욕구BHN, Basic Human Needs에 접근하는 것이 보편화했고 삶의 질을 지표화한 인간개발지수를 비롯해 개발 목표와 지수를 계량화했다.

세계은행의 세계개발지수를 보면 개발의 대분류 기준과 목표는 세계관, 주민, 환경, 경제, 국가와 시장, 글로벌 연계다. 인간개발지수는 평균수명, 문해율, 1·2·3차 학교 등록률, 실질구매력 기준 일인당 GDP를 지수의 기

준으로 하고 있다. 여기에 성차, 빈곤, 건강, 지식, 인구, 에너지, 환경, 인간
안보, 영양, 직업 안정, 범죄 등과 연계해 지수를 개발한다.

UNDP의 인간개발지수 개념은 삶의 질을 나타내는 문화 지표이기도
하다. 수명, 건강, 영양, 교육, 지식 축적, 성적 평등, 정치·사회적 자유, 자
율성, 권력 획득, 참여와 선택권 등이 그것이다. 이것은 기본 욕구 접근BHN
approach을 확대하고 심화한 것이다. 최근에는 아마르티아 센이 주창하는 기
회, 기능 수행, 능력, 자유 개념을 빈곤 개념에 포함하고 있다. 이러한 지수
는 점차 개발 목표와 개념이 인간의 삶과 직결하도록 변화하고 있으며, 이
는 경제와 국가 중심주의에서 인간과 문화 중심으로 전환되고 있음을 의미
한다.

3. 발전인류학 Anthropology of Development

인류학적 지식과 경험을 응용하려 한 개발인류학과 달리 발전인류학은 20
세기의 개발 담론과 개발 정책, 개발 체제가 미치는 사회적 영향을 연구하려
는 시도다. 1990년대 이후 나타난 발전인류학에서 인류학자들은 개발 개념
을 서구 사회의 재현 체제regime of representation로 분석했다. 이와 함께 세계
은행과 선진국의 개발원조 프로그램이 비서구 사회에 대한 헤게모니적 통
제와 개입을 확장하고 일방적인 지식 및 세계관을 정당화했음을 지적했다.

특히 미셸 푸코의 지식과 권력 논의에 영향을 받은 포스트모더니즘Post-
modernism과 탈구조주의 인류학자들은 개발 담론 해체를 통해 개발의 다양
성, 유연성, 다원성, 이질성을 발견하고 대안적 개발 담론을 생산하는 데 기
여했다. 국제개발 분야에서 인류학자는 대안적 정책을 제시하는 것뿐 아니
라 그들이 연구하는 주민을 옹호하고 그들을 대변해 로비함으로써 개발 담

론에 변화를 이끌어내기도 했다. 개발 담론은 서구의 과학적인 지식과 비서구 사회의 무지한 속성을 드러내는 것에 다름 아니었고 개발 문화는 주민의 토착 지식과 양립할 수 없는 것이었다.

개발 개념은 20세기 이후 가장 강력한 정치·경제적 논리이자 이념적 동기이며 현실을 구성하는 영향력 있는 개념이다. 19세기에는 사회·진화 개념을 통해 문명과 야만의 비교 연구를 정당화했다면, 20세기에는 개발 개념으로 서구와 비서구의 구분을 이어갔다. 더불어 개발과 저개발, 제1세계와 제3세계를 구분함으로써 서구의 지식과 권력 체계를 세계적으로 확산했다.

2차 세계대전 이후 지금까지 개발 담론은 세계 곳곳에서 가장 뜨거운 정치적 의제였다. 주민들은 개발을 욕망하고 국가는 개발을 정치화하며 자본과 시장은 개발을 통해 스스로를 증식한다. 개도국에서 지역정치의 핵심은 개발 이슈다. 가령 수자원 개발과 소득 증대, 교육과 복지, 환경 개선과 자원 개발을 둘러싸고 주민과 국가·지방정부·주민 조직 단체·원조기관 간의 복잡한 정치가 벌어진다.

국제정치 차원에서도 선진국은 마법 같은 개발 담론과 이념을 통해 남북 간의 불균등한 국제질서를 공고히 했고 개발을 통해 제3세계를 만들어냈다. 개발은 문명화나 진보, 서구화와 근대화 이념 같이 모든 국가·시장·시민사회가 이의 없이 수용하는 20세기 최고의 담론이다. 또한 개발은 시기별로 탈식민화, 경제자유화, 빈곤 퇴치, 인권, 인간 안보, 지속가능성, 확대된 자유 등으로 설명해왔고 지역공동체부터 국가·지역·글로벌 수준까지 다양하게 개발 논의를 확장했다.

발전인류학은 후기 구조주의 영향으로 언어와 의미가 사회적 현실을 구성하는 것을 강조한다. 이들은 언어와 담론을 사회 반영이 아닌 구성물로 보고 담론 이론이 사회 이론에서의 이상과 현실, 상징과 물질, 생산과 의미화 등의 이분법을 극복하게 한다고 설명한다. 특히 이들은 근대화론에서 종속 이론, 세계 체제론, 시장 중심적 개발과 지속가능한 자율적 환경개발론까지 '개발'이라는 용어 자체에 대한 근본적 문제 제기 없이 그 개념이 증폭된 현실에 주목한다. 즉, 개발이 사회생활의 조직 원리가 되고 있음을 분석하고자 한다. 이들은 개발을 사고와 관행의 대상으로 이해해 친숙한 것을 낯설게 하는 작업과 담론적 방법을 통해 시장, 수요, 인구, 참여, 환경, 계획 등의 개발 담론을 연구한다.

예를 들어 아르투로 에스코바는 권력과 지식을 연구하면서 개발을 지식과 권력 기술을 연계하는 하나의 담론 구성물로 파악했다. 제임스 퍼거슨도 레소토 사례 연구에서 세계은행이 레소토를 개발이 필요한 전통적인 후진국으로 기술하고 원조와 문제 해결에 필요한 프로그램을 정당화함으로써 지배를 합리화했다고 분석했다.

자이레의 철학자 발렌틴 무딤베Valentin Mudimbe는 아프리카에 대한 담론 연구의 필요성을 제기했고, 찬드라 모헨티Chandra Mohanty는 1970~1980년대의 '여성과 개발' 텍스트가 제1세계 여성이 성취한 것을 제3세계 여성의 결여 부분을 묘사하는 데 사용했다고 분석했다. 제임스 퍼거슨은 19세기의 문명 개념처럼 개발은 가치 지배적인 문제의식이자 해석망interpretive grid으로 이를 통해 일상의 모든 일이 의미를 지니고 이해할 수도 있다고 말했다.

준 내시June Nash의 멕시코 치아파스 지역 연구 사례는 1950년대부터 현재까지 공동체의 변화와 개발 문제를 다루고 자본주의, 개발, 문화 정체성, 저항의 긴장 관계를 분석한다. 이를 통해 내시는 변화와 정체성, 개발 저항과 혁신, 문화 관습과 이질성, 계급과 성관계, 지역과 국민, 민족 동맹, 전통 공예의 상품화 및 문화 재생산 등의 문제를 분석하고 있다. 그밖에도 아마존 지역에서의 세계화와 환경주의 담론 연구, 네팔에서의 지역 이질성 재생산, 세계화 인류학과 탈개발 인류학, 자본주의와 세계화에 대한 저항, 개발 저항, 세계화의 일방적 수용이 아닌 사회관계와 정체성, 경제 관행을 만들어가는 과정, 제3세계 시각에서의 개발과 세계화 사례 연구가 주목을 받는다.

하지만 포스트주의와 탈개발, 탈근대, 탈구조주의의 영향을 받은 발전인류학은 4가지 관점에서 비판을 받는다. 비판 내용은 ①사회와 문화의 경험적 비교를 거부한다 ②심층 기술과 담론 분석에 따른 체계적인 인류학적 비교 연구 방법론을 부정한다 ③개발제도의 극도의 이질성을 인식하지 못한다 ④개발 문제에 대한 현실적 대안이 없다는 것이다.

4. 비판적 개발인류학과 국제개발 체제 비판

인류학자는 비판적 관점으로 개발 문제를 다룬다. 이들은 대안적 정책을 제시하는 것뿐 아니라 그들이 연구하는 주민을 옹호하고 대변함으로써 변화를 이끌어낸다.

우선 인류학자는 개발 프로젝트의 사회·문화적 적합성을 평가하고 개발원조 기관이 인간적, 문화적, 제도적 이슈에 관심을 갖게 한다. 또 사회 분석을 통해 구조적 빈곤 요인을 해명하고 구조조정 프로그램의 사회·문화적 영향을 강조하는 등의 비판적인 작업을 한다. 예를 들면 세계은행의 인류학자 마이클 세르니Michael Cernea는 경제 기술 중심주의가 심각한 폐해를 초래한다고 보고 위로부터의 경제 중심적 방법론이 실패했다고 주장했다. 또한 그는 개발의 사회·문화적 측면을 강조했고 문화를 주변 영역에서 중심 영역으로 끌어당겼다. 1974년만 해도 세계은행에서 일하는 인류학자는 한 명뿐이었지만 이후 60여 명으로 늘어났고, 1973년 맥나마라 총재가 등장하면서 개발 패러다임에 변화가 생겼다. 그 후 개발 정책은 대체로 주민 우선putting people first의 빈곤 퇴치 전략을 채택했다.

개발은 개도국의 경제·사회 개발, 빈곤 퇴치를 목적으로 해야 한다. 그러나 지난 반세기 동안 실제 개발 담론과 정책은 공여국의 식민지 유산 관리, 냉전 체제에서의 영향력 경쟁, 아프리카의 구조조정과 신자유주의 확산, 테러와의 전쟁 등 미국이나 유럽의 자국 이해와 영향력 확산을 위한 도구로 사용돼 왔다.

인류학은 이처럼 타 학문이 암묵적으로 지향하는 환원주의와 개발주의를 정면으로 비판해왔다. 환원주의란 개발의 다차원적이고 복잡한 문제를 경제, 기술, 성장, 시장, 소득 수준 등으로 환원하는 것을 말한다. 개발주의는 환경과 생계의 지속가능성을 고려하지 않고 주민 참여나 자조적 노력과 무관하게 위로부터의 개입 및 외부 지원에 따른 대규모 개발 프로젝트를 주장한다. 개발주의의 이러한 반개발, 반환원주의적 특성으로 인해 식민지 시기부터 지금까지 인류학과 개발은 불편한 관계를 지속해왔다. 특히 1990년대 이후 탈개발 담론Post-development discourses이 본격적으로 등장하면서 인류학은 2차 세계대전 이후 세계적으로 확산 중인 비서구 사회에서의 개발 담론을 비판하는 데 더욱 앞장서고 있다.

그렇다고 인류학이 개발 문제에 완전히 눈과 귀를 막거나 전혀 개입하지 않는 것은 아니다. 오히려 인류학은 비서구 사회의 마을, 지역공동체, 개발 현장에서 외부 개입 프로그램이 주민의 삶과 생계에 어떤 결과를 초래하는지 앞장서 연구해왔다. 그러나 개발에 대한 인류학자의 개입 방식은 거대 담론을 추종하는 다른 학문과 그 궤적을 달리한다. 개발인류학자들은 삶의 질 향상을 위해 직접 개발 프로젝트 현장에 참여하고 자문했다. 반면 발전인류학자들은 개발 문제와 일정한 거리를 두고 개발을 자성하고 비판하는 역할을 했다.

아직까지는 개발에 대한 인류학자들의 비판적인 자성 노력이 적극적인 현실 참여보다 더 설득력이 있는 듯하다. 다행히 최근 인류학은 개발 문제에 대한 거리두기와 비판적 성찰 단계를 넘어 개발인류학과 발전인류학 사이의 간극을 메우고 다시 비판적 개발인류학과 실천적 참여인류학으로 입장을 정립해야 한다고 주장하고 있다.

아크힐 굽타Akhil Gupta와 퍼거슨도 인류학적 지식은 근본적으로 하나의 상황적인 현실 개입으로 볼 수 있고 특정한 정치적 목적을 추구하는 방식으로 이해해야 한다고 말했다. 이들은 발전인류학을 보다 잘 이해하려면 그 가치와 윤리에 대한 비판적 분석이 필요하다며 발전인류학을 도덕적 프로젝트와 담화로 간주한다.

제4장

개발과 정치

주요 목표

o 국제연합의 설립 목적과 그 역할, 나아가 세계 정부의 가능성 파악
o 민주주의 및 거버넌스와 개발과의 상관관계 이해
o 자유로서의 개발과 권리로서의 개발 개념 분석
o 분쟁과 평화가 개발에 미치는 영향 조사
o 글로벌 이주와 개발의 관계 이해

제1절 국제연합과 국제평화, 그리고 국제개발

1. 들어가며

2차 세계대전 종전 이후 국제사회가 당면한 가장 중요한 과제는 전쟁으로 피폐해진 국가들을 재건하고, 또 다른 세계대전을 예방할 장치를 마련하는 일이었다. 이를 위해 설립한 국제기구가 국제연합UN, United Nations이다.

1945년 10월 24일에 공식 출범한 UN은 지금까지 회원국 간의 평화와 안전을 유지하고 국가 간 우호와 협력을 증진해왔다. 또 경제적·사회적·문화적·인도적 문제를 해결하고 인권 및 자유를 증진하기 위해 국제적 협력을 이끌어내고, 이러한 목적을 달성하기 위해 각국의 입장과 행동을 조정해왔다. 현재 UN은 식량, 농업, 보건, 아동, 여성, 교육, 과학, 문화, 환경, 노동, 무역, 투자, 인도적 지원, 평화 유지, 인권, 개발 등 다양한 분야에 전문기구를 두고 인류평화와 공영을 위해 활동하고 있다.

UN은 하나의 거대한 공론장으로 평화, 안보, 인권, 평등, 환경 등 개별국가 수준에서는 다루기 힘든 초국적 이슈를 국제적 수준에서 의제화했다. 무엇보다 2차 세계대전 이후 신생독립국이 강대국의 틈바구니에서 최소한 자신의 독자적인 목소리를 낼 수 있는 창구 역할을 함으로써 이들 국가가 국제관계의 주요 일원으로 자리 잡는 데 일조했다.

그렇지만 UN도 급변하는 국제정치의 파고 속에서 많은 우여곡절이 있었다.

1945년 설립 이후 국제질서가 미국과 소련 간의 냉전 체제로 재편되면서 UN이 지향하는 '집단 안보 체제'는 제대로 작동하지 못했다. 비록 UN이 주권 평등, 즉 국력에 상관없이 1국 1표 주의에 기초한 회원국 간의 동등한 연합체라고 하지만 이는 형식상 그러할 뿐 실상은 그렇지 않다. 냉전 체제에서 사실상 2차 세계대전 전승국 모임으로 주요 의결권과 그에 대한 강제 이행 권한이 있는 안전보장이사회Security Council(이하 안보리)가 막강한 영향력을 행사하면서 UN은 일정 부분 독립성과 자율성을 잃었다. 이 때문에 UN의 파행 운영에 책임이 있는 안보리를 폐지하거나 전면 개편해야 한다는 주장이 지금까지 나오고 있고, 한때는 UN 무용론이 유행처럼 나돌기도 했다.

현재 국제사회는 세계화와 정보통신의 발달로 상호 의존이 깊어지는 동시에 테러, 기후변화, 질병, 이주 등 범지구적 이슈에 직면해 국제질서와 평화, 안정 및 번영이 위협을 받고 있다. 문제는 국제적 수준의 정부 간 기구인 UN이 이런 초국적 이슈를 홀로 다루는 데는 한계가 있다는 것이다. 다시 말해 초국적 이슈는 UN을 비롯한 다양한 국제기구, 개별 국가, 비정부기구 심지어 개개인의 협력 없이는 해소하기 어렵다. 안타깝게도 이런 초국적인 의제를 논의하고 필요에 따라 조치를 강제할 수 있는 전 지구적 수준의 조직은 아직 없다. 이것이 실현 가능성을 떠나 '세계 정부'의 필요성이 계속 대두하는 이유다.

2. UN 설립과 20세기 국제질서

20세기 초, 1차 세계대전(1914~1918)을 치른 국제사회는 전쟁 재발을 막고 항구적인 평화를 달성하고자 국가 간 집단 안보 체제인 국제연맹을 설립했다. 그러나 1930년대에 일본의 만주 침략(1931)과 이탈리아의 에티오피아 침략(1935)을 막지 못하는 등 무력한 모습을 보이다가 결국 2차 세계대전(1939~1945)이 일어나면서 역사 속으로 사라졌다.

1차 세계대전 종전 이후 20년밖에 되지 않은 시점에서 두 번째 세계대전을 치른 국제사회는 국제연맹의 한계를 보완한 보다 강력하고 항구적인 집단 안보 체제 도입이 절실했다. 그때 2차 세계대전의 승전국인 미국, 영국, 소련이 나서면서 1945년 10월 24일 UN이 출범했다(출범 당시 회원국은 51개국이었으나 현재는 193개국). 2차 세계대전 종전 직후 잠시 UN을 구심점으로 했던 국제질서는 1950년대에 미국과 소련 간의 정치, 경제, 군사, 이데올로기 대립이 본격화하면서 미국 중심의 자유주의 진영과 소련 중심의 공산주의 진영으로 빠르게 재편되었다.

냉전 체제가 언제 국제 체제로 자리 잡았는지 정확히 그 시기를 확정할 수는 없지만, 2차 세계대전 직후 미국과 소련의 독일 분할 점령이 하나의 역사적 단초다. 또 미국 제33대 대통령 해리 트루먼Harry Truman이 1947년 3월 12일 상하원 합동회의에서 소위 트루먼 독트린으로 불리는 '공산주의(전체주의) 봉쇄와 민주주의 수호 의지'를 밝힌 것이 소련과의 대결 구도, 즉 냉전 구도를 공식화했다는 것이 정설이다.

미국과 소련을 양극단으로 한 체제라고 해서 양극 체제bi-polar system로도 불리는 냉전 체제는 이데올로기 대립, 군비 경쟁 그리고 자유 진영과 공산 진영이라는 진영 논리가 특징이었다. 더구나 냉전 체제는 약소국에게 어느 진영에 속할지 강제하는 등 종래의 제국주의적·팽창주의적 성향을 숨

제4장 개발과 정치

기지 않았는데, 이때 강대국이 동원한 주요 수단이 무력 침공 아니면 개발 원조였다. 이런 강대국의 틈바구니에서 견디다 못한 약소국이 양진영 어느 쪽에도 속하지 않는 비동맹그룹, 즉 '제3세계'를 형성했지만 강대국에 맞서 자신들의 이해관계를 관철하기는 쉽지 않았다. 오히려 제3세계가 강대국 의 세력 각축장이 되면서 주권을 침해당하는 경우가 허다했다.

냉전 체제에서 우려하던 세계대전은 일어나지 않았지만 국제사회는 상시 전쟁 위험, 특히 핵전쟁 위험에 노출돼 있었다. 또 강대국 간의 직접적인 무력 충돌은 없었지만 베를린 위기, 쿠바 미사일 위기, 베트남 전쟁, 소련의 아프가니스탄 침공 등 크고 작은 위기가 빈발했다. 다시 말해 UN이 강대국 의 세력 각축장으로 변질돼 본래 설립 취지인 집단 안보 체제가 제대로 작동하지 않았다.

3. UN의 주요 조직과 기능

UN의 창설 목적은 헌장에 잘 나와 있다. 전문을 포함해 19장 111개조로 구성된 헌장에 따르면 UN은 국제평화와 안전 유지, 국가 간 우호관계 유지, 경제적·사회적·문화적·인도적 문제와 인권 신장을 위한 국제협력 그리고 국가 간 조화를 위한 조정자를 지향한다. 기본적으로 국가를 회원으로 하는 UN은 주권 평등, 분쟁의 평화적 해결, 무력 사용 금지, 내정 불간섭을 주요 원칙으로 한다. 더불어 평화와 안보 외에 인권, 난민, 보건, 교육 문화, 빈곤과 개발, 환경 등 약 50개의 전 지구적 과제를 수행한다.

UN은 크게 총회General Assembly, 안보리, 경제사회이사회Economic and So-cial Council, 인권이사회Human Right Council, 신탁통치이사회Trusteeship Council, 국제사법재판소International Court of Justice, 사무국Secretariat의 일곱 조직으로

[표20] UN 기구표

사무총장

사무국

인권이사회

안전보장이사회

관련 독립기구

포괄적 핵실험
금지조약기구 준비위원회
CTBTB Prepartatory Commission
국제원자력기구 IAEA
화학무기금지기구 OPCW
세계무역기구 WTO

총회

신탁통치이사회

국제사법재판소

경제사회이사회

전문기구

식량농업기구 FAO
국제민간항공기구 ICAO
국제농업개발기금 IFAD
국제노동기구 ILO
국제통화기금 IMF
국제해상기구 IMO
국제통신연맹 ITU
유엔교육과학문화기구 UNESCO
유엔산업개발기구 UNIDO
유엔세계관광기구 UNWTO
만국우편연합 UPU
세계보건기구 WHO
세계지적재산권기구 WIPO
세계기상협회 WMO
세계은행그룹
  · 국제부흥개발은행 IBRD
  · 국제투자분쟁해결센터 ICSID
  · 국제개발협회 IDA
  · 국제금융공사 IFA
  · 국제투자보증기구 MIGA

산하기구

유엔무역개발회의 UNCTAD
  · 국제무역센터 ICT
유엔개발계획 UNDP
  · 유엔자본개발기금 UNCDF
  · 유엔자원봉사단 UNV
유엔환경계획 UNEP
유엔인구기금 UNFPA
유엔인간정주계획 UN-HABITAT
유엔난민고등판무관실 UNHCR
유엔아동기금 UNICEF
유엔마약범죄사무소 UNODC
유엔재난구호기구 UNRWA
유엔여성기구 UN-Women
세계식량계획 WFP

출처: UN

구성돼 있다. 그 밑에 11개의 직속 산하기구를 비롯해 독자적인 회원국 제도, 사무국, 예산을 갖고 자율적으로 운영하는 15개의 전문기구가 있다. 그 밖에 UN과 협력하지만 사실상 간섭을 받지 않는 4개의 독립 기구가 있다.

UN에서 가장 중심에 있는 조직은 총회[85]다. 총회는 회원국의 국력, 인구, 크기에 상관없이 1국 1표 주의, 즉 주권 평등에 기초해 모든 회원국이 의사결정을 내린다. 총회에 상정된 의제 중 국제평화와 안전, 신규 회원국의 가입 여부, 예산 같은 핵심 문제는 3분의 2 찬성이 필요하고 기타 의제는 과반수 찬성으로 의결한다. UN헌장에서 보장하는 총회의 권한은 다음과 같다.

① 국제평화와 안보를 유지하기 위한 무장 해제, 무기 규제 관리 등 관련 국제 협력 원칙을 심의 및 권고한다.

② 안보리에서 별도로 논의하는 사안 외의 국제평화와 안보 관련 의제를 심의 및 권고한다.

③ UN헌장·UN 조직의 권한과 기능 범위 내에 있는 의제를 심의 및 권고한다.

④ 국제 정치 협력 증진, 국제법 개발 및 편찬, 인권과 모든 이의 자유 실현, 경제·사회·문화·교육·보건 분야의 국제 협력을 위한 연구와 권고를 한다.

⑤ 발생지에 상관없이 국가 간 우호관계를 해칠 만한 모든 상황의 평화적 해결을 권고한다.

⑥ 안보리와 기타 UN 조직의 보고서를 심의 및 권고한다.

⑦ UN 예산의 심의 및 승인과 회원국 간 분담 비율을 조정한다.

85 www.un.org/ga 참고

⑧ 안보리의 비상임이사국, 경제사회이사회의 회원국, (필요 시) 신탁통치이사회의 추가 회원국을 선출한다. 또한 안보리와 함께 국제사법재판소의 판사를 임명하고 안보리의 권고 아래 사무총장을 임명한다.

UN헌장에 따르면 총회는 UN의 모든 기능을 좌우할 정도로 최고 권한을 쥐고 있다. 그러나 총회에서 의결한 사항은 법적 강제성이 없는 권고 사항에 불과하기 때문에 이를 현실화하는 것은 별도의 문제다. 일례로 MDGs의 경우 2000년 총회에서 회원국의 만장일치로 채택한 새천년선언Millennium Declaration을 토대로 하지만, 어떠한 강제 조항도 없어 약속 기한인 2015년까지 당초 목표를 달성할 수 있을지 불투명한 상황이다. 이는 세계화로 인해 국제사회의 상호의존성이 높아지는 상황에서 초국가적 문제를 책임지고 다뤄야 할 UN의 구조적 한계로 지목받고 있다.

UN 총회를 중심으로 UN의 각 이사회와 산하기구 및 전문구는 UN의 주요 기능인 국제평화와 안보, 경제·사회 개발, 인권의 3가지 부문을 중심으로 각자의 역할을 수행하고 있다.

가. 국제평화와 안보

UN의 설립 및 존재 목적은 집단 안보다. 집단 안보란 '모든 국가'가 연합해 불특정 공격자의 공격을 억제하거나 제재 및 중재함으로써 일국의 안전을 보장하는 형태다. 이와 반대로 '일부 국가'가 특정 안보 위협 국가나 세력에 맞서 공동 방위 동맹을 맺어 상호 안전을 보장하는 것을 집단 방위Collective Defence라고 한다. 냉전 시대 소련과 동구권에 맞서 미국과 서유럽의 일부 국가가 조직한 북대서양조약기구NATO가 대표적인 집단 방위기구다.

UN의 국제평화와 안보 관련 주요 활동 분야는 분쟁 예방, 평화 유지(제재, 군사 행동 재가), 평화 구축, 선거 지원, 군비 축소가 있다. 특히 UN은 개발을 통한 평화 구축을 지향한다. 가령 개도국의 선거제도 도입 지원, 선거 과정 자문, 분쟁 후 파괴된 국가의 사회·경제 인프라 재건, 지뢰 제거, 경제 활성화 지원 등을 통해 분쟁과 전쟁 피해자(난민 등)의 재활 및 일상으로의 복귀를 지원한다.

- 안보리[86]

UN헌장 제24조에 의거 국제평화 수호와 안전 유지를 주목적으로 하는 안보리는 2차 세계대전 전승국인 5개(미국, 영국, 프랑스, 러시아, 중국) 상임이사국과 10개 비상임이사국으로 구성돼 있다. 비상임이사국의 임기는 2년이며 총회에서 선출한다. UN헌장이 보장하는 안보리의 권한 중 주요 내용은 다음과 같다.

①국제분쟁 심사·중개·조정 및 평화적 해결 권고, ②①번의 권고가 효력이 없을 때 간섭 혹은 강제적·적극적 개입(국제평화와 안전을 유지할 목적으로 군사적·경제적 제재 조치), ③사무총장 임명 권고, ④국제사법재판소 판사 선출, ⑤신입 회원국 가입 권고 등이다.

이처럼 안보리는 UN에서 국제질서와 관련해 중요한 의결권과 이에 대한 강제 조치 권한을 갖고 있다. UN총회와 달리 안보리의 강제 조치 결정에는 법적 구속력이 있는데, 여기에는 비군사적 조치(경제 관계 중단, 통신 및 교통·운송 수단 중단, 외교 관계 단절 등)와 군사적 조치(육·해·공군의 시위와 봉쇄, 국제적 군비 규제 제도 제안)가 있다.

안보리의 각 이사국은 안건 표결 시 한 개의 투표권을 행사하지만, 상임이사국의 전원일치제와 거부권제도로 사실상 상임이사국의 의지가 절대적이다. 나아가 상임이사국은 UN헌장 개정에도 거부권을 행사할 수 있어

---

86 www.un.org/docs/sc 참고

UN의 활동에 걸림돌로 작용할 우려가 있다. 이로 인해 UN은 냉전 시대에 집단 안보 체제의 역할을 제대로 해내지 못했다. 냉전 시대에 안보리가 미국과 소련의 세력 각축장으로 전락하면서 제 역할을 못한 것이다.

나. 경제·사회 개발 Economic and Social Development

UN 설립과 동시에 세계평화와 안보를 다룬 것과 달리 UN이 개발 문제에 본격적으로 관여한 것은 1960년대 들어서다. 이때 '남북 문제', 즉 동-서 이데올로기 대립과 전혀 다른 선진국-후진국 간의 경제적 불평등이 대두했다. 1960년대에 아프리카의 신생독립국들이 동-서 어느 진영에도 속하지 않는 비동맹그룹을 형성해 UN에서 자신들의 빈곤 문제와 국제 관계, 특히 무역 관계의 불평등에 대해 독자적인 목소리를 내자 국제사회에서 남북 문제를 중요하게 다루기 시작한 것이다.

무엇보다 개도국의 빈곤과 이에 따른 선진국-후진국 간의 경제적 불평등이 국제질서를 위협하는 중요한 문제로 떠올랐다. 또 냉전 초기에 공산주의의 확산을 막기 위해 트루먼 독트린, 마셜 플랜, 포인트 포 계획Point Four Programme으로 이어진 개도국 지원이 단순 원조에서 개발 및 무역 정책으로 바뀌었다.

포인트 포 계획

1949년 1월 20일 트루먼 대통령은 2기 취임식 연설에서 평화와 자유를 위한 4대 기조를 천명했는데 그것이 포인트 포 계획이다. ① UN과 관련 기구 지원 ② 세계 경제 회복을 위한 프로그램 지속 ③ 외부의 공격 위험에 맞서는 자유국 지원 강화 ④ 개도국의 성장 및 발전을 돕기 위한 미국의 앞선 기술과 산업 적극 활용이 그것이다. 특히 ④ 의 경우 개발과 저개발을 이분화하고 저개발은 외부 지원, 즉 선진국의 원조로 해결할 수 있다는 인식을 드러냈다. 하지만 냉전 체제에서 포인트 포 계획은 원조를 공산주의의 확산을 막기 위한 수단으로 활용했다는 비판을 받았다.

제4장 개발과 정치

예를 들어 UN은 1961년 총회에서 '제1차 UN 개발 10년'을 선포했고, 1964년 유엔무역개발회의UNCTAD, UN Conference on Trade and Development를 발족했다. 1965년에는 유엔개발계획을 설립해 개도국의 경제·사회 발전을 위한 프로젝트를 수립 및 관리하기 시작했다. 또 비슷한 시기에 발족한 세계은행 산하 국제개발협회, 경제협력개발기구의 개발원조위원회와 협조 체제를 수립했다. 이처럼 '남북 문제'에서 비롯된 UN의 개발 문제는 1970년 UN 총회에서 채택한 '제2차 UN 개발 10년'의 계획을 담은 틴버겐 보고서Tinbergen Report와 1980년 UN 사무총장에게 보고한 '제3차 UN 개발 10년'의 토대가 된 브란트 보고서로 좀 더 구체화되었다.

틴버겐 보고서와 브란트 보고서

네덜란드 출신의 경제학자 얀 틴버겐Jan Tinbergen은 1969년 경제사회이사회에 '제2차 UN 개발 10년을 위한 지침 및 제안 마련'을 제출하면서 개도국의 경제발전을 위해서는 사회·경제의 구조 변화가 필요하다고 했다. 이와 함께 연평균 최소 6퍼센트의 성장률 달성과 선진국 GNP의 0.7퍼센트를 공적개발원조로 공여할 것을 제안했다.

그로부터 10년 뒤인 1980년, 제3세계는 1970년대의 석유 파동을 겪으면서 부채 위기 등 이전보다 더 심각하고 구조적인 경제위기에 봉착했다. 이에 국제개발 문제에 대한 독립위원회 위원장 빌리 브란트Willy Brandt가 UN 사무총장에게 '북-남: 생존을 위한 계획 North-South: A Programme for Survival'이라는 보고서를 제출했다. UN은 이 보고서를 기초로 '제3차 UN 개발 10년'을 확정하고 개도국의 연평균 성장률 7퍼센트, 일인당 GDP 성장률 4.5퍼센트, 선진국의 공적개발원조를 GNP 대비 0.7퍼센트까지 확대하기로 했다. 개발의 역사에서 두 보고서는 개발과 저개발의 문제를 소득이나 빈곤에 한정하지 않고 보건 의료, 주거, 교육, 여성의 지위 등 여러 분야를 종합적으로 고려해 개선안을 권고함으로써 이후 개발 협력의 주요 지침을 제공했다.

UN의 경제·사회 개발 관련 주요 활동 분야는 경제개발, 사회 개발, 지속가능한 개발 그리고 각 활동 분야의 조정이다. 경제개발은 공적개발원조, 개발을 위한 차관 및 투자, 무역과 개발, 농촌 개발, 산업 개발, 노동, 국제민간항공, 국제운송 및 우편, 통신, 지적재산, 국제 통계, 개발을 위한 과학기술 분야를 다룬다.

사회 개발은 새천년개발계획, 빈곤감소, 기아 퇴치, 보건, 정착, 교육, 연구 및 훈련, 인구와 개발, 성 평등 및 여성의 역량 강화, 어린이의 권리 증진, 사회적 통합(가족, 청소년, 노인, 토착민, 장애인), 범죄(마약, 범죄 예방, 테러리즘), 과학기술 및 개발, 문화와 개발, 커뮤니케이션과 정보 등의 분야를 다룬다.

지속가능한 개발은 의제 21Agenda 21, 지속가능한 개발을 위한 세계 정상회의, 개발 재원, 환경, 기후 변화와 온실화, 오존 파괴, 도서(島嶼), 삼림, 사막화, 생물 다양성과 오염, 해양 환경 보호, 식수, 천연자원과 에너지, 핵 안전 등을 다룬다.

- 경제사회이사회[87]

경제사회이사회는 16개 UN 전문기구가 수행하는 경제 · 사회 · 문화 · 교육 · 보건 등 경제사회의 개발 부문 활동을 지휘 및 조정하기 위해 설립되었다. 동 이사회 54개 회원국의 임기는 3년이며 이사국은 지역에 따라 배분한다. 배분 현황을 보면 아프리카 14석, 아시아 11석, 동유럽 6석, 중남미 10석, 서유럽 및 기타 지역 13석이다. 동 이사회 역시 1국 1표 주의를 바탕으로 모든 의제는 과반수 제도를 통해 결정한다.

경제사회이사회는 국제 경제 · 사회 이슈에 대한 논의 및 정책 권고를 통해 UN의 전반적인 국제 개발 협력을 증진하고 개발 이슈의 우선순위를 선정하는 데 결정적인 역할을 한다. 경제사회이사회의 주요 권한은 다음과 같다.

①국제 경제 · 사회 이슈 논의의 장으로 UN기구와 회원국에 권고하기 위한 정책을 구상한다.

---

[87] www.un.org/ecosoc 참고.

②경제, 사회, 문화, 인권, 교육, 보건, 기타 관련 사항을 토의 · 연구 · 보고 · 건의한다.

③인권 존중과 기본적인 자유를 증진 및 수호한다.

④경제 · 사회와 기타 관련 분야에 대한 주요 국제 컨퍼런스의 조직 및 준비를 지원하고, 컨퍼런스 결과에 따른 후속조치를 조정 혹은 지원한다.

⑤총회 및 UN 전문기구와의 상의나 자문을 통해 UN 전문기구의 활동을 조정한다.

경제사회이사회와 협력하는 16개 기구는 유엔개발계획UNDP, UN Development Programme, 유엔환경계획UNEP, UN Environment Programme, 유엔인구기금UNFPA, UN Population Fund, 유엔인간정주계획UN-HABITAT, UN Human Settlements Programme, 유엔아동기금UNICEF, UN Children's Fund 같은 산하기구와 식량농업기구FAO, Food and Agriculture Organisation of the UN, 국제노동기구ILO, International Labour Organisation, 세계보건기구WHO, World Health Organisation, 유엔교육과학문화기구UNESCO, UN Educational, Scientific and Cultural Organisation 등의 전문기구로 이뤄져 있다.

경제사회이사회는 UN의 사회 · 경제개발 주요 이슈를 논의하고자 연중 비정부기구 등과 다양한 회의를 연다. 특히 매년 7월에는 한 해씩 번갈아가며 뉴욕과 제네바에서 4주간 고위급이 참석하는 심층 세션을 개최한다. 이러한 행사는 이사회 산하 다양한 위원회가 진행하는데 세부 사항은 다음과 같다.

①기능위원회(8개): 전문 분야별 이슈 권고가 주요 기능이며 본부는 뉴욕에 있다. 통계위원회Statistical Commission, 인구와 개발위원회Commission on Population and Development, 사회개발위원회Commission for Social Development,

여성지위위원회Commission on the Status of Women, 마약위원회Commission on Narcotic Drugs, 범죄 예방 및 형사사법위원회Commission on Crime Prevention and Criminal Justice, 개발을 위한 과학기술위원회Commission on Science and Technology for Development, 지속가능한 발전위원회Commission on Sustainable Development, 유엔 삼림 포럼United Nations Forum on Forests.

②지역위원회(5개): 지역별 이슈를 다루며 각 지역에 본부가 있다. 아프리카경제위원회Economic Commission for Africa(에티오피아, 아디스아바바), 아시아·태평양경제사회위원회Economic and Social Commission for Asia and the Pacific(태국, 방콕), 유럽경제위원회Economic Commission for Europe(스위스, 제네바), 라틴아메리카경제위원회Economic Commission for Latin America and the Caribbean(칠레, 산티아고), 서아시아경제사회위원회Economic and Social Commission for Western Asia(레바논, 베이루트).

③상임위원회(3개) : 상기 위원회의 기능 수행을 지원하는 보조기관이다. 프로그램 및 조정위원회Committee for Programme and Coordination, NGO위원회Committee on Non-Governmental Organisations, 정부간기구협의위원회Committee on Negotiations with Intergovernmental Agencies.

④기타 지명(地名)·공공 행정·세금에 관한 국제 협력, 위험물 운송 등에 관한 전문가 집단, 토착 이슈에 관한 상임 포럼Permanent Forum on Indigenous Issues 등이 있다.

유엔개발계획

1965년에 설립된 UNDP는 UN헌장을 바탕으로 개도국의 경제·사회 자립과 발전을 지원하는 세계 최대 다자간 기술 공여 계획이다. UNDP가 분배 및 관리하는 재원에는 국제연합 인구기금 UNFPA, United Nations Population Fund, 국제연합 봉사단 UNV, United Nations Volunteers, 국제연합 개발을 위한 과학기술기금 UNFSTD, United Nations Fund for Science and Technology for Development, 국제연합 여성개발기금 UNIFEM, United

Nations Development Fund for Women(2010년 UN Women으로 통합) 및 기타 다수의 개발기금이 있다.

UNDP의 이사국도 지역에 따라 배분하는데 아프리카 8석, 아시아 7석, 중남미 5석, 동유럽 4석, 서유럽 및 기타 12석으로 총 36개국이다. 한국은 1994~1995년, 1998~2000년, 2008~2010년에 UNDP 이사국으로 선임돼 활동한 바 있다. UNDP의 본부는 미국 뉴욕에 있으며 아프리카, 아시아·태평양, 중동, 중남미, 유럽 CIS의 5개 지역에 지역국이 있다.

UNDP의 주요 업무는 ① UN에서 실시하는 국가 차원의 개발 활동 조정 및 이행 ② 민주적 국가 경영, 빈곤감소, 위기 예방 및 복구, 환경과 에너지, HIV/AIDS 예방 등 5개 분야의 역량 제고를 위한 기술 협력 실시 ③ 국가 차원의 MDGs 지원과 홍보 ④ 인간개발보고서 발간 등이 있다. 특히 1990년 이후 매년 각국의 실질국민소득, 교육 수준, 문해율, 평균수명 등 인간의 삶과 관련된 지표를 조사해 인간개발지수를 포함한 인간개발보고서를 발간함으로써 개발이 인간의 종합적인 능력 배양과 밀접히 관련돼 있다는 시각을 제시했다.

다. 인권

UN헌장에 명시한 인권 사항을 더 체계화·구체화한 것이 1948년 12월 10일 총회에서 당시 58개 회원국 중 50개 회원국의 찬성으로 채택한 세계인권선언Universal Declaration of Human Rights이다. 대다수 총회 의결 사항이 그렇듯 세계인권선언도 법적 구속력이 없다. 국제 인권과 관련해 법적 구속력이 있는 것은 1966년 12월 16일 채택해 1976년 3월 23일 발효된 국제 인권 규약이 최초다. 국제 인권 규약은 A규약으로 불리는 경제적·사회적·문화적 권리에 관한 국제 규약ICESCR, International Covenant on Economic, Social and Cultural Rights과 B규약으로 불리는 시민적·정치적 권리에 관한 국제 규약ICCPR, International Covenant on Civil and Political Rights으로 되어 있다.

UN이 집중하는 주요 인권 관련 분야에는 크게 개발, 식량, 노동이 있다. 또 인종, 여성, 아동, 소수, 토착민/원주민, 장애인, 이주노동자의 다양한 차별에 대응하는 활동도 한다. 이러한 권리를 수호하고 차별을 방지하기 위한 장치로 인권이사회와 UN인권고등판무관UN High Commissioner for Human Rights이 있다.

- 인권이사회[88]

인권이사회는 모든 인권과 기본적인 자유 증진 및 수호를 목적으로 2006년 총회에서 설립을 의결해, 전신인 인권위원회Commission on Human Right(1946년 경제사회이사회 산하에 설치)를 대체했다. 동 이사회는 인권 침해를 고발하고 이에 대처하기 위해 권고하는 것을 주 기능으로 한다. 인권이사회의 47개 이사국은 총회를 통해 직접 선출하며 임기는 3년이다. 이사국의 수는 지역별로 배분하는데 아프리카 13석, 아시아 13석, 중남미 8석, 서유럽 및 기타 지역 7석, 동유럽 6석이다.

인권이사회의 주요 임무는 다음과 같다.
① 인권 수호와 증진에 관한 권고
② 인권 침해 예방 및 인권 침해 상황에 대응
③ UN 회원국의 인권 상황을 개별 심의 및 검토
④ 인권 이슈 토의, 인권 교육 및 자문, 역량 강화
⑤ 국제인권법 관련 사항을 총회에 권고

인권이사회의 특징 중 하나는 '보편적 정기 검토universal periodic review'로 4년마다 193개 모든 UN 회원국에 대한 인권 상황을 검토하는 것이다. 동 검토는 이사회의 감독 아래 각 회원국 정부와의 협력을 통해 이뤄지며, 각

---

88 www.ohchr.org/english/bodies/hrcouncil 참고

회원국에게 자국의 인권 현황을 국제기준과 비교할 기회를 제공한다.

인권최고대표사무소OHCHR, Office of the High Commissioner for Human Rights[89]는 UN 인권 활동의 중심축으로 인권이사회 및 다른 UN 인권 관련 기관의 사무국으로 활동한다. 주요 임무는 각 UN기구의 인권 활동에 대한 자문과 기술 지원이며, UN인권고등판무관은 UNICEF, UNESCO, UNDP, UNHCR, UNV 등 각 UN기구의 인권 활동의 내재화 및 기구 간 협력을 지원한다.

4. 변화하는 세계와 UN의 역할 재정립

냉전 시기 안보리를 중심으로 한 UN의 가장 큰 관심사는 국가 간 전쟁 방지, 개발원조를 통한 전후 복구, 공산 진영 확산 방지, 국제경제 활성화였다. 그런데 20세기 말 탈냉전 시기가 도래하면서 국가, 국제기구, NGO, 개인 등 다양한 행위자와 이들 간의 상호 의존이 심화되기 시작했다. 더불어 이동의 자유와 정보 교류가 확대되면서 기존 국가의 국경을 초월하는 이슈가 크게 주목받기 시작했다. 즉, 이데올로기 긴장이 줄어들고 경제적 상호 의존이 심화되면서 국가 간 전쟁 가능성은 줄어든 대신 내전, 테러, 이주, 질병, 기후 변화·환경, 빈곤, 난민, 여성 문제 등 국제질서와 안녕을 위협하는 초국적 혹은 범지구적 이슈가 크게 증가했다.

탈냉전 국면에 등장한 이런 초국적 이슈는 국제사회의 안보 관념에 근본적인 변화를 가져왔다. 냉전 시기 안보가 기본적으로 국가 안보national security를 토대로 한 국민 안보였다면, 탈냉전 시기의 초국적 이슈는 특정 국가

---

89 www.ohchr.org 참고

나 국민이 아닌 불특정 다수의 안보였다. 그래서 탈냉전 시기에 안보를 국가 안보와 구분하기 위해 인간 안보human security라는 개념이 등장했다. 인간 안보는 탈냉전 시기 안보가 기본적으로 초국적일 뿐 아니라 영토나 주권과 상관없이 불특정 다수의 안보를 위협한다는 것을 함의한다.

인간 안보

인간 안보는 UNDP가 1994년 발간한 인간개발보고서에서 처음 사용한 개념이다. 인간 안보란 인류가 전통적인 전쟁이나 분쟁 같은 물리적 위험뿐 아니라 빈곤, 식량, 보건, 환경, 경제 등 다양한 위험에 노출돼 있다는 것을 의미한다. 인간 안보 개념의 등장은 탈냉전 시기 안보에 대한 국제사회의 인식 변화를 잘 대변한다. 냉전 시기의 안보가 국경 방어를 기본으로 했다면, 탈냉전 시기의 안보는 범지구적 문제에 따른 개개인의 안보 위협을 다룬다.

가. 유엔평화유지군Peacekeeping Forces

탈냉전 이후 국경을 초월한 안보 이슈가 증가했고 특히 가난한 제3세계에서 식민지 시절부터 억눌려온 인종적·종교적·문화적 갈등이 불거졌다. 여기에 이들 사회의 고질적인 빈곤과 불평등 문제가 겹쳐 내전civil war이 발생하고, 이로 인해 인접국은 물론 국제사회의 질서가 위협을 받자 UN평화유지활동UN Peacekeeping Operations이 다시 주목을 받고 있다. 무엇보다 한 나라에서 내전이 발생해도 국가 주권의 원칙에 따라 내정에 간섭하지 않는 것이 국제사회의 불문율이라 집단 안전 보장 체제로써 중립성을 띠는 UN의 중재와 조정이 그 어느 때보다 중요시되고 있다.

냉전 시대 UN평화유지활동은 평화 조성 및 유지가 주요 임무였다. 반면 탈냉전 이후에는 예방 외교, 분쟁 종식, 평화 구축, 평화 강제로 확대되었다. 냉전 시절에는 UN평화유지군이 주로 업무를 맡았다면 탈냉전 국면에는 경찰, 선거감시요원, NGO 등이 폭넓게 참여하고 있다.

특히 오늘날의 내전은 르완다, 코소보, 동티모르 등의 사례에서 볼 수 있듯 인종과 종교 갈등의 양상을 띠고 있다. 여기에 인종 청소라는 반인륜적·반인도적 범죄가 벌어지면서 인도주의 활동이 UN평화유지활동의 주요 업무가 되었다. 무엇보다 내전으로 많은 난민이 발생하고 이들이 안전한 곳을 찾아 서유럽 등 선진국으로 대거 이주하면서 UN난민고등판무관실UNHCR, United Nations High Commissioner for Refugees의 난민 보호 및 송환 업무가 크게 부상하고 있다.

인도주의적 개입 Humanitarian intervention

인도주의적 개입이란 어떤 나라가 자국민에게 가혹할 만큼 인권 남용, 예를 들어 인종 청소를 자행하는 상황에서 당사국이 직접 해결할 여력이 없거나 국제사회의 권고에도 불구하고 해결 의지가 없는 경우를 비롯해 주변국이나 국제사회의 안보 및 질서에 상당한 위협이 된다고 판단하는 경우 안보리 승인 등 합법적인 절차를 거쳐 무력 개입하는 것을 의미한다. 이를 인도주의적 간섭 또는 인도적 간섭이라고 부른다. 문제는 인도주의적 개입이 전통적인 주권불가침 원칙과 정면으로 배치될 뿐 아니라 1999년 나토의 코소보 개입처럼 강대국의 이해관계에 따라 안보리 승인 없이 오·남용될 소지가 커 약소국의 반발이나 거부감이 크다는 것이다.

UN에는 상설 군대가 없기 때문에 필요에 따라 안보리의 승인 및 회원국의 자발적인 파병을 통해 UN평화유지군을 결성한다. 파란색 헬멧을 착용하는 이들은 '블루헬멧'으로 불리기도 한다. UN의 평화 유지 활동은 2차 세계대전 직후인 1948년 이스라엘이 미국의 지원으로 중동에 국가를 수립하면서 벌어진 1차 중동전쟁 때 UN이 유엔정전감시단UNTSO, UN Truce Supervision Organization을 파견한 것이 최초다. 그리고 1956년 2차 중동전쟁 발발 당시 UN긴급군을 창설한 것이 UN평화유지군의 모태다. 이후 소말리아, 르완다, 동티모르 등지에서 총 68건의 평화 유지 활동을 완수했고 지금은 남아프리카공화국, 남수단, 아프가니스탄 등지에서 15건의 임무를 수행 중이다.

UN평화유지군은 비록 무기를 소지하지만 주요 업무가 분쟁 종식, 평화 유지, 평화 구축, 치안 유지이므로 사실상 무력을 사용하지는 않는다. 이 때 문에 UN평화유지군의 역할을 부정적으로 보는 사람도 있다. 그럼에도 불 구하고 강대국의 이해관계에 따라 국제사회에서 불법적인 주권 침해가 일 어나고, 다른 한편으로 강대국의 이해관계가 엇갈려 외부 개입이 필요함에 도 간과하거나 무시하는 일이 비일비재해 UN평화유지군의 활동이 더욱 중요해지고 있다.

나. 새천년개발계획

탈냉전 국면에서 UN의 역할이 가장 두드러진 분야가 개도국에 대한 사 회·경제개발 지원이다. UN은 1960년대부터 남북 문제에 관심을 두고 개 도국의 빈곤 문제와 선진국-후진국 간의 경제적 불평등을 해소하기 위해 지속적으로 노력해왔다. 그렇지만 개도국의 빈곤 문제는 기대만큼 나아지 지 않았고 오히려 신자유주의의 세계화에 따른 경쟁 압력이 더해지면서 더 욱 악화됐다.

탈냉전 국면에서 '개발'에 관한 UN의 관점이 달라진 원인은 크게 2가지 로 볼 수 있다.

하나는 소련이 붕괴하면서 새로 독립한 공산권 국가의 시장경제 편입 및 민주화 요구에 부응할 필요가 있었다. 다른 하나는 범지구적 환경 문제가 불거졌다. 전자는 개발이 경제적 지원 외에 정치·제도·사회적 지원을 포 함하는 계기가 됐고, 후자는 개발이 성장이나 분배의 차원을 넘어 환경에 부담을 주지 않는 지속가능한 것이어야 한다는 인식의 전환을 낳았다.

무엇보다 환경 문제는 단지 환경 위기에 그치지 않고 그것이 식량·에너지 위기 및 인구 증가에 따른 경제·사회적 위기와 인과관계가 있다는 측면에서 국제사회에 큰 경종을 울렸다. 이런 범지구적 위기에 대응하기 위해 UN은 1992년 브라질 리우데자네이루에서 지구정상회의Earth Summit로도 불리는 유엔환경개발회의UNCED, UN Conference on Environment and Development, 1994년 이집트 카이로에서 인구개발회의ICPD, International Conference on Population and Development, 1995년 덴마크 코펜하겐에서 세계사회개발정상회의WSSD, World Summit for Social Development, 그리고 1996년 이탈리아 로마에서 세계식량정상회의World Food Summit를 차례로 개최하고 대응 방안을 논의했다.

그 결과 UN은 2000년 총회에서 새천년선언을 채택하고 이를 토대로 단순히 빈곤감소가 아니라 공정하고 포용적이며 지속가능한 발전을 도모하는 차원에서 MDGs로 불리는 8개의 구체적인 목표를 제시했다. 그것은 ① 절대빈곤 및 기아 퇴치 ② 보편적 초등교육 달성 ③ 양성 평등 및 여성 역량 강화 ④ 아동사망률 감소 ⑤ 모성 보건 증진 ⑥ 에이즈, 말라리아 등의 질병 퇴치 ⑦ 지속가능한 환경 확보 ⑧ 개발을 위한 글로벌 파트너십 구축을 말한다.

MDGs에는 크게 2가지 의미가 있는데, 하나는 탈냉전 국면에서 새로운 범지구적 이슈에 직면한 국제사회가 빈곤 퇴치에 공감대를 형성해 합의를 이끌어냈다는 점이다. 이것은 2차 세계대전 직후 전쟁 재발을 막자는 공감대를 통해 집단 안보 체제인 UN이 출범한 것과 비견할 만한 역사적 사건이다. 다른 하나는 상호 의존이 심화되는 세계질서 속에서 UN이 다양한 행위자, 즉 국가, 기업, 국제기구, 비정부기구, 개개인의 이해관계를 조율하고 취합해 합의를 끌어냄으로써 세계적인 수준의 국제기구로 자리 잡았다는 점이다. 즉, MDGs는 탈냉전 이후 UN의 집단 안보 체제 역할 및 기능이 희석되는 가운데 UN에 새로운 역할과 방향을 제시했다는 데 의미가 있다.

다. 세계 정부

국제사회는 여전히 UN을 우려 섞인 시선으로 바라본다. 가장 큰 이유는 UN이 주권 평등에 입각한 회원국 간의 동등한 연합체라는 말이 무색할 정도로 막강한 영향력을 행사하는 안보리의 폐쇄성과 비민주성에 있다. 또한 UN은 탈냉전 국면에 유일한 강대국이 된 미국의 일방주의(비록 중국이 G2로 급격히 부상하고 있지만)를 견제하지 못함으로써 스스로 무능함을 드러냈다. 실제로 미국은 9·11테러 이후 테러리즘 근절을 위해 안보리의 동의 없이 아프가니스탄과 이라크를 침공함으로써 국제사회의 비난을 받았다.

마지막은 자체 군대나 정부 기능 등 강제력이 없는 UN이 신자유주의적 세계화와 정보통신 기술 발달, 국가 이외에 다양한 행위자 등장, 초국적 문제 대두와 이에 대한 범지구적 차원의 대응 필요성 증대, 정치·군사보다 경제를 우선시하는 상황에서 국제적인 사안에 적절히 대응하기 어렵다는 회의론이다. 이 때문에 등장한 것이 세계 정부다.

세계 정부란 전통적으로 국제 관계의 기본 단위인 주권국들이 주권을 이양해 전 지구적 차원의 단일 정부를 수립하는 것을 의미한다. 세계 정부 개념은 칸트의 영구평화론Perpetual peace과 여기에서 파생한 민주주의 국가는 서로 전쟁을 하지 않는다는 민주평화론Democratic peace theory을 이론적 기반으로 한다.

칸트의 영구평화론과 민주평화론

18세기 유럽에서는 국가 간 전쟁이 끊이지 않았는데 당시 독일의 철학자 칸트는 《영구평화론》(1795)에서 국제 관계에서 평화를 달성하려면 다음의 3가지 조건을 충족해야 한다고 썼다.

첫째, 모든 국가가 국가 체제로써 '공화정'을 수립해야 한다. 공화정은 군주정과 달리 시민에게 참정권이 있기 때문에 전쟁을 선호하지 않는다는 얘기다. 둘째, 국제법은 자유국가의 연방에 기초해야 한다. 이는 국제법이 일국이 아닌 국가들 간의 협의와 동의에 기초해야 한다는 것을 의미한다. 셋째, 세계시민법은 보편적 우호를 전제 조건으로 한다.

칸트의 영구평화론은 비록 구체적인 실현 방안을 제시하지는 않았지만, 국제사회에서 평화에 대한 생각과 염원이 얼마나 오래됐는가를 잘 보여준다. 이러한 칸트의 영구평화론을 현대적으로 재해석한 것이 민주평화론이다. 이것은 민주주의 국가끼리는 서로 전쟁을 하지 않는다는 주장으로 2차 세계대전 이후 민주주의를 표방하는 국가들 간에 전쟁이 일어나지 않았다는 것을 실례로 거론한다. 민주평화론은 국제정치에서 전쟁이 사라지려면 지구상의 모든 국가가 민주주의를 받아들여야 한다고 주장한다. 실제로 미국은 9·11 이후 수행한 이라크 전쟁의 명분으로 민주주의 확산democracy promotion을 내세웠는데 그 이론적 근거가 민주평화론이다.

2차 세계대전 이후 세계 정부에 대한 기대감이 높아지기 시작한 것은 UN과 1991년 마스트리히트 조약으로 유럽연합이 창설돼 경제 통합을 넘어 정치 통합으로 나아가면서 세계 정부도 불가능할 게 없다는 인식이 생기면서부터다. 여기에 탈냉전 이후 더욱 두드러진 초국적 이슈가 국제사회의 협력 없이는 해결하기 어렵다는 것이 드러나면서 공동 대응 차원으로 세계 정부의 필요성이 점차 높아지고 있다. 나아가 물리적 한계로 전 지구적 차원의 단일 정부 수립이 어려울 것이라는 회의적인 시각이 정보통신 기술 발달로 상당 부분 불식돼 세계 정부의 실현 가능성이 힘을 받고 있다.

그렇다고 세계 정부 구상에 대해 비판이 없는 것은 아니다. 우선 다양한 인종, 언어, 문화가 혼재하는 가운데 주권국가가 주권을 이양해 세계 정부를 수립하는 것은 이상주의일 뿐이며 원천적으로 불가능하다는 회의주의적 시각이 있다. 또 현실 가능한 절충안으로 세계 정부보다 하위 단위인 지역 수준의 정부를 구현해야 한다는 주장도 있다. 일각에서는 오히려 세계 정부는 고사하고 무정부 사회가 도래할 수 있다고 경고한다.

□ 2차 세계대전 종전 후 전쟁으로 피폐해진 국가 재건과 또 다른 세계대전을 예방하기 위해 1945년 10월 24일 UN이 공식 출범했다. UN은 회원국 간의 평화와 안전 유지, 우호 협력 증진, 경제적·사회적·문화적·인도적 문제 해결, 인권 및 자유 증진을 위한 국제적 협력 유도를 위해 각국의 행동을 조정하는 역할을 한다.

□ UN은 여성, 환경, 인권, 재난, 평화 등 개별국가 수준에서는 다루기 힘든 초국적 이슈를 국제적 수준에서 의제화하는 데 기여했다. 무엇보다 2차 세계대전 이후 신생독립국이 강대국의 틈바구니에서 자신의 독자적인 목소리를 내도록 창구 역할을 함으로써 이들이 국제 관계의 주요 일원으로 자리 잡는 데 일조했다.

□ UN 총회는 UN의 핵심 조직으로 회원국의 국력, 인구, 크기에 상관없이 1국 1표 주의를 바탕으로 모든 회원국이 참여해 의사결정을 내린다.

□ UN 총회를 중심으로 UN의 각 이사회, 산하기구 및 전문기구는 UN의 주요 기능인 국제평화와 안보, 경제·사회 개발, 인권 부문을 중심으로 각자의 역할을 수행한다.

□ UN의 경제·사회 개발 관련 활동 분야는 크게 경제개발, 사회 개발, 지속가능한 개발과 각 분야 활동의 조정이다.

□ 경제사회이사회는 16개 UN 전문기구가 수행하는 경제, 사회, 문화, 교육, 보건 등 경제·사회 개발 부문 활동을 지휘 및 조정한다.

□ UN은 개발, 식량, 노동에 관한 권리 등에 집중하며 인종·여성·아동·장애인·이주 노동자에 대한 차별 방지를 위해 노력한다. 이를 위한 장치로는 인권이사회와 UN인권고등판무관이 있다.

□ 탈냉전 시대에는 다양한 행위자 간의 상호 의존이 심화되고 이동의 자유와 정보 교류가 확대돼 기존 국가의 국경을 초월하는 이슈가 크게 주목받기 시작한다. 이를 배경으로 평화 유지 활동이나 빈곤 퇴치를 주요 목적으로 하는 MDGs가 주목을 받으면서 UN의 역할과 기능이 재조명받고 있다.

□ 신자유주의 세계화, 정보통신 기술 발달, 초국적 안보 이슈의 등장으로 UN의 한계가 분명해지면서 인류의 실질적인 평화와 번영을 위해 세계 정부의 필요성이 불거졌다.

- UN의 설립 배경과 주요 기능은 무엇인가?

- UN이 국제평화와 안보에 기여하는 바는 무엇인가?

- UN이 국제 경제·사회 개발에 기여하는 바는 무엇인가?

- UN이 국제 인권 수호에 기여하는 바는 무엇인가?

- 냉전 시대 및 탈냉전 시대에 UN의 역할과 지위의 변화는 무엇이며 그 이유는 무엇인가?

- 21세기 국제사회가 UN에 기대하는 역할과 한계는 무엇인가?

민주주의와 거버넌스 그리고 권리

1. 들어가며

근대 국가 발전의 중심에 있는 민주주의는 2차 세계대전 이후 비교 정치를 포함한 각종 학문에서 가장 많이 대두한 개념 중 하나다. 개발학도 예외는 아니다. 특히 민주주의와 개발의 상관관계는 중요한 이슈 중 하나인데, 이는 민주주의가 개발과 원조 정책에 커다란 영향을 끼치며 개도국의 정책에 미치는 파급력이 막강하기 때문이다.

여기에서는 먼저 민주주의의 개념을 훑어보고 민주주의와 개발의 상관관계에 관한 여러 가지 이론을 알아보겠다. 또 민주화에 대한 다양한 접근법과 민주적 거버넌스 등을 통해 개도국에서 민주주의가 나아가야 할 길도 살펴보겠다.

거버넌스 편에서는 먼저 시민사회의 정의와 이론적 배경, 특징 등을 통해 시민사회의 개념 및 발달 과정을 알아보겠다. 이어 NGO의 역사와 구조적 이점, 문제점, 활용 방안을 짚어봄으로써 NGO에 대한 종합적인 시각을 제시하고자 한다. 또한 거버넌스 및 글로벌 거버넌스의 개념을 확립하고 마지막으로 부패와 책무성 이슈를 살펴보겠다.

2. 민주주의란

민주주의의 어원은 그리스어 데모크라티아Demokratia로 이것은 인민demos
과 통치kratos의 합성어다. 민주주의의 개념은 5세기 그리스의 도시국가 폴
리스의 정치 시스템에서 유래했고 어원적으로는 엘리트 정치aristokratia의
반의어라고 할 수 있다. 민주주의를 독재 정권과 대비되는 개념으로 바라
보기도 한다. 독재 정권은 국가가 사회나 국민이 정책결정 과정에 참여하
는 것을 막고 경제 자원을 추출·사용·분배할 때 인위적이거나 폭력적인
방법을 쓰며, 그 행동과 결정을 책임지지 않는 국가로 정의한다. 따라서 민
주주의는 기본적으로 전제 군주 혹은 귀족이 아니라 인민이 통치하는 정치
체제로 볼 수 있지만 인민과 통치의 개념, 적용 범위에 따라 그 정의에 대한
의견이 서로 다르다.

　이처럼 민주주의의 정의는 통일되어 있지 않으며 이에 접근하는 방식은
크게 절차상의 정의와 실질적인 정의로 나눠볼 수 있다. 절차상의 정의에서
는 민주주의에 대해 최소 요건을 충족하면 민주주의 국가로 본다. 즉, 모든
국민에게 선거권 및 피선거권이 있고 공정선거로 국민을 대신할 대표를 선
출하며, 국민이 정보·표현·집회·참여권 등 기본 자유권을 누리면 민주주
의 국가라고 할 수 있다.

　반면 실질적인 정의는 문화, 사회·경제, 시민권으로 나눠 설명한다. 문
화적 접근은 민주주의가 전 세계적인 개념이 될 수는 있지만 그 지역에 맞
는 지역적 특성을 고려해야 한다고 믿는다. 다시 말해 문화나 정치적 주
체 및 정치 역학에 따라 민주주의가 다르게 받아들여질 수 있다고 본다. 사
회·경제적 측면은 형태상의 민주주의뿐 아니라 불평등 같은 요소도 함께
고려해야 한다는 의견이다. 마지막으로 시민권과 관련해서는 민주주의 아
래 모든 성인이 다양한 사회 및 정치적 권리를 누려야 진정한 민주주의라

고 주장한다.[90]

2가지 정의가 모두 중요한 이유는 민주주의의 상대성을 인정하되 보편적으로 받아들여지는 민주주의에 대해 큰 틀이 필요하기 때문이다. 역사적으로는 공산주의와 민주주의가 서로 대치하면서 입헌적 자유주의와 민주주의를 혼합한 자유민주주의를 민주주의의 대표적 형태로 논의하는 경우가 많았다. 따라서 우리는 자유민주주의의 특성을 통해 민주주의의 보편적 특성을 유추해볼 수 있다. 래리 다이아몬드Larry Diamond가 말하는 자유민주주의의 핵심 요소 11가지는 다음과 같다.

(1) 헌법 이론을 토대로 국민이 선출한 관료가 국가 통제, 핵심적 의사결정, 분배를 행한다.

(2) 헌법이 통치권(행정권)을 제한하고 다른 정부기관(입법, 사법)도 견제한다.

(3) 선거 결과가 불확실하고 반대표도 상당하며 헌법 원리를 부정하는 정치 세력은 정당 설립과 선거 참여가 어렵다.

(4) 문화, 민족, 종교 등의 이유로 소수자가 언론의 자유나 정치 참여에서 억압받지 않는다.

(5) 누구나 자유롭게 만들고 참여하는 다양한 결사(結社)처럼 시민이 스스로를 표현하고 대표할 여러 경로가 있어야 한다.

(6) 시민이 정치적으로 독립적인 언론 같이 정보를 구독할 여러 경로가 있어야 한다.

(7) 개개인에게 실질적인 신념, 의견, 토론, 표현, 출판, 결사, 집회, 청원의 자유를 보장해야 한다.

---

90 Haslam, 2009

(8) 시민은 법 앞에 정치적으로 평등해야 한다.

(9) 독립적이고 평등하게 법을 적용하는 사법부가 시민의 자유를 효과적으로 보장해야 한다. 사법부의 결정은 존중받고 공권력이 강제할 수 있어야 한다.

(10) 시민과 법의 지배 원리는 시민이 어느 주체에게라도 불공정한 감금, 추방, 테러, 고문 등을 겪지 않도록 인권을 보장해야 한다.

(11) 헌법의 최고 규범성을 보장해야 한다.

서구에서는 이러한 자유민주주의를 개도국이 받아들여야 할 바람직한 정치 형태로 제시하는 경우가 많다. 민주주의가 '비록 형태는 다양할지라도 오늘날 세계 다수 국가에서 채택하는 것은 물론, 거의 유일하게 정당성이 있고 안정적인 정부 형태를 유지하는 정치 체제'[91]이기 때문이다. 영국의 처칠도 1947년 11월 11일 하원 연설에서 "지금까지 시도한 모든 정부 형태를 제외하면 민주주의는 최악의 정부 형태다"[92]라는 말로 민주주의가 그 나름대로 단점은 있지만 현존하는 최상의 정치 체제임을 강조했다.

그렇다면 국가의 경제적 발전에도 민주주의가 중요한 역할을 하는지, 개도국이 모두 자유민주주의를 추구해야 하는지 더 생각해볼 필요가 있다. 이제 민주주의와 개발의 관계에 대한 서로 다른 이론을 통해 그 타당성을 살펴보도록 하겠다.

91 최장집, 2014: 2

92 "Democracy is the worst form of government, except for all those other forms that have been tried from time to time."

3. 민주주의와 개발에 대한 이론

민주주의와 개발 혹은 경제발전과의 인과관계에는 다양한 이론이 존재한다.

먼저 식민지와 산업화 관련 이론은 역사적으로 봉건주의에서 자본주의로 넘어가면서 개인이 부상했고 이때 중산층이 생겨나 자유민주주의가 필요해졌다고 주장한다. 즉, 경제발전과 과학적 진보는 민주화의 필요조건이라는 설이다.

반면 마르크스는 자본주의 아래서는 진정한 민주주의가 불가능하다고 보았고 산업 자본주의 등장이 독특한 부르주아식 자유민주주의를 만들어냈다고 주장했다. 자본주의는 부르주아 의회 민주주의Bourgeois parliamentary democracy를 필요로 하는데 이것이 모두 평등하다는 환상을 심어줌으로써 국민이 정치적·경제적 불평등을 알아채지 못하게 한다는 것이다.

1950년대부터 근대화 이론에 대해 많은 정량적, 범국가적 연구가 이뤄졌고 경제적 지표와 민주주의 사이에 관계를 정립하려는 시도가 이어졌다. 더불어 국가의 도시화 및 산업화 등 경제적 조건과 민주주의의 정도에 긍정적 상관관계가 있다는 주장이 등장했다. 새뮤얼 헌팅턴Samuel Huntington도 경제발전이 민주주의 체제 이행에 필수적이라고 역설하며 일인당 국민총생산GNP이 5,000달러가 넘는 국가, 즉 기본적인 경제 욕구를 충족시킨 국가에서만 민주주의에 대한 사회적 요구가 있고 또 민주화에 성공할 수 있다고 주장했다.

이러한 이론에 힘입어 민주주의가 개도국 개발의 제반 조건으로 떠오르기 시작했고, 1990년대 미국 국제개발처USAID, US Agency for International Development와 유럽연합 등 서구 원조 기구들은 원조 조건으로 민주화를 요구했다. 세계은행의 구조조정 정책 역시 민주주의가 정부를 덜 부패하고 책임감 있으며 효율적으로 발전하도록 한다는 내용을 담고 있다.

하지만 각 국가의 현지 사정을 고려하지 않은 무조건적인 민주화는 많은 부작용을 낳았다. 예를 들어 1950~1990년까지 141개국의 통계 자료를 분석한 연구[93]에서는 경제성장이 사회·문화적 요소보다 민주주의에 많은 영향을 끼치기는 하지만, 경제가 어느 정도 성장하면 민주주의도 발달한다는 근거는 없다는 결과를 도출했다.

그럼에도 가장 널리 받아들여지고 있는 주장은 "민주주의는 현존하는 정치 체제 중 가장 문제점이 덜한 체제"라는 것이다. 민주주의와 개발도 전 세계적으로 통용되는 보편적인 가설이 존재하지 않으므로 일방적이고 성급한 민주주의 이식은 불가능할 뿐 아니라 바람직하지도 않다. 이러한 상대성이 독재의 정당화 수단으로 전락하는 것은 지양해야 하지만, 에이드리언 레프트위치Adrian Leftwich가 한국을 포함한 8개국의 사례에서 보여주었듯 결국 정치 시스템보다 국가 형태가 개발에 더 중요한 역할을 한다는 점을 간과하기는 힘들다.

개발과 독재Development and Dictatorship

개발과 민주주의를 살펴볼 때 빠질 수 없는 이슈가 독재 문제다. 독재는 민주주의의 반대 개념으로 민주적 체제 없이 1인 또는 소수자에게 정치권력이 집중된 집권적 전제정치Depotism를 의미한다.[94] 이는 권위주의와 비슷한 개념이고 국가가 국민의 사적인 부분까지 규제하는 전체주의와는 다른 개념이며, 경우에 따라 대중의 지지를 통해 정당화되기도 한다. 여기에 속하는 정부 주도 경제개발 사례 중에는 개발이라는 이름으로 행해지는 정치적 독재, 개발 독재가 있다.

이렇듯 개도국에서는 경제개발이 우선이라는 논리 아래 정치적 민주화가 억압받고 독재 정치를 시행하는 경우가 빈번하다. 한국의 박정희 대통령, 태국의 사리트 타나라트Sarit Thanarat 장군, 필리핀의 페르디난드 마르코스Ferdinand Marcos 대통령, 인도

---

93 Przeworski, 2000

94 〈두산백과〉

네시아 수하르토Suharto 대통령이 대표적이다.[95]

개발 독재 찬성론자들은 독재가 효율적인 정책 결정을 통해 개발 정책을 효과적으로 펼친다고 주장한다. 민주적인 절차를 뛰어넘어 필요 시 중대한 사안을 개인의 결정으로 처리함으로써 경제 정책의 효율성을 극대화할 수 있다는 논리다.

이에 반대하는 의견은 독재자는 민주주의 국가에서 국민이 지도자에게 요구할 수 있는 책무성이 없기 때문에 민중과 멀어져 사치에 빠지거나 부패하기 쉽다고 주장한다. 더불어 독재는 권력 지향적이고 다양성과 소수자를 억압하며 국민의 자유 및 인권을 유린하는 경우가 많다고 한다. 따라서 독재 하의 경제발전은 사회적 자유 및 발전을 담보로 하는 불균형적 발전이며 진정한 의미의 인간 개발과는 거리가 멀다고 반박한다.

개발 독재에 대한 찬반 논쟁은 현재까지 이어지고 있으며 민주주의만큼이나 논란의 여지가 있는 주제이기도 하다.

4. 민주적 개발Democratic Development과 민주적 거버넌스

민주주의를 고수하면서 경제적으로 발전하는 것은 쉽지 않은 과제다. 정치·경제적인 측면에서 보면 역사적으로 1945~1973년은 케인스주의적 민주주의가 우세했고, 1980년부터 현재까지는 신자유주의적 민주주의가 성행했다. 전자는 온 국민의 완전고용과 고소득을 목표로 경제적 혜택을 민주화하려는 시도였다. 이것은 크게 서유럽 국가의 사회 민주주의적 케인스주의와 미국의 자유민주주의적 케인스주의 그리고 일본과 많은 개도국의 발전국가 케인스주의 등 3가지 유형으로 나뉜다. 반면 후자는 인플레이션과 적자를 정부의 부적절한 개입 때문이라 보고 통화주의적 접근을 지향한다.

민주주의가 경제적 발전뿐 아니라 평등과 형평성도 고려한다면 역사적 증거는 케인스주의적 민주주의 아래에서 미국을 비롯한 많은 국가가 더욱 민주적 개발을 이뤘음을 보여준다.[96]

　민주주의라는 개념 자체에 대한 합의도 없고 민주주의와 개발의 상관관계도 아직 불분명한 상태에서 민주적 개발을 논의하는 것은 쉬운 일이 아니다. 무엇보다 민주주의의 다양한 모습을 인정하지 않거나 환경을 고려하지 않은 무조건적인 이식은 부작용을 낳을 수 있다. 여하튼 처칠의 말처럼 가장 '덜 나쁜' 체제인 민주주의를 보급하는 것은 소위 '나쁜' 독재국가에서 고통받는 무고한 시민에게 유일한 희망일 수 있다. 민주주의가 개발에 어떻게 기여할 수 있는지를 알아보려면 먼저 민주적 거버넌스 개념을 살펴보아야 한다.

　민주주의는 거버넌스, 즉 국가를 운영하는 방식과 밀접한 관련이 있다. 아직 거버넌스의 개념에 대한 국제적 합의는 이뤄지지 않았지만 일반적으로 정부·시장·네트워크 등이 법, 규범, 권력 및 언어를 통해 가족·민족·공식/비공식 조직이나 영토를 통치하는 모든 절차를 가리킨다. 게리 스토커Gerry Stoker에 따르면 거버넌스는 정부와 그 너머의 조직 및 기구 일체를 가리키며 자율 거버닝 네트워크Self-governing network, 즉 정부의 권위나 권력을 이용하지 않고 스스로 일을 처리하는 역량까지를 의미한다.

　이러한 거버넌스는 경제적 거버넌스와 정치적 거버넌스로 나눌 수 있는데, 이 중 정치적 거버넌스는 민주화 및 인권 보호와 거의 동일시한다. 즉, 민주적 거버넌스가 거버넌스 개념의 중심축이며 이는 다음과 같이 정의할 수 있다.

96　Peet and Hartwick, 2009

민주적 거버넌스의 정의

- 국민이 인권과 기본 자유를 존중받아 존엄성 있는 삶을 사는 것

- 국민이 자신의 삶에 영향을 끼치는 결정에 참여하는 것

- 국민이 정책결정자에게 책임을 물을 수 있는 것

- 사회적 상호작용이 포괄적이고 정당한 규칙과 절차를 통해 이뤄지는 것

- 여성이 남성과 동등하게 공공 및 민간 부문의 생활과 결정에 참여하는 것

- 국민이 인종, 민족, 계급, 성별 등의 이유로 차별받지 않는 것

- 미래 세대의 요구를 현재 정책에 반영하는 것

- 경제 및 사회 정책을 국민의 요구와 필요에 맞게 조정하는 것

- 경제 및 사회 정책이 빈곤을 근절하고 모든 국민의 선택의 폭을 넓혀주는 것

　　출처: UNDP, Human Development Report(2002:51)

　　민주적 거버넌스는 진정한 인간 개발을 위한 발판이다. 무엇보다 정부가 더 효율적이고 덜 부패하도록 만들어 거버넌스 향상에 일조한다는 의견은 많은 개발원조 기구 민주화 프로젝트의 기반이다.

　　반면 민주주의 체제 하에서는 다양한 이해집단으로 인해 오히려 거버넌스의 질이 떨어지는 면이 있다는 주장도 있다. 이러한 주장을 하는 학자들은 남미 국가와 싱가포르의 예를 들며 민주주의 하에서도 최악의 거버넌스가 존재할 수 있듯 비민주주의 체제에서도 좋은 거버넌스가 존재할 수 있음을 제시했다. 그러나 여전히 간과하지 말아야 할 사실은 부패하고 무능한 독재자가 국가를 경영할 경우, 이를 제거할 수 있는 것은 민주적인 선거뿐이라는 점이다.[97]

97　Abdellatif and Adel, 2003

5. 시민사회와 비정부기구

가. 시민사회[98]

거버넌스를 이야기하면서 현대사회 거버넌스의 새로운 주체로 떠오른 시민사회의 개념을 빼놓을 수 없다. 지금까지 시민사회를 정의하려는 수많은 시도가 있었지만 시민사회는 여전히 모호한 개념으로 남아 있다. 세계화, 민주화, 민영화, 탈중심화, 경제적 자유화, 탈규제화 등은 시민사회 형성에 영향을 주었고 민간 부문을 포함하는 포용성 때문에 UNDP나 세계은행 등 국제기구도 이 개념을 도입했다. 일반적으로 시민사회는 가족을 중심으로 하는 사적 영역과 국가 사이의 중간 영역으로 국가로부터 자주적인 그룹 및 모임이 이익과 가치, 정체성의 발전을 위해 자발적으로 이뤄낸 영역을 뜻한다.

시민사회는 집합명사로 흔히 자원봉사, 시민단체, 비정부기구, 인권단체, 사회운동 등과 동일시한다. 이에 따라 시민사회는 시민기구가 활동하는 공간(행위의 공간)으로 정의하기도 하고, 모두가 동의한 규칙과 규범을 지키는 공공장소에서 인권을 우선시하는 사회가 존재하는 순간(역사적 순간)으로 묘사하기도 한다.

또한 시민사회는 현대 자유주의에 도움을 주는 것이 아니라 오히려 그와 대조적인 존재로 헤게모니에 반하는 행동을 통해 국가의 해독제 역할을 한다는 주장도 있다. 즉, 시민사회는 수동적인 공간이 아니라 국가의 영역에 적극 개입해 새로운 형태의 정치적 기구를 만들어내는 존재로 여겨진다. 실제로 시민사회는 민주주의·자유·평등과 관련된 경우가 많고 남미의 사회운동과 동유럽, 인도의 반정부 시위에 큰 영향을 미치기도 했다.

---

98 Haslam, 2009, Desai, 2009, Potter, 2008

시민사회의 이론적 배경은 고전 정치경제학자로 거슬러 올라간다. 일찍이 애덤 스미스는 자신의 저서 《도덕감정론 The Theory of Moral Sentiments》(1759)에서 시민사회가 시장의 논리를 따르며 스스로 규제하는 이성적인 개인으로 이뤄져 있고, 개인과 공동의 이익 간에 충돌이 없다고 보았다. 게오르크 빌헬름 프리드리히 헤겔 Georg Wilhelm Friedrich Hegel 또한 이러한 개인의 이기심과 시장 논리의 영향에 동의했고 시민사회는 분절화와 내부 갈등을 극복하기 어려우므로 국가가 무질서, 무정부주의, 부패로부터 자유롭게 해줄 필요가 있다고 주장했다.

한편 안토니오 그람시 Antonio Gramsci는 시민사회를 국가가 교육, 문화, 종교 시스템과 조직 등을 통해 보이지 않는 미묘한 형태의 권력을 행사하는 영역으로 인식했다. 국가와 시민사회를 떼어 놓는 견해에 반박하며 둘 사이의 강한 유기적 관계를 강조한 그람시는 다양한 계급 및 사회 그룹이 각자의 이익을 표시하는 확장된 국가 Extended state라는 개념을 통해 국가와 시민사회의 모든 면을 포괄하고자 했다. 그람시에 따르면 헤게모니는 지배층이 피지배층의 동의 아래 지배하는 것으로 이 시스템의 고착화를 통해 개인은 국가의 권력을 인정한다. 시민사회는 이러한 정당성과 합의 제공에 기여하며 러시아 같이 시민사회가 없는 투명한 사회가 영국보다 혁명이 일어나기 쉬웠던 이유를 여기에서 찾기도 한다.

시민사회가 발달한 배경에는 워싱턴 컨센서스에서 합의한 서구 민주주의와 시장자유화라는 개발 모델이 더 이상 유효하지 않다는 깨달음이 있다. 또한 글로벌 거버넌스를 포함한 여러 거버넌스와 지속가능성의 핵심은 통치라는 것을 비롯해 사회 및 조직적 인프라가 또 다른 형태의 자본이라는 인식도 퍼져 나갔다.

더불어 시민사회와 협력하는 것이 경제적으로도 효율적으로 보이자 민관이 활발하게 협력하기 시작했다. 시민사회는 계급보다 환경·인권·여성·교육 등 특정 이슈를 중심으로 발달하며 복잡한 연합적 기구, 지역사회 또는 풀뿌리 기구, 다국적기업 같은 영리 목적의 이익 단체 등 다양한 형태가 있다. 앞서 말했듯 시민사회와 비정부기구는 서로 혼용되고 있지만 비정부기구가 시민사회의 전부는 아니다. 다시 말해 시민사회는 조직적이고 직접 정부의 영향을 받는 기구 혹은 국제기구와 거의 접촉이 없거나 간접적으로만 영향을 받는 기구를 모두 포함한다. 이 점을 명심하면서 시민사회의 보다 실질적인 형태인 비정부기구의 특성을 살펴볼 필요가 있다.

나. 비정부기구[99]

시민사회를 구성하는 대표적인 조직으로 권력이나 이윤을 추구하지 않는 정부와 무관한 비정부기구가 있다. 현대 NGO는 1차 세계대전 이후 등장하기 시작했지만 중산층의 주도 아래 월드비전World Vision, 옥스팜 등 전후 복구를 도우려는 자선단체가 본격적으로 증가한 것은 2차 세계대전 이후다. 1950~1970년대에는 NGO에 대한 관심이 증폭돼 배정 예산이 늘어났고, NGO와 정부의 재정 공동지원 시스템co-financing system을 가동하기 시작했다.

개도국은 식민주의 시절 선교사의 교육, 보건 활동을 통해 NGO를 처음 접했고 덕분에 현지에도 NGO가 생겨나기 시작했다. NGO의 숫자는 1980년대 말부터 급속히 증가했으며 다양한 이슈에 미흡하게 대처하는 국가의 역할을 메우는 새로운 사회운동NSM, New social movements도 성행했다. NSM이 NGO와 다른 점은 세계은행 등의 국제기구가 NGO를 전략적 파트너로 여겼던 것과 달리 NSM은 선진국이 디자인한 개발 모델을 거부했다는 점이다.

---

99 Potter, 2008, Haslam, 2009, Desai, 2008

NGO가 유행처럼 퍼져 나가면서 이들의 상대적 이점이 개발 프로젝트의 새로운 동력으로 떠올랐다. 흔히 제시하는 NGO의 상대적 이점은 다음과 같다.

첫째, 국가의 통제가 아닌 자발적인 행동에 기반을 두고 상황에 유연하게 대응할 뿐 아니라 창의적·혁신적인 전략으로 접근한다. 둘째, 미시적인 접근이 가능해 지역사회의 필요를 더욱 효율적으로 파악한다. 셋째, 의사결정 과정에 참여할 기회를 줌으로써 더욱 민주적이고 참여를 통한 개발을 실현한다.

반면 NGO에는 구조적인 문제점도 있다.

먼저 구조상 장기적이고 종합적인 프로그램 제공이 불가능하다. 또 NGO들 사이의 조정 부족으로 분절화하거나 일정 지역 및 이슈에 예산을 집중하는 경향을 보인다. NGO가 진정한 참여를 보장한다는 주장에도 회의적인 시각이 많고 참여 메커니즘을 구축한 사례를 찾아보기 힘들다. 마지막으로 NGO는 민주주의적이거나 투명하지 않다는 주장이 있다.

NGO는 지역사회에서 선출한 것이 아니기 때문에 책임을 질 의무가 없다. NGO가 책임감을 느끼는 대상은 오직 예산을 지원하는 공여 주체로, NGO는 이들의 이해관계에 따른 우선순위와 가이드라인에 따라 움직일 수밖에 없다. 현지 사정이 아닌 공여국의 이해관계에 따라 움직이는 NGO를 서류가방 NGO briefcase NGO라고 부르는 이유가 여기에 있다.

이처럼 NGO에 대한 평가는 엇갈린다. 일단 참여적이고 여성과 빈곤층에게 자율권을 부여하며 공정, 포용, 지속가능한 개발을 촉진한다고 보는 견해가 있다. 반면 신자유주의적 세계화를 전파하는 트로이 목마로 빈곤층보다 초국가적 자본주의 계급의 이익 추구를 돕는 존재로 보는 견해도 있다.

NGO는 공여국과 수원국 사이에서 매개자 역할을 하고 전 지구적 어젠다와 현지 어젠다를 연결할 잠재력을 지니고 있지만, 혼자서는 무책임하고 부패한 기구로 전락할 위험도 있다. 이러한 상황에서는 국가가 NGO들을 어떻게 효율적으로 이용하는가가 관건으로 남는다.

NGO는 정부와 다양한 관계를 맺을 수 있지만 중요한 것은 서로가 서로의 필요성을 인지하고 긍정적 협력 관계를 구축하는 일이다. 특히 개도국 정부는 국가의 힘이 미치지 못하는 틈새를 메우는 NGO를 활용해 거버넌스의 범위를 넓혀야 한다. 건전한 정책 수립 환경을 촉진하는 것 외에 정부가 NGO와 함께할 수 있는 것에는 다음과 같은 것이 있다.

첫째, 정부가 국가 계획 및 정책에 관한 정보를 NGO에 제공해 이를 각 지역사회에 제공하게 하고 피드백을 얻는다. 둘째, 정부가 파트너십을 통해 프로그램을 완성하고 NGO를 강화하는 등 운영적 협업을 이룬다. 셋째, 정부가 새로운 정책이나 프로젝트 수립 시 NGO를 정책 논의와 공공 협의에 참여하게 한다. 넷째, 정부가 같은 분야에 종사하는 NGO와 정부뿐 아니라 공여국, 민간 부문 등과의 협업을 촉진한다. 마지막으로 정부가 무상 지원이나 차관, 계약 등을 통해 NGO에 예산을 지원한다.

NGO는 개발 프로젝트에서 매우 중요한 부분을 차지하고 있다. 각각의 NGO가 단일한 개체가 아니라 다양한 형태와 특성이 있다는 점을 감안하면서 NGO와 긍정적으로 협업할 때 국가 및 국제기구가 진정한 시너지 효과를 누릴 수 있다. 또한 NGO를 보다 민주적으로 만드는 것이 이들의 과제다. 최근에는 국가 권력을 견제하고 시민사회의 권익을 대변하는 자발적인 결사체라는 의미를 강조하기 위해 시민사회단체Civil Society Organization라는 표현을 선호하기도 한다.

6. 개발과 자유

개발을 인간을 해방시키는 자유의 개념으로 바라보기 시작한 사람은 아마르티아 센이다. 센은 기존의 신자유주의식 통념이던 경제성장이 낙수 효과를 일으켜 다른 정치, 사회, 복지 등의 분야에까지 자동적으로 그 영향이 확산된다는 시각을 부정하고 '자유'가 개발의 궁극적인 목적이라고 주장했다. 여기서 자유란 외부 조건의 제약과 억압에서 벗어나 개인의 역량을 최대한 발휘하는 것을 의미한다. 결국 자유는 개발의 수단이자 목적으로 센은 5개 분야에서의 자유를 강조했다.

가. 정치적 자유 Political Freedom

사람들이 누가 어떤 원칙에 따라 정치적 지배를 하게 할지 결정하는 기회를 일컫는다. 이는 지배자를 감시 및 비판하는 능력, 정치적 표현의 자유, 검열로부터 자유로운 언론, 다양한 정치 정당을 선택할 자유 등을 포함한다.

나. 경제 시설 Economic Facilities

소비, 생산, 교환의 목적으로 경제적 자원을 소유 및 사용하는 능력을 일컫는다. 이는 노동, 노동력, 재산을 매매함으로써 시장에 참여하는 자유를 포함한다. 이런 맥락에서 센은 원칙적으로 정보 생산과 교환 기능뿐 아니라 인권 자체에 대한 시장의 기능을 부정하지 않으며, 시장을 통해 인간의 역량을 극대화할 수 있다는 애덤 스미스의 전통 자유주의 시각에 동조한다고 볼 수 있다.

다. 사회적 기회 Social Opportunities

교육, 보건 같이 사람들의 삶의 질을 향상시키고 그들이 정치·경제 활동에 효과적으로 참여할 수 있게 하는 다양한 서비스 및 개입을 포함한다.

라. 투명성의 보장 Transparent Guarantees

부패, 금융 분야에서의 무책임이나 부정 거래를 예방함으로써 사람들의 경제·정치적 삶의 개방성 혹은 투명성을 보장하는 것을 일컫는다.

마. 보호와 안정 Protective Security

사람들이 불행, 기아, 사망, 사회적 고립 등에 빠지지 않도록 예방하는 사회안전망을 일컫는다.

이러한 센의 시각은 미국의 루스벨트 대통령이 뉴딜에서 배고픔으로부터의 자유, 무지와 질병으로부터의 자유, 집회 및 선거의 자유, 정치적 선택을 할 자유, 원하고 필요로 할 자유를 천명한 것과 맥락을 같이한다. 또한 세계인권선언에서 삶과 자유를 비롯해 경제·사회적 권리를 강조한 것과 일맥상통하는 개념이다.

다만 센의 주장이 크게 주목받은 이유는 과거의 개발 담론에서 정치·사회적 자유보다 경제적 능력과 자유를 우선시한 것과 달리, 모든 자유는 서로 밀접하게 연관돼 있고 특정 자유를 나머지 자유보다 우선시하지 않는다는 것을 제시했기 때문이다. 즉, 교육과 보건 등 개인의 역량 개발을 위한 자유를 보장해야 노동시장에 참여할 수 있고 그 경제활동을 기반으로 정치·사회적 영역에서의 활동도 활발히 이뤄진다는 얘기다.

센은 개발을 구성하는 기본 요소로 개인의 자유를 강조한다. 나아가 개인이 추구하는 형태의 삶을 영위하기 위한 '역량'을 개발하는 것이 핵심이라고 주장한다. 이러한 개인의 역량 개발 척도는 그 사회의 자유에 대한 '평가'와 '효과'를 통해 알 수 있다. 즉, 한 사회의 개발 정도는 그 사회의 기반 인프라나 실질소득 수준이 아닌 사회구성원의 실질적인 자유의 수준으로 평가해야 한다는 것이다. 이는 개인의 실질적인 자유를 통해서만 사회 전반의 개발에서 가치 있는 결과를 도출해낼 수 있기 때문이다. 또한 자유로운 개인이 주체가 되어 사회 전반에 긍정적인 효과를 미치게 함으로써 개발 목표를 달성할 수 있다. 자유는 개발의 수단임과 동시에 목적이다.

7. 개발과 권리[100]

가. 인권에 기반을 둔 개발의 개념

1948년 세계인권선언 이후 인류는 오늘날까지 '인권'의 중요성을 강조해왔다. 세계인권선언에 따르면 인권이란 "모든 이가 공포와 필요로부터의 자유를 얻어 경제, 사회, 문화, 정치적 권리를 온전히 누리는 것"[101]을 일컫는다.

인권 관련 주요 문서로는 세계인권선언과 UN헌장 외에도 1966년의 시민적·정치적 권리에 관한 국제규약과 경제적·사회적·문화적 권리에 관한 국제규약, 1986년의 개발권선언Declaration on the Right to Development, 1993년의 비엔나선언Vienna Declaration and Programme of Action 등이 있다. 특히 21세기의 시작과 함께 발표한 새천년선언[102]은 주요 개발과 인권에 관한 원칙을 제시함으로써 MDGs[103] 이후 국제개발 담론의 근간이 되었다. 그리고 이것의 효과적이고 범국가적인 시행을 위해 UN은 UN인권이사회[104]와

---

100 동 절은 KOICA(2013) '국제사회의 인권에 기반을 둔 개발RBA 논의와 한국에의 시사점', 국제개발협력 2013 (1)을 재구성하였다.

101 경제적·사회적·문화적 권리에 관한 국제규약 참고

102 새천년선언의 주요 내용은 다음과 같다. 세계인권선언을 완전하게 따를 것, 모든 국가가 민주주의와 인권을 도입하도록 도울 것, 여성에 대한 모든 형태의 차별금지협정CEDAW을 도입할 것, 이주노동자와 그들 가족의 권리를 보장 및 보호할 것, 모든 국가의 전 시민 참여로 보다 포괄적인 정치를 위해 다 함께 노력할 것, 개발 목표 달성에 필수적인 언론의 자유와 정보에 대한 공공의 접근을 보장할 것(Robinson, 2005).

UN경제사회문화권리위원회를 설치했다.

1968년 테헤란에서 개최한 세계인권회의에서는 "인권의 지속적인 이행의 성공 여부는 국가적, 국제적으로 경제·사회 발전을 위한 올바르고 효과적인 정책을 수립하는 데 달려 있다"고 천명함으로써 경제·사회 발전과 인권 간의 밀접한 관계를 재확인했다. 그러다가 1997년 코피 아난Kofi Annan 전 UN 사무총장이 모든 UN기구에 인권을 구심점으로 삼도록 지시하면서 '인권에 기반을 둔 원조RBA, Rights-Based Approach to Development라는 개념을 본격적으로 도입했다.

RBA에 대한 정의는 기관이나 학자마다 차이를 보이는데, 세계은행은 RBA를 기득권자의 도덕적 의무임과 동시에 빈곤층 스스로 주장해야 할 정치적 권리로 정의한다. UNDP의 경우 RBA를 사회적으로 적절한 조치를 통해 사람들이 자신의 권리를 누리고 인간으로서의 존엄성과 자유를 실현하는 과정으로 정의한다. 여기서 과정이란 참여, 평등, 투명성, 책임성, 해결책을 일컫는다. 예를 들어 교육 분야 개발에서 단순히 학교 등록률을 높이는 데 그치지 않고 특정 소수민족의 언어적 장벽을 고려한 교육의 평등과 이를 침해받았을 때의 해결책까지도 제시해야 한다는 것이다. 다시 말해 RBA는 단순히 지원금이나 자선의 도움을 받을 자격이 아닌, 한 사람의 권리를 보장하는 사회적 조치를 받을 자격 부여를 의미한다.

2005년 UNDP의 주도 아래 설립한 빈곤층 법적 권한 강화 위원회Commission on the Legal Empowerment of the Poor의 시각에 따르면 빈곤의 근본 원인

---

103 MDGs는 새천년선언에 비해 인권과 개발권에 대한 논의가 상당 부분 줄어들었다. 가령 양성평등권의 경우, 경제 및 정치 분야에서의 평등을 제외하고 교육 분야에서의 평등만 제시하는 한계를 보였다. 그러나 MDGs의 8가지 목표는 개발의 대표적인 기준을 제시하는 데 있으므로 개발과 인권의 다양한 이슈를 전부 다루지 못했다고 해서 MDGs가 인권과 무관하다고 볼 수는 없다(Fukuda-Parr, 2006).

104 1946년 UN인권위원회에서 2006년 UN인권이사회로 변경.

은 빈곤층이 법에서 배제된 데 있다. 즉, 합법적이고 공정하게 사회·경제·정치적 권한을 누릴 기회를 박탈당해 빈곤하다는 얘기다. 따라서 이들은 빈곤층의 법적 권한 강화는 빈곤 퇴치의 수단인 동시에 목적이며 이를 위해서는 빈곤층에 대한 법의 접근성, 재산권, 노동권, 사업권을 강화해야 한다고 주장한다. 그래야 빈곤층의 착취와 학대를 방지하고 정치적 장을 마련해 보다 정당한 사회를 구현하는 데 도움을 줄 것이라고 보기 때문이다.

사키코 후쿠다 파Sakiko Fukuda-Parr는 특히 RBA에서 개발의 의무가 있는 자의 책임을 강조한다. 여기서 개발의 의무가 있는 자란 공여국 정부뿐 아니라 국제사회, 기업, 언론, 시민사회 전반을 말한다. 그는 빈곤의 일차적 책임은 개도국 정부에 있다는 기존의 생각을 부정한다. 지금의 세계화 추세에서 빈곤은 더 이상 한 국가의 능력으로 해결할 수 없으므로 국제사회에 해결할 책임이 있다는 의미다.

IMF, 세계은행, WTO가 주축인 신자유주의 체제 하에서 글로벌 자본은 국내 자본에 비해 상대적으로 국내법의 제재를 받지 않는다. 신자유주의를 표방하는 선진국은 글로벌 자본 유치를 위해 무역장벽을 낮추고 구조조정 및 공기업 민영화를 추진했으며, 기업 활동에 대한 규제와 복지 서비스의 단계적 폐지를 진행했다. 역으로 초국적기업들도 자신에게 유리한 시장을 찾아 자유롭게 이동해 자사 공장이 있는 개도국 정부가 기업 활동에 불리한 정책을 시행하지 못하도록 압력을 행사했다. 이는 개도국 정부의 교육, 보건 분야 같은 기본적인 사회 안전망 붕괴를 초래했고 노조 약화와 고용 불안정성을 심화했다.

결국 세계화는 사회·경제적 권리를 시장경제 성장에 따른 결과물의 하나로 전락하게 만들었고, 초국적기업의 횡포를 규제할 국가 권력을 무력화했다. 나아가 세계화에 따른 인구 대이동은 시민의 인권을 한 국가 혼자서는 보호할 수 없는 상황으로 만들었다.

국제개발을 통해 인권 문제를 해결해야 하는 이유에는 크게 3가지가 있다.

첫째, 개도국은 재정적·인적 자원이 부족하다. 올바른 정책 수립과 자원 동원 능력이 있어도 개도국 정부가 확보할 수 있는 자원에는 한계가 있다. 이를 보완하려면 개발원조, 부채 탕감, 민간 투자 등이 필수다.

둘째, 개도국 경제는 원자재의 국제 가격 폭락이나 관세 증가 등 국제적인 상황 변화에 따른 불안 요인의 영향을 받는다. 실제로 개발권Right to development은 지난 1970~1980년대 개도국 정부가 국제경제 상황에 적응하기 위해 제안한 개념이다.[105] 이는 현재 개도국에게 불리한 많은 무역 정책과 기후 변화 관련 제약을 보다 개도국 사정에 맞는 정책으로 바꿀 필요가 있다는 주장이다. 더불어 큰 이윤이 남지는 않지만 개도국에 만연하는 질병 치료약 개발과 열악한 환경에서도 잘 성장하는 곡물 개발, 국제적인 인신매매 근절 조치 등은 국제 공조를 통해 해결해야 할 과제다.

셋째, 개도국은 국제적인 결정 사항에 목소리를 충분히 내지 못한다. 이는 국제적인 거버넌스의 민주성과 투명성을 약화한다. 대표적인 예로 WTO의 무역 협상에서 개도국의 의견보다 힘 있고 부유한 국가의 이익을 더 많이 반영한다.

나. 인권에 기반을 둔 개발의 범위와 적용 방안

인권과 개발을 접목한 개념은 인권에 대한 국제적인 규범에 입각해 개발계획, 정책 및 과정을 재해석해 반영하는 것을 의미한다. RBA의 키워드는 크게 ① 포함Inclusion과 비차별Non-discrimination ② 국가 및 지역의 주인의식 Ownership ③ 책무성 Accountability과 투명성 Transparency ④ 참여 Participation와 권한 강화Empowerment로 정리할 수 있다.

---

105 Sengupta A. (2000) The Right to Development, UNESCOR Commission on Hum 참고

이처럼 인권 수호 개념을 개발에 반영함으로써 이것은 인간의 기본 권리를 박탈당한 소외계층에 보다 집중하고, 단순한 수치상의 성장이 아닌 개개인의 존엄성까지 개발의 범주에 넣는 계기가 되었다. 여러 개발 분야 중에서도 특히 '세계인권선언' 제25조에서 강조한 분야[106]인 식량과 건강, 취약층(여성과 아동)을 중심으로 RBA를 도입하기 시작했다.

- 식량권

식량에 대한 권리는 단순히 '배고픔으로부터의 자유'로 정의하기 쉽지만, 현실적으로 식량권은 복잡한 양상을 띤다. 예를 들면 식량권은 '하루에 두 끼를 먹을 권리', '하루에 특정 칼로리를 섭취할 권리', '영양결핍과 관련된 질병에 걸리지 않을 권리' 등으로 다양하게 해석할 수 있다. 적정 영양 섭취는 깨끗한 물, 건강, 위생 등 식량 외적인 요인도 함께 작용하므로 식량권만으로는 이루기 어렵다. 설령 충분한 음식을 섭취해도 필수영양소의 함유 여부까지 보장하기는 어렵다.

한편 라가브 가이하Raghav Gaiha(2003)는 식량권을 '(생존에 필요한) 최소한의 음식에 대한 권리'로 정의하고 국가 혹은 공여자는 기아와 영양결핍을 없애는 것에 초점을 맞춰야 한다고 주장했다.

1966년 수립해 1976년 발효된 '경제적·사회적·문화적 권리에 관한 국제규약은 충분하고 적절한 식량에 대한 권리RtAF, Right to Adequate Food의 개념을 처음 국제사회에 제시했고, 이후 1978년 UN세계식량회의에서 기아와 영양결핍 퇴치를 위한 세계선언Universal Declaration on the Eradication of

---

106 'Everyone has the right to a standard of living adequate for the health and well-being of himself and of his family, including food, clothing, housing and medical care and necessary social services, and the right to security in the event of unemployment, sickness, disability, widowhood, old age or other lack of livelihood in circumstances beyond his control.'(1948, UN 세계인권선언 제25조)

Hunger and Malnutrition으로 결실을 맺었다. 특히 ICESCR 제11조는 RtAF에 대한 대표적인 문서로 정부가 취해야 할 구체적인 정책과 방안을 제시한다. 1999년 ICESCR 제11조에 대한 실천적 방안을 도출한 ICESCR위원회의 'General Comment 12'에서는 RtAF의 정의로 '하루에 필요한 최소한의 칼로리, 단백질 및 미량영양소 섭취 권리뿐 아니라 이를 위해 필요한 식량에 접근할 물리적이고 경제적인 권리'까지 다루고 있다.

그렇다면 관건은 '식량 접근권' 실현이다. 세계화로 글로벌 곡물 시장이 요동치고 한 국가의 식량 안보 문제가 대두되는 지금, 식량에 대한 접근이 한 국가의 능력 범주를 넘어선다는 사실은 바이오 연료의 예에서 찾아볼 수 있다. 다국적기업의 바이오 연료 플랜테이션은 해당 국가의 전통적인 토지 사용을 왜곡할 뿐 아니라, 농업용수 등 농업 기반 자원 및 시설에 영향을 끼친다.

특히 브라질 정부와 미국의 바이오 연료 기업 간에 맺은 계약으로 국내 옥수수 가격이 폭등해 브라질 시민의 식량 접근권이 현저하게 침해당한 것은 식량권에 대한 정부의 의무와 국제무역에 따른 WTO의 인권 침해 방지 의무를 저버린 대표적인 사례다. 이에 스미타 나룰라Smita Narula(2005)는 세계화 시대에 다국적기업과 국제금융기관들이 인권에 대한 국제적 규범의 사각지대에 놓여 있으므로 국제법을 재정비해 이들에게 인권 보호 책임 및 의무를 지워야 한다고 주장한다.

- 건강권

WHO헌장에 따르면 건강이란 '단순한 질병 퇴치뿐 아니라 완전한 육체, 정신, 사회적 안녕'까지 아우르는 포괄적인 의미다. 건강권과 관련된 기본 문서는 세계인권선언과 ICESCR을 비롯해 1946년의 'WHO헌장'과 1978년의 알마아타 선언 Declaration of Alma-Ata이 있다. ICESCR 제12조에서는 건강권을 '가능한 최고의 육체적·정신적 건강을 누릴 권리'[107]로 정의하면서 이를 위해 국가가 ① 사산율과 영유아 사망률 감소 및 아동의 건강한 성장을 위한 법률 제정 ② 다각적인 환경과 산업 위생 향상 ③ 전염병, 풍토병, 직업병, 기타 질병에 대한 예방·치료·관리 ④ 발병 시 모든 의학 서비스와 치료를 보장할 조건 마련 같은 조치를 취할 것을 권고했다.

하지만 이러한 국가의 의무는 기본적으로 해당 국가의 국적자를 대상으로 하기 때문에 무국적자, 특히 세계화에 따라 급격히 늘어난 불법 이주 노동자와 국제분쟁에 따른 난민은 보호 장치의 사각지대에 놓여 있다. 무국적자를 기본 의료 서비스에서 배제하면 현실적으로 전염병 같이 전체 공공보건에 악영향을 미칠 수 있는 요인을 적절히 관리하기 어렵다. 이런 이유와 함께 1985년 'UN 이주민에 대한 인권선언'[108]에 따라 인권의 시각에서 국적자, 무국적자를 구분하지 않고 기본적인 건강권을 적용해야 한다.

한편 최근 신자유주의자들이 건강관리 및 의료 서비스를 국가의 몫이 아닌 시장에서 교환하는 하나의 상품으로 취급하면서 여러 문제가 발생하고 있다. 무엇보다 상품의 시장가격을 지불할 수 없는 빈곤층이 기본적인 의료 서비스의 혜택을 받지 못한다. 나아가 WTO의 지적재산권에 대한 다자간 규범 TRIPs, Trade Related Intellectual Properties은 개도국에 만연하는 질병의 의약품 생산단가를 높이는 결과를 불러왔다.

---

107 'The States Parties to the present Covenant recognize the right of everyone to the enjoyment of the highest attainable standard of physical and mental health.'(ICESCR 제12조)

108 'Nothing in this Declaration shall be interpreted as legitimizing the illegal entry into and presence in a State of any alien, nor shall any provision be interpreted as restricting the right of any State to promulgate laws and regulations concerning the entry of aliens and the terms of and conditions of their stay or to establish differences between nationals and aliens. However, such laws and regulations shall not be incompatible with international legal obligations of the State, including those in the field of human rights.'(1985 UN Declaration on the Human Rights of Individuals Who are not Nationals of the Country in which They Live. Article 2.1)

특히 AIDS 치료약의 경우, TRIPs의 특허권 보호로 치료약을 개발한 선진국의 제약회사에 천문학적인 라이선스 요금을 지불해야 하는 까닭에 개도국의 제약회사는 자체적으로 치료약을 개발 및 생산할 엄두를 내지 못하고 있다. AIDS 외에 여타 개도국의 풍토병을 위한 치료약은 시장이 작고, 연구개발 비용 대비 수익성이 낮다는 이유로 다국적 제약회사가 생산을 꺼리는 실정이다. 이에 옥스팜 같은 국제 NGO는 1999년 시애틀 WTO 장관급 회의에 맞춰 '암스테르담 선언'을 발표해 소외된 질병에 대한 국제사회(선진공여국 및 다국적 제약회사)의 책임 공유와 치료약에 대한 접근권 강화를 주장했다.

■ 아동 권리

아동 권리는 1924년 제네바 아동권리선언 Geneva Declaration of the Rights of the Child, 1959년 UN총회의 아동권리선언, 1948년 세계인권선언, 1966년 시민적·정치적 권리에 관한 국제규약의 제23조 및 제24조와 ICESCR의 제10조에 명시돼 있다. 특히 1989년의 UN아동권리협약 UN Convention on the Rights of the Child에 따르면 아동에게는 단체결사의 자유(제15조), 초등교육을 받을 권리(제28조), 휴식과 오락을 취할 권리(제31조), 위해한 노동을 하지 않을 권리(제32조), 성 착취 및 인신매매에서 보호받을 권리(제34조, 제35조)가 있다.

아동 권리 중 특히 아동 노동과 교육은 아동 복지와 밀접한 관련이 있기 때문에 두 이슈를 동시에 다룰 필요가 있다. 2008년 유니세프의 통계 조사에 따르면 35개 개도국에서 7세부터 14세 사이의 아동 인구 25퍼센트가 노동을 하고 있었다. 아동 노동 비율이 높을수록 학교 출석률이 낮았고 이에 따라 빈곤 확률도 높아지는 것으로 나타났다. 특히 부모의 교육 수준이 낮을수록 자녀를 학교에 보내지 않고 노동을 시킬 확률이 높았는데, 이는 교육이 아동뿐 아니라 세대 전반에 중요한 영향을 미친다는 것을 보여준다.

아동 노동에 관한 대표적인 국제적 논의는 1989년 UN아동권리협약 외에도 ILO의 1973년 최소 연령에 대한 컨벤션Minimum Age Convention과 1999년 최악의 아동 노동 형태에 관한 컨벤션Worst Forms of Child Labor Convention이 있다. 1973년 컨벤션에서 국제사회는 노동할 수 있는 최소연령을 만 15세로 정했지만, 개도국의 경우 아동에게 정신적·신체적 위해를 가하지 않고 학교 수업에 지장을 주지 않는 '가벼운 노동'에 한해 13~15세 혹은 12~14세부터 일할 수 있다고 합의했다. 1999년 컨벤션에서는 이보다 진보해 무상 초등교육의 의무적 실시와 직업교육을 포함한 중등교육 설치를 촉구했다. 이 두 컨벤션은 현실적으로 아동 노동이 다른 이슈와 연계된 복잡한 문제라는 점과 국가 및 문화별로 차별화된 접근 방법이 필요하다는 것을 국제사회가 인식하는 계기로 작용했다.

2002년 ILO의 〈Every Child Counts: New Global Estimates on Child Labour〉 보고서에 따르면, 아동 성별에 따른 노동 현황에서 '위해한 노동hazardous labour'에 남아가 여아보다 더 많이 종사하고 있었다(55:45의 비율). 가장 극단적인 사례는 소년병child soldiers이다. 전 세계 30여 개 분쟁국에서 18세 미만 소년병은 30만 명이 넘고 이 중 12만 명이 사하라 이남 아프리카 국가에 있다. 소년병의 나이는 최소 7~8세에서 15~18세까지 다양하며, 이들이 입은 정신적·신체적 피해는 매우 심각하다. 특히 이들이 전쟁을 끝내고 일상으로 돌아오더라도 가족이 사망하고 집과 학교가 파괴되는 등 주변 환경의 급격한 변화로 일상적인 적응이 어려운 경우가 많아 다각적인 보호 조치가 필요하다.

현실적으로 개도국 정부가 이러한 정책을 시행하는 데는 여러 가지 어려움이 따른다. 기본적으로 개도국은 근로감독관 수가 부족하고 이들마저 수도에 상주해 대부분의 아동 노동이 이뤄지는 지방과 지리적으로 거리가 멀다. 또한 이들 아동의 대다수가 가내 수공업이나 미등록 사업장에서 일한다. 덧붙여 명심해야 할 것은 아동 노동의 문제는 민감한 사안으로 정부나 국제사회의 개입 자체가 의도치 않은 부작용을 일으킬 수 있다.

2001년 유니세프 보고서[109]에 따르면 선진국 정부와 소비자 단체가 아동 노동 반대 운동을 벌이자, 거래 관계 유지를 위해 방글라데시의 의류 공장들이 5만 명 이상의 아동 노동자를 해고해 결국 그들이 더 위험하고 낮은 임금 일자리로 이직하게 만들었다. 국제사회와 국가가 개발 정책을 계획 및 시행할 때 아동권에 대한 접근을 다른 것보다 더 신중하게 다뤄야 하는 이유가 여기에 있다.

■ 여성 권리

여성 권리의 개념은 먼저 UN헌장과 세계인권선언에서 '인종, 성별, 언어 및 종교에 대한 차별을 금지'한 것에서 찾을 수 있다. 1946년 UN경제사회이사회가 여성 권리 전담 특별기구인 UN여성지위위원회Commission on the Status of Women를 설치했다. 초기에는 UN인권위원회 소위원회였지만 같은 해 UN인권위원회와 동등한 독립위원회의 지위[110]를 획득했다. 당시 UN인권위원회 의장 등이 '여성'이라는 특정 그룹을 대상으로 한 별도의 위원회 설치에 반대했지만, UN여성지위위원회 의장이던 보딜 베그트룹Bodil Begtrup은 "인류 역사상 처음으로 여성 문제가 국제적인 관심과 진지한 연구의 대상이 되었는데 여성지위위원회를 소위원회로 하면 이러한 특수성을 왜곡할 것"이라고 주장했다. 이는 여성 문제를 '모든 사람all human beings의 권리'라는 통합

109 UNICEF, 'Poverty and Children: Lessons of the 90s for Least Developed Countries', Policy Review Document, Division of Evaluation, Policy, and Planning (New York: UNICEF, 2001) 참고

110 UN Division for the Advancement of Women(DAW), Short History of the Commission on the Status of Women, http://www.un.org/womenwatch/daw/CSW60YRS/CSWbriefhistory.pdf, accessed on 2013. 1. 15. 참고

적 틀에서 보지 않고[111], 여성이 처한 사회·경제·정치·문화적(공적 영역 및 사적 영역 전반의) 특수 상황을 인정하기 시작한 분수령이 되었다.

같은 맥락에서 모든 사람이 아닌 여성에 초점을 둔 문서로는 1979년 '여성에 대한 모든 형태의 차별 철폐에 관한 국제협약Convention on the Elimination of All Forms of Discrimination against Women'이 대표적이다. 여성 권리의 기틀을 다진 주요 회의로는 먼저 1993년 비엔나 세계인권회의가 있다. 당시 회의장 안팎에서는 '여성 권리가 인권이다Women's rights are human rights'라는 슬로건을 내세운 여성단체 운동이 활발하게 일어났고, 그 성과로 같은 해 UN 총회는 'UN 여성에 대한 폭력 철폐 선언UN Declaration on the Elimination of Violence against Women'을 채택했다.

특히 1995년 베이징 세계여성회의는 1975년부터 시행한 세계여성회의의 네 번째 회의로, 여기서 채택한 베이징 선언과 이를 위한 행동 강령은 여성의 사회·경제·정치적 권한 강화를 위한 구체적인 목표와 행동 계획을 제시했다. 베이징 회의는 기존에 터부시하던 주제(전통문화와 종교적 믿음에 반하는 가족 구성, 성적 자기결정권, 전쟁 시의 강간 같은 성범죄, 여성 지도자, 낙태 등)를 국제적인 논의의 장으로 이끌어내 대부분의 UN 회원국에게 양성 평등에 대한 지지를 얻어냈다는 데 큰 의의가 있다. 또 행동 강령에서는 '여성, 여성의 권리 및 여자아이의 발전을 위한 주요 관심 사항'으로 빈곤, 교육과 훈련, 건강, 폭력, 평화, 경제구조와 정책, 결정권을 제시했고 각국 정부가 행동 강령 시행을 위한 개발 전략 및 행동 계획을 1995년까지 수립하도록 하였다.

이후 2000년 MDGs에는 목표 3 '양성 평등과 여성 지위 향상'을 설정했

---

111 일부 학자는 기존의 'Human Rights'에서 'Human'란 사실상 남성을 지칭하며 여기에는 서양, 백인, 부르주아지, 자유주의, 자본주의, 가부장제도 중심의 시각이 내포돼 있다고 주장한다 (Hassmann, 2011).

고, 2010년에는 UN여성기구UN Women를 설립했다. 이는 기존의 UN 산하 여성 관련 부서(DAW, INSTRAW, OSAGI, UNIFEM[112])를 통합한 것으로 UN여성지위위원회 등 국제기구의 정책·세계 기준·규범 수립을 지원한다. 또 UN 회원국이 이 기준을 도입하도록 기술적·재정적 지원 제공, 시민 사회와의 파트너십 구축, 정기적인 모니터링을 통해 양성 평등을 위한 UN 시스템의 책임성을 제고하는 것을 주요 역할로 한다.

여성과 개발

1970년대 초반, 미국 자유주의 페미니스트를 중심으로 여성의 활발한 경제활동 참여를 옹호하는 '개발에서의 여성WID'이라는 용어를 사용하기 시작했다. WID는 1950~1970년대에 주류를 이룬 근대화와 산업화를 배경으로 경제적 생산 분야에서의 평등주의 및 성차별 철폐를 주장했다. 더불어 여성도 남성처럼 생산 분야에 참여한다면 성 평등을 이룰 수 있다는 시각이 주를 이루었다. 그러나 WID 접근법에서는 여성 노동이 남성 노동의 부수적인 차원으로 취급당했고, 새로운 기술에 대한 교육 기회가 남성에게만 제공돼 결과적으로 여성은 핵심 노동에서 벗어난 저임금의 단순노동에 머물렀다.

이에 대한 비판으로 1970년대 후반에 등장한 '여성과 개발WAD'은 신마르크스주의적 접근을 기반으로 여성은 근대화 이전부터 사회·경제 발전에 기여해왔음을 강조했다. 그렇지만 WAD도 사적 영역에서의 여성의 재생산 활동(가사, 출산, 육아 및 노약자와 병자 돌봄 등)을 배제한 채 공적 영역에서의 경제 중심적 생산 활동만 다뤘고, 여성을 사회 계급과 인종에 따라 차별화한 것이 아니라 하나의 동일한 그룹으로 보았다는 한계가 있다.

1980년대에 등장한 '젠더와 개발GAD'은 사회주의적 관점과 공적·사적 영역 모두에서 여성의 생산과 재생산 활동 전반을 다뤘다. 이와 함께 가부장 사회에서 고착화된 남성성과 여성성의 정치·사회적 역학관계와 성 역할, 즉 젠더 관계를 재조명했다.

이후 사회·경제·정치적 개발에 관한 논의가 활발해지면서 여성은 특히 개도국의 사

---

112 Division for the Advancement of Women(DAW), International Research and Training Institute for the Advancement of Women(INSTRAW), Office of the Special Adviser on Gender Issues and Advancement of Women(OSAGI), UN Development Fund for Women(UNIFEM)

회 개발 분야(육아, 교육, 보건, 복지, 지역사회 발전 등)의 핵심적 역할을 하는 것으로 나타났다. 예를 들어 정치적·경제적·사회적으로 자주적인 여성은 그렇지 않은 여성이나 일반 남성에 비해 자신의 자원을 자녀, 가족, 지역사회 발전을 위해 사용했다. 특히 어머니의 교육 수준이 높을수록 자녀의 취학률이 높았고 영아사망률이 낮았다. 결국 여성의 권한 강화와 국가 개발은 밀접한 연관성이 있다고 볼 수 있다.

요점 정리

- 민주주의는 인민과 통치의 합성어로 5세기 그리스의 정치 시스템을 지칭하던 데모크라티아에서 유래했다.

- 민주주의는 선거권, 피선거권, 공정선거, 기본 자유권 등의 절차상 요건을 충족하며 민주주의의 절차상 정의와 문화·사회·경제·시민권 등 지역적 특성을 고려한 실질적 정의로 나뉜다.

- 자유민주주의의 핵심 11가지 요소를 통해 일반적으로 통용되는 민주주의의 보편적 특성을 유추해볼 수 있다.

- 민주주의와 개발의 상관관계에는 긍정적인 평가와 부정적인 평가가 모두 존재하며, 레프트위치는 정치적 시스템보다 국가 형태가 개발에 더 중요한 역할을 한다고 역설했다.

- 민주화 과정에는 국내 구조적, 국가 간 구조적, 국내 행위자적, 국가 간 행위자적 접근법 등이 있으며 이를 통해 종합적으로 민주화를 이해할 필요가 있다.

- 민주적 거버넌스는 인간 개발을 촉진하는 거버넌스이며 민주주의가 거버넌스 향상에 일조한다는 가정을 내포하고 있다.

- 경제적 발전과 평등을 함께 고려할 때 케인스주의적 민주주의가 신자유주의적 민주주의보다 앞서 나갔다는 역사적 증거 및 연구가 있다.

- 글로벌 거버넌스는 국가, 시장, 국민, 기구 간의 이익·의무·혜택의 표현과 차이를 중재하는 것으로 흔히 국제기구가 하는 통치를 의미하기도 한다.

- 국제기구는 크게 경제학적 관점과 사회학적 관점으로 나누는데 이 중 후자는 국제기구의 자율성과 독립성을 인정해 다양한 국제기구의 행동을 설명한다.

- 시민사회는 사적 영역과 공적 영역 사이에 존재하며 자발성을 강조하고 연합적 기구, 풀뿌리 기구, 영리 목적의 이익 단체 모두를 포함한다.

- NGO는 2차 세계대전 이후 본격적으로 확산되었는데 여기에는 유연성과 창의성 있게 민주적으로 지역사회의 필요를 대변한다는 주장과, 분절화하고 비민주적이거나 투명하지 않으며 공여 기구의 이익을 반영한다는 회의적인 시선이 공존한다.
- 선정은 반부패와 밀접하게 연관돼 있고 국제기구 및 NGO가 개발 프로젝트의 일환으로 이에 대한 사업과 연구를 활발히 진행하고 있다.
- 아마르티아 센은 개발을 구성하는 기본 요소로 개인의 자유를 강조하면서 자유를 최대한 누릴 개인의 역량을 개발하는 것이 핵심이라고 주장했다. 한 사회의 개발 정도는 그 사회의 기반 인프라나 실질소득 수준이 아닌, 사회 구성원의 실질적인 자유의 수준으로 평가해야 한다는 의미다.
- 인권은 지난 반세기 동안 국제적인 규범으로 정착돼 왔고 국제사회의 모든 국가에는 인권을 수호할 의무가 있다. 이것은 단순히 국제조약 비준으로 해결할 수 없으며 정부의 구체적인 정책 수립과 강력한 시행 의지가 필요하다.
- 다국적기업의 인권 침해 등 세계화와 더불어 국경과 국적이 모호해지면서 국가 보호의 사각지대에 놓인 인구가 늘고 있다. 그러므로 UN을 중심으로 범국가적이고 강력한 규제 조치 및 인권 보호 방안을 마련해야 한다. 인권은 전 인류적 개념으로 한 국가의 자주권보다 상위에 있기 때문이다.
- 범국가적인 인권 보호 및 증진을 위해 공여국에는 수원국의 인권에 기반을 둔 개발 정책을 수행할 의무가 있다. 이는 개도국이 인권 보호를 위한 법률적 장치를 마련하는 것은 물론 식량권·건강권 같은 기본권과 사회 취약층의 인권 보호를 목적으로 한 개발 프로그램을 수행하는 것을 의미한다.

생각해볼 문제

- 민주주의는 어떻게 정의할 수 있고 또 현존하는 민주주의 국가에는 어떤 것이 있는가?
- 민주주의와 개발의 상관관계에 대해 논하라. 개도국의 입장에서 민주주의를 어떻게 받아들일 수 있을까?
- 민주화에 대한 다양한 접근법을 이용해 남아프리카의 민주화 과정을 설명해보라.
- 민주적 거버넌스의 의미와 중요성은 무엇인가?

- 중국 정부는 민주주의보다 국가의 경제적 발전이 우선이라고 주장한다. 이에 동의하는가? 그 이유는 무엇인가?
- 시민사회가 부상한 배경과 이에 대한 각종 이론 그리고 시민사회를 구성하는 다양한 요소에 대해 설명하라.
- NGO는 사회 개혁 및 개발에서 어떤 역할을 하는가? 선정과 민주적 개발에서는 어떠한가?
- 글로벌 거버넌스에 관한 논의는 어떻게 전개되어 왔는가?
- 개발 프로젝트의 일환으로 반부패의 중요성과 효율적 접근 방향에 대해 논하라.
- 어떤 점에서 사회 정의가 개발의 목적이 될 수 있는가? 사회 정의를 이루는 데 개발 이론과 정책의 장애요인 및 한계점은 무엇인가?
- 경제성장으로 어떻게 인간 개발을 달성할 수 있는지 비판적으로 논하라.
- 개발과 인권의 상관관계를 정리하고 개발에 인권의 시각으로 접근해야 하는 이유를 논하라.
- 인간 해방이 개발의 수단임과 동시에 목적이 되는 이유를 설명하라.
- 개발학이 인권의 관점에서 여성 문제를 별도로 다루는 목적과 의미를 설명하라.

제3절　　분쟁과 개발Conflict and Development

1. 들어가며

분쟁이 개발 이슈로 등장한 것은 냉전 후 내전과 집단 학살, 인종 학살 등 인류의 비극을 마주하고부터다. 나아가 9·11테러를 계기로 실패국가Failed states나 취약국가Fragile states의 문제가 세계 안보를 위협한다는 인식이 확대되면서 지난 10여 년간 개발에서 분쟁을 주요 이슈로 다루기 시작했다. 인간 안보, 인도주의적 개입, 보호의 책임, 국가 건설, 평화 구축 등 분쟁 이후 국가의 정치·경제·사회 발전을 위한 국제사회의 움직임이 다양하게 일어났다. 그러면 국제사회 개입의 배경인 분쟁의 양상, 분쟁을 바라보는 시각, 국제사회 개입의 여러 방법을 살펴보고 그 한계를 알아보자.

2. 분쟁과 개발

분쟁과 평화를 논의하기에 앞서 분쟁, 전쟁과 폭력에 대한 개념, 분쟁 측정 방법 및 경향을 살펴본다. 사람들은 흔히 분쟁, 전쟁, 폭력을 서로 교체 사용이 가능한 단어로 인식한다. 그러나 그 의미와 사용에는 서로 차이점이 존재한다.

첫째, 분쟁은 일반적으로 상반된 관점이나 이해관계 또는 의지에서 발생하는 갈등을 의미한다. 분쟁은 폭력을 수반하기도 하는데 이것은 물리적 폭력과 구조적 폭력으로 나뉜다. 물리적 폭력은 일반적인 의미의 폭력을 말하며 구조적 폭력은 평화학자인 요한 갈퉁Johan Galtung이 제시한 것으로 극도의 시스템화한 불평등, 상징적 폭력을 의미한다. 전쟁은 분쟁 중에서도 특수한 형태로 대규모 폭력이 발생하고 일반적인 법보다 전쟁 관련 국제법같이 특별한 법을 적용하므로 주의가 필요하다. 전쟁은 대개 국제관계학이나 정치학에서, 폭력은 인류학과 사회학에서 다룬다.

가. 분쟁 측정 방법

전쟁의 양적 지표로는 주로 스톡홀름 국제평화연구센터SIPRI, Stockholm International Peace Research Institute의 주요 무력 분쟁major armed conflicts 지표를 사용한다. SIPRI는 무력 분쟁을 '정부나 영토에 대한 양립 불가성에 따라 분쟁의 전 과정 동안 전쟁 및 무기 사용이 발생하고 전투와 관련해 적어도 천 명이 사망하는, 둘 혹은 그 이상의 군대 간이나 하나의 정부와 적어도 하나의 무장 그룹 간의 오랜 전투'로 정의한다. 이 지표에 따르면 1990년대 분쟁

[표21] 1989~1997년간 무력 분쟁 추이

* 최대 수치

분쟁 지표	1989	1990	1991	1992	1993	1994	1995	1996	1997	전체*
소규모 무력 분쟁	15	16	18	23	15	16	12	17	12	46
중규모 무력 분쟁	14	14	13	12	17	19	17	13	14	15
전쟁	18	19	20	20	14	7	6	6	7	42
모든 분쟁	47	49	51	55	46	42	35	36	33	103

출처: Wallensteen, P. and Sollenberg, M.(1998)

건수는 1986년 36건에서 1997년 25건으로 감소했다.

피터 월렌스틴Peter Wallensteen과 마르가레타 소렌버그Margareta Sollen-berg(1998)는 SIPRI와 유사한 방법을 취하지만, 다음과 같이 다른 사상자 비율을 적용해 구분했다. ① 소규모 무력 분쟁: 분쟁 중 전투 관련 사상자의 수가 천 명 이하인 경우 ② 중규모 무력 분쟁: 분쟁 중 전투 관련 사상자의 수가 천 명 이상이지만 특정연도 사상자가 천 명 이하인 경우 ③ 전쟁: 특정 연도에 전투 관련 사상자가 천 명 이상인 경우가 그것이다. 즉, 작은 규모의 분쟁은 제외한다. 그 결과 1989년에 18건이던 전쟁은 1997년 7건으로 급격히 감소했다.

양적 측정의 또 다른 문제는 전투 관련 사상자 비율을 정확히 알 수 없다는 점이다. 통계는 대개 추측이며 정치적 어젠다와 관계가 있다. 예를 들어 1992년부터 1995년까지 발생한 보스니아·헤르체고비나 내전에 따른 사망자 수를 UN은 40만 명, 보스니아 정부는 20만 명, 국제적십자위원회 ICRC, International Committee of the Red Cross 의 보고서는 2만 명으로 각각 다르게 집계했다.

설령 측정이 정확할지라도 이 지표는 오해의 소지가 있다. 기술 발달로 근대 전쟁에서 전투 병력은 상대적으로 안전하다. UNDP(1994)에 따르면 20세기 초반 모든 전쟁에서 사상자의 90퍼센트는 군인이었던 반면, 오늘날에는 사망자의 90퍼센트가 민간인이다. 즉각적인 군사 목표가 전투에서 상대편 함락이 아니라 민간인의 생계를 위협하고 트라우마를 남기는 것일 수도 있다는 얘기다.

함부르크대학의 한 스터디 그룹은 정부의 정규군을 반드시 포함해야 전쟁이라고 정의한다. 이들의 정의에 따르면 1945년부터 1993년까지 매년 전쟁 발발 수치는 비슷하지만, 진행 중인 전쟁은 계속 증가했다는 것을 알 수 있다. 이는 장기전이 늘어나고 있음을 의미한다. 또 하나의 극명한 특징

[표22] 함부르크대학 스터디 그룹이 제시한 1945~2000년 전쟁의 빈도

은 2차 세계대전 이후, 국가가 자신의 영토 내에서 전쟁을 하는 내전 형태
가 전쟁의 주를 이룬다는 점이다.

세 연구는 모두 다른 전쟁 통계를 보여주지만 2가지 공통적인 특징이 있다.

첫째, 함부르크대학의 통계가 보여주듯 내전이 전쟁의 대다수를 차지한
다. 둘째, 1990년대 냉전 이후 전쟁이 주로 아시아와 아프리카 같은 개도국
에서 발생하고 있다. 이는 빈곤이 분쟁의 원인이라는 분쟁의 덫 conflict trap
을 설명하는 근거를 제공한다.

2차 세계대전 이후 개발 이론이 학문의 한 영역으로 등장할 무렵에는 분
쟁을 개발과 상호 연관성이 없는 영역으로 봤다. 그러나 최근 10여 년간 소
위 실패국가나 취약국가가 국제사회 안보를 위협한다는 논의가 9·11테러
와 함께 부상하면서, 개발 이론 및 실제에서 분쟁과 개발 관계에 대한 관심
이 높아지기 시작했다.

나. 개발이 분쟁을 해결할 것이라는 자유주의적 시각

지금까지 논의한 분쟁과 개발의 관계는 크게 2가지 시각으로 접근할 수 있

다. 하나는 분쟁과 개발을 역의 관계로 바라보는 것으로 자유주의 사상에 기초한다. 다른 하나는 이를 정의 관계로 해석하는 시각으로 마르크스의 역사주의 관점에 기반을 둔다.

분쟁과 개발을 역의 관계로 이해하는 시각은 경제발전과 민주주의를 두 축으로 하는 자유주의 사상에 기반을 두고 있다. 첫째, 경제발전 축은 내전에 대한 세계은행의 접근 방식에 잘 드러난다. 세계은행 보고서에서 폴 콜리어와 그의 동료들은 성공적으로 개발을 달성한 국가는 그렇지 않은 국가에 비해 안전하며, 개발에 실패한 국가는 분쟁의 덫에 빠질 가능성이 크다는 것을 밝히고 분쟁과 개발이 역의 관계에 있다고 주장했다.

최근의 분쟁이 주로 아프리카, 아시아, 중남미의 개도국에서 발행했음을 고려할 때 이 주장은 어느 정도 타당하다. 이들의 논리에 따르면 개발은 분쟁의 덫에서 빠져나올 하나의 방법이며 나아가 평화를 이루는 바탕이다.

분쟁과 개발을 역의 관계로 이해하는 시각은 분쟁, 특히 내전의 원인을 합리적 선택 이론에 기초한 '탐욕 이론Greed theory'으로 설명한다. 경제 이론에 토대를 둔 탐욕 이론은 앙골라, 서아프리카, 아프가니스탄, 캄보디아 등지에서 냉전 후 지속되는 내전을 설명하기 위해 등장했다. 이 이론은 이들 국가의 반군이 다이아몬드, 목재, 석유, 아편 등의 천연자원을 착취하는 전쟁 경제 메커니즘에 착안해 개인이 반군에 합세하는 이유를 설명한다.

무엇보다 이 이론은 개인이 이해관계에 따른 비용-편익 분석을 기초로 합리적인 결정을 내린다고 전제한다. 이 전제에 따르면 반군에 가담하는 개인은 천연자원을 기반으로 한 반군의 전쟁 경제에서 경제적 이익을 취하고자 내전에 참여한다. 이것은 특히 교육 수준이 낮고 실업 상태에 있는 젊은 이가 왜 내전에 참여하는지 설명하는 데 설득력이 있다.

둘째, 민주주의 축은 개발을 정치적 발전으로 보고 분쟁과 개발의 관계를 설명한다. 이 이론에 따르면 민주주의를 달성한 국가는 낮은 비율로 분쟁을 경험한다. 이를 주장하는 학자들은 민주주의의 정치적 발전과 분쟁의 상관관계를 통계적으로 분석한다. 여기서 민주주의란 절차적 민주주의를 의미하며 국가가 선거 제도와 보통·평등 선거를 갖췄다면 이를 민주적 국가라고 본다.

민주주의 국가는 비교적 안정적이며 분쟁 비율이 낮다고 하지만, 민주주의의 달성 과정을 보면 자본주의는 폭력적이고 불안정적인 경향을 보인다. 가령 프랑스 혁명부터 2차 세계대전까지 유럽은 경제성장 및 정치 발전을 위해 지속적인 변화를 경험했는데, 이는 대부분 민족주의적 갈등과 전쟁을 수반했다. 그 외에 잭 스나이더Jack Snyder와 로랜드 파리스Roland Paris는 민주적 선거 과정에서 엘리트 간의 경쟁, 민족적 갈등 심화에 따른 분쟁 및 갈등이 발생할 수 있음을 지적했다. 그렇다면 민주주의라는 정치적 발전이 분쟁 발생 빈도를 줄일 수 있다는 이론에 반박의 여지가 있는 셈이다.

분쟁과 빈곤

장기 내전은 만성적 빈곤으로 이어지기 십상이다. 특히 시에라리온 같이 전쟁을 통해 부를 축적하는 취약국가가 여기에 속한다. 빈곤한 사회는 취약정부, 전투, 인도적 위기, 저개발로 이어지는 분쟁의 사이클에 갇힐 위험이 있다.

전쟁으로 감소하는 자본의 종류는 다음과 같다.

– 정치적 자본: 국가의 민주적 정치 과정 및 법치주의 축소, 군 영향력 증대, 정치적으로 소외된 집단의 취약성 증대 등
– 인적 자본: 사망·장애·강제 이동 증가, 국가의 보건·교육 등 서비스 제공 역량 감소, 여성에 대한 폭력, 노예 제도 재등장, 문맹률 증가, 기대수명 감소, 유아사망률 증가, 높은 의존율, 낮은 교육 수준과 저숙련 노동력의 장기적인 영향, 미래 세대의 폭력성 증대 등
– 금융 자본: 자본 유출, 신용 하락, 시장 위축, 투자 감소 등
– 사회적 자본: 사회적 관계 파괴, 사회적 혼란, 상호신뢰 및 호혜 감소 등
– 천연 자본: 풍습적 권리와 사용 규칙 파괴, 약탈적 행위에 따른 자원 고갈과 환경

파괴, 천연자원 관리 및 투자 부족, 한계 토지marginal lands의 사용 증가 등

  – 물리적 자원: 기반 시설과 서비스 붕괴, 투자 부족 등

다. 분쟁을 개발의 과정으로 보는 시각

사회학자들은 흔히 사회적 변화를 분쟁과 연관 짓는다. 여기서 사회적 변화란 경제적 성장 및 쇠퇴, 정치적 이행, 사회 혁신 등을 말한다. 분쟁과 개발을 정(正)의 관계로 바라보는 시각은 개발이 분쟁을 통해 이뤄진다고 보는데, 이는 개발이 권력 및 자원 재분배라는 갈등 유발 과정을 수반한다고 전제하기 때문이다. 특히 마르크스와 배링턴 무어Barrington Moore, 찰스 틸리Charles Tilly 같은 역사사회학자들이 이러한 관점을 주장한다.

《자본론》에서 마르크스는 자본주의는 정복, 노예화, 강도, 살인, 강압[113] 같은 폭력을 수반하는 초기 축적 과정을 통해 이뤄지며 이는 유럽의 산업 국가 내부뿐 아니라 식민지에서도 마찬가지였다고 설명한다. 그는 자본주의로의 이행은 폭력을 바탕으로 이뤄진 것이며, 자본주의에서 사회주의로의 이행 과정에서도 폭력성이 필연적이지만 그 강도는 자본주의보다 약하다고 했다.

마르크스의 역사주의적 시각을 바탕으로 미국, 프랑스, 영국의 산업민주주의의 발전을 분석한 배링턴 무어는 이들 역시 내전, 노예제도, 물리적·구조적 폭력 같은 조직적 압제를 통해 산업민주주의를 달성했다고 말했다.

유럽의 근대국가 성립 과정을 설명한 찰스 틸리 역시 서구 근대 국가의 발전은 폭력적 과정이었다고 설명했다. 그는 유럽의 초기 근대국가 성립을 가장 거대한 조직범죄our largest organised crime[114]로 묘사했다. 전쟁이 국가를 만

113　Marx, ch. 26

114　Tilly, 1985: 167

들고 국가가 전쟁을 만든다는 그의 이론에 따르면 통치자는 폭력 독점을 위협하는 영토 내·외부의 경쟁자를 제거하기 위해 상인과 지주 같은 자본계급과 동맹을 맺는다. 이 동맹을 기반으로 통치자는 내·외부의 적으로부터 그들을 보호한다는 명목으로 그들에게 방위 서비스를 제공하며 그 결과 지속적으로 폭력을 독점한다. 그러나 방위 서비스 제공은 자본계급의 위협을 차단하기 위한 사실상 자본 갈취와 다를 게 없으므로 이를 '조직범죄'라고 부른 것이다. 그에 따르면 이 조직범죄는 유럽 근대국가 형성의 핵심이다.

마르크스와 두 역사사회학자는 분쟁을 국가 형성, 민주주의 및 자본주의 형성과 발전을 이끄는 원동력으로 본다. 그런데 이 시각은 개발을 달성하기 위해 분쟁이 필요한지 혹은 개발의 이익을 누리기 위해 분쟁으로 인한 고통을 감수해야 하는지에 대한 큰 딜레마를 남긴다. 크리스토퍼 크래머Christopher Cramer는 이 시각이 전쟁을 옹호하고 정당화할 수 있으므로 경계해야 한다고 주장한다.

앞으로 살펴볼 분쟁 후 국가의 주요 이슈인 인간 안보, 인도주의 개입, 국가 건설과 평화 구축은 자유적 시각을 바탕으로 한다. 그러나 국제사회 개입이 해당국에 늘 평화를 가져오는 것은 아니라는 것, 분쟁은 해당국의 역사·사회·문화·정치·경제적 시각에서 바라봐야 한다는 것, 국제사회 개입은 또 다른 갈등의 소지를 내포하고 있다는 것을 간과해서는 안 된다.

3. 인간 안보

가. 인간 안보의 정의

인간 안보는 개인의 삶의 안보를 국가와 국제 안보 정책의 핵심으로 보는 개념이다. 이것은 지난 몇 십 년간 국가 중심으로 논의하고 운영한 안보에 대한 비판에서 비롯되었다. 인간 안보는 개인의 삶을 정책의 중심으로 삼지만 이에 대한 정책적 분석 및 영향은 다양한 방향으로 이뤄졌다. 엠마 로스차일드Emma Rothschild는 인간 안보 개념이 하향, 상향, 수평의 세 방향으로 전개되었다고 본다.

첫째, 인간 안보 개념은 국가 중심의 안보 개념에서 개인 또는 집단 중심의 안보 개념으로 하향 확장되었다. 둘째, 이 개념은 국제사회의 주요 어젠다가 되면서 상향 확장되었다. 셋째, 인간 안보 개념은 군사 중심의 안보 개념에서 정치, 경제, 사회, 환경까지 포괄하는 개념으로 수평 확장되었다. 이 과정에서 안보의 주체는 국가와 국제사회뿐 아니라 지방정부, NGO, 대중매체, 시장 등으로까지 넓어졌다.

인간 안보 개념이 다방면으로 확장된 만큼 아직까지 인간 안보에 대해 합의한 개념은 없다. 이런 이유로 인간 안보 개념 자체가 불명확하다는 비판을 받고 있지만 현재까지 인간 안보 개념은 크게 광의와 협의의 개념으로 나눠볼 수 있다.

• 광의의 개념

광의의 개념은 인간의 취약성에 초점을 맞춰 인간에게 위협적인 모든 것에서 자유로운 상태를 말한다. 여기에는 단순히 조직화된 정치적 폭력 이외의 모든 폭력, 자연재해, 질병, 환경 파괴, 기아, 실업 같은 경제적 위기 등 인간의 자유와 인권을 제한하는 것이 모두 속한다.

UN인권헌장은 이를 필요로부터의 자유freedom from want와 공포로부터의 자유freedom from fear라는 두 원칙의 조합으로 정의한다. 1994년 UNDP 인간개발보고서, EU와 바르셀로나 그룹, 인간안보위원회CHS, Commission on Human Security, 일본 정부 등이 인간 안보를 광의의 개념으로 이해하고 있고 이것은 학자들[115]도 대부분 마찬가지다.

지금은 인간 안보 개념이 1994년 UNDP 인간개발보고서에서 비롯되었다고 보는 것이 일반적이다. 이 보고서는 인간 안보를 두 측면으로 조망해야 한다고 본다. 하나는 만성적 위협으로 빈곤, 질병, 억압으로부터의 안전이다. 다른 하나는 가정, 직장, 커뮤니티 일상에서 발생하는 갑작스러운 사건(자연재해, 인재, 정책적 오류 등)으로부터의 안전이다.

이 개념을 바탕으로 UNDP는 7개의 인간 안보 주요 영역(경제 안보, 식량 안보, 건강 안보, 환경 안보, 개인 안보, 커뮤니티 안보, 정치 안보)을 제시했다. CHS가 2003년 보고서 〈Security Now: Protecting and Empowering People〉을 통해 제시한 인간 안보 개념도 광의의 개념에 해당한다. CHS의 개념은 1994년 UNDP가 제시한 인간 안보 개념과 유사하지만 인간 안보의 광의의 개념과 협의의 개념을 연결하려는 시도를 했다는 점에서 의미를 찾을 수 있다. 특히 인간 안보 수호의 주요 담당자를 국가뿐 아니라 시민사회, NGO, 지역기구 등으로까지 확장했고 인간 역량 강화가 인간 안보의 주요 조건이며 국가 안보와 인간 안보는 밀접히 연관돼 있음을 강조한다.

1994년 인간개발보고서와 2003년 CHS에서 보여주는 광의의 개념은 역량 강화 및 인권 이론에 이론적 기반을 두고 있다. 즉, 아마르티아 센의 이론을 토대로 한 인간 안보는 사람들이 자유롭게 선택하고 오늘의 기회를 내일 잃지 않을 것이라는 확신을 갖도록 하는 것이다.

다른 한편으로 인간의 존엄성과 인권이 인간 안보의 핵심이라고 주장하는 이들도 모두 광의의 개념에 속한다. 결국 인간 안보는 넓게 봤을 때 인간이 존엄성을 바탕으로 삶을 영위하고 두려움으로부터 안전한가에 집중하는 개념이라고 할 수 있다.

---

115 Beebe and Kaldor (2008), Chen and Narasimhan (2003), King and Murray (2001), Tadjbakhsh and Chenoy (2007), Thomas (2000)

- 협의의 개념

협의의 개념은 폭력, 특히 조직화된 정치적 폭력과 공포로부터의 위협에 집중한다. 이것은 UN인간안보네트워크Human Security Network, 매년 발간하는 인간안보보고서Human Security Reports 그리고 일부 학자가[116] 주장하는 개념이다. 이들은 인간 안보란 조직화된 폭력으로부터의 자유를 의미한다고 본다. 특히 협의의 인간 안보는 광의의 인간 안보가 너무 넓은 개념이라 정책적 수단으로써 한계가 있음을 비판한다. 이들에 따르면 협의의 인간 안보가 즉각적인 개입의 필요성을 강조해 더욱 실직적인 정책적 함의를 찾을 수 있음을 주장한다.

나. 국제사회에서의 인간 안보

국제사회에서 인간 안보에 대한 논의를 본격적으로 시작한 것은 1990년 중반부터다. 특히 일본과 캐나다가 UN 내에 인간 안보가 제도적으로 정착하도록 정책적 이니셔티브를 주도했다. EU는 공동의 안보 정책을 재정의하기 위해 인간 안보를 사용했고, 몇몇 정부는 정부 정책으로 채택하기도 했다. 미국의 9·11, 영국의 7·7 같은 테러로 안보 이슈가 인간 안보에서 다시 국가 중심으로 옮겨가는 경향을 보이고 있지만, 환경 변화 등의 범지구적 문제에 대응하기 위한 접근 방법으로 인간 안보는 국제사회에서 여전히 유효하다.

1994년 인간개발보고서가 나오면서 UN 내부에는 인간 안보를 개발-안보의 새로운 패러다임으로 이끌려는 움직임이 나타났다. 캐나다, 일본, 노르웨이가 대표적이다. 1999년 캐나다와 노르웨이는 매년 공동의 안보 사안을 논의하기 위한 외교부장관 간의 인간 안보 네트워크를 조직했다. 이 네

---

116 NacFarlance and Khong (2006)

트워크에는 오스트리아, 캐나다, 코스타리카, 그리스, 아일랜드, 요르단, 말리, 네덜란드, 노르웨이, 슬로베니아, 스위스, 태국 그리고 참관국으로 남아프리카가 참여했고 이들의 인간 안보는 폭력으로부터의 자유를 주장하는 협의의 개념에 가깝다.

이들과 반대로 일본은 광의의 개념을 채택해 국가개발 협력 아래 국제사회의 인간 안보 개념을 주도하려 노력했다. 2001년 일본 외교부는 독립적인 인간안보위원회를 구성했고 오가타 사다코Ogata Sadako와 아마르티아 센을 공동의장으로 한 국제 패널을 설립했다. 이어 2005년에는 'Friends of Human Security'를 조직했고 UN총회에서 인간 안보를 논의하도록 외교적인 노력을 기울였다. 1999년에는 인간 안보를 위한 UN신탁기금UNT-FHS, United Nations Trust Fund for Human Security을 마련해 건강·교육·농업에서의 커뮤니티 개발, 지뢰 제거, 분쟁 후 재건 및 평화 구축에 재정적 지원을 하기도 했다. 캐나다와 노르웨이가 이끈 인간 안보 네트워크가 글로벌 정책을 주도했다면, 일본은 국제개발 협력 아래 국가개발 프로그램 발전을 이끌었다고 볼 수 있다.

2008년 UN 총회에서 인간 안보에 대한 논의가 이뤄졌다. 그리고 2010년 4월 반기문 UN사무총장은 공식보고서를 통해 인간 안보를 두려움으로부터의 자유, 필요로부터의 자유, 존엄 있는 삶을 영위할 자유라고 정의했다. 같은 해 5월 UN총회는 인간 안보를 처음 공식적으로 논의했고 7월에는 인간 안보에 대한 첫 번째 결의안이 통과되었다.

다른 한편으로 원조 수원국들은 UN의 인간 안보가 국가 주권 원칙을 침해할 가능성이 있다는 문제를 제기했다. 1994년 몇몇 개도국이 인간개발 보고서 발간에 반대하는 움직임을 보였는데 이들은 특히 '인간 안보 위기의 조기 경보'를 위해 필요한 불평등, 인권 침해, 빈곤, 민족 분쟁 및 군사 재정에 대한 지속적인 모니터링으로 인간 안보 개념이 국가의 주권과 상충할 수 있다고 주장했다. G-77에서 인간 안보가 미치는 주권의 영향을 몇 차례 논의하기도 했다.

UN을 중심으로 인간 안보를 제도화하려 한 외교적 움직임이 정책적 한계를 보여준 것과 반대로 EU는 인간 안보를 유럽의 안보 정책 독트린으로 자리 잡도록 하였다. 이는 바르셀로나 그룹으로 알려진 Study Group on Europe's Security Capabilities가 주도했다. 2003년 유럽위원회European Council는 이를 유럽 안보 전략European Security Strategy에 반영해 테러리즘, 대량 살상무기 확산, 지역 분쟁, 국가 실패 및 조직화된 범죄를 유럽이 당면한 주요 위협으로 정의했다. 나아가 이러한 위협으로 발생할 수 있는 인도주의적 긴급 상황과 인권 위기를 담은 독트린을 2004년 바르셀로나 그룹 리포트를 통해 발표했다. 이들 그룹에게 인간 안보는 대규모 인권 침해로부터 개인의 인간 안보가 위협당하지 않는 자유를 의미한다. 이 독트린은 7개의 원칙과 인간 안보 대응 세력 및 인간 안보 자원봉사 서비스 구성, 현장 개입이나 활동에 대한 새로운 법적 프레임워크 제시를 제안하고 있다.

다. 인간 안보 개념에 대한 비판

이미 각국이 외교 정책, 국제개발전략 등에 인간 안보 개념을 반영하고 있지만 그것이 꼭 필요한 개념인지 의문을 보이는 비판적인 사고도 있다. 특히 학계에서 인간 안보 개념을 놓고 이론적으로 접근하기보다 필요성을 중심으로 활발히 논의를 하고 있다.

첫째, 인간 안보 개념의 모호성을 지적한다. 특히 광의의 개념은 그 범위가 넓어 정책적 수단으로써 한계를 보인다. 같은 맥락에서 파리스는 인간 안보 개념이 확고한 이론으로서의 분석적 시각이 부족하다고 지적한다. 문제의 인과관계를 밝히고 그에 따른 적절한 대응의 명확한 근거를 제시하지 못한다는 의미다.

인간 안보를 위협하는 다양한 원인 가운데 어떤 것이 가장 심각한 문제인지 우선순위를 세울 수 없을 경우 정부는 정책 결정과 자원 배분에 어려움을 겪는다. 또한 인간 안보 개념의 모호성은 불필요한 군사 개입을 정당화하는 데 오용될 수 있다.

둘째, 인간 안보 개념이 등장한 이유를 국제사회의 힘의 질서에서 찾아 그 필요성에 대해 의문을 제시한다. 몇몇 학자는[117] 캐나다, 일본 같이 국제사회의 중급 파워 국가들이 자신의 외교 정책 목표를 관철하기 위한 외교적 수단으로 인간 안보를 주도했다고 해석한다. 냉전 후 이들 국가가 미국의 패권에 도전하고 국제사회의 제도적 논의를 주도하고자 시도한 노력으로 본 것이다. 그러다가 9·11테러로 안보 패러다임이 인간 안보에서 국가 중심 안보로 회귀했다고 수전 우드워드Susan Woodward는 지적한다.

데이비드 챈들러David Chandler는 국제사회에서 인간 안보가 이미 널리 통용되고 있긴 하지만 이 패러다임은 제한적인 정책적 결과를 낳는다고 주장한다. 무엇보다 인간 안보 개념이 주류에 쉽게 융합돼 기존의 패러다임을 강화한다고 설명한다. 그는 인간 안보 개념을 통해 냉전 후 개도국에서 비롯된 새로운 안보 위협이 더욱 부상했지만, 명확한 외교 정책 비전 없이 단기 정책만 내놨다며 인간 안보 개념을 '짓지 않는 개'[118]에 비유했다.

다른 한편으로 인간 안보는 전통적인 국가 중심의 안보 개념과 인간 개발을 연결해 안보 위협 대응 및 지속적인 발전을 동시에 가능하게 할 거라며 유용성을 강조하는 논의도 있다. 이런 주장을 하는 이들은 인간 안보 개념이 이론적·방법적으로 더 발전해야 한다고 말한다. 또한 인간 안보는 국가의 외교 전략, UN과 남반구의 NGO, 시민단체까지 채택한 것으로 개발

---

117 Suhrke(1999), Tadjbakhsh와 Chenoy(2007)

118 Chandler, 2008: 428

과 안보에 대한 이슈를 범지구적으로 논의할 수 있는 개념이라고 주장하는 이들도 있다.

1990년대에 등장한 인간 안보 개념은 9 · 11과 7 · 7을 계기로 새로운 국면을 맞이했다. 광의의 개념 중심이던 인간 안보 개념이 협의의 개념에 집중하는 경향을 보인 것이다. 특히 개발-안보 결합을 중심으로 한 다자간 외교가 강화되면서 개발의 안보화, 안보의 군사화로 인간 안보는 더욱 복잡한 논의로 접어들었다.

인간 안보는 그 한계에도 불구하고 대다수의 선진공여국과 국제기구, 국제 NGO가 받아들여 이미 범지구적으로 사용하는 개념이다. 또한 자유주의 관점의 개념으로 앞으로 살펴볼 국제사회의 개입(인도주의적 개입), 국가 건설과 평화 구축을 정당화하는 핵심적인 개념으로 자리 잡았다.

4. 국제사회의 개입 I: 인도주의적 개입

국제사회의 개입은 크게 인도주의적 개입, 국가 건설과 평화 구축로 나뉜다. 인도주의적 개입은 분쟁 상황에 필요한 개입이며 국가 건설과 평화 구축은 분쟁 후 국가 재건 및 평화 안착에 초점을 맞춘 개입이다.

우선 인도주의적 개입부터 살펴보자.

인도주의적 개입과 관련된 국제법은 크게 2가지로 정리할 수 있다. 하나는 국제인도주의법 International Humanitarian Law이고, 다른 하나는 국제인권법 International Human Rights Law이다. 인도주의적 개입은 교전 시에 발생하는 피해자(교전에 참여하지 않거나 더 이상 참여하지 않는 자, 부상자, 병자, 포로, 민간인, 의료요원, 종교인, 구호요원 등) 보호를 목적으로 하는 국제인도주의법에 기반을 두고 있다. 냉전 종식 후 르완다, 코소보, 캄보디아 등에서 발생한 내전과 민간에 대한 무차별적 학살을 목격한 국제사회는 이것을 인권 이슈와 함께 논의했다. 특히 2011년 개입 및 주권에 관한 국제위원회 ICISS, International Commission on Intervention and State Sovereignty가 소개한 보호의 책임 R2P, Responsibility to Protect 프레임워크를 기반으로 인도주의와 인권을 정책 차원에서 통합적으로 논의하기 시작했다. 예를 들면 9 · 11 테러 이후 미국을 중심으로 인도주의적 군사 개입의 정당화를 둘러싸고 학계와 단체, 국제기구, 정부 정책 차원에서 논의가 활발히 이뤄졌다.

그러면 R2P와 인도주의적 군사 개입을 본격적으로 논의하기에 앞서 인도주의의 시작과 그 원칙을 살펴보고자 한다. 이어 인도주의 원칙 중 공평성과 인도주의 공간 humanitarian space에 대한 논의를 중심으로 인권, R2P, 인도주의적 군사 개입을 알아본다.

가. 인도주의 원칙

국제 인도주의법의 근간인 제네바 협약은 적십자 탄생과 맥락을 같이한다. 적십자 설립은 1859년 6월 이탈리아 북부지방 솔페리노 전투로 발생한 부상병들이 구호받지 못하고 죽어가는 모습을 목격한 스위스 제네바의 사업가 장 앙리 뒤낭 Jean Henri Dunant이 그 발단이다. 당시 자신의 사업을 뒤로한 채 솔페리노에서 부상병들을 간호한 뒤낭은 제네바로 돌아가 《솔페리노의 회상 Un Souvenir de Solferino》을 저술했다.

이 책에서 그는 두 가지 사안을 제안했다. 하나는 '전시 부상자 구호를 위한 자원봉사 구호단체를 평상시 모든 나라에 조직하자'는 것이다. 다른 하나는 '그 구호단체와 그들의 인도적 활동을 보장하는 신성불가침 규칙을 국제적인 조약으로 체결하자'는 것이다.[119] 이 제안은 1863년 국제적십자위

---

119 대한적십자사, 2012: 41-42

원회의 전신인 국제부상자위원회 International Committee for Relief to the Wounded 창설로 이어졌고, 이 위원회는 최초의 제네바 협약 초안을 작성해 1864년 8월 22일 '전장에서 부상자의 상태 개선에 관한 협약'을 체결했다. 이후 제네바 협약은 두 차례의 세계대전을 거치면서 4개의 제네바 협약과 3개의 추가의정서를 채택해 비약적인 발전을 이뤘다.

이 같은 역사적 배경과 함께 국제 인도주의 활동에서 가장 영향력 있는 ICRC는 1차 세계대전 이후 조직을 정비했고, 전쟁뿐 아니라 일반적인 질병과 불운에도 대응하도록 임무의 범위를 넓혔다. 또한 새로운 원칙을 제시했는데 그것은 정치적·종교적 중립성, 정부로부터의 독립성 및 국제 협력이었다. 1965년에는 각국 적십자와 적신월사, ICRC, 국제적십자연합, 국제적신월사연합이 일관성 있는 인도주의적 활동을 위해 ①인도 Humanity, ②공평성 Impartiality, ③중립성 Neutrality, ④독립성 Independence, ⑤자발적 봉사 Voluntary service, ⑦보편성 Universality의 7개 원칙을 공표하였다.[120]

1965년 비엔나에서 발표한 이 7개의 원칙은 중립과 공평의 원칙을 명확히 구분하고 있다. 중립은 적대 행위가 있을 때 어느 편에도 가담하지 않는 것을, 공평은 개개인의 절박한 필요에 따라 고통을 덜어주고 가장 위급한 재난부터 우선적으로 해결하도록 노력하는 것을 말한다. 여기서 특별히 이 두 원칙에 집중하는 이유는 이것이 인도주의 공간의 정치성 논의와 연결되기 때문이다.

나. 인도주의적 군사 개입: 보호의 책임

UN헌장 2조 7항에는 타 국가가 한 국가의 내정에 개입하지 못하도록 하는 불간섭 원칙이 명시돼 있는데, 이는 국제법에서 가장 주요한 원칙 중 하나

---

120 대한적십자사 http://www.redcross.or.kr/redcross_rcmovement/redcross_rcmovement_ideology.do

다. 하지만 예외적으로 집단 학살 방지 및 처벌에 관한 조약Convention on the Prevention and Punishment of the Crime of Genocide 1조, UN헌장 제7장, 안보리의 위임 아래 UN이 '평화 위협, 평화 파괴, 침략 행위'를 금지하고 국제평화와 안전을 유지 및 회복하기 위한 경우에 한해 군사적 행동을 허용한다.

이처럼 불간섭 원칙의 예외를 명확히 규정하고 있지만 국제사회의 대량 학살, 인종 청소 등 평화 위협에 대한 개입의 책임은 불명확한 경향이 있다. 1993년 소말리아, 1994년 르완다, 1995년 보스니아-헤르체고비나 같은 일련의 사태는 UN의 인도주의적 개입의 법적 근거 및 정치적 의지가 부족하다는 것을 명확히 보여주는 계기가 되었다. 특히 1999년 코소보에 대한 NATO의 비승인 군사적 개입은 인도주의적 차원을 정당화했으나 여전히 논란이 많다.

이로 인해 코피 아난 전 UN사무총장은 인도주의적 개입을 다시 국제 논의의 장으로 불러왔고 캐나다 정부가 설립한 '개입 및 주권에 관한 국제위원회'는 2001년 〈보호의 책임〉이라는 보고서를 출판했다. R2P는 인도주의적 개입보다 확장된 개념으로 군사적 개입을 넘어 예방, 대응, 재건까지 다양한 의무를 포괄한다. 이는 인도주의적 개입 문제를 새롭게 조명하기 위한 것이었다.

특히 이 보고서는 보호의 책임은 우선 해당 국가에 있지만 나머지 책임은 국제사회에 있고, 그 책임은 특정국이 보호 책임을 수행할 의지가 없거나 수행할 수 없는 경우 또는 그 국가가 범죄나 잔학 행위의 가해자인 경우 가동한다고 밝히고 있다.[121]

이후 코피 아난은 세계가 R2P의 제안을 포함해 행동에 나서야 한다고 주장했고[122] 2005년 세계는 세계정상회의에서 R2P 개념을 채택해 결과 문

---

[121] ICISS, 2001:17

서에 반영했다.[123] 하지만 그 개념은 ICISS가 제시한 개념보다 제한적인 탓에 'R2P lite(Thomas Weiss, 2007)'라는 비판을 받기도 했다. UN헌장 제7장에 대한 준비 수단 개념이지 인도주의적 개입의 권리나 의무의 개념은 아니라는 주장도 있다. 반기문 UN사무총장도 R2P 개념을 지지했으나 이것은 아직까지도 논의의 대상이다.

지금까지 국제사회의 새로운 독트린으로 R2P의 필요성에 대해 다양한 논의가 이뤄졌다. 필립 컨리프Philip Cunliffe는 루이스 아버Louise Arbour가 R2P를 국제사회의 돌봄의 의무로 설명하자 이를 비판했다. 그는 이것이 국가의 정치적 책무성과 책임성의 기반을 악화시키고, 강력한 외부 국가의 이익에 맞게 임의적으로 쓰일 수 있는 완벽하지 않은 의무라고 지적한다. 무엇보다 특정 에이전트가 돌봄의 의무를 다하지 못하는 경우, 힘 있는 국가가 자국의 이익에 맞게 임의적으로 의무를 규정해 사용하면 그 국가의 힘을 강화하는 수단이 될 수 있음을 경고한다.

메리 오코넬Mary O'Connell은 R2P를 통해 인도주의적 개입이라는 미명 하에 새로운 군국주의가 표출될 수 있음을 경계한다. 세계대전을 겪으면서 국제사회는 국가 간의 무력 사용 규제를 위한 노력을 기울여왔으나, R2P가 무력 사용을 정당화하도록 근거를 만들어 국제평화를 이루려는 규범적 전제를 파괴한다고 보는 것이다. 더불어 평화는 인권 보호의 전제조건이며 평화를 저해하는 무력을 사용해 인권을 수호하는 것은 불가능하다고 주장한다.

에이단 헤히르Aidan Hehir는 지금까지 존재하던 개념과 R2P의 특별한 차이점을 찾아볼 수 없다고 말한다. 또한 국민에 대한 책임을 국가가 우선적

---

122 UN 2005a: para 132

123 World Summit에서 개념을 채택했지만 많은 국가가 반대하거나 보류 입장을 취하고 있다. 특히 알제리, 벨로루시, 중국, 쿠바, 이집트, 이란, 파키스탄, 러시아, 베네수엘라, 심지어 미국도 국제법 상의 개입 의무를 받아들이지 않고 있다(UN 2005b: para 138).

으로 지고 있으므로 외부의 군사 개입 필요성도 해당국이 선택해야 한다고 강조한다. 챈들러 역시 R2P는 새로운 규범이 아니라 자유적 평화liberal peace 를 강화하는 새로운 형태의 개입주의를 옹호하는 것일 뿐이라고 말한다.

이러한 비판에도 불구하고 R2P는 대량 학살과 대규모 잔혹 행위를 예방 하거나 여기에 대응하는 국제사회의 규범으로 자리 잡았다. 더불어 R2P의 이론적 기반과 정책적 함의를 제공하기 위한 연구도 계속 이어지고 있다.[124]

5. 국제사회의 개입 II: 국가 건설과 평화 구축

가. 국가 건설

냉전 종식 후 이념 경쟁이 끝나면서 발생한 소련과 아프리카(소말리아, 자이 르, 시에라리온, 라이베리아)에서의 민족 분쟁으로 민간인에 대한 무차별적인 학살이 벌어졌다. 이를 목격한 국제사회는 분쟁 해결과 평화 구축을 위해 움직이기 시작했다. 그밖에도 중앙아메리카(니카라과, 엘살바도르, 과테말라), 아시아(캄보디아), 남부 아프리카(모잠비크)의 평화 정착 및 전후 복구를 위한 국제사회의 개입 필요성이 대두되었다.

국제사회는 이들 국가를 실패국가 또는 취약국가로 분류하고 분쟁 발생 이 국가 기능 부재에서 온다고 보았다. 그 결과 이들 국가가 국가로서의 기 능을 수행하도록 국가 기구, 제도, 법을 마련하는 데 도움을 주고자 노력하 기 시작했다. 이를 국가 건설이라고 한다. 그러나 이들이 집중하는 기구, 제 도, 법은 서구 국가의 모델을 그대로 이식한다는 비판을 받았다. 실질적 민 주주의가 아닌 절차적 민주주의를 마련해 엘리트와 정당 간의 분쟁을 촉발

---

124 Bellamy 2012; Dunne 2013; Glanville, 2013 참고

[표23] 취약국가 리스트

저소득국	중소득국	
	하위중소득국	상위중소득국
아프가니스탄*	카메룬	앙골라
방글라데시*	콩고	보스니아
브룬디*	코트디부아르	이란
중앙아프리카공화국*	조지아	
차드*	이라크	
코모로스*	키리바티*	
DR콩고*	코소보	
에리트리아*	마셜군도	
에티오피아*	미크로네시아	
기니*	나이지리아	
기니비사우*	파키스탄	
아이티*	솔로몬군도*	
케냐	남수단	
북한	스리랑카	
키르기스스탄	수단*	
라이베리아*	동티모르*	
말라위*	팔레스타인	
미얀마*	예멘*	
네팔*		
니제르*		
르완다*		
시에라리온*		
소말리아*		
토고*		
우간다*		
짐바브웨		

출처: World Bank ; African Development Bank ; Asian Development Bank[125]

125 World Bank-African Development Bank-Asian Development Bank harmonised list of fragile and post-conflict countries for the year 2012, available at http://siteresources. worldbank.org/EXTLICUS/Resources/FCS_List_FY12_External_List.pdf; 2011 Failed State Index, available at www.fundforpeace.org/global/library/fs-11-11-fsi-public-spreadsheet-2011-1107b.xls; World Bank income classification (August 2012), available at http://data.worldbank.org/about/country-classifications.

한다는 비판도 있다. 이와 함께 사적소유제를 기반으로 자유경쟁시장 체제로 이행하게 해 취약국가 경제가 세계 경제에 의존하도록 함으로써 그들의 경제 주권을 위협하고 결과적으로 취약성을 높인다는 비판도 있다.

여기서는 먼저 국제사회가 제시하는 실패국가와 취약국가의 프레임워크를 살펴보고 취약국가에 대한 개입 논리를 분석한다. 나아가 이 논리를 바탕으로 국가 건설을 소개하고 그 한계를 진단한다. 또 한계에 대한 비판으로 등장한 민족 건설Nation-building과 하이브리드 국가Hybrid statehood 논의를 살펴본다.

취약국가의 정의[126]

취약국가는 취약성에 대한 다면적 의미 때문에 기관에 따라 다양하게 정의하고 있고, 취약성 측정 도구도 서로 다르지만 대체로 ① 국가의 기능 ② 산출 ③ 관계의 측면에서 규정한다. 다시 말해 취약국가는 기능 측면에서 국가가 시민의 안보 및 복지를 제공할 의지와 능력이 부족하다. 산출 측면에서는 빈곤, 폭력, 테러, 난민, 전염성 질병 등이 발생할 가능성이 크다. 관계 측면에서는 다른 국가들과의 상호관계가 어려운 국가를 의미한다.

각 국제개발기관 및 기구별 취약국가에 대한 정의 및 기준은 다음과 같다.

- 세계은행
- 정의: 정책·제도·거버넌스가 약하고 행정 능력이 제한적이며 폭력, 분쟁 같은 심각한 도전에 직면해 있다. 빈곤감소나 개발을 위한 정책 집행 의지가 약하고 원조를 받아도 이를 효과적으로 활용하지 못하는 특징을 보인다.
- 기준: 저소득취약국LICUS 개념을 사용하며 국가 정책과 제도 평가CPIA, Country Policy and Institutional Assessments, 공공 부문 관리 및 제도PMI, Public Sector Management and Institutions 점수를 기준으로 한다.
- OECD
- 정의: 빈곤 완화, 국가 발전, 국민의 안보 및 인권 보호를 위한 기본적인 기능을

126 한국국제협력단,《국제개발협력의 이해》, 한울 2013, p.175-176

제4장 개발과 정치

제공할 의지나 역량이 부족한 국가다.

- 기준: 세계은행, 칼턴대학교Carleton Univ., 브루킹스 연구소Brookings Institution 등의
  자료 및 지표 조합

- 영국국제개발부DFID

- 정의: 안보, 효과적인 정치력, 경제 운용, 행정력에서 국가의 의지 및 능력이 부
  족한 국가를 말한다(DFID는 취약국가에 대한 정의를 분쟁의 영향을 받는 국가로 한정하지
  않는다)

- 캐나다국제개발처CIDA

- 정의: 안보와 권위, 인권, 성 평등, 법치, 기본 서비스 제공 등의 국가 핵심 기능
  을 제공할 의지 또는 능력이 없는 국가다.

- 기준: CNACIFP net assessment 분석 프레임워크

- USAID

- 정의: 취약국가를 위기와 취약성의 두 범주에서 분류한다. 위기 측면은 영토 통
  제력 상실, 주요 서비스 제공 실패로 정부에 합법성이 없고 폭력 분쟁으로 국가가
  위험에 노출된 경우다. 취약성 측면은 국가가 위기에서 회복 중인 경우로 국민에
  게 안전과 기본적 서비스를 보장하려는 의지나 역량이 없고 정부의 정당성이 의문
  시되는 상황이다.

- 기준: 경제적 효과성 및 정당성, 사회적 효과성에 대한 취약성 지표FSI, Fragile
  States Indicators

- 취약국가의 프레임워크

취약국가에 대한 논의는 1990년대부터 있었지만 국제적으로 명확한 개념
이 있는 것은 아니다. 대부분의 공여국은 국가가 국민의 기본적인 욕구와
기대를 충족시키는 기능을 수행하지 못하는 경우를 취약국가로 일컫는다.
이 정의에 따르면 국가가 안보 제공, 법치 유지 및 정의 수호, 기본 서비스
제공, 경제적 기회를 제공하지 못하는 경우를 취약국가로 분류한다.

OECD DAC(2008)는 취약국가를 '국민의 기대를 충족시키지 못하거나
정치적 프로세스로 그 기대와 역량 변화에 대응하지 못하는 국가'로 정의하

[표24] 실패국가지수

로트베르그의 실패국가 지표	평화기금의 실패국가지수
– 내전	– 높은 인구밀도
– 공동체 간의 갈등	– 집단 간의 갈등·박해의 역사
– 주변, 그 외 그룹에 대한 통치력 상실	– 두뇌 유출
– 범죄 조직, 무기 밀매, 폭력 범죄 증가	– 제도화된 정치적 배제
– 입법 및 사법 기능 정지	– 국민총생산 감소
– 교육, 건강 및 사회 서비스 비공식 사유화	– 민간 무장집단 또는 게릴라 등장
– 부패	– 부패
– 합법성 상실	– 특정 민족 집단의 높은 빈곤율
– 1인당 국내총생산량 감소, 밀수 무역 증가, 해외 통화가 국내 통화 대체	– 인권 침해
	– 파벌에 따른 통치 엘리트 간의 분열

며, 영국 국제개발부(2005)는 '정부가 국민 대다수에게 주요 기능을 전달하지 못하는 혹은 전달하지 않는 국가'[127]라고 정의한다. 취약국가에 대한 실무 차원의 정의를 제시한 옥스퍼드의 CRISE 보고서에서 프랜시스 스튜어트Frances Stewart와 그레이엄 브라운Graham Brown(2010)은 "취약국가는 국민을 보호할 권위를 갖고 포괄적인 기본 서비스 제공이나 통치 합법성을 얻는 데 실패 혹은 실패할 가능성이 큰 국가"라고 정의하고 있다.[128]

일부 기관은 취약 정도를 측정하는 지표를 제시하기도 했다. 대표적으로 평화기금The Fund for Peace의 실패국가지수Failed States Index와 로버트 로트베르그Robert Rotberg의 실패국가 지표Failed State Indicators가 있다. 이들 지표

---

127 'unable to meet [their] population's expectations or manage changes in expectations and capacity through the political process(OECD DAC, 2008)'; 'those where the government cannot or will not deliver core functions to the majority of its people, including the poor (DFID, 2005)

128 이와 같은 정의는 현재뿐 아니라 미래에 취약해질 가능성이 있는 국가들까지 포함하는 것으로, 이 정의가 내포하는 규범적 성격이 지적을 받았다. 그 결과 대안으로 국가기관이나 제도의 불안정성에 집중해 취약성을 정의하는 이들이 등장했다. 예를 들면 The Crisis States Research Centre(2007), Andersen, Engberg-Pedersen(2008)이 있다.

는 국가의 취약성을 분석하기 위해 분쟁, 범죄율, 경제발전, 정치발전, 정권의 합법성, 인권 보장, 사회 서비스 제공 등을 포괄적으로 측정한다.

- 국가 건설

취약국 프레임워크를 바탕으로 국제사회가 펼치는 취약국 지원 활동 중 하나가 국가 건설이다. 취약국의 정의가 없는 것처럼 국가 건설에 대해 국제사회가 합의한 정의 역시 없다. 또한 국가 건설과 평화 구축을 종종 비슷한 개념으로 사용해 그 정의가 모호하다. 일반적으로 국가 건설은 UN, 세계은행, IMF, 공여국, 국제 NGO 등의 국제사회가 분쟁 후 국가에 지원하는 제도 건설 Institution-building을 일컫는다. 여기에는 민주화, 경제발전, 국가 역량 강화를 목적으로 하는 기술적인 지원이 주를 이룬다.

- 취약국가 프레임워크와 국가 건설에 대한 논의

주로 빈곤 국가를 취약국가로 분류한다. 이들 국가에서 분쟁이 발생할 확률이 높다는 경제학자들의 주장을 바탕으로 취약국가 프레임워크는 국제기구와 원조 공여국 사이에서 보편적인 프레임워크로 자리매김했다. 사실 취약국가는 분쟁과 개발 논의에서 중요한 이슈다. 특히 9·11테러 이후 취약국가 문제가 세계 안보와 이어진다는 국제사회의 위기의식으로 논의가 더욱 활발해졌다.

그런데 국제사회 개입이 기대하는 결과를 내지 못하자 학계는 취약국가 프레임워크의 한계를 지적하기 시작했다. 취약국가 프레임워크에 대한 비판은 크게 4가지로 요약할 수 있다.

첫째, 취약국가 개념의 모호성이다. 찰스 콜 Charles Call은 취약국가라는 정의 아래 너무 다양한 국가와 문제를 포괄한다고 지적한다. 그는 대표적인 취약국가 지표인 로트베르그와 평화기금의 실패국가지수를 예로 들며 얼마나 다양한 제도적·사회적 조건이 취약국가라는 정의 안에 포괄되어 있는지 설명한다. 스튜어트 패트릭Stewart Patrick 또한 2006년 실패국가지수 하위 20개 국가가 얼마나 다양한 이유로 취약국가로 분류되었는지 보여주며, 그들을 하나의 분류로 정의하는 것을 비판한다. 특히 문제가 있는 개도국을 취약국가로 정의하는 것은 개별 국가의 문제와 그 문제가 발생하는 원인에 집중하기보다 취약국가 전반에 획일화된 문제 해결 전략을 두루 적용하는 접근 방식을 제시한다는 점에서 한계가 있다고 지적한다.

둘째, 취약국가 개념은 원조 공여국을 중심으로 한 서구국가 모델이 이상적이라는 서구 우월적 시각을 내포하고 있다. 취약국 프레임워크는 서구 국가의 발전 역사를 바탕으로 한 막스 베버의 국가 정의를 기초로 발전했다. 서구 국가에는 자신들이 비서구 국가보다 우월하다는 이데올로기가 있는데, 후기 식민주의적 시각을 차용한 조너선 힐Jonathan Hill은 이것이 제국주의 경험에서 나온 것이며 그 시각이 취약국가 개념에 반영되었다고 주장한다.

셋째, 취약국가 개념은 국가의 역사적, 사회-문화적 배경을 간과하는 경향이 있다. 베버의 전통을 잇는 사회학자 디트리히 융Dietrich Jung은 막스 베버의 국가 정의에 내포된 역사사회학적 측면에 집중한다. 그는 노버트 엘리아스Norbert Elias와 찰스 틸리를 인용해 이 국가 개념이 서구의 특수한 정치·경제적 발전 역사(예를 들면 자본가 성장, 시민의식 성장)에서 비롯되었다고 보고 있다. 따라서 서구의 특수한 발전 경험을 비서구 일반에 적용하는 것은 문제가 있으며 비서구 국가의 역사적, 사회-문화적 배경에 집중해야 한다고 주장한다.

넷째, 취약국가 개념은 비정치적이며 기술적인 접근으로만 논의해왔다. 이 개념은 특히 국가 건설 개념에서 찾아볼 수 있다. 국가 건설이라는 접근 방식은 취약국가가 국가로서의 기능을 하지 못할 때 부유한 원조 공여국이

윤리적 책임 혹은 공여국의 안보 문제를 이유로 취약국가에 대한 개입을 정당화한다. 이는 취약국가를 문제가 있는 국가로 보고 기술적인 방식으로 접근하는 것이다. 그 결과 국가 건설에 대한 연구는 취약국가의 역량 강화를 위한 방법으로 성공적인 선거 전략, 퇴역 전투원에 대한 효과적인 대응 방법, 법의 지배력 확립, 군·경찰 제도 확립, 사법과 공공 재정 제도 확립, 교육·건강·보건 서비스 제공 방법 등에 대한 '교훈lesson learned' 보고서 중심으로 이뤄졌다.[129]

국가 건설은 근본적으로 정치적인 과정이다. 챈들러는 새뮤얼 헌팅턴의 《Political Order in Changing Societies》(2006)를 인용해 국가 안정에서 가장 중요한 요소는 사회적 합의 도달, 정치적 공동체 의식, 대중적 합법성에 기반을 둔 정부이고 이러한 요소가 곧 정치적 과정이라고 말한다. 콜 또한 취약국 프레임워크는 민주화, 대의정치, 투명성·책무성 같은 정치적 이슈를 무시하고 정치 제도 자체에만 집중하는 경향이 있음을 지적한다. 그는 대상 취약국가가 필요로 하는 민주주의 체제, 억압받거나 소외된 집단의 대표성 보장, 집단 간의 다른 이해관계 조율, 국가의 책무성, 사법제도의 자유권 보장을 알아보는 것이 필요하다고 주장한다.

이러한 취약국가 개념을 바탕으로 국가 건설은 국제사회가 그리는 이상적인 국가 범주에 해당하지 않는 국가를 대상으로 제도 건설, 민주화, 시장주의라는 솔루션을 제시한다. 이는 해당 국가의 역사적, 정치적, 사회적 배경을 고려하지 않은 채 이뤄지는 것으로 비난을 피하기 어렵다.

- 대안적 이론의 등장

취약국가 프레임워크와 국가 건설이라는 국제사회의 개입을 비판적으로 바

---

[129] Cousens et al. 2001; Dobbins et al., 2003; Maley, Sampford and Thakur 2003; Milliken 2003; Rotberg 2004; Chesterman, Ignatieff and Thakur 2005; Zartman 1995.

라보는 학자들은 국가 건설이 실패한 이유를 국민에게 합법성을 취득하지 못했기 때문으로 본다. 니콜라스 르메-에베Nicolas Lemay-Hébert는 제도주의 중심의 국가 건설이 지닌 한계를 지적하며 국가는 제도적 재건보다 정치·사회적 유대를 만들고, 제도에 대한 사회적 필요성을 보편적으로 합의해야 함을 주장한다. 특히 정치·사회적 유대를 강조하는 그는 민족 건설 개념을 제시한다.

최근 10여 년간 국가 건설 관련 연구에서 혼합국가, 혼합정치질서hybrid political orders 개념이 종종 등장했는데 이는 전통적인 국가 건설 접근 방식을 비판한다. 이 개념은 호주 퀸스랜드대학 연구팀[130]이 취약국가를 대체하는 개념으로 제시했다. 이들은 서구 중심적 사고를 바탕으로 취약국가를 비정상적인 국가로 취급하는 개념을 비판하고, 전통적인 의사결정 방법을 서구 국가 모델에 접목한 국가들(소말리랜드Somaliland, 부겐빌Bougainville)을 예로 들며 혼합정치질서 개념을 내놓았다.

혼합 모델은 지금까지 간과해온 전통적인 관행과 비공식적인 제도가 사회질서를 유지하고 공공재를 제공하는 등 국가적 기능을 담당해왔음을 재조명한다. 더불어 이 모델은 취약국가가 자체적으로 서구 국가 모델에 전통적인 가치를 접목해 국가를 형성하는 것에 착안한 것이다. 이는 상의하달식 국가 건설 모델과 달리 민중의 삶에 곧바로 영향을 미치고 전통적인 가치를 반영한 제도를 통해 정치·사회적 유대, 즉 국가 제도에 대한 합법성을 높인다는 점에서 기존 국가 건설의 한계를 극복할 수 있다고 본다.

---

[130] Volker Boege, M. Anne Brown and Kevin P. Clements

나. 평화 구축 Peacebuilding

- 평화 구축 개념의 등장

평화 구축 개념은 1992년 6월 UN사무총장 부트로스 부트로스-갈리 Boutros Boutros-Ghali가 제출한 〈평화를 위한 과제 An Agenda for Peace〉 보고서를 통해 UN 및 국제사회에 등장했다. 이 보고서는 평화 구축을 분쟁 재발을 방지하기 위해 평화를 강화하는 구조가 무엇인지 밝히고 이를 지원하는 행동[131]으로 소개하고 있다. 평화 구축은 전통적인 평화 조성 peace-making이나 평화 유지 peace-keeping와는 다른 개념이다.

평화 조성과 평화 유지

- 평화 조성

평화 조성은 비폭력적 대화로 갈등 관계 당사자 간의 폭력적 행위를 끝내려는 외교적 노력을 통해 평화 협정에 이르는 것을 말한다.

- 평화 유지

평화 유지는 제3자가 개입해 갈등 관계 당사자를 격리하고 분쟁을 평화로 전환하도록 지원하는 것을 말한다.

평화 조성 개념을 구체화하기 위한 노력 중 대표적인 것으로는 〈브라히미 보고서 Brahimi Report〉(2000)와 사무총장정책위원회 정의가 있다. 〈브라히미 보고서〉는 평화 구축을 분쟁과 달리 평화의 기초를 재정립하기 위한 행동, 전쟁이 없는 상태보다 나은 상황을 기반으로 평화 구축 행동 방안을 제공하는 행동으로 정의한다.[132]

---

131 "action to identify and support structures, which will tend to strengthen and solidify peace in order to avoid a relapse into conflict."(paragraph 21)

132 "activities undertaken on the far side of conflict to reassemble the foundations of peace and provide the tools for building on those foundations something that is more than just the absence of war." (paragraph 13)

사무총장정책위원회는 좀 더 구체적인 평화 구축 정책 전략을 제시했다. 우선 평화 구축은 분쟁 관리를 위해 모든 국가 역량을 강화해 분쟁 발생 및 재발 위험을 줄이고, 지속적인 평화와 개발의 기초를 세우는 것을 목표로 하는 활동이라고 정의한다. 그리고 평화 구축 전략은 일관성 있게 해당 국가의 필요에 맞게 조정하고 국가의 주인의식에 기초해야 한다고 주장한다. 목표 이상의 성취를 목적으로 주의 깊게 우선순위를 설정하고 상대적으로 좁은 범위의 활동으로 구성해야 한다는 제안도 하고 있다.

부트로스-갈리의 보고서는 평화 구축이 추구하는 평화의 개념을 적극적인 평화로 정의한다. 그 반대 개념은 소극적인 평화로 평화학의 시작점으로 불리는 이 개념은 요한 갈퉁이 제시했다. 소극적인 평화는 조직화된 집단 폭력, 즉 전쟁이 없는 상태를 말한다. 반면 적극적인 평화는 전쟁이 없는 상태를 넘어 한 국가 혹은 전 인류가 합의한 가치를 반영한 상태를 의미한다.

요한 갈퉁은 10가지 예시를 제시했는데 여기에는 협동·공포로부터의 자유, 궁핍에서의 해방, 경제성장 및 발전, 착취의 부재, 평등·정의·행동의 자유, 다원주의, 역동성이 있다. 요약하면 적극적인 평화란 조직화된 집단 폭력이 없는 상태를 넘어 인간의 기본 욕구를 충족하고 정의를 달성한 상태를 뜻한다. 부트로스-갈리의 평화 구축은 평화, 정의, 안정, 안보 등을 군사적 관점에서뿐 아니라 정치·경제·사회·인도주의 환경 및 발전 관점에서도 다뤄야 한다고 주장하며 UN의 적극적인 평화 수호 의지를 보인다.

그런데 평화 구축은 왜 기대한 만큼 성과를 거두지 못했을까? 여기에 대해 학계와 현장에서 다양한 논의가 이뤄졌다. 그 중심 개념이 바로 '자유적 평화'다. 냉전 종식 후 정치적·경제적 자유화가 국제 규범으로 자리 잡았다. 특히 프랜시스 후쿠야마 (1992)는《역사의 종말》에서 민주주의와 시장경제는 본질적으로 평화롭고 상호 강화하는 관계라며 정치적·경제적 자유화가 이끄는 평화를 확신했다.

이 확신은 평화 구축에도 영향을 미쳤다. 1990년대 중반까지 국제사회는 '자유적 평화 구축'이라는 이름 아래 선정, 민주적 선거, 인권, 법치, 자유시장경제 등으로 구성된 프레임워크를 중심으로 소위 취약국가에 원조 개입을 진행했다. 이는 분쟁 예방과 협상을 통한 분쟁 해결 같은 소극적인 평화를 추구하는 접근 방식에서 벗어나 자유적 정치·경제·사회 구축에 기여하는 것을 목표로 한다고 볼 수 있다.

1990년대 말 자유적 평화 구축은 위기에 봉착했다. 국제사회가 일련의 분쟁(보스니아, 르완다, 동티모르 내전 등)을 다시 목격하면서 자유적 평화에 대한 회의가 날로 높아진 것이다. 더불어 국제사회의 개입이 평화를 강화하는 것이 아니라 오히려 정치적 분쟁을 야기한다는 주장이 등장하기 시작했다. 자유적 평화 프레임워크는 민주주의와 시장경제를 중심으로 하며 해당국의 수요나 관심은 무시하고 서구의 자유주의를 보편화하려 한다는 것이 비판의 주요 논지다.

이 비판은 크게 2가지의 흐름으로 볼 수 있다.

하나는 자유적 평화가 보편적으로 적용될 거라는 가정에 대한 비판이다. 이들은 비서구 국가가 자유적 평화 접근을 적용하기에 적절치 않은 소위 취약국가라는 사실을 지적한다. 대표적으로 스티븐 크래스너 Stephen Krasner 는 이들 국가의 선정 역량이 부족해 국가가 인권을 보장하거나 법의 지배를 따르는 데 한계가 있다고 주장한다.

다른 하나는 민주주의와 자유시장이라는 자유적 평화의 두 축은 전환기에 있는 국가에 적절하지 않은 가치라는 비판이다. 특히 파리스는 적절한 제도적 장치를 마련하지 못한 상태에서 민주주의와 자유시장을 강조하면 이는 경쟁과 갈등만 증폭시킬 뿐이라고 강조한다.

첫 번째 접근 방식은 자유주의, 자유적 평화에 반대하는 것이 아니라 이 프레임워크를 적용하는 해당국의 상황을 고려해야 한다는 주장이다. 반면 두 번째 접근 방식은 자유적 평화가 서구의 헤게모니와 그들의 정치 · 경제 · 지역 전략을 담은 것으로 자유적 평화 자체에 대한 부정적 시각을 내비친다. 학자들은 이것을 여러 이론적 배경을 통해 설명하는데 여기에는 크게 3가지(신마르크스 구조주의, 푸코 구조주의, 비판 이론과 인간 안보)가 있다.

첫째, 자유적 평화에 대한 신마르크스주의자의 구조주의적 접근이다. 이 관점은 자유적 평화의 (신)자유시장은 그 구조적 한계로 인해 힘의 지배구조를 재생산할 수밖에 없고, 서구 공여국이나 국제금융기관의 이익을 대변하기 위한 자유시장 정책을 적용한다고 주장한다. 그 결과 자유적 평화 구축은 평화보다 분쟁을 초래할 가능성이 크다고 말한다.[133]

둘째, 푸코주의자[134]의 구조주의적 접근이다. 신마르크스주의자가 정책에 집중한 반면 푸코주의자는 정책 이면의 이해관계에 집중한다. 무엇보다 서구 국가가 왜 (신)자유주의 및 자본주의적 정치를 필요로 하는가를 바탕으로 설명한다. 이들은 그 이유가 분쟁을 겪은 국가나 취약국가의 불안정이 서구 국가의 안보적 위협으로 다가올 가능성 때문이라고 보고, 서구 국가가 이들을 협력적이고 안정적인 국가로 바꾸려 한다고 말한다.

셋째, 비판 이론을 기반으로 하는 접근이다. 이 접근법은 자유적 평화 정책을 정치와 힘의 논리로 바라봐야 한다고 주장한다. 자유적 평화는 취약국가에 대한 기술적 접근으로 중립성을 띠려고 하지만 제도적 접근과 합리성은 결국 서구 중심의 힘의 논리에서 기인하므로 중립적일 수 없다는 것이다. 앞의 두 접근 방법과 달리 이것은 구성주의적 접근법으로 서구 중심의 자유적 평화는 그에 대응하는 또 다른 힘을 통해 변화가 가능하다고 이해한다. 자유적 평화에 대한 반성적 사고, 상향식, 해방적 접근으로 해당국가,

---

[133] Abrahamsen 2000: Barbara 2008: Cramer 2006: Jacoby 2007.

[134] Duffiled (2001)

즉 지역을 위한 대안을 마련할 수 있을 거라는 의미다. 이를 포스트 자유적 평화Post-liberal peace라고 부른다.

6. 난민Refugees

1951년 난민협약Geneva Convention on Refugees에 따르면 난민이란 '인종, 종교, 국적, 특정 사회집단 구성원, 정치적 의견을 이유로 박해받을 우려가 있는 자신의 국적국 밖에 있는 자로 국적국의 보호를 받을 수 없거나 또는 그 공포로 인해 국적국의 보호를 원치 않는 자'를 말한다. 이 난민 개념은 1969년 아프리카 연합기구OAU, Organisation of African Union 협약과 1984년 카르타헤나Cartagena 선언을 통해 시간적·지리적 배경을 반영해 확대했다. 특히 OAU는 탈식민지화와 함께 아프리카 내전의 결과로 발생한 대량의 난민을 보호하기 위해 외부 침략 혹은 전쟁 피해자까지 난민에 포함했다. 남미에서는 1970~1980년대 군부 독재 정권의 무차별적인 폭력과 탄압으로 발생한 난민을 보호하고자 인권 침해를 당한 난민도 이 범주에 포함했다.

최근 학계와 정책입안자들은 엄격히 말해 법률상 난민에 속하지는 않지만 넓게 강제 이주forced migration에도 관심을 기울이고 있다. 나아가 국내 실향민, 환경 난민, 강제로 격리 수용당한 사람들, 경제 난민까지 강제 이주 범주에서 다루고 있다.

냉전 후 분쟁의 양상과 원인을 돌아보면 전쟁은 부족이나 민족 간의 혐오로 증폭되지만 근본적으로는 천연자원을 둘러싼 분쟁, 빈곤, 환경 파괴 등 다양한 요인이 얽혀서 발생하고 있음을 알 수 있다. 결국 난민은 단순히 정치적 이유가 아닌 환경, 경제 등의 다양한 원인이 복합적으로 작용해 발생하는 셈이다. 같은 맥락으로 이것은 '빈곤-분쟁-강제 이주'라는 악순환으로 이어진다.

이러한 악순환의 고리를 끊기 위해 난민 문제 해결방안으로 등장한 것이 '개발'이다. 그러나 개발과 강제 이주 문제의 인과관계가 분명치 않아 과연 개발이 난민 문제의 해결방안인지에 대한 논란이 일고 있다.

첫째, 개발의 결과로 발생한 강제 이주민이 있다. 예를 들면 도로나 댐 건설 같은 주요 공공 인프라 건설을 위해 거주민이 강제 이주하는 경우다. 이때 만약 충분한 보상이 이뤄지지 않거나 이주 기한을 짧게 통보해 이들이 재정착하는 데 어려움을 겪으면 빈곤의 굴레에 빠진다. 이는 개발이 강제 이주, 나아가 빈곤으로 이어지는 고리다.

둘째, 냉전 후 발생한 분쟁은 빈곤보다 정치 엘리트 간의 파워, 자원 및 국가 지배를 위한 갈등으로 발생하는 경우가 더 빈번했다. 가령 보스니아는 공산주의 이후 경제활동과 영토 통제권을 위해, 르완다는 식민지 시절의 박해와 국가 폭력으로 야기된 학살로 민족 간의 분쟁이 발생했다. 콩고·앙골라·시에라리온·라이베리아는 다이아몬드, 석유 및 기타 광물자원을 확보

[그림11] 평화와 다른 정책 영역 간의 상관관계

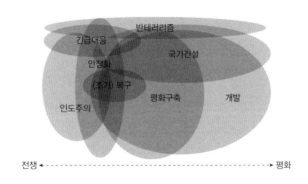

출처: Collinson, Sarah, Smir Elhawary and Rober Muggah, 2010.

하기 위한 분쟁으로 강제 이주민이 발생한 경우다. 또한 외부 개입이 교전 중인 특정 분파를 지지해 분쟁을 더욱 심화하기도 한다.

요점 정리

- 대략 2차 세계대전 이후 대규모 전쟁은 감소했지만 내전 형태의 전쟁은 꾸준히 증가했고 주로 개도국에서 발생했다.
- 자유적 관점에서 저개발은 분쟁의 원인이다. 그런 이유로 일부에서는 개발이 분쟁을 해결하고 평화를 정착시킬 수 있다고 주장한다. 반면 개발이 분쟁의 원인이며 개발 자체를 분쟁 과정으로 보는 시각도 있다.
- 인간 안보는 개개인의 삶의 안보를 국가 및 국제 안보 정책의 핵심으로 보는 개념이다. 인간 안보의 광의의 개념은 취약성에 초점을 맞춰 인간에게 위협적인 모든 것으로부터 자유로운 상태를, 협의의 개념은 폭력 중에서도 조직화된 정치적 폭력으로부터의 위협에 집중한다.
- 인도주의적 개입은 국제인도주의법과 국제인권법에 기반하며 인도주의, 공평, 중립, 독립, 자발적 봉사, 단일, 보편의 원칙에 입각해 인도주의적 활동을 펼치는 것이다. 공평과 중립의 원칙에 따르면 인도주의적 활동은 정치성을 배제해야 한다.
- 국제사회는 실패국가 또는 취약국가의 분쟁 발생이 국가 기능 부재에서 온다고 본다. 국가 건설 지원이란 이들 국가가 국가로서의 기능을 수행하도록 국가 기구, 제도, 법을 마련하는 데 도움을 주는 것을 말한다. 최근에는 비판주의 학자들이 대안적 개념인 민족 건설, 혼합국가 개념을 제시했다.
- 평화 구축은 전통적인 평화 구축, 평화 유지와는 다른 개념이다. 1990년대 중반까지 국제사회는 '자유적 평화 구축'이라는 이름 아래 선정, 민주적 선거, 인권, 법의 지배, 자유시장 경제 등으로 구성된 프레임워크를 중심으로 취약국가에 원조적 개입을 진행했다.
- 난민은 인종, 종교, 국적, 특정 사회집단 구성원, 정치적 의견을 이유로 박해받을 우려가 있는 자신의 국적국 밖에 있는 자로 국적국의 보호를 받을 수 없거나 또는 그 공포로 인해 국적국의 보호를 받는 것을 원치 않는 자를 말한다.

최근에는 넓은 의미로 강제 이주, 국내 실향민, 환경 난민, 강제로 격리 수용 당한 사람들, 경제 난민에게도 관심을 기울이고 있다.

생각해볼 문제

- 개발과 빈곤에서 분쟁이 중요한 이유는?
- 인도주의 활동이 중립성을 유지할 수 있는가?
- 국제개발이 분쟁을 끝내는 해답이 될 수 있는지 비판적으로 분석하라.
- 인간 안보 개념이 국제사회에서 주류로 여겨지고 있다. 자유적 관점의 인간 안보 개념의 한계는 무엇인가?
- 왜 국가 건설과 평화 구축 노력은 국가의 안정과 번영, 평화를 달성하지 못했는가? 이 목표가 달성 불가능한 것인가? 아니면 목표 설정 자체에 문제가 있는 것인가?
- 난민 발생의 원인을 분쟁 및 재난 등으로 여기고 난민의 개념을 확장하는 것에 동의하는가?

제5장

제5장

개발과 원조

Development and

Aid

주요 목표

o 포스트 개발과 원조 이해

o 개발 담론에 대한 회의론과 그 대안으로 등장한 포스트 개발 논의 분석

o 개발과 원조의 상관관계와 원조에 대한 찬반 논쟁 이해

제1절 　 # 원조 비판론

1. 들어가며

일반적으로 공적개발원조의 시작은 1950년대 초로 정의한다. 그러나 ODA 가 시작된 지 반세기를 넘겨 2015년이 다가오는 이 시점에도 전 세계는 여전히 굶주림에 시달리고 있고, 원조의 거시적인 효과는 찾아보기 어렵다는 비판이 있다. 물론 2001년을 기점으로 시작한 '전 세계 빈곤을 1990년대 수준의 2분의 1로 줄인다'는 MDGs의 첫 번째 목표는 어느 정도 달성했다. 이 지표는 1990년대 말과 2000년대 초 국제개발협력 논의에서 강조한 전 세계 극빈국의 10억 인구를 대상으로 개발된 것이다. 따라서 2015년을 기준으로 볼 때 일부 국가의 극빈 정도는 줄었으나, 경제발전을 이룬 국가들 내의 극빈층은 오히려 늘고 있는 것으로 보인다. 나아가 극빈국 수준을 벗어난 국가뿐 아니라 선진국에서도 국가 내 불평등이 사회적 문제로 떠오르고 있다.

국제적인 지원에도 불구하고 여전히 많은 국가의 국민이 굶주리고 있고, 경제발전을 이룬 국가에서도 사회 내 불평등 문제는 오히려 심각해지고 있다. 또한 분쟁 및 취약국에 대한 원조가 지속되고 있지만 분쟁과 갈등이 끊

369　　　　　　　　　　　　　　　　　　　　　　　　제5장 개발과 원조

이지 않는 지역은 여전히 별다른 발전이 없다. 이런 이유로 원조가 효과적이지 않다는 비판이 지속되고 있다. 본 절에서는 이와 같은 원조에 대한 비판의 내용과 그 이유를 알아보고자 한다.

2. 공여국에 대한 비판

가. 공여국의 원조 동기

원조와 관련해 가장 전통적인 형태의 비판은 원조 공여국의 원조 지원 동기에서 찾아볼 수 있다. 원조 동기는 크게 인도주의·애타적altruistic 동기, 상업적 동기, 정치·외교적 동기로 구분할 수 있다. 이 중 인도주의·애타적 동기를 제외한 나머지 동기는 원조 지원에서 공여국의 국익을 수반한다. 스티븐 브라운Stephen Browne, 로저 리델Roger Riddell 같은 학자는 대부분의 국가가 인도주의·애타적 동기를 바탕으로 원조를 제공하지만, 순수하게 이 동기로만 원조를 제공하는 국가는 극히 드물다고 설명한다.

　원조 동기 및 목적을 연구하는 많은 학자가 대부분의 공여국이 인도주의적·애타적 동기 외에 상업적 동기나 정치·외교적 동기에서 원조를 한다는 연구 결과를 제시하고 있다. 이러한 주장이 원조 자체가 비효과적이라고 비판하는 것은 아니지만, 이들은 상업적 또는 정치·외교적 동기 때문에 원조의 원래 목적이 변질된다고 비판한다. 특히 마르크스주의자는 공여국의 정치·외교적 또는 상업적 동기는 결국 글로벌 자본주의의 폐해로 이러한 원조가 개도국의 발전을 위해서라기보다 그들을 조종하거나 부당하게 활용할 목적에서 행하는 것이라고 본다. 그밖에 원조를 과거 식민지배국이던 공여국이 피식민국가에 역사적 보상을 하기 위한 수단이라고 보는 경우도 있다.

공여국의 상업적 동기와 관련해 장하준은《사다리 걷어차기》에서 경제성장을 이룬 선진공여국은 개도국이 경제성장의 사다리를 타고 위로 올라오지 못하도록 사다리를 걷어찬다는 주장을 펼친다. 이것은 선진공여국의 원조 동기가 온전한 인도적·애타적 이유가 아니며 보호주의 무역 정책을 원조 조건으로 제시하는 등 상업적 이유가 내포돼 있다는 학자들의 주장과 연결해 생각해볼 수 있다.

이 같은 비판은 원조 지원 동기의 근본적인 부분으로 이들은 최근 논의 중인 남남협력 공여국의 원조 지원 이유도 같은 맥락으로 해석하기도 한다. 남남협력은 BRICS 같은 신흥경제국과 그 외 중소득국MICs, Middle Income Countries이 저소득국 및 취약국에 원조를 제공하는 것을 말하는데, 그 특징은 수평적 관계인 남남협력 공여국과 수원국 간의 상호신뢰 혹은 상호이익이라고 할 수 있다.

이 과정에서 개도국에 속하는 남남협력 공여국이 아직 국내 빈곤을 해결하지 못했음에도 다른 개도국에 원조를 제공하는 이유와 관련해 많은 공여국이 외교적 이유와 상업적 이익이 가장 큰 동기라고 분석한다. 남남협력은 공여국과 수원국 모두에게 이익을 주는 방안을 토대로 협력이 이뤄지기 때문에 남남협력 공여국의 동기는 전통적인 북-남 협력 체계에서의 공여국의 외교 및 상업적 동기와는 근본적으로 다르다는 주장도 있다.

나. 공여기관의 책무성

원조가 효과적이지 않다고 보는 대표적인 주자는 윌리엄 이스털리다. 이스털리는 ODA를 시작한 지 50년이 넘었음에도 여전히 많은 개도국이 빈곤 상태에 머무는 것은 원조 자체의 문제라기보다 공여기관의 그릇된 방향 설정과 부적절한 책무에 있다고 본다. 그는 공여기관의 유토피아적 계획으로 실질적으로 고통받는 가난한 개인을 위한 변화가 이뤄지기 힘들다고 비판한다. 실제로 공여기관의 지원은 개인에서 개인 또는 한 공여기관에서 개인을 위한 지원이 아니라, 글로벌 공공재로써 MDGs를 달성하기 위한 여러 국가의 다자적 지원을 수원국 정부에 제공한다. 그 과정에서 실질적 성과에 대한 책무를 고려하지 않을뿐더러 개별 공여기관의 책무성 역시 제대로 다뤄지지 않고 있다는 얘기다. 이스털리는 개별 공여기관의 개별 개입을 위한 책무가 필요하다고 강조한다.

공여기관은 원조 목표를 수원국 정부의 제도 강화와 변화로 수립하는 경우가 많은데, 이보다 수원국 국민의 빈곤 퇴치가 원조 지원의 목표여야 한다는 점을 간과해서는 안 된다. 이스털리는 공여기관이 수원국 정부의 전반적인 정치 시스템이나 거버넌스에 관심을 둘 것이 아니라, 원조의 수혜자 개개인에 대한 목표 설정이 필요하다고 본다. 수원국의 변화는 수원국 국민 개개인의 자생적 변화로 가능하기 때문이다. 따라서 빈곤에 시달리는 개개인을 위한 자유시장 시스템을 강화해야 하며, 이를 위해 공여기관은 수원국 내 개개인이 이용하는 은행 시스템이나 주식시장 같은 실질적인 것에 관심을 두어야 한다는 주장이다. 공여기관이 유토피아적 계획에 따라 수원국 정부의 변화에 집중하면 아무도 실질적인 변화를 위한 지원 책무를 지지 않는다.

이스털리는 원조 자체가 빈곤을 끝낼 수는 없으며 빈곤은 빈곤한 자가 직접 해결해야 할 문제라고 생각한다. 따라서 그들이 스스로 빈곤을 해결하도록 개인을 위한 교육, 보건 등 보다 나은 삶을 위한 보상 체계를 제공하는 것이 바람직하다는 얘기다. 이것은 다음에 소개할 제프리 삭스Jeffry Sachs의 빈곤 탈피를 위한 다량의 원조big push와 반대되는 개념으로 사실상 이스털리는 삭스를 공개적으로 비판하고 있다.

이스털리는 현재의 개발 협력 활동 평가 시스템도 함께 비판한다. 그는 지금처럼 MDGs를 중심으로 공동의 노력을 한 번에 평가하는 체계가 아니라, 독립적인 국제평가기관을 설립해 개별 공여기관의 지원 노력을 무작위로 평가하는 것이 빈곤 해결에 더 적절하다고 주장한다. 즉 원조 지원이 가난한 자의 보다 나은 삶을 위해 효과적이었는지, 이타적인 가진 자가 더 많이 공여기관에 기부했는지, 기부한 금액이 실제로 가난한 자들을 위해 쓰였는지를 평가해야 한다는 것이다.

물론 이스털리가 원조 자체를 부정하는 것은 아니다. 그는 공여기관의 관행과 수원국 정부에 대한 지원도 하나의 개발지원 방법으로 남을 필요는 있으나, 지원 목표는 수원국 정부 변화가 아닌 수원국 국민 개개인의 보다 나은 삶이 목표가 되어야 한다고 강조한다.

한편 폴 콜리어는 원조에 대한 이스털리의 비판 논리인 '원조를 지속적으로 제공하고 있음에도 불구하고 수원국에서의 원조 효과는 증가하지 않는다'는 것을 수확체감의 법칙을 들어 부정한다. 수확체감의 법칙은 본래 경제학 용어로 이를 개발학에 적용할 경우 '원조를 지속적으로 제공하면 그것에 대한 기대 효과는 증가하지만, 증가하는 원조에 대한 기대 효과는 지속적으로 감소한다'고 해석할 수 있다. 이는 같은 금액을 지원할 때 처음 제공한 원조액에 따른 생산성이 두 번째 제공한 같은 원조액에 따른 생산성보다 높게 나타난다는 의미다. 이것은 경제나 개발뿐 아니라 다른 사회 분야에서도 일반적으로 발생하는 현상이다.

3. 원조 자체에 대한 부정

앞의 두 경우는 원조 자체를 부정하기보다 공여국과 공여기관의 부적절한 원조 정책과 방법을 비판한다. 반면 원조 자체를 부정하는 움직임도 있는데 담비사 모요Dambisa Moyo가 대표적이다. 모요는 원조가 빈곤을 해결할 수 없다고 주장한 점에서 이스털리와 같은 선상에 있다고 볼 수 있으나, 이스털리는 원조를 이용한 빈곤 해결 방안을 논의하는 데 반해 모요는 원조 없이 개발이 가능하다고 역설한다. 그 이유는 원조가 수원국 정부나 국민들에게 이익을 주기보다 해롭다고 보기 때문이다.

예를 들어 수원국 정부에 전달하는 원조는 독재와 부패를 강화하고 자유시장 경제 시스템의 기능을 떨어뜨린다. 이를테면 원조는 저축과 투자가 감소하고 생산성과 환율의 자생 능력을 방해해 수출을 제한한다. 이로 인해 국가가 성장 동력을 잃으면 원조를 둘러싼 권력 싸움으로 국가 내 분쟁과 내전이 발생하기도 한다. 그러므로 모요는 원조의 의존성을 타파하기 위해 단계적으로 원조를 축소하고 수원국, 특히 아프리카 국가의 자생적 성장 능력을 강화해야 한다고 주장한다.

모요가 내린 결론은 수원국이 중국 같은 경제발전 모델을 본받아야 한다는 것이다. 하지만 중국 모델이 자유시장 경제 시스템에 적합한지에 대한 부분과 민주주의와 개발이라는 관점에서 그것이 발전 모델로 적합지 않다는 아쉬움이 남는다. 또한 원조라는 외부 지원 없이 자생적 개발 역량이 부족한 수원국의 입장에서 과연 자생적 발전이 가능할지도 생각해봐야 할 문제다.

다른 한편으로 모요의 중국 모델 찬양론은 종속 이론에서 비판하는 것처럼 개도국별 맥락에 맞지 않는 타 국가 발전 모델 도입에 따른 실패를 야기할 수 있다. 물론 중국 모델이 선진공여국 모델이 아닌 현재 발전 중인 국가의 모델이라는 점에서는 개도국의 상황에 더 가깝다고 할 수 있다. 그렇지만 대부분의 개도국은 정치·경제적 상황이 중국과 다르며, 특히 중국의 정치적 방향성이나 국내 불평등을 야기하는 경제 정책이 개도국에 얼마만큼 긍정적으로 적용 가능할지는 고민이 필요한 문제다.

4. 원조의 부정적 결과

원조의 부정적 결과로 대표적인 예는 종속 이론이 비판하듯 선진공여국 모델을 도입해 개도국의 맥락에 맞지 않는 발전을 시도한 경우다. 이는 1990년대 세계은행과 IMF의 개도국 경제구조 변화 시도 과정에서도 찾아볼 수 있다. 즉, 세계은행과 IMF가 제시하는 '하나의 정형화된 정책 모델'은 많은 개도국의 개발에 별다른 영향을 주지 못했다.

그 외에 네덜란드 병도 원조의 부정적 결과라 할 수 있다. 네덜란드 병은 자원이 풍부한 국가가 급성장하는 과정에서 국내 물가 상승과 환율 하락으로 국가 산업의 경쟁력이 약화되고, 궁극적으로 국가경제가 전반적으로 위기를 맞는 상황을 말한다. 이를 '자원의 저주'라고 부르기도 하는데, 특히 석유 등을 보유한 개도국이 일시적 경제호황을 누리다가 경기침체를 겪는 현상을 일컫는다.

이러한 현상을 '네덜란드 병'이라고 부르는 이유는 1950년대 말 네덜란드사가 북해의 천연가스 유전을 통해 막대한 수입을 올리다 물가상승, 임금상승, 통화가치 급등, 제조업 경쟁력 약화 같은 현상으로 경기침체를 겪었기 때문이다. 이후 자원이 풍부한 수원국이 원조를 제공받아 자원을 개발하면서 일시적으로 경기호황을 누린 뒤 경기침체를 겪으면 원조의 폐해 현상이라는 의미로 '네덜란드 병'을 떠올린다. 이것은 뒤에서 설명하는 콜리어의 천연자원의 덫과 같은 맥락이다.

그밖에 모요가 주장하는 것처럼 원조가 오히려 수원국의 부패나 분쟁을 강화한다는 주장도 있다. 하지만 콜리어에 따르면 원조가 수원국의 부패나 분쟁을 강화하는 경우도 있지만, 이를 완화하는 경우도 많다고 한다. 즉, 원조가 분쟁 같은 상황에 간접적으로 영향을 미치긴 해도 그것은 부정적인 영향이 아니며, 분쟁은 수원국 내 저소득과 장기간의 경기침체에 따른 결과라는 것이다. 나아가 원조는 수원국에서 경제성장과 소득 증대 같은 긍정적 효과를 불러일으켜 오히려 분쟁의 위험을 줄이는 역할을 한다고 보고 있다.

이처럼 원조 찬성론은 원조 비판론과 달리 원조의 효과를 저해하는 요인이 따로 있다고 설명한다. 또한 원조의 긍정적인 역할을 강조하는 학자는 원조는 수원국의 상황에 따라 경중의 차이는 있지만 빈곤 퇴치와 경제발전에 긍정적 역할을 한다고 주장한다.

요점 정리

- 원조 동기는 크게 인도주의 · 애타적 동기, 상업적 동기, 정치 · 외교적 동기로 구분할 수 있다. 이 중 인도주의 · 애타적 동기를 제외한 상업적 동기와 정치 · 외교적 동기는 원조 지원에서 공여국의 국익을 수반한다. 선진공여국의 원조 지원 동기는 온전한 인도적?애타적 이유가 아니며, 그들의 보호무역주의 정책을 원조의 조건으로 제시하는 상업적 이유가 담겨 있는 경우가 많다.

- 마르크스주의자는 공여국의 정치 · 외교적, 상업적 동기는 결국 글로벌 자본주의의 폐해이며, 원조는 개도국에 도움을 주기보다 개도국을 조종하고 부당하게 활용할 목적으로 제공한다고 본다.

- 이스털리는 원조 자체를 부정하지는 않지만, 원조 지원 목표는 수원국 정부의 변화가 아닌 수원국 국민 개개인의 보다 나은 삶이어야 한다고 강조한다.

- 폴 콜리어의 '수확체감의 법칙'은 원조를 지속적으로 제공했을 때 그것에 대한 기대 효과는 증가하지만, 증가하는 원조에 대한 기대 효과는 지속적으로 감소한다는 것을 의미한다.

- 모요는 원조 없이 개발이 가능하다고 보는데 이는 원조가 이익보다 해를 가져온다고 여기기 때문이다. 수원국 정부에 전달하는 원조가 독재와 부패를 강화하고 자유시장 경제 시스템의 기능을 떨어뜨린다는 것이다. 따라서 모요는 원조의 의존성을 타파하기 위해 단계적으로 원조를 축소하고 수원국, 특히 아프리카 국가의 자생적인 성장 능력을 강화해야 한다고 주장한다.

- 원조 비판론자들은 세계은행과 IMF가 제시하는 '하나의 정형화된 정책 모델'

을 많은 개도국에 적용했음에도 불구하고 개도국 개발에는 별다른 영향을 주지 못했다고 주장한다.

□   네덜란드 병은 자원이 풍부한 국가가 급성장하는 과정에서 국내 물가 상승 및 환율 하락으로 국가 산업의 경쟁력이 떨어지고 궁극적으로 국가경제가 전반적으로 위기를 맞는 상황을 말한다.

생각해볼 문제

□   원조는 왜 효과적이지 못한가?

□   원조 비판론의 대표적인 학자별 주요 요지는 무엇인가?

□   원조 과정에 대한 비판과 원조 자체에 대한 비판을 비교하라.

□   원조로 발생한 부정적 효과의 대표적인 사례는 무엇인가?

□   원조 비판론에 대한 원조 긍정론의 반론은 무엇인가?

원조 옹호론

1. 들어가며

원조에 대한 비판적 시각은 대부분 원조의 결과로 경제성장이 일어나지 않았다는 사실에 기인한다. 그러나 원조는 경제성장 외에 많은 분야에서 긍정적 효과를 낼 수 있다는 분석 결과도 있다. 최근 Post-2015 개발 의제 논의와 관련해 현대 사회에 필요한 원조의 역할에 대해 새로운 논의가 시작되고 있다. 즉, 원조의 효과는 초점을 어느 부분에 두고 해석하느냐에 따라 긍정적일 수도 있고 부정적일 수도 있다. 그러면 그중 긍정적인 효과 및 필요성에 대한 논의를 살펴보자.

2. 원조의 필요성

가. 원조의 이유

원조 지원 동기에서 정치·외교적 동기와 상업적 동기는 원조의 본질에 대한 의문과 함께 비판 이론의 일부를 이룬다. 그렇지만 현실주의자들Realists

은 정치·외교적 동기는 원조가 공여국의 국제정치적 권력을 강화하는 도구로 시작된 것이므로 당연히 원조 제공의 본질이라고 말한다. 이들은 온전히 애타적인 이유로 제공하는 원조란 없으며 애타적 동기 이외의 이유로 원조를 제공했다고 해서 원조를 비판할 이유는 없다고 본다.

한편 자유국제주의자들Liberal internationalists은 공여국이 국제질서를 유지하기 위해 수원국의 문제를 해결하는 데 협력하고자 원조를 제공한다고 본다. 가령 전염성 질병의 확산을 막고 세계 환경 문제를 해결하기 위한 다자기구의 원조 지원은 그 이유가 결국 공여국의 이익을 고려한 것이기는 하지만 결과적으로 수원국에도 도움을 준다는 것이다.

구성주의자들Constructivists은 원조는 정치·외교적, 상업적 관심사를 넘어 전 세계의 빈곤을 해결하고자 하는 공여국의 도덕적이고 인도적인 이유에서 출발한다고 설명한다. 이들은 북유럽 국가의 애타적 원조 지원의 예를 강조한다.

원조의 동기를 둘러싼 비판과 찬성 논리는 그 어느 것도 옳고 그르다고 판단할 수 없다. 따라서 캐롤 랭커스터Carol Lancaster는 공여국의 원조에는 다양한 동기가 복합적으로 작용하며 그 과정에서 개발에 기반을 둔 원조 동기는 사라지기 십상이라고 분석한다. 나아가 공여국의 원조 동기가 무엇이든 원조가 가난한 사람이 인간적인 삶을 영위하도록 돕고, 원조의 근간인 세금 납세자에게 원조 효과를 제시하는 것이 중요하다는 점을 강조한다.

나. 원조와 빈곤 퇴치

원조를 제공했음에도 경제성장을 이루지 못한 것은 원조 자체의 문제가 아니라, 그동안 경제성장을 위해 충분한 원조를 제공하지 않았기 때문이라며 원조의 필요성을 주장하는 대표적인 학자가 제프리 삭스다. 빈곤의 다양한 원인이 상호관계 속에서 수원국에 '빈곤의 덫'을 형성한다고 보는 그는 빈곤 탈피를 위해 다량의 원조가 필요하다고 주장한다. 수원국이 문제해결을 넘어 개발을 하려면 전반적인 문제에 모두 개입할 만큼 충분히 많은 양의 원조가 필요하다는 얘기다.

삭스가 주장하는 빈곤의 원인에는 수원국 국민의 낮은 가계소득에 따른 낮은 가계저축, 무역·기술·천연자원 부재, 자연재해, 제한적인 소득 구조 속에서 늘어나는 인구층 등이 있다. 그는 이러한 원인을 해결되지 못하고 정체되면 발전을 저해한다고 주장한다. 그 해결 방법으로 그는 수원국의 자생적 노력만으로는 부족하므로 국제협력 체계가 충분히 많은 양의 원조를 지원해야 한다고 말한다.

삭스의 '빅 푸시' 이론은 원조의 필요성을 강조하는 최근 학파의 근간을 이룬다. 그렇다고 삭스의 주장이 원조가 모든 것을 해결할 거라는 의미는 아니다. 다만, 원조로 빈곤의 이유를 해결하면 수원국에서 지속가능한 개발이 가능해진다는 얘기다.

삭스의 빅 푸시 이론에 근거한 다자적 협력 체제는 개별 공여기관이 국민 개개인을 대상으로 빈곤을 해결해야 한다는 윌리엄 이스털리의 접근 방식과는 다르다. 그러나 원조를 통해 빈곤을 해결한다는 관점에서 두 학자가 모두 원조의 필요성에 동의한다고 볼 수 있다. 다만 원조의 역할에 대한 삭스의 긍정적 평가는 원조 자체의 역할을 부정하는 담비사 모요의 주장과 대조적이다.

개발에서 원조가 중요한 역할을 한다고 주장하는 또 다른 대표적인 학자로 아비지트 바네르지Abhijit Banerjee가 있는데, 그는 원조의 효과성을 비판하는 주장이 극단적으로 비관적이라고 주장한다. 바네르지는 원조가 부정적인 결과를 내는 경우도 있지만 모두가 그런 것은 아니라고 말한다. 그는 공여국이 일부 국가에 대해 잘못 판단하는 이유는 수원국의 부패나 그릇된 원조 예산 이용으로 수원국에 어떤 부분을 요구해야 하는지 불분명하기 때문이라고 설명한다.

원조는 수원국뿐 아니라 전 세계적으로 천연두나 소아마비 같은 질병을 퇴치하는데 크게 기여했다. 더불어 밀과 쌀, 옥수수 같은 작물 확산에도 도움을 주었다. 이러한 성취는 국제협력과 원조의 결과라고 할 수 있다.

바네르지는 빅 푸시 이론에 대한 이스털리의 비판도 구체적으로 분석했다. 그는 단순히 충분한 원조를 제공하는 '게으른' 지원은 효과가 없으며, 지난 반세기의 교훈을 바탕으로 최근에는 개발을 위한 더 나은 지원 방법과 실천 사례가 늘어나 효과적인 원조 지원이 가능하다고 설명했다. 나아가 이제는 원조에 대한 부정적 시각보다 증거에 기반을 둔 효과적인 방법을 선택하려는 기관이 늘어나고 있고, 빌 앤드 멜린다 게이츠재단Bill and Melinda Gates Foundation과 휴렛재단William and Flora Hewlett Foundation 같은 비정부기관의 원조 지원과 개발에 대한 기여가 확대되고 있다고 덧붙였다.

3. 원조 전달 과정과 수원국

원조의 효과성을 저해하는 요인을 수원국에서 찾는 대표적인 학자로는 폴 콜리어가 있다. 콜리어는 분쟁, 천연자원, 나쁜 이웃국가를 둔 내륙국, 작은 국가의 나쁜 통치 같은 네 가지 덫이 원조의 효과를 저해한다고 본다. 이러한 덫이 있는 수원국에서는 원조를 정치적으로 악용하기 때문이라는 것이 그의 설명이다. 즉, 원조 자체가 부정적인 결과를 내는 것이 아니라, 수원국이 처한 상황에 따라 원조를 부적절하게 사용하거나 부적합하게 원조액이 새어 나간다는 의미다.

콜리어는 수원국에 원조가 없는 상황보다 원조를 받는 것이 경제성장을 좀 더 빨리 이루는 길이며, 비록 그 영향이 크지 않더라도 최소한 경제가 후퇴하지 않게 해준다고 분석한다. 이처럼 콜리어는 원조의 역할을 긍정적으로 평가하는 한편, 원조 전달 과정과 수원국이 안고 있는 네 개의 덫 같은 문제를 해결함으로써 원조 효과를 극대화할 수 있다고 본다.

예를 들어 콜리어의 수확체감의 법칙과 관련해 원조를 지속적으로 제공해도 원조 효과가 그에 비례해 증가하지 않는 것은 정상이지만, 그것이 수원국의 내부적인 부패 때문이라면 큰 문제가 될 수 있다. 따라서 수원국의 부패에 따른 원조 효과 감소는 분명히 해결해야 한다.

콜리어의 이 같은 주장에 대해 로버트 캘더리시Robert Calderisi는 특히 아프리카 국가에서 원조 효과를 저해하는 가장 큰 요인은 수원국 정부의 부패와 독재라고 분석한다. 수원국 정부의 부패와 독재는 미약한 거버넌스를 재생산하고, 그로 인해 공여국의 직접적인 원조 지원을 수원국 정부가 상당 부분 잘못 사용한다는 것이다.

원조와 수원국의 정책은 크레이그 번사이드Craig Burnside와 데이비드 달러(1997)가 발표한 논문을 통해 전 세계적으로 널리 알려진 바 있다. 번사이드와 달러는 원조는 수원국의 재정, 통화, 무역 정책에 긍정적 효과를 주어 경제성장에 기여하지만 만약 수원국의 정책이 적절하지 않으면 성장에 대한 원조 효과를 기대하기 어렵다고 분석한다.

1997년 워킹페이퍼Working Paper로 나온 번사이드와 달러의 연구는 1998년 세계은행이 발표한 〈원조에 대한 평가Assessing Aid: What Works, What Doesn't, and Why〉의 근간을 이뤘고, 2000년 학술저널에 다시 등장했다. 이후 이 내용은 영국의 원조 백서White Paper나 캐나다의 원조 정책에 반영돼 많은 공여국이 양질의 정책, 즉 굿거버넌스를 펴는 수원국을 선택해 원조를 제공했다.

하지만 이스털리는 번사이드와 달러의 분석 결과를 비판한다. 그는 두 사람의 데이터에 일부 누락이 있었고 모든 데이터를 반영해 재분석하자 '원조는 좋은 정책 환경에서 성장을 촉진한다'는 결론에 부적합한 결과가 나왔다고 한다. 번사이드와 달러의 논리는 장하준이 다시 한 번 부정했는데, 그는 한국의 경우 두 연구자나 세계은행이 말하는 좋은 정책을 갖추지 않은 상황에서도 고성장을 이루었다는 것이다.

이후 번사이드와 달러는 이스털리가 지적한 데이터 문제를 중심으로 재분석을 시도해 연구 결과를 다시 발표했다. 이 연구에서 두 사람은 원조 효과는 국가 제도와 정책의 질에 따라 달라진다고 밝혔다. 원조는 여전히 효과적이나 수원국 정부의 제도 및 정책에 따라 원조 결과가 달라질 수 있다는 것이다.

4. 원조 지향적 해결방안 강조

원조 지향적인 학자들은 원조 효과가 떨어지거나 원조가 기대한 결과를 내지 못하는 이유는 원조 자체가 문제거나 원조가 필요하지 않아서가 아니라 보다 근본적인 원인이 있기 때문이라고 주장한다. 이들의 논리를 집대성한 로저 리델Roger Riddell은 원조 비판론자가 주장하는 문제를 포함해 다양한 원인이 원조 효과를 저해하기 때문에 이 문제들을 해결하면 원조는 효과적일 수 있다고 주장한다. 즉, 리델의 분석은 기본적으로 원조의 필요성을 기반으로 하며 원조 비판론에서 제기하는 문제점을 해결해야 한다는 것을 강조한다.

리델은 원조 효과를 저해하는 근본 원인을 크게 원조 제공giving과 수원receiving의 차원으로 구분해서 설명한다. 원조 제공 과정에서 발생하는 문제는 ①공여국의 정치, 전략, 상업적 동기로 인한 원조 지원의 왜곡 현상 ②원조 규모, 원조 흐름의 지속성·예측성·변동성volatility(수원국 정부가 원조를 국가 예산으로 편성해 계획할 수 있는가)·자발성voluntarism(원조 규모 및 변동성에 대한 공여국의 자발적 결정) ③공여국과 원조기관, 프로그램, 프로젝트의 중복성 ④공여기관의 인센티브 시스템 ⑤원조와 정책 ⑥NGOs의 개발에 대한 역량 부족 ⑦긴급 구호의 복잡한 메커니즘이다. 원조 수원 과정에서 발생하는 문제로는 ①수원국의 미약한 공약, 역량, 주인의식과 거버넌스 ②원조 효과 강화를 위해 해결해야 할 핵심 문제 파악의 어려움 ③수원국 내 정치적 이유 ④그 외 원조와 관련된 딜레마가 있다.

수원 과정에서 발생하는 문제에 대해 캘더리시는 몇 가지 대안을 제시한다. 공공 재원에 대한 추적 메커니즘 도입, 수원국 고위급 인사의 은행계좌 공개, 개별국가에 대한 직접적인 원조 지원 절반 감축, 직접적인 원조 지원은 빈곤이 심각한 몇몇 국가에 집중, 모든 수원국이 국제적으로 감독을 받는 선거제도 도입, 정부 정책 및 원조 협의 과정에 대한 시민 감독 체계 설립이 그것이다. 결국 수원국의 부패와 미약한 거버넌스 문제로 발생하는 원조의 부정적 결과를 긍정적 효과로 전환하기 위한 해법을 제시한 셈이다.

이와 비교해 콜리어는 원조 효과 향상 방안으로 우선 공여국 간 협업 강화와 수원국에 요구하는 회계 절차 간소화를 제시한다. 동시에 수원국 정부에는 예산 시스템 강화를 요구한다. 이러한 콜리어의 분석은 OECD의 DAC를 중심으로 한 최근의 개발 협력 규범과 일부 일치한다. 또한 2005년에 합의한 파리선언과 2012년에 개발한 부산파트너십처럼 원조 전달 과정의 효율성을 높여 원조 효과를 극대화하고자 하는 노력의 일환으로 공여국은 수원국의 시스템을 활용하고, 수원국은 공공 재정 시스템 같은 국가 시스템을 강화하라는 요구와 일맥상통한다.

그 외에도 콜리어는 원조가 수원국의 경제성장과 소득증대에 도움을 주면 그 과정에서 분쟁을 줄이는 데 영향을 준다고 본다. 천연자원의 덫을 경험하는 수원국의 경우, 천연자원을 수출해 벌어들인 외화를 제대로 활용하고자 하는 수원국 정부의 개혁 과정에서 나쁜 통치를 좋은 통치로 전환하는 데 원조가 긍정적인 역할을 한다. 이는 나쁜 통치의 덫에 빠진 국가도 마찬가지다. 이때 원조는 정책 발전을 위한 유인으로 활용하는 것은 물론, 좋은 통치로의 개혁 과정에서 변화를 담당하는 실무 공무원의 역량 강화 수단으로 작용한다.

또한 원조는 개혁이 어느 정도 이뤄진 단계에서 성공적인 개혁을 위해 '개혁 성과에 따른 원조 제공' 같은 방법으로 활용이 가능하다. 다만, 콜리어는 개혁의 초기 단계에서 직접적인 예산 지원 같은 원조는 오히려 부정적인 결과를 낼 수 있다고 강조한다. 내륙국의 덫에 빠진 수원국을 위해서는 원조가 고속도로 건설 같은 사회간접자본 시설 등의 인프라 확충에 긍정적으로 쓰여야 한다. 콜리어의 주장대로 원조는 문제의 일부가 아닌 '해결책의 일부'다.

요점 정리

- ☐ 현실주의자는 원조가 공여국의 국제정치적 권력을 강화하는 도구로 시작된 것이므로 원조 제공의 본질은 당연히 정치·외교적 동기라고 말한다. 또 온전히 애타적인 이유로 제공하는 원조란 없으므로 원조를 비판하는 것 자체가 무의미하다고 본다.
- ☐ 자유국제주의자는 공여국의 원조 지원 동기는 국제질서 유지를 위한 수원국의 문제 해결에 있으며, 이는 글로벌 공공재 차원에서 이해해야 한다고 본다. 반면 구성주의자는 원조란 공여국의 도덕적이고 인도적인 이유에 기반을 둔다고 해석한다.
- ☐ 랭커스터는 공여국의 원조는 다양한 동기가 복합적으로 작용하기 때문에, 원조 동기를 떠나 원조 효과를 세금 납세자에게 제시하는 것이 더 중요하다고 설명한다.
- ☐ 대표적인 원조찬성론자인 삭스는 원조 자체가 비효과적인 것이 아니라, 충분

제5장 개발과 원조

한 규모의 원조를 제공하지 않아 기대한 효과를 내지 못하는 것이라고 설명한다. 따라서 삭스는 수원국의 자생적인 노력만으로는 한계가 있는 빈곤 문제 해결을 위해 국제협력 체계 안에서 충분한 원조가 있어야 한다고 본다.

- 바네르지는 원조가 때로 부정적 결과를 내기도 하지만 모든 경우가 그런 것은 아니며, 원조의 부정적 결과는 상당 부분 공여국이 수원국의 부패나 예산 집행을 완벽히 알 수 없기 때문이라고 설명한다. 그 외에 원조는 지금까지 질병 퇴치와 작물 확산 등 중요한 성과를 내는 데 기여했다고 본다. 다만 바네르지는 이스털리가 비판하는 삭스의 빅 푸시 이론과 같이 단지 충분한 원조를 제공하는 것만으로는 문제를 해결할 수 없다는 데 동의한다.

- 콜리어가 주장하는 원조 효과의 저해 요인으로는 분쟁, 천연자원, 나쁜 이웃 국가를 둔 내륙국, 작은 국가의 나쁜 통치가 있다. 그는 이런 상황에서 원조를 부적절하게 사용해 부정적 결과가 나오는 것이지 원조 자체가 부정적인 결과를 가져오는 것은 아니라고 본다. 또한 원조가 수원국의 경제성장에 미치는 영향이 크지 않더라도 수원국 경제가 후퇴하지 않게 해주므로 긍정적 기여도가 분명히 있다고 피력한다.

- 캘더리시는 아프리카에서의 원조 효과 저해 요인은 부패와 독재이며, 이는 미약한 거버넌스의 재생산이라는 악순환의 고리 안에서 원조의 상당 부분을 수원국 정부가 잘못 사용하는 효과를 가져온다고 설명한다. 이에 번사이드와 달러는 수원국의 거버넌스, 제도, 정책이 적절한 상황에서 원조가 긍정적 효과를 발휘하는데 관련이 있다고 분석한다.

- 리델은 원조의 저해 요인을 원조 제공과 수원의 차원으로 구분해 설명한다. 원조 제공 차원에서의 원조 저해 요인으로는 공여국의 원조 지원 동기에 따른 왜곡 현상, 원조의 규모 및 흐름 같은 과정에서의 문제, 원조 사업의 중복성, 공여기관의 인센티브 시스템, 원조에 대한 정책, NGO 등의 역량 부족, 긴급 구호의 복잡한 메커니즘을 들 수 있다. 수원의 차원에서의 원조 저해 요인으로는 수원국의 역량 및 거버넌스 부족, 원조 효과 향상을 위한 핵심 문제 파악의 어려움, 수원국 내 정치적 문제, 그 외 원조 관련 딜레마를 들 수 있다.

□ 원조는 왜 효과적인가?

□ 원조 찬성론의 대표적인 학자별 주요 요지는 무엇인가?

□ 원조 찬성론이 제시하는 원조 효과의 저해 요소는 무엇인가?

□ 원조 비판론과 원조 찬성론을 비교 분석하라.

□ 원조 효과를 높이는 주요 방안은 무엇인가?

제3절 **21세기 원조 동향**

1. Post-2015 개발 프레임워크

2000년 이전만 해도 국제기구 및 다자개발은행MDB, Multilateral Development
Bank을 통한 다자원조 이외의 공여국의 지원, 즉 양자원조 지원은 대부분 개
별적으로 이뤄졌다. 그런데 1996년 OECD DAC가 출판한 보고서 〈21세
기 개발협력 전략Shaping the 21st Century: The Contribution of Development Coopera-
tion〉이 그동안 공여국 개별로 지원하던 원조를 하나의 글로벌 공공재로 재
조명하고 파트너십 형태 안에서 글로벌 빈곤을 퇴치하기 위한 로드맵을 제
시하면서 변화가 일어났다. 이를 시작으로 비로소 공여국이 개도국을 지원
하기 위해 공동의 노력을 기울이는 지금과 같은 형태의 원조 기반을 구축했
다. 2000년 UN은 〈21세기 개발협력 전략〉을 바탕으로 8개 글로벌 목표로
이루어진 MDGs를 채택했는데, 이 중 마지막 목표인 'Goal 8'은 국제사회
가 2015년까지 절대빈곤을 해결하고 일련의 개발 목표를 달성하기 위해 공
여국의 GNI 대비 0.7퍼센트를 지원해야 한다는 것을 강조하고 있다. 21세
기의 원조에 대한 논의와 동향은 이 MDGs를 시작으로 이뤄지고 있다.

MDGs는 8개 목표와 21개의 세부 목표로 이뤄져 있는데, 안타깝게도

2015년까지 MDGs의 이 목표를 모두 달성하는 것은 불가능해 보인다. 이에 따라 국제사회는 2012년 이후 MDGs 이행 과정에서 깨달은 교훈을 토대로 MDGs가 지닌 한계를 극복하기 위한 'Post-2015 글로벌 개발 목표'를 수립하고자 노력하고 있다. 이 개발 목표는 'Post-2015 개발 프레임워크' 안에서 이루어지고 있고, 이 프레임워크는 UN을 중심으로 4단계로 나뉜다. 즉, Post-2015 글로벌 개발 목표 수립은 UN 작업반UN System Task Team, 국가별 자문National Consultations과 분야별 자문Global Thematic Consultations, UN 고위급패널HLP, UN High Level Panel of Eminent Persons on the Post-2015 Development Agenda, 공개작업반OWG, Open Working Group의 활동을 중심으로 한다.

UN 작업반은 인권, 평등, 지속가능성의 3가지 핵심 가치와 포괄적 경제개발, 포괄적 사회개발, 평화와 안보, 환경 지속가능성의 4대 핵심축을 주요 내용으로 하는 Post-2015 UN 개발의제를 위해 통합 프레임워크를 수립했다. 이와 더불어 UNDP 주도로 총 88개 개도국이 필요로 하는 개발 과제를 반영하고자 국가별 자문을, 11개 분야에 대한 개발 과제를 분석하기 위해 온라인 논의로 분야별 자문 과정을 수행했다.

UN 고위급패널은 모두 다섯 차례의 회의를 거쳐 12개 목표와 54개 세부 목표로 이뤄진 예시안과 Post-2015 개발 어젠다를 위한 5대 최우선 변화 과제를 제시했다. 특히 이들은 '데이터 혁명Data Revolution'이라는 용어를 공식적으로 처음 사용함으로써 향후 국제개발협력 활동에서 책무성을 강화하기 위해 투명한 정보의 중요성을 강조했다. 실제로 UN은 2014년 초 '책무성 혁명Accountability Revolution'을 위한 국제회의를 진행했다. 모두 열세 차례의 회의에서 사회·경제·환경을 아우르는 지속가능한 개발 목표SDGs, Sustainable Development Goals 초초안Zero Draft을 정리한 작업반은 마지막 회의를 통해 공개작업반 결과 문서를 제시했다. 이 결과 문서에는 17개 목표와

169개의 세부 목표가 포함됐다.

이러한 일련의 과정을 포괄적으로 정리한 Post-2015 개발 목표'안'은 2014년 하반기에 UN 사무총장 보고서 형태로 발표할 예정이며, 이를 바탕으로 정부 및 국제기구는 2015년까지 정부 간 협상을 통해 최종적인 새로운 글로벌 목표를 제시할 것으로 보인다. 다만, UN 고위급패널이나 공개작업반이 제시한 예시 목표안이 너무 많아 글로벌 목표로 부절적하다는 비판이 있기 때문에 최종적인 Post-2015 개발 목표는 MDGs의 8개 목표와 비슷한 수준에서 결정될 가능성이 크다.

2. 효과적인 개발협력과 부산글로벌파트너십

글로벌 개발 목표 달성에서 원조 규모는 상당히 중요하다. 효율적인 원조로 그 효과를 최대화하는 것 역시 중요한 이슈다. 이와 관련해 OECD DAC를 중심으로 한 고위급회담HLF, High Level Forum이 2003년 로마에서 처음 열렸다. 제1차 OECD DAC 고위급회담인 이 회의에서는 2002년 국제사회가 합의한 '몬테레이 컨센서스Monterrey Consensus'를 토대로 MDGs 달성을 위해 재원을 효율적으로 사용하기 위한 '로마선언Rome Declaration'을 발표했다. 2005년에는 파리에서 제2차 고위급회담을 열었고, 이때부터 국제사회는 본격적으로 '원조효과성'을 논의하기 시작했다. 이 고위급회담은 '원조효과성을 위한 OECD DAC 고위급회담'으로 알려져 있다.

제2차 OECD DAC 고위급회담 후 발표한 '파리선언Paris Declaration'은 원조 규모 증가와 함께 원조 전달 과정의 효율성을 높여 원조효과성을 극대화하기 위한 방안을 제시하고 있다. 이를 위해 파리선언에 합의한 국가 및 국제기구는 5대 원칙(주인의식, 원조일치, 원조조화, 결과를 위한 관리, 상호책무성)과 12개 지표를 개발했고, 이것을 2010년까지 이행하기 위해 노력했다.

그 과정에서 2006년과 2008년에 걸쳐 모두 두 차례의 모니터링과 최종 평가가 이뤄졌다. 특히 두 번째 모니터링은 중간평가로 가나의 아크라에서 제3차 OECD DAC 고위급회담의 형태로 이루어졌다. 이때 국제사회는 시민사회 참여, 남남 및 삼각협력, 분쟁과 취약국에 대한 차별적 접근의 중요성을 확인하고 이러한 내용을 강조하는 '아크라 행동강령Accra Agenda for Action'에 합의했다. 2010년에는 파리선언 이행 여부를 최종 점검했고, 그 결과를 2011년 OECD DAC 고위급회담의 마지막 회의인 '부산 세계개발 원조총회'에서 논의했다.

'부산총회'로 알려진 부산 세계개발원조총회는 파리선언의 미완결 과제unfinished business와 2015년까지 MDGs 달성을 위해 지속적으로 필요한 과제를 제시하고, 그동안의 원조효과성 논의를 '개발효과성' 논의로 전환하려는 노력을 기울였다. 다만, 개발효과성에 대한 명확한 정의가 없어서, 국제사회는 '효과적 개발협력을 위한 글로벌 파트너십'이라는 결과 문서를 채택했다.

부산총회는 원조에 국한되어 있던 논의를 '개발협력'과 '포괄적 파트너십'으로 확대해 패러다임의 전환을 일으키는 계기를 마련했다는 데 그 의의가 있다. 또 그동안 MDGs 같은 글로벌 어젠다 형성은 UN이 주도하고 그 이행 과정에 대한 원조지원 관리는 OECD DAC가 담당해왔는데, 이런 이분화의 문제점을 공유하고 이를 해소하기 위해 UNDP와 OECD의 공동 지원팀Joint Support Team을 설립한 점에서 긍정적인 평가를 받고 있다. 즉, 부산총회는 국제사회가 공여국과 국제기구뿐 아니라 비정부기구와 민간기업 그리고 의회까지 개발협력의 파트너로 인정하고, 원조 외 재원(비원조재원)의 중요성을 인식하는 결정적인 논의의 장이었다. 덕분에 개발재원develop-ment finance에 대한 전면적인 논의가 이뤄졌고, 최근 OECD는 'ODA 정의의 현대화'작업을 시작했다.

2012년에는 OECD DAC의 원조효과작업반 최종회의에서 파리선언을 계승하는 새로운 10대 지표를 합의했다. '부산글로벌파트너십' 지표로 불리는 새로운 10대 지표는 부산총회에서 제시한 4대 기본원칙(주인의식, 결과 중심, 포괄적 파트너십, 투명성과 상호책무성)을 바탕으로 파리선언의 12개 지표 중 일부를 그대로 채택했고 일부는 통합했다. 또 비정부기구와 민간기업을 위한 지표, 양성평등 및 투명성에 대한 지표를 새롭게 추가했다.

부산글로벌파트너십 10대 지표는 2015년까지 이행하는 것을 목표로 하고 있으며, 2014년 4월 멕시코 장관급 회의에서 그 이행에 대한 모니터링 평가가 처음 있었다. 이때 새로 추가한 지표는 아직 시행 초기단계라 성과가 미흡하지만 긍정적 시작이라는 논의가 있었다. 반면 파리선언뿐 아니라 부산글로벌파트너십 역시 원조 및 개발협력의 수행 과정을 강조하고, 지표 이행이 실제 MDGs 달성과 개발결과에 주는 영향에 대한 고려는 미흡하다는 비판도 있었다. 그밖에 외부에서 개도국으로 들어가는 개발재원은 물론 개도국 내에서 직접적으로 동원이 가능한 조세 같은 국내재원에 대한 논의도 활발했다. 또한 남남 및 삼각협력의 효과를 높이는 방안과 중소득국 경제발전의 한계 MICs trap, 국가 내 불평등 문제 해결방안, 그리고 민간기업과의 파트너십을 중요한 과제로 제시했다.

그러나 부산글로벌파트너십 메커니즘이 2015년 이후에도 유효할지에 대해서는 구체적인 논의가 없었다. Post-2015 개발 목표를 달성하기 위해 개발협력 과정의 효율성을 제고할 새로운 이행 지표수립, 독립적인 이행 및 모니터링 메커니즘 개발에 대해 국제사회가 아직까지 미온적인 반응을 보이고 있기 때문이다. 따라서 Post-2015 개발 목표 수립과 함께 파리선언이나 부산글로벌파트너십 같은 원조 및 개발협력 메커니즘을 지속해야 한다는 점, 나아가 이보다 한 단계 발전한 새로운 메커니즘을 개발해야 한다는 점 등이 향후 원조 및 개발협력의 과제로 남아 있다.

3. 21세기 개발협력과 원조

최근의 개발협력 동향은 원조의 필요성을 인정하고 원조 및 개발협력 효과를 극대화하는 방향으로 나아가고 있다. 즉, 이론 중심의 전통적인 원조효과성 논의에서 탈피해 좀 더 현실적인 차원에서 논의가 이뤄지고 있는 것이다. 예를 들어 절대빈곤을 절반으로 줄이기 위한 글로벌 목표(MDGs Goal 1)를 제시하면서 공여국의 원조 규모 목표(MDGs Goal 8)도 함께 정했고, 이를 달성하기 위한 과정에서 이행 지표(파리선언 및 부산글로벌파트너십)가 국제규범으로 자리 잡았다.

그러나 원조 및 개발협력 효과성 지표와 글로벌 목표 달성은 여전히 밀접히 연계되지 못하고, 특히 이들 지표와 목표 이행이 실제 개발에 어느 정도 기여하는지에 대한 명확한 평가가 제대로 이뤄지지 않고 있다. 원조 효과를 극대화하고 이것이 개도국의 개발과 실질적인 발전으로 이어지게 하려면 원조와 개발을 연계하기 위한 논의가 필요하다.

이와 함께 최근 Post-2015 개발 목표를 수립하는 과정에서 논의 중인 책무성 혁명과 관련해 원조지원에 대한 공여국의 데이터 투명성과 개도국의 데이터 측정 역량을 강화해야 한다. 또 원조를 제공하는 과정뿐 아니라 원조를 받아 효과적으로 경영하는 개도국 정부의 환경, 시스템, 조직, 개인의 역량도 함께 개발해야 한다. 나아가 ODA 중심의 개발재원이 이제 원조 외 재원 영역으로 확대된 만큼 그것이 개발에 효과적으로 작용하도록 방안 및 로드맵을 구축해야 한다. 마지막으로 지금까지 우리가 알고 있던 원조의 역할이 변화할 것이므로 그것을 재조명하는 노력을 지속해야 한다.

- 1996년 OECD DAC가 출판한 보고서 〈21세기 개발협력 전략〉을 시작으로 공여국이 개도국을 지원하는 공동 노력 기반을 구축했다.
- 21세기의 원조에 대한 논의와 동향은 MDGs를 시작으로 이뤄졌다.
- 국제사회는 MDGs 이행 과정에서 깨달은 교훈을 토대로 MDGs 자체의 한계를 극복하기 위한 'Post-2015 글로벌 개발 목표'를 'Post-2015 개발 프레임워크' 형태로 개발하고 있다.
- Post-2015 개발 프레임워크는 UN 작업반, 국가별 자문과 분야별 자문, UN 고위급패널, 공개작업반의 활동을 중심으로 이루어졌다.
- Post-2015 개발 목표에 대한 최종안은 2014년 하반기에 확정되며, 이를 바탕으로 이후 2015년까지 정부 간 협상을 통해 최종적인 새로운 글로벌 목표를 제시할 예정이다.
- 국제적 목표를 달성하기 위해 원조 전달 과정의 효율성을 높여 효과성을 최대화하기 위한 OECD DAC의 고위급회담의 결과 2003년 로마선언, 2005년 파리선언, 2008년 아크라 행동강령, 2011년 부산글로벌파트너십을 수립했다.
- 파리선언은 5대 원칙과 12개 지표를 중심으로 원조 전달 과정에 대한 국제규범으로 자리 잡았으며, 이를 계승한 부산글로벌파트너십은 현재 Post-2015 개발 목표 수립 과정에서 지속될지 논의가 필요한 상황이다.
- 부산글로벌파트너십의 경우 원조를 벗어난 원조 외 재원의 논의와 비정부기구, 민간기업, 의회 등의 다양한 파트너의 개발협력에 대한 참여를 촉진하는 계기를 마련했다.
- 향후 Post-2015 개발 목표 달성을 위한 원조 및 개발협력 전달 과정의 이행지표에 대한 논의와 함께 책무성 강화 방안과 개도국 역량개발, 비원조 개발재원의 효과성 증대에 대한 과제가 남아 있다.
- 앞으로 원조의 역할이 변화할 것이므로 원조의 역할에 대한 재조명이 필요하다.

□ 21세기 개발협력 동향은 어떠한 과정으로 이루어지고 있는가?

□ 원조효과성을 위한 OECD DAC 고위급회담의 논의는 어떻게 발전해왔는가?

□ 향후 원조 및 개발협력의 해결과제에는 어떠한 것들이 있는가?

개발, 반개발
그리고 포스트 개발

1. 들어가며

1980년대 이후 사회과학 내 포스트모더니즘에 대한 비판에서 개발 회의론
이 시작되며, 개발의 교착상태에 대한 논의는 1980년대 중반부터 개발학에
큰 영향을 주었다. 이 절에서는 개발의 교착상태, 반개발Anti-development로
도 불리는 개발 회의론과 포스트 개발을 중심으로 한 개발 너머의 개발을
포함해 대안적 개발에는 어떤 것이 있는지 살펴보겠다.

2. 개발의 교착상태

가. 유럽 중심주의Eurocentrism 비판

유럽에서 발전한 개발학은 태생적으로 유럽 중심주의를 담고 있다. 이 때문
에 일부 학자는 다소 비과학적 근거를 들어 개발 과정과 패턴을 왜곡했다
고 주장한다. 유럽 중심주의에 대한 원칙적인 비판의 요소는 다음과 같다.
특정 인종과 지역에 대한 이데올로기적 편견, 문화 다양성에 대한 민감성

부족, 윤리적 표준과 결정론적 공식화, 분석적 경험론, 남성 중심적 경향(성차별), 환원주의, 거대 이론, 인종우월주의, 단선성Unilinearity, 보편주의Universalism가 그것이다.

유럽 중심주의는 주류 경제학에 뿌리를 둔 근대화 전략보다 비판의 여지가 많다. 신마르크스주의를 통한 모더니즘 이론에서부터 신자유주의적 '반혁명 운동'에 이르기까지 개발 전략의 모태는 대부분 유럽 중심주의에 기인한다. 그리고 이 모든 접근은 '개발'을 자본주의와 합치하려는 경향을 보인다. 물론 여기에는 '개발은 거대한 이론을 통해 이해해야 할 큰 이슈'라는 전제가 깔려 있다. 이러한 전제를 메타서사라고 한다.

서구화된 개발은 비서구권의 개도국에 적용하기 어려운 것은 물론이고, 서구 사회 스스로도 이 왜곡된 개발의 '피해자'가 되고 있다. 공교롭게도 'UN 10개년 개발계획'을 발표한 1960년대 이래 전 세계 부의 격차는 그 전에 비해 두 배에 이른다. 1990년대 중반까지 최빈곤층 20퍼센트가 전 세계 소득의 2퍼센트만 차지하고 있을 때, 상위 20퍼센트는 전 세계 소득의 83퍼센트를 차지하고 있었다.

이와 같이 서구식 개발에 대한 비판이 확대되는 중에도 몇몇 국가는 발전을 위해 개발 전략을 도입하고 선별적으로 취하기도 했다. 산업화를 이룬 소수의 아시아 국가가 여기에 해당한다. 하지만 이러한 사례를 제외한 일반적인 상황에 대한 비판은 다음 두 가지로 나타난다.

첫째, 개발 관련 문제는 문제의 영향을 가장 많이 받는 이들에게서 나온다. 이것은 발터 스퇴르Walter Stöhr와 프레이저 테일러Fraser Taylor(1981)가 '아래로부터의 개발'이라고 표현한 것이나 로버트 챔버스(1983)가 '최하위층을 최우선으로'라고 한 것과 같은 맥락이다. 이러한 논점은 개발학에 포퓰리즘적이고 대안적인 접근을 탄생시켰다.

둘째, 반개발 이론이다. 반개발 이론가는 모든 것을 포괄하고자 하는 거대 이론을 거부하고 미시적으로 개발 문제에 접근하고자 한다. 여기에는 젠더와 환경 문제 등도 포함된다. 하지만 이미 개발에 대한 권한을 쥐고 있는 서구사회가 다수 국가의 정부와 국제개발기관을 통해 자기주장을 하고 있는 상황에서 '반개발'을 지지하는 이들이 의견을 펼치고 퍼뜨릴 수 있는 기회는 요원하다.

나. 반개발

개발에 관한 포퓰리스트의 해석과 반개발론자의 주장에는 공통점이 많다. 스튜어트 콜브리지Stuart Corbridge는 19세기부터 반(서구식)개발주의의 역사가 시작되었다고 주장한다. 반개발은 뒤에서 다룰 포스트 개발이나 비욘드 개발beyond development로 설명되기도 한다. 또 다른 해석은 신마르크스주의의 '개발의 최전선에 선 이들을 위한 실용적인 지원' 실패로 개발에 대한 기존의 급진주의가 반개발로 치환되었다는 것이다.

니더반 피터세Nederveen Pieterse는 반개발, 비욘드 개발, 포스트 개발은 모두 기존의 개발이 지닌 모순에 대한 급진적 반응이라고 말한다. 반개발주의의 배경은 모더니즘의 실패이며, 이는 결코 새로운 이론이 아니다. 반개발주의의 비판점은 신식민주의 미션의 일환으로 서구 사회가 원하는 정치·경제·문화적 이미지를 다른 국가에 이식하려 한 유럽 중심적 구조다.

피터세에 따르면 개발은 "서구의 '새로운 종교'나 다름없기 때문에 거부당했다."[135] 서구주도의 개발은 지역 커뮤니티의 전통적인 가치와 잠재력을 무시하며 이뤄져온 것이다. 이는 반개발주의에 세계화를 압박하려는 의도가 내재되어 있음을 보여준다. 반개발주의자들은 기존 개발 담론의 보편주의가 지역성을 배제하고 있다고 전제한다.

---

135 pieterse. 2000: 175

반개발주의자는 서구 사회가 주도적으로 개발의 담론과 언어를 구성해 왔다고 주장한다. 이로 인해 개도국을 둘러싼 지식이 권력과 개입에 관한 언어로 형성되어왔다는 것이 이들 주장의 핵심이다. 이렇게 형성된 언어는 개도국 사회를 제조하고, 이미지화함으로써 서구 사회의 특정한 개입을 이끌어냈다. 아르투로 에스코바는 개발이 오히려 빈곤, 저개발, 후진성, 토지의 무소유 같은 기형적 결과를 낳았고, 지역의 주도권과 고유의 가치를 부정하는 표준화된 프로그램을 통해 이를 해결하고자 했다고 주장한다.

에스코바의 주장은 에드워드 사이드Edward W. Said의 오리엔탈리즘(1979)과 흡사하다. 이들은 개도국의 문제와 해결점을 서구의 개발 담론과 정책이 창조해냈다고 본다. 물론 이것은 현재의 권력 구조에 따라 가변적이라는 인식도 있다. 반개발 담론에서 계속 제기하는 문제는 개도국도 일명 '미션 개발'이라는 서구화 촉진에 한 몫을 하고 있다는 점이다. 이는 개발의 재구성이 아래로부터 이뤄져야 함을 의미한다. 일반적으로 반개발주의자, 특히 에스코바는 풀뿌리 참여뿐 아니라, 새로운 사회운동이 변화의 매개로서 기능해야 한다고 강조한다.

새로운 사회운동의 특징은 19세기 계급에 기반을 둔 단체들의 운동이나 1970년대와 1980년대에 대해 마누엘 카스텔스Manuel Castells가 묘사한 것과는 상이하다. 에스코바는 이전의 운동은 '본래 개발의 목표로 설정되어 있는 기본 니즈를 추구하는 것'에 불과하다고 본다.[136] 그가 주장한 새로운 사회운동은 평등주의와 민주주의, 참여정치 등을 추구하는 반개발적 염원을 담고 있다. 그는 이 속에서 일상 지식의 활용을 통한 자치를 실현하고자 한다. 여기서 한 발 짝 더 나아가 어떤 이들은 '모든 배금주의적 요소들을 초월하는 것'이 새로운 사회운동이라고 말한다.[137] 에스코바는 '여성과 개

---

136 Escobar. 1995:219.

발'이나 '풀뿌리 개발'같이 기존의 개발과 타협한 프로그램이 새로운 운동을 전복시킬 가능성에 대해 우려한다.

그러나 마이클 와츠Michael Watts와 제임스 매카시James P. McCarthy 같은 학자들은 반개발주의를 비판한다. 이들은 에스코바의 주장이 1970년대의 종속 이론과 유사할 뿐 아니라 환원주의에 치우치고 있다고 지적한다. 1970년대의 종속 이론은 세계은행을 구실로 획일적이고 자유가 제한적인 자본주의와 자기만족적인 제3세계 개발을 독점했다는 비판을 받았다. 조너선 리그Jonathan Rigg는 에스코바가 그 자신의 격렬한 주장에 대치되는 아시아 ·태평양 국가의 예는 거의 언급하지 않는다고 지적한다.

콜브리지는 에스코바가 서구 주도의 개발로 인해 일관성은 다소 떨어지지만 질적 향상을 이룬 보건과 교육 분야는 다루지 않는다고 말한다. 또한 그는 반개발주의가 토착민의 생활양식을 낭만적으로 확대하여 그릴 뿐 아니라, 이를 일반화하고 있다고 지적한다. 가난한 이들의 행동이 개발에 대항하고자 하는 것인지, 개발을 활용하여 자원과 정의에의 접근성을 높이고자 하는 것인지 그 의도를 알 수는 없다는 것이다.

반개발주의에 담긴 가장 큰 문제는 '자본과 원주민 간 가변적인 물질적 관계를 다루는 정치경제학이 자본 축적 과정의 중심부에 놓일 때 …… 담론의 중요성이 '권력'중심으로 편중되고 확대 해석되는 것이다.'[138] 다시 말해 개발 의도를 개발 과정과 혼동하는 문제다. 이 둘은 서로 중첩될 수도 있지만 개발에는 지적 담론보다 더 불만족스러운 개발의 본질이라는 것이 존재함을 인식해야 한다.

그럼에도 불구하고 반개발 운동은 개발 과정에서 지역과 지역 고유의 가

---

137 Preston. 1996: 305-6.

138 Watts and McCarthy. 1997: 89.

치 및 전통 기술의 중요성을 재차 강조하고, 지역에 대한 감수성을 일깨웠다는 점에서 의미가 있다. 또한 그것은 국제사회의 압박 속에서 대부분의 성공 사례가 근대주의적 목표와 외부요인에서 자유로울 수 없을지라도 지역 단위에서 우리가 이룰 수 있는 것이 무엇인지 고민하게 해준다. 나아가 국가 역할의 약화와 민주주의로의 회귀라는 전 세계적인 현상은 사회운동이 일어날 수 있는 공간을 열어주고 있다.

다. 포스트모더니즘과 개발

개발에 관한 사상에서 최근의 변화 중 가장 성공적이면서도 알려지지 않은 것은 개발 이론 규모의 축소다. 대규모 이론에서 중소규모 이론으로의 변화는 개발을 철저히 비판하기 위해 개발의 일부를 분리하려는 것뿐 아니라, 개발의 전 과정을 지역적 맥락에 연결하고자 하는 시도다. 그 대표적인 예가 1990년대에 이론과 정책에 강한 영향력을 행사한 젠더와 주거지 논쟁이다. 이는 개발학에 미친 포스트모더니즘의 영향을 보여주는 것이기도 하다. 사상의 자유와 지역의 '타자'에 대한 인식, 소규모 개발에 대한 지지도 여기에 속한다. 테런스 게리 맥기Terence Gary McGee가 지적했듯 실증 연구의 축적된 역사적 경험은 개발 과정에서 지역 민감성을 불러일으키는 데 상당히 중요한 역할을 한다.

포스트 개발의 부상은 포스트모더니즘 또는 포스트구조주의 부상의 일부로 봐야 한다. 포스트모더니즘 이론은 개발이 역사를 더 '높은'수준으로 끌어올리는 문명진화의 과정이라는 주장에 동의하지 않을 것이다. 포스트모더니즘은 역사를 불시의 사건들의 연속으로 보기 때문에 역사에 '목표'가 있다고 생각하지 않는다. 개발 목표에 대해서도 이와 동일한 시각을 가지고 있다.

3. 포스트 개발

가. 포스트 개발 이론의 역사적 맥락

1980년대 중반, 신자유주의적 개발은 모더니즘과 마찬가지로 시민들의 다양한 사회운동이라는 위기와 도전에 직면했다. 예를 들어 1984년과 1985년 튀니지와 잠비아의 일부 지역 주민들은 신자유주의 정책에 의해 지역 통화가 평가절하 되고 농산물 가격이 폭등하자 폭동을 일으켰다. 다수의 학자들과 시민단체는 신자유주의적 경제 정책이 경기침체를 심화하고 빈곤을 확대하며, 교육 등 공공재를 제공해온 개도국 정부의 기능을 약화한다고 주장했다. 이러한 문제의식 들을 바탕으로 1980년대부터 토착민과 여성을 포함한 시민 그룹들은 오늘날 신자유주의 개발 정책을 주도해온 지배세력에 대항하는 시민운동을 펼치기 시작한다.

위의 현상을 배경으로 등장한 새로운 개발학의 흐름이 일명 포스트 개발이다. 특히 학계에서 포스트모더니스트와 포스트구조주의자의 이론과 논쟁이 포스트 개발 이론 부상에 크게 기여했다. 이 중 미셸 푸코Michel Foucault와 자크 데리다Jacques Derrida와 같은 사상가들은 서구의 사회 이론과 학풍 변화에서 주도적인 역할을 했다.

개발학에서 포스트모더니즘과 포스트구조주의 사상은 다음의 공통점이 있다.

① 언어(단어와 개념)는 사회적 현상과 '저 너머의 세계'를 이해하는 것뿐 아니라 '실제 저 너머의 세계'를 구성하는 데도 중요한 역할을 한다. ② 모든 지식은 지역의 역사적 맥락에 따라 사회적으로 구성되는 것이므로 중립적이지 않다. 따라서 지식의 보편화에는 식민화나 종속화를 이끌어내는 의도가 담겨있다.

이러한 점에서 포스트모더니즘과 포스트구조주의는 모든 사회에 동일하게 적용하고자 하는 보편적이고 전제적인 지식들에 도전하고자 했다.

나. 포스트 개발의 도전

1945년 이후 개발 개념에 대한 의문과 붕괴는 제임스 퍼거슨James Fergus-son(1994)의 표현대로 중대한 '생체 해부'과정을 거쳤고, 1990년대에는 포스트 개발 이론의 영향권을 확대했다. 프란스 슈만Frans Schuurman를 포함한 학자들은 1960~1970년대에 지배적이던 개발 이론이 점차 파편화되는 등, 제한적인 교착상태에 직면했음을 인지하고 이론적 맹점을 찾기 시작했으며, 같은 시기에 인류학 내에서도 개발 이론에 대한 새로운 도전을 시작했다. 이들은 2차 세계대전 이후 개념화한 개발 신화, 근대화 및 개발 담론에 영향을 준 각종 가설들에 의문을 제기했다. 더불어 다양한 개발 장치에 대해 지리적 특성을 감안한 관찰을 시도함으로써 개발의 구조화, 식민화, 규율화 및 1945년도 포스트개발담론의 비정치성 등의 특성들을 밝혀냈다. 포스트 개발 이론에는 표현, 지식 권력, 비정치화, 보편주의, 동질화라는 핵심 주제어가 있는데 이것은 1945년도 후기의 개발학을 대표한다.

■ 식민주의적 표현, 지식 권력 그리고 비정치화Depoliticisation
단어와 언어, 의미가 정치 · 문화 · 경제 · 사회적 현실에 기여한다고 주장하는 포스트구조주의 같이 포스트 개발은 텍스트와 이미지 그리고 개발 개념이 남반구의 식민지적 이미지를 재생산해왔다고 주장한다. 우리가 사용하는 언어가 문화와 지역의 관습, 사람에 대한 개념을 규정하고 식민주의에 관한 표현을 구성했다는 것이다.

포스트 개발 이론에서 표현 체계는 식민주의적인 정치 · 문화 · 경제 정책의 중심에 위치한다. 이론가들은 이러한 경향이 1945년도 후기의 개발 이론과 정책에서 재생산되었다고 주장한다. 제국주의 시대에 지배적이었던 사상은 비유럽인을 야만적이고 후진적이라고 묘사했다. 특히 19세기 철학 사상을 이끈 유럽의 학자 헤겔은 아프리카인들의 삶은 길들여지지 않은 욕망과 열정의 지배를 받는다고 표현했다. 이러한 인식 탓에 아프리카인들은 자연스럽게 '역사의 주요 장면'에서 주변부로 남았다. 헤겔의 표현 체계는 식민시대의 권력자가 아프리카 사회에 문명화된 정치·경제·문화 정책이 필요하다고 한 주장에 정당성을 부여한다. 이처럼 헤겔을 비롯한 유럽을 이끈 많은 지성인들의 이론은 식민지배자들의 정치·경제·문화적 어젠다를 합리화 혹은 정당화할 근거를 제공했다.

개도국에서 1945년의 표현 체계와 식민주의의 구현을 촉진한 주요인은 지식 생산과 순환의 지정학Geopolitics이다. 포스트개발론자들은 특히 권력을 둘러싼 특정 표현 체계가 개도국 구성에 일정 역할을 해온 것에 문제를 제기한다. 에스코바는 "개발 담론과 정책으로 구성된 개도국은 보다 광범위한 서구 근대화 역사와 연관지어 해석해야 한다"며, 1945년도 후기의 개발은 "제3세계에 대한 지식을 권력이나 개입 방식 배열과 이어주는 장치로 묘사할 수 있다"고 서술했다.[139] 특히 개발학에서 국제금융기관이 생산한 개발 지식은 중요한 위치를 차지하는데, 이것은 개발의 패권주의적 이론 및 역사적 상황에서 국제사회의 지정학적 상태와 밀접하게 관련되어 있다. 에스코바에게 담론이란 '정치·문화·경제를 포함한 사회적 현실, 지식과 힘의 명확한 표현이 존재하게 하는 도구'다. 모더니즘과 현대의 신자유주의 같은 헤게모니적 개발 이론도 '특정한 것만 표현하고 상상하는 공간'을 창조한 도구이기 때문에 담론으로 기능할 수 있다.[140]

패권주의적 개발 이론은 개도국에서 개발을 이행하는 과정 중 각 개발기

---

139   Escobar. 1995b: 213

140   Escobar. 1995a: 39

관의 역할, 경제시장, 민주주의, 사회적 변화 등에서 국가의 역할이 무엇인지 결정한다. 포스트 개발 사상가는 권력의 역학이 지식의 생산과 순환을 뒷받침한다고 주장한다. 개발 이론이 전 세계 곳곳으로 퍼져 나가도록 결정하는 것은 기술적이고 중립적인 언어로 표현하는 '권력'이다. 권력은 특정 지역 또는 국제사회에서 힘이 있는 자들이 관련 지식을 규정하고 활용하는 방법을 결정한다.

개발에서 권력 행사의 주체는 서구사회와 국제기구 등 공여기관이다. 이들은 개발을 통해 수혜국들이 서구 자본주의로 진입하도록 지원하고 특히 가난한 이들을 돕는다고 표현한다. 서구의 공여기관은 그들의 프로그램이 가난한 국가를 위한 서비스라거나 중립적인 것처럼 표현한다. 하지만 정부 차원의 서비스는 결코 중립적일 수 없다고 퍼거슨은 주장한다.

■ 보편주의 이론과 동질화

앞서 말한 개발 이론과 정책에 녹아 있는 몰역사적 접근은 서구 사회의 정치·경제적 변화 과정을 보편화하려는 경향을 강하게 보여준다. 이 보편화 논리는 포스트개발주의의 관점에서 개발의 헤게모니적 이론을 뒷받침한다. 개발 프로그램에 영향을 준 선형적인 역사관에서 이를 추론해내기는 어렵지 않다. 포스트 개발은 유럽과 미국의 정치·경제적 노선을 반영한 개발 과정을 가감 없이 드러내고자 한다. 이들은 이 보편화 논리가 전 세계의 서구화를 추동했다고 주장한다. 보편주의 이론이 근대화에 기여한 서양의 경험을 확대 해석한 나머지, 각 국의 '다양성'을 부정했기 때문이다.

또한 보편주의 논리는 패권주의적 관점과 밀접한 연관성이 있다. 이는 다양한 개도국과 최빈국 사회가 마치 동일한 역사를 공유하는 것처럼 묘사한다. 포스트개발주의 학자가들이 동질화라고 부르는 이러한 경향은 환원주의적이며, 각 국가의 다양하고 복잡한 역사와 문화를 이해하는 데 상당히 제한적이다.

동질화는 개발 정책뿐 아니라 사회의 정치 · 경제적 과정에도 큰 영향을 주었다. 동질화는 개발의 청사진을 마치 '만병통치약'처럼 묘사했다. 신자유주의 개발 이론에 나타나는 이러한 접근은 구조조정 정책에 영향을 주었고 이는 다양하게 분화된 남반구 국가들에 정치 · 문화 · 경제적으로 중요한 영향을 미쳤다. 이와 같이 역사에 근거하고 지역의 특성을 기반으로 하는 포스트 개발의 분석은 패권주의적 개발 이론에는 적용할 수 없다.

다. 대안으로서의 포스트 개발

전통적인 개발 비판 이론과 비욘 헤트네Bjorn Hettne의 '다른 개발'같은 포스트 개발 이론 사이에는 간극이 존재한다. 포스트개발주의가 패권주의적 개발 이론의 한계에 흥미로운 통찰력을 제시한 반면, 기존의 비판 이론은 여전히 개발 사상과 결합된 부분이 있다. 포스트개발주의의 목적은 기존의 개발 담론 초월이 아니라 보다 나은 개념적 도구와 개발 프로그램을 만드는 것이다.

예를 들어 종속이론가는 여러 개도국에서 개발에 한계점으로 작용하는 역사적이고 구조적인 상태를 설명하는 것에 그친다. 그러나 헤트네 같은 학자는 패권주의적 개발 이론에 담긴 유럽 중심주의적 뿌리를 해체하고자 한다. 그뿐 아니라 환경 문제와 지역의 문화적 관행, 개발 과정에서의 민주적 참여, 자립 등이 뒷받침하는 정치 · 경제적 관행의 제도화를 주장한다.

포스트개발론자는 대부분 개발의 대안 체계를 구축하려 한다. 이를 옹호하는 이들은 개도국 각처에서 나타나는 사회운동 담론을 포스트 개발 시대를 이루려는 시도로 해석한다. 포스트 개발 시대의 사회운동은 문제인식과 해결에서 지역 내부 방식을 존중하고 정치 · 경제적 관행에서는 다변화된 사고방식을 지향한다. 또한 이것은 국가 및 국제개발 제도권에서 벗어나 자치를 추구하는 움직임이며 정치 참여 형태로 나타난다.

에스코바에 따르면 자발적인 지식 생산과 사회운동은 현대적이고 대중적인 지식 간의 결합에 초점을 맞추는 참여적 활동조사PAR, Participatory Action Research 방법론처럼 새로운 시대를 맞이하는 데 기여한다. 새 시대에는 패권주의적 개발 담론에 담겨 있는 비정치화된 개발의 당위성이 전혀 새로운 정치·경제·문화적 사고와 관행으로 바뀐다. 이처럼 포스트 개발 이론가는 사회운동과 더불어 개발의 대안적 형태를 보여줄 다양한 프로그램을 고안하고자 한다.

라. 포스트 개발의 의의

포스트 개발 접근이 독특한 형태의 사회운동과 대안적 개발이라는 불명확한 개념을 주장하고 있긴 하지만, 세계화를 추구하는 개발에 대항해 '지역에 기반을 둔'지식과 프로그램을 소개하는 것은 의미 있는 일이다. 포스트 개발론자는 주로 아밀카르 카브랄Amilcar Cabral, 프란츠 파농Frantz Fanon, 파울로 프레이리Paulo Freire 같은 반식민주의 작가의 연구로 그들의 주장을 뒷받침한다. 또 미셸 푸코나 종속이론가에게 통찰력과 영감을 얻는다.

포스트 개발의 대표적인 이론가인 에스코바는 지역을 기반으로 '지역, 비자본주의 및 문화 회복'을 요구하는 개발 정책 등 주로 개발의 지리학적 문제를 다룬다. 이와 함께 포스트 개발 프로젝트는 부분적으로 근대화 이전의 것을 다원화하거나 활용하고자 시도한다. 이러한 접근은 개발을 부정하기보다 그것을 어떻게 보다 '보편적이고 자유로운 활동으로'바꿀 수 있을지 고민하게 만든다.

포스트 개발 이론과 정책은 물질적 박탈에 대한 표현 방식보다 그 이면의 태도와 행동을 중요시한다. 이는 개발을 본질적으로 부정적이거나 '나쁜'것으로 몰아세우지 않고, 개발주의를 다양한 형태로 구분하게 한다. 기존 이론에 대한 비판은 개발의 지리학에도 동일하게 적용되므로 비판적인 형태의 개발주의 지리학도 존재한다. 이러한 비판은 개발학을 급진적으로 만드는 토대를 마련해준다. 이 토대는 마르크스주의와 페미니즘, 포스트구조주의의 비판을 수용하면서 현재의 개발 정책보다 개발 잠재력에 대한 믿음을 견지하게 해준다.

개발지리학의 경우 현재 사회운동 담론과 모더니즘의 자유로운 사상 간의 통합을 지향한다. 이는 15, 16세기 유럽에 근대의 제도화된 기관과 이성적인 태도가 나타나 사회 발전과 이성적 행동에 긍정적 영향을 주었기 때문이다. 학자들은 포스트 개발 이론의 잠재적인 편향성을 우려하기도 하지만 전 세계 지역의 실상을 재평가하게 한다는 점에서 긍정적으로 본다. 그러나 포스트개발론자가 그들의 추측과 세계관으로 개발이 작동할 수 있다고 밝힌다면 그 접근도 스스로 해체될 가능성이 있음을 경고한다.

그렇다면 지리학자는 소외된 사회에서의 정치 · 경제 · 사회적 자치권을 어떤 관점으로 개념화해야 할까? 그 대답에 따라 국제경제와 무역 시스템, 그리고 이 둘의 관계는 머지않아 근본적으로 변화하거나 재구성될 것이다. 리스트는 개발에서 소외된 이들이 사회운동에 참여하려면 어찌되었든 기존의 국제 시스템에 '불가능한'변화가 있어야 한다고 주장한다. 또한 개발의 종교적인 구조를 산산조각내기보다 재구성한 비판적 모더니즘을 더욱 발전시킬 필요가 있다. 이는 리처드 피트Richard Peet와 일레인 하트윅Elaine Hartwick이 '진보'라는 단어를 인정하기로 한 것에 잘 나타나 있다.

포스트 개발을 반개발과 혼동하면 안 되지만, 포스트 개발과 반개발이 이루고자 하는 바가 다르다고 해서 서로 상충하는 개념은 아니다. 두 접근은 개발에 대한 답을 제시하기보다 문제 제기를 하고 있으며, 둘 모두 '서구식으로 세계를 해석하지 않는'방식을 주장한다. 포스트 개발에 전적으로 동의할 필요는 없으나, 중요한 것은 그러한 관점을 통해 기존의 개발 이론을 재고하고, 개발을 새로운 언어로 묘사하기 위한 공간이 창조될 수 있다는 것이다.

이를 위해서는 개발에서 지역 간 연관성과 사회적 관계를 중심으로 기존의 '국제사회에서 지역의 의미'를 재정립하고, 지역의 특수성을 인정하는 방향으로 나아가야 한다. 이때 개발의 특성을 패권주의적으로만 보지 않고 상호 구성요소로써 보다 깊이 이해할 수 있다. 이것은 개발의 공간성에 대한 문제제기와 '개발을 하는'주체의 다양한 고민뿐 아니라 '지식 권력'장치를 발견하는 것도 포함한다.

개발 담론은 공식 문서는 물론 풀뿌리 단체의 언어에도 영향을 주기 때문에 언어 전달은 상당히 중요한 작업이다. 개발이 담론을 어떻게 만들어냈는지 이해하는 것은 매우 중요하다. 그러나 담론이 그저 이야기에서 끝나지 않게 하려면 정치적·물질적으로 보다 큰 차원의 지원을 하거나 지리적·경제적 차이에서 대안 논의를 확장할 필요가 있다.

콜브리지는 1950년 이래 개발과 관련된 사회 문제의 물질성에 집중하지 않고, 광범위한 개발 요인에 과도하게 집착하는 것은 위험하다고 경고했다. 이 경우 '개발에서의 성공'개념이 사회적으로 구성한 것이고, 특정 공간성을 지닌다는 포스트 개발 저서의 핵심 주장을 놓칠 우려가 있다.

마. 포스트 개발주의 비판 그리고 개발의 미래

1990년대 제임스 퍼거슨과 아르투로 에스코바, 조너선 크러시Jonathan Crush, 볼프강 삭스Wolfgang Sachs를 포함한 많은 학자의 날카로운 비판은 개발 사상에 중대한 변화를 몰고 왔지만, 이들의 이론 역시 여러 개발학자의 비판을 받았다. 어떤 학자는 포스트 개발이 기존의 개발학 담론에 유해한 관점을 제공한다고 지적했다. 본래 초창기 포스트 개발 사상에 영감을 준 자크 데리다의 해체주의를 바탕으로 한 대안을 구체적으로 제시하지 않았다는 주장도 있다.

포스트 개발의 몰역사성 역시 비판을 받고 있다. '개발학 독트린'의 학자 마이클 코웬Michael Cowen과 로버트 셴튼Robert Shenton 등은 에스코바와 퍼거슨의 연구를 포함한 학자들의 개발 이론이 전혀 새로운 게 아니라고 주장한다. 이들의 논점은 포스트 개발 이론이 프랑스 생 시몽주의자Saint-Simonians의 19세기 대표 저작이나 진보·개발 같은 개념 정의, 자연에 대한 기존의 개념과 유사하다는 것이다.

한편 포스트 개발주의는 비서구 사회를 지나치게 낭만적으로 그리고 있다는 지적을 받는다. 역사적으로 식민시대의 정치·문화·경제 과정은 정체성에 지울 수 없는 흔적을 남겼고, 개도국의 다양한 역사적 궤적에 지속적인 영향을 주고 있다. 포스트 개발에서 나타나는 '부패한'서구와 '순수하고 인간적인'비서구라는 이분법적 사고는 후기식민주의 사회의 다층적이고 미묘한 사회 현실을 포착하지 못한다. 사회운동에 대한 포스트개발론자의 신념은 마르크스주의자의 1970년대 게릴라 운동과 맥을 같이한다. 크리스틴 실베스터Christine Sylvester는 각 지역에서 각각의 목적에 따른 투쟁이 서로 충돌해 오히려 부작용을 낳을 수 있다고 우려하기도 했다.

현재 포스트 개발 저서가 공통적으로 받고 있는 비판은 그들이 사용하는 언어가 개발의 '옳고 그름'을 인지시키려 한다는 데 있다. 이에 대해 에스코바는 다른 세계를 다시 상상하는 유토피아적 가능성을 논했다. 이 상상은 자신의 지역과 생태계, 문화를 지키려고 투쟁하면서 차이에 대한 문화적 정치성을 지속하려 하는 하위 그룹subaltern groups을 따라 그들의 관점으로 세계를 다시 상상하고 구축하는 유토피아적 가능성에 관한 꿈이다.[141] 그는 이 상상에 이전보다 더 공동체적이고 상호협력적인 방식으로 차이에 대한

---

[141] Escobar. 2000b: 14.

문화적 정당성을 부여한다.

여기에서는 그 어떤 접근도 옳거나 그르지 않다. 목적을 달성할 때 중요한 것은 무엇이 그 여행을 할 기회를 제공하는지 묻는 것이다. 특정 지역의 투쟁에서 기인한 '차이에 대한 정치성'은 개발과 이론(異論)이 있는 지역을 재고하는 데 중요한 주제다. 포스트 개발에서 이는 불평등이나 물질적 차이만큼이나 중요하게 다뤄야 한다.

개발학이 경제학의 부분으로 시작되어, 정치학, 정책학, 사회학, 인류학 등 전방위를 아우르는 학문으로 발전하였듯이, '개발'이라는 개념도 GDP의 증가라는 단순한 개념에서 권리와 능력의 배양이라는 복합적인 개념으로 나아가며 다양한 비판과 도전에 따라 발전되어왔다. 그러나, 포스트발이론가들이 보여주듯 '개발'은 여전히 유효하며 필요한 개념이며, 개발학은 21세기의 인류를 위해서 보다 발전되어야할 변화하는 학문이다.

요점 정리

□ 반개발 이론가는 모든 것을 포함하는 거대 이론을 거부하고, 개발 문제에서 미시적인 접근을 취하되 젠더와 환경 문제 같이 기존에 배제된 문제를 포함한다. 반개발 운동의 의의는 개발 과정에서 지역과 지역적 가치 및 기술의 중요성을 강조하고 지역에 대한 감수성을 일깨워준 데 있다.

□ 개발 담론은 충분한 자본 공급으로 가난한 국가의 산업화와 근대화를 이룰 수 있다는 믿음이 팽배하던 1940년대와 1950년대에 형성되었다. 북과 남의 불평등은 개발 이론을 지속해야 하는 유력한 근거로 자리했다. 하지만 제3세계 사람들이 열등감을 느끼도록 형성된 개발 담론은 북과 남을 끊임없이 분리하는 '차별성'을 전제로 교착상태에 직면했다. 특히 개발학은 남반구에서 개발 실패와 포스트모더니스트의 개발학에 대한 비판, 세계화의 출현으로 교착상태에 빠졌다.

제5장 개발과 원조

□ 포스트 개발 이론은 1980년대, 1990년대 개발 이론과 그 정책의 위기를 배경으로 탄생했다. 포스트 개발 이론의 핵심어는 식민주의적 표현, 지식 권력, 비정치화와 보편주의, 동질화 등이다. 포스트개발주의자의 목적은 기존의 개발 담론을 초월하는 데 있지 않고 보다 나은 개념적 도구와 개발 프로그램을 만들어내는 데 있다.

□ 포스트 개발은 구체적인 대안 제시 부재, 몰역사성, 비서구 사회의 낭만화 등으로 비판을 받고 있지만 개발을 다른 관점에서 생각 및 판단하고 다른 언어로 쓸 공간을 창조한다는 점에서 의미가 있다.

생각해볼 문제

□ 반개발주의에 담긴 가장 큰 문제점은 무엇이며, 그러한 문제점에도 불구하고 반개발주의의 의의는 무엇인가?

□ 개발학의 교착상태에도 불구하고 개발학을 유지해야 한다면 그 근거는 무엇인가?

□ 포스트모더니즘의 역사적 관점은 무엇이며 이것은 개발의 거대 담론을 어떻게 해석하는가?

□ 개발 담론이 몰역사적이고 남반구의 정치·경제적 과정에서 정치성을 배제한다는 것은 무슨 의미인가?

□ 언어와 표현 체계, 지식 생산, 순환은 개발 정책에 어떤 방식으로 영향을 주는가?

□ 포스트 개발에서 공간성과 지역이 의미하는 바는 무엇인가?

《개발학 강의》 출간에 참여한 사람

기획

김지윤 | 前 KOICA ODA연구팀 팀장.
김경아 | 前 KOICA ODA연구팀 대리.

감수

황원규 | 강릉원주대학교 국제통상학 교수
이태주 | 한성대학교 문화인류학 교수

집필 * 가나다 순

김경아 | 前 KOICA ODA연구팀 대리.
김보람 | KOICA ODA Jr. Scholar.
김선희 | KOICA ODA Jr. Scholar.
김지윤 | 前 KOICA ODA연구팀 팀장.
유민지 | KOICA ODA Jr. Scholar.
이기청 | KOICA ODA Jr. Scholar.
이상준 | KOICA ODA연구팀 연구원.
이태주 | 한성대학교 문화인류학 교수.
이현 | KOICA ODA연구팀 연구원.
임소진 | KOICA ODA연구팀 연구원.
임애화 | KOICA ODA Jr. Scholar.
장설아 | KOICA ODA Jr. Scholar.
하경화 | KOICA ODA Jr. Scholar.

* 도서 내용 중 일부는 감수자의 학술적인 의견이나 한국국
제협력단의 공식적인 입장과 일치하지 않을 수 있습니다.

제1장 개발학이란

- 한국국제협력단, 《국제개발협력의 이해》(개정판), 한울아카데미, 2013
- Anderson, E., Esposito, L. and Maddox, B.(2010) Development Perspectives, DEV-M003 Lecture Note, East Anglia: University of East Anglia.
- Clark, D. (2007) The Elgar Companion to Development Studies (Elgar Original Reference). Edward Elgar Publishing.
- Corbridge, S. (2008) Development: Theory, History and Policy, LSE DV 400 Lecture Note 2008-2009, London: The London School of Economics and Political Science(LSE).
- Desai, R. (2009) Theories of Development. In Haslam, Schafer and Beaudet(eds.)(2009) Introduction to International Development: Approaches, Actors, and Issues, Canada: Oxford University Press.
- Haslam, Schafer and Beaudet(eds.)(2009) Introduction to International Development: Approaches, Actors, and Issues, Canada: Oxford University Press.
- Johns Hopkins. (2014) The Paul H. Nitze School of Advanced International Studies (SAIS). [Online] Available from: http://www.sais-jhu.edu/academics. [Accessed: 12th May 2014]
- Modern History Sourcebook (1899) Rudyard Kipling, The White Man's Burden, New York: Fordham University.
- Potter, R. B. et al (2008) Geographies of Development: An Introduction to Development Studies. 3rd Ed. London: Pearson.
- Sahle, E. N. (2009) Post-Development. In Haslam, Schafer and Beaudet(eds.)(2009) Introduction to International Development: Approaches, Actors, and Issues, Canada: Oxford University Press.
- Schuurman, F. (2000), Paradigms lost, paradigms regained? Development studies in the twenty-first century, Third World Quaterly, 21:1,7-20, DOI:10,1080/01436590013198.

- Sumner, A. (2011) The Global Economic Crisis and Beyond: What Possible Future(s) for Development Studies? European Journal of Development Research 23. pp.43-58
- Sumner, A. (2006) What is Development Studies?, Development in Practice, 16: 6, 644-650. DOI:10.1080/09614520600958363
- Woodhouse, P. (2009) Perspectives on Development 2009-2010. IDPM 60411 Lecture Note, Manchester: Manchester University.

제2장 개발과 정치경제

제1절 브레튼우즈 체제와 국제무역 이론

- 서창록,《국제기구: 글로벌 거버넌스의 정치학》, 다산출판사, 2004
- 이호생·강인수·이시욱,《무역 분야 개발협력 방안》, 대외경제정책연구원, 2012
- 외교통상부, WTO 개황, 외교통상부, 2005
- Todaro, Michael P. and Smith Stephen C. (2007), Economic of Development. 10th, London: Addison Wesley Longman.

제2절 근대화와 정부 주도 개발

- Amsden, Alice. (1989) Asia's Next Giant: South Korea and Late Industrialization. NY: Oxford University Press.
- Bates, R. (2005) Markets and States in Tropical Africa. University of California Press.
- Birch, K. and Mykhnenko, V. (eds.). (2010). The Rise and Fall of Neo-liberalism. Zed books.
- 장하준,《나쁜 사마리아인들》, 부키, 2007
- Chang, H-J. and Rowthorn, B. (eds.). (1995) The Role of the State in Economic Change. Clarendon Press.
- Chang, H-J. (1993) The Political Economy of Industrial Policy. Palgrave Macmillan.
- Chang, H-J. (2002) Breaking the Mould - An Institutionalist Alternative to Neo-Liberal Theory of the Market and the State. Cambridge Journal of Economics, 26(5)
- Cullis, J. and Jones, P. (1987) Microeconomics and the Public Economy: A Defence of Leviathan. Blackwell Publishers.
- Evans, P. (1995) Embedded Autonomy: States and Industrial Transformation. Princeton University Press.
- Johnson, Chalmers. (1982) MITI and the Japanese Miracle. Stanford: Stanford Univer-

sity Press.

- Krueger, A. (1990) Government Failures in Development. Journal of Economic Perspectives. 4(3).
- Lal, D. (2000) The Poverty of Development Economics. The MIT Press.
- Palma, J. (2010). Why has productivity growth stagnated in most Latin American countries since the neo-liberal reforms? Cambridge Working Papers in Economics 1030.
- Radelet, Steven. (2010) Emerging Africa: How countries are leading the way. Center for Global Development.
- Sachs, J. and Warner, A. (1995) Economic Reform and the Process of Global integration. Brookings Papers on Economic Activity 1, 25th Anniversary Issue(1):1-118.
- Sandbrook, R. (1986) The State and Economic Stagnation in Tropical Africa. World Development 14(3).
- Schotter, A. (1990) Free Market Economics. Wiley Blackwell.
- Shapiro, H. and Taylor, L. (1990) The State and Industrial Strategy. World Development 18(6)
- Tang, M. A. and Worley. S. J. (1988) The Lessons of East Asian Development: An Overview". Economic Development and Cultural Change. The Unviersity of Chicago.
- Wade, Robert. (1990) Governing the Market: Economic Theory and the Role of Government in East Asian Industrialization. Princeton University Press.
- World Bank. (1987) World Development Report. World Bank.
- World Bank. (1993) The East Asian Miracle: economic growth and public policy. World Bank.
- 이금순,《국제개발 이론 현황》, 통일연구원, 2008

제3절 경제성장과 산업화

- 김종일 · 윤미경, 산업분야 국제개발 방안: 개도국 산업역량 구축 지원을 위한 정책 방향과 과제, 대외경제정책연구원, 2012
- 곽노선, 성장회계를 이용한 외환위기 전후의 성장요인 분석과 잠재성장률 전망, 경제학 연구, 2007, 제55집 제4호, pp. 549-588
- 이수행 외, 한국과 대만의 기업 생태계 비교 연구, 경기개발연구원, 2013
- 주동주 · 차문중 · 권율 외, 한국형 ODA모델 수립: 경제영역, 산업연구원, 2012
- 한국경제 60년사 편찬위원회, 한국경제 60년사, 한국개발연구원, 2010
- Todaro, Michael P. and Smith Stephen C.(2007), Economic of Development. 10th, London: Addison Wesley Longman.
- Tribe, M., Nixson, F. and Sumner A.(2010), Economics and Development Studies, London: Routledge.

제4절 식민주의와 비전통적 비판 이론

- Acemoglu, D. et al (2001) The colonial origins of comparative development: An empirical investigation. The American Economic Review. 91 (5). 1369-1401
- Allen, T. and Thomas, T. (eds) (2000) Poverty and Development in the 21st Century. Oxford.
- Amadife, E. and Warhola, J. (1993) Africa's Political Boundaries: Colonial Cartography, the OAU, and the Advisability of Ethno-National Adjustment. International Journal of Politics, Culture and Society. 6 (4). 533-554
- Baran, P. and Sweezy, P. (1968) Monopoly Capital. Harmondsworth: Penguin.
- Barratt-Brown, M. (1974) The Economies of Imperialism. Harmondsworth: Penguin.
- Frank, A.G. (1967) Capitalism and Underdevelopment in Latin America. London: Monthly Review Press.
- Fukuyama, F. (1989) The end of history? The National Interest. 16. 3 - 8
- Hart, G. (2010) D/developments after the Meltdown. Antipode 41. s1. 117-141
- Hart, G. (2001) Development debates in the 1990s: Culs de sac and promising paths. Progress. Human Geography. 25. 605 -614
- Mimiko, O. (2012) Globalization: The Politics of Global Economic Relations and International Business. Durham, N.C.: Carolina Academic.
- Peet, R. and Hartwick, E. (eds) (2009) Theories of Development: Contentions, Arguments, Alternatives 2nd ed. NY: The Guilford Press.
- Potter, R. et al (2008) Geographies of Development: An Introduction to Development Studies. Essex: Routledge.
- Rist, G. (2008) The History of Development: From Western Origins to Global Faith (3rd ed). Zed Books.
- Rodney, W. (1972) How Europe Underdeveloped Africa. Washington DC: Howard University Press.
- Wallerstein, I. (1974) The Modern World System. NY: Academic Press.
- Willis, K. (2005) Theories and Practices of Development. NY: Routledge.
- World Bank (2014) Country Classifications: A Short History. [Online] Available: http://data.worldbank.org/about/country-classifications/a-short-history.
- Young, C. (1982) Ideology and Development in Africa. New Haven: Yale University Press.

- BAKER, D. (2006) The Conservative Nanny State: How the Wealthy Use the Government to Stay Rich and Get Richer. Washington, DC: Center for Economic and Policy Research.
- CHANG, H.J. (2007) Bad Samaritans: The Myth of Free Trade and the Secret History of Capitalism. Bloomsbury Press. [번역본: 장하준,《나쁜 사마리아인들》, 부키, 2007]
- CHANG, H.J. (2002) Kicking Away the Ladder: Development Strategy in Historical Perspective. Anthem Press. [번역본 : 장하준,《사다리 걷어차기》, 부키, 2002]
- ESTERLY, W. (2006) The White Man's Burden: Why the West's Efforts to Aid the Rest Have Done So Much Harm and So Little Good. Penguin Books. [번역본 : 윌리엄 이스털리, 황규득 역,《세계의 절반 구하기》, 미지북스, 2006]
- Harvey, D. (2005). A Brief History of Neoliberalism. Oxford University Press.
- HASLAM, P.A, et al. (2009) Introduction to International Development: Approaches, Actors and Issues. Oxford University Press.
- HELD, D and MCGREW, A. (2002) Governing and Globalization: Power, Authority and Global Governance. Cambridge, UK: Polity Press.
- HOWELL, D. R. and DIALLO, M. (2007) WP 2007-6 Charting U.S. Economic Performance with Alternative Labor Market Indicators: The Importance of Accounting for Job Quality. SCEPA working paper series.
- OXFAM INTERNATIONAL (2014) Working for the few, political capture and economic inequality; Oxfam briefing paper 178.
- PEET, R. and HARTWICK, E. (2009) Theories of Development, contentions, arguments, alternatives. The Guilford Press New York.
- POTTER, R.B. et al. (2008) Geographies of Development: An introduction to development studies. Routledge.
- SAAD-FILHO, A. (2010) Growth, Poverty and Inequality: From Washington Consensus to Inclusive Growth. DESA Working Paper No. 100
- SEN, A. (2002) Development as freedom; Oxford University Press [번역본: 아마르티아 센, 김원기 역,《자유로서의 발전》, 갈라파고스, 2002]
- SIMON, D. (2008) The companion to development studies. edited by Desai, V. and Potter. R.B: Routledge.
- STIGLITZ, J. (2007) Making Globalization work; W. W. Norton and Company.
- WHITFIELD, L. (2010) The Politics of Aid: African Strategies for Dealing with Donors. Oxford: OUP.

제3장 개발경제와 사회 정책

제1절 빈곤

- Allen, K., (2003) Vulnerability reduction and the community-based approach. In: Pelling, M. (ed.), Natural Disasters and Development in a Globalising World, London and New York: Routledge.
- Allen, T. and Thomas, T. (eds) (2000) Poverty and Development in the 21st Century. Oxford: Oxford University Press.
- Asia Development Bank. (2011) SOCIAL PROTECTION INDEX Ⅱ handbook.
- Atkinson, A. (1987) On the Measurement of Poverty, Econometrica 55 (4). p749-764 [technical].
- Aryres, R.L. (1983) Banking on the Poor: The World Bank and World Poverty. Cambridge, MA: MIT Press.
- Barrientos, A. (2009) Vulnerability and Social Protections. In Manchester IDPM Poverty and Development Lecture Session 7. PPT. p.7
- Banerjee Abhijit V. and Duflo, E. (2007) The Economic Lives of the Poor. Journal of Economic Perspectives 21 (1). p.141 - 167
- Barrientos, A. and Hulme, D. (2008) Social Protection for the Poor and Poorest: Reflections on a Quiet Revolution. BWPI Working Paper 30 2008(3). Manchester : Brooks World Poverty Institute.
- Booth, D. (2003) Introduction and Overview. Development Policy Review, 21(2). p. 131-159
- Craig, D. and Doug P. (2002) Poverty Reduction Strategy Papers: A New Convergence. World Development 30(12)
- Chambers, R. (1983) Rural development : putting the last first. Harlow, UK: Longman Publishers.
- Chenery, H.B. et al., (1974) Redistribution with Growth: Policies to Improve Income Distribution in Developing Countries in the Context of Economic Growth. Oxford: Oxford University Press.
- Cook, S. (2009) Social Protection : An Introduction. In IDS Poverty and Development Lecture Session 2. PPT p. 26
- Clarke, M. (2008) Poverty: Concepts, Measures, Trends and Responses. In Kingsbury, D. et al. International Development: Issues and Challenges (2nd ed) Ch 6, NY: Palgrave Macmillan Ltd.
- Duclos, J.Y. (2002) Vulnerability and Poverty: Measurement Issues for Public Policy.

Washington DC: The World Bank.

- Della Giusta, M. (2008) Social exclusion and development. In Desai, V. and Potter, R. B. (eds.) The companion to development studies. 2nd edition. London: Hodder Education.

- Easterly, W. (2006) The White Man's Burden: Why the West's Efforts to Aid the Rest Have Done So Much Ill and So Little Good. Oxford: Oxford University Press.

- Foster, J., Greer, J. and Thorbecke, E. (1984) A Class of Decomposable Poverty Measures. Econometrica 52 (3). p.761–66 [technical].

- Hills, J. et al. (eds.) (2002) Understanding Social Exclusion. Oxford: Oxford University Press.

- Heitzman, K., S. Canagarajah, et al. (2002). Guidelines for assessing the sources of risk and vulnerability. Washington DC: The World Bank.

- Hickey, S. (2009a) Nationalising the poverty agenda: PRSPs and the politics of poverty reduction. In Manchester IDPM Poverty and Development Lecture Session 5. handout PPT. p.7

- Hickey, S. (2009b) PRSPs: general findings and proposed ways forward. A brief review of the recent literature. In Manchester IDPM Poverty and Development Lecture Session 5. wider findings PPT. p.6

- Hunt, J. (2008) Aid and Development. In Kingsbury, D. et al. (eds) International Development: Issues and Challenges (2nd ed) Ch 3, NY: Palgrave Macmillan Ltd.

- IMF Factsheet Poverty Reduction Strategy Papers. [Online] Available from : http://www.imf.org/external/np/exr/facts/prsp.htm [Accessed: 7th April 2014]

- Institute of Development Studies Social Protection Overview. [Online] Available from : http://www.ids.ac.uk/idsresearch/social-protection [Accessed: 14th April 2014]

- Lipton, M, and Ravallion, M. (1993) Poverty and policy, In Hollis C. and Srinivasan T. N. (eds), Handbook of Development Economics, Vol. 3, Ch 41.

- Mohan, G. (2008) Participatory development. In Desai, V. and Potter, R. B. (eds.) The companion to development studies. 2nd edition. London: Hodder Education.

- Morrison, R.D, (2009) Poverty and Exclusion: From Basic Needs to the Millennium Development Goals. In Haslam, PA et al. (eds) Introduction to international development: Approaches, actors and issues. Oxford: Oxford University Press.

- Mehrotra, S. and Delamonica, E. (2007) Eliminating Human Poverty: Macroeconomic and Social Policies for Equitable Growth. London: Zed Books.

- Murray, W. and Overton, J. (2005) Geographies of Globalization. NY: Routledge.

- Marx, K. et al. (1992) The Communist manifesto. Oxford: Oxford University Press.

- Mukherjee, N. (1999) CONSULTATIONS WITH THE POOR IN INDONESIA, In-

donesian : World Bank. Available from:
http://siteresources.worldbank.org/INTPOVERTY/Resources/335642-1124 1151029
75/1555199-1124138866347/indon5-7.pdf. [Accessed: 14th April 2014]
- OECD (2001) The OECD/DAC Guideline: Poverty Reduction. Paris: OECD.
- Piachaud, D. (2002) Capital and the determinants of poverty and social exclusion.
  CASE Paper 60(9).
- Ravallion, M. (1992) Poverty Comparisons: A Guide to Concepts and Methods, LSMS
  Working Paper 88, Washington DC, World Bank.
- Ravallion, M. (2004) Pro-poor growth : A primer. Policy Research Working Paper Se-
  ries 3242, The World Bank.
- Rückert, A. (2007). Producing Neoliberal Hegemony? A Neo-Gramscian Analysis of
  the Poverty Reduction Strategy Paper (PRSP) in Nicaragua. Studies in political econo-
  my : SPE.
- Sumner, A. (2003) Economic and Non-Economic Well-Being: A Review of Progress
  on the Meaning and Measurement of Poverty. Paper prepared for WIDER Confer-
  ence, 'Inequality, Poverty and Human Well-Being', Helsinki, May 30-31
- Son, H.H. and Kakwani, N. (2006) Global estimates of pro-poor growth. UNDP Pov-
  erty Center Working Paper 31.
- Salih Nur. (2012) From SAPs to PRSPs: Development Policy and Good Governance in
  the Era of Neoliberalism.
- Saad-Filho, A. (2010) Growth, Poverty and Inequality: From Washington Consensus
  to Inclusive Growth. UN DESA Working Paper 100.
- Simon, D. (2008) Neoliberalism, structural adjustment and poverty reduction strate-
  gies. In Desai, V. and Potter, R. B. (eds.) The companion to development studies. 2nd
  ed. London: Hodder Education.
- Taylor, M. (2009) The International Financial Institutions. In Haslam, PA et al. (eds)
  Introduction to international development: Approaches, actors and issues. Oxford:
  Oxford University Press.
- United Nations. (2000) A Better World For All. New York: United Nations.
- UNDP (1990) Human Development Report. Available from:
  http://hdr.undp.org/sites/default/files/reports/219/hdr_1990_en_complete_nostats.
  pdf
- Velde, D.W. te (2008) Pro-poor globalization. In Desai, V. and Potter, R. B. (eds.) The
  companion to development studies. 2nd ed. London: Hodder Education.
- Wood, R.E. (1986) From Marshall Plan to Debt Crisis: Foreign Aid and Development
  Choices in the World Economy. Berkeley: University of California Press.

- White, H. and Anderson, E. (2001) Growth versus Distribution: Does the Pattern of Growth Matter?. Development Policy Review. 19 (3). p.267-289
- World Bank. (1990) Poverty: World Development Report 1990. New York: World Bank.
- World Bank. (2006) World Development Report 2006 ; Equity and Development. Ch.1, p.18-23, New York: World Bank.
- World Bank Poverty Reduction Strategy Papers Overview. Available from: http://web.worldbank.org/WBSITE/EXTERNAL/TOPICS/EXTPOVERTY/EXT-PRS/0,,contentMDK:22283891~menuPK:384209~pagePK:210058~piPK:210062~theSitePK:384201,00.html [Accessed: 7th April 2014]
- 김통원 외, 〈MDG 달성을 위한 Social Protection 달성과 측정: 나이지리아 사례 분석을 중심으로〉, 2012. East Asian Human Security and Post-Conflict Development in Comparative Perspectives. Seoul: Ehwa Women's University.
- 박광덕, 《현대사회복지정책론》, 박영사, 1998. 온라인 행정학 용어 사전. Available from: http://www.epadic.com/epadic_view.php?num=178andpage=1andterm_cate=andterm_word=사회보장andterm_key=andterm_auth=. [Accessed: 28th April 2014]
- 정우진, 〈한국개발협력의 친빈곤적 관점 강화 방안〉, KOICA, 2011

제2절 농촌 개발

- Appendi, K. (2001) Land and Livelihood: What do we know, and what are the issues? in A. Zoomers(ed.) Land and Sustainable Livelihood in Latin America, Amsterdam, Madrid and Frankfurt: KIT Publications and Iberoamericana/Vervuert Verlag.
- Barret, C. B. et, al. (2001) 'Nonfarm Income Diversification and Household Livelihoods Strategies in Rural Africa: Concepts, Dynamics and Policy Implications', Food Policy, Vol.26, pp. 315-31
- Bebbington, A. (1999) 'Capital and Capabilities: A Framework for analysing peasant viability, rural livelihoods and poverty'. World Development, Vol. 27, No. 12, pp.2021-2044
- Berstein, H, et al. (1992) Rural Livelihoods: Cries and Responses. Oxford: Oxford University Press.
- Chambers, R. (1983) Rural Development: Putting the Last First. London: Longman.
- Devereux, J. J. and Effenberger, A. (2011) Agriculture and Development: A Brief Review of the Literature Policy Research Working Paper 5533, World Bank.
- Devereux, S. (2000) Famine in the twentieth century, IDS Working Paper, 105, Brighton: Institute of Development Studies

- Ellis, F and Biggs, S. (2001) Evolving Themes in Rural Development 1950s-2000s. Development Policy Review, 19(4), pp.437- 448
- Ellis, F. (1999) Rural Livelihood Diversification in Developing Countries: Evidence and Policy Implications. ODI Natural Resource Perspectives, No. 40
- Scoones, I. (2008) Mobilizing Against GM Crops in India, South Africa and Brazil. Journal of Agrarian Change, Vol. 8, No. 2 and 3, pp.315-344
- FAO (2006) The State of Food Insecurity in World 2006, Rome: Food and Agriculture Organization.
- FAO (1996) Rome Declaration on World Food Security, Rome: Food and Agriculture Organization.
- Herring, R. (2007) The Genomics Revolution and Development studies: Science, Poverty and Politics. Journal of Development Studies, Vol. 43, No. pp.1-30
- Kaag, M. et, al. (2004) Ways forward in Livelihoods Reserch in D, Kalb, W. Pansters and H. Siebers (eds) Globalisation and Development. Themes and Concepts in Current Research, Dordrecht: Kluwer Publishers.
- Malthus, T. R. (1798) An Essay on the Principle of Population as It Affects the Future Improvement of Society. London: J. Johnson.
- Maxwell, S. and Slater, R.(eds) (2004) Food Policy - Old and New, Oxford: Blackwell.
- Moberg, M. (2005) Fair Trade and Eastern Carribean Banana Farmers: Rhetoric and Reality in the Anti-golalization Movement. Human Organization, Vol. 64, No. 1, pp.4-15
- Robinson, G. (2004) Geographies of Agriculture: Globalisation, Restructuring and Sustainability. Harlow: Pearson Education.
- Rice, R. R. (2001) Noble Goals and Challenging Terrian: Organic and Fare Trade Coffee Movements in the Global Marketplace. Journal of Agricultural and Environmental Ethics, Vol. 14, pp.39-66
- Rogaly, B and Coppard, D. (2003) 'They Used To Go to Eat, Now They Go to Earn': The Changing Meanings of Seasonal Migration from Puruliya District in West Bengal, India. Journal of Agrarian Change, Vol. 3, No. 3, pp.395-433
- Sen, A. (1981) Poverty and Famine: An Essay on Entitlement and Deprivation. Oxford: Clarendon.

제3절 도시 개발

- Anand, P. B. (1999) Waste management in Madras revised. Environment and Urbanisation, 11(2). pp.161-176

- Bicknell, J., Dodman, D. and Satterthwaite, D. (eds.) (2009) Adapting Cities to Climate Change, London: Earthscan.
- Bromley, R. (2004) Power, property and poverty: Why de Soto's "Mystery of Capital" cannot be solved. In Roy, A. and Alsayyad, N. (eds.) Urban informality in an Era of Liberalisation: Transnational Perspective. Boulder, CO: Lexington Books.
- Bryceson, D. F. (2002) The scramble for Africa: Reorienting rural livelihoods. World Development. 30(5), pp.725-739
- Budds, J. and G. McGranahan (2003) Are the debates on water privatization missing the point? Experiences from Africa, Asia and Latin America. Environment and Urbanization. 15(2), pp.87-114
- Calderón, J. (2004) The formalisation of property in Peru 2001-2002: the case of Lima. Habitat International 28. pp.289-300
- de Soto, H. (1989) The Other Path: the invisible revolution in the Third World. London: I. B. Taurus.
- de Soto, H (2000) The Mystery of Capital. New York: Basic Books.
- Devas, N., Amis, P., Beall, J., Grant, U., Mitlin, D., Nunan F. and Rakodi, C. (2004) Urban Governance, Voice and Poverty in Developing World. London: Earthscan Publications.
- FAO (1995) World Agriculture: Towards 2010. An FAO Study. Rome and Chichester: Food and Agriculture Organisation and Jonh Wiley and Sons.
- Friedmann, J. (1986) The world city hypothesis, Development and Change. 17. pp.69-83
- Friedmann, J. (1987) The right to the city, Development Dialogue. 1. pp.135-151
- Friedmann, J. (1995) Where we stand: A decade of world city research. In Knox, P. and Taylor, P. (eds.) World Cities in a World-System, Cambridge: Cambridge University Press.
- Gilbert, A. G. (2002) On the mistery of capital and the myths of Hernando de Soto: What difference does legal title make?. International Development Planning Review. 24. pp.1-20
- Hardoy, J.E., Mitlin, D. and Satterthwaite, D. (2001) Environmental Problems in an Urbansizing World. London: Earthscan Publications.
- Harvey, D. (2003) Debates and developments: the right to the city. International Journal of Urban and Regional Research. 27 (4). pp.939-941
- Hodder, R. (2000) Development Geography, London: Routledge.
- Isin E. F. (2000) Introduction: democracy, citizenship, and the city. In Isin E. F (2000) (ed.) Democracy, Citizenship and the Global City. Oxford: Routledge.

424

- Jones, G. A. and Corbriege, S. E. (2010) The continuing debate about urban bias: The thesis, its critics, its influence and its implications for poverty reduction strategies. Progress in Development Studies. 18(1). pp.1-18
- Kantor, P. (2009) Women's exclusion and unfavorable inclusion in the informal employment in Lucknow, India. World Development. 37(1). pp.194-207
- Lefebvre, H. (1996) Writings on Cities, Oxford: Blackwell Publishers (translated and edited by Kofman, E. and Lebas, E. (원본: Lefevre, H (1968) Le droit àla ville. Paris: Anthropos.)
- Lipton, M (1977) Why Poor People Stay Poor: A Study of Urban Bias in World Development. London: Temple Smith.
- Lynch, K., Binns, T. and Olofin, E. A. (2001) Urban agriculture under threat - The land seurity question in Kano, Nigeria. Cities. 18(3). pp.159-71
- Lynch, K. (2005) Rural-Urban interaction in the Developing World. Oxford: Routledge.
- Mangin, W. (1967) Latin American squatter settlements: a problem and a solution. Latin American Research Reviews. 2. pp.65-98
- McGee, T.G. (1992) The emergence of extended metropolitan regions in ASEAN. ASEAN Economic Bulletin. 1(6). pp.5-12
- McGranahan, G. and Satterthwaite, D. (2000) Environmental Health or Ecological Sustainability: Reconciling the brown and green agendas in urban development. In Pugh, C. (ed.) Sustainable Cities in Developing Countries. London: Earthscan.
- McGranahan, G., Balk, D. and Anderson, B. (2007) Population at risk: The proportion of the world's population living in on low-elevation coastal zones, Environment and Urbanisation, 19(1)
- McGregor, D., Simon, D. and Thompson, D. (2005) Contemporary perspectives on the peri-urban zones of cities in developing countries. In Mcgregor, D., Simon, D. and Thompson, D. (eds.) The Peri-Urban interface: Approaches to Sustainable Natural and human Resources Use, London: Earthscan, pp.3-17
- Meddleton, N. and O'Keefe, P. (2003) Rio Plus Ten: Politics, Poverty and Environment. London: Plauto Press.
- Mitlin, D. (2007) Urban social movements in southern towns and cities. Chronic Poverty Research Centre Working Paper No. 64. Manchester: University of Manchester.
- Moser, C. and Peake, L. (1995) Seeing the invisible: women, gender and urban development. In Perspectives on the City. Stern, R. and Bell, K. J. (eds.) Urban Research in the Developing World. University of Toronto: Toronto.
- Moser, C. (1998) The asset vulnerability framework: Reassessing urban poverty reduction strategies. World Development. 26(1). pp.1-19

- Moser, C. (2004), Urban Violence and Insecurity: An Introductory Roadmap. Environment and Urbanization. 16. pp. 3-16
- Moser, C. (2006) Reducing Urban Violence in Developing Countries. Brookings Global Economy and Development: Global views Policy Brief 2006-01. Washington DC: Brookings Institute.
- Overseas Development Institute (2002) Rural-Urban Linkages. Key Sheets for Sustainable Livelihood Policy Planning and Implementation No. 10
- Rakodi, C. (1991) Cities and people: Towards a gender-aware urban planning process?. Public Administration and Development. 11(6). pp.541-59
- Rakodi, C. (1999) A capital assets framework for analysing household livelihood strategies. Development Policy Review. 17(3). pp.315-42
- Rakodi, C. and Lloyd-Jones, T. (eds.) (2002) Urban Livelihoods: A People-Centred Approach to Reducing Poverty. London: Earthscan Publications.
- Ravallion M., Sangraula, P. and Chen, S. (2007) New Evidence on the Urbanization Of Global Poverty. Policy Research Working Paper. Development Research Group, World Bank.
- Rigg, J. (1998) Rural-urban interactions, agriculture and wealth: A southeast Asian perspective. Progress in Human Geography. 22(4). pp.497-552
- Riverson, J., Kunieda, M., Roberts, P., Lewi. N. and Walker, W. M. (2005) The Challenges in Addressing Gender Dimensions of Transport in Developing Countries: Lessons from World Bank's Project. Washington DC: World Bank.
- Staeheli, L.A., Lorraine, D. and Wastl-Walter, D. (2002) special issue on 'Social Transformation, Citizenship, and the Right to the City'. GeoJournal, 58(2) and (3)
- Satterthwaite, D. (2001) Environmental governance: A comparative analysis of nine city case studies. Journal of International Development. 13(7). pp.1009-14
- Satterthwaite, D. (2004) The Under-estimation of Urban Poverty in Low- and Middle-income Nations. Working Paper on Poverty Reduction in Urban Areas Series 14. London: International Institute for Environmental and Development.
- Satterthwaite, D. (2006) Outside the Large Cities: The Demographic Importance of Small Urban Centres and Large Villages in Africa, Asia, and Latin America. Human Settlements Discussion Paper-Urban Change 3, London: International Institute for Environmental and Development.
- Satterthwaite, D. (2007) The Transition to a Predominantly Urban World and its Underpinnings, Human Settlements Discussion Paper, London: International Institute for Environmental and Development.
- Turner, J. R. (1967) Barriers and channels for housing development in modernising

426

countries, Journals of the American Institute of Planners. 33. pp.167-81
- Turner, J. R. (1982) Issues in self-help and self-managed housing. In Ward, P. (ed.) Self-Help Housing: A Critique. London: Mansell. pp.99-113
- UNCHS (Habitat) (1986) Global Report on Human Settlement 1986. Oxford: Oxford University Press.
- UNCHS (Habitat) (1996) An Urbanising World: global report on human settlements 1996. Oxford: Oxford University Press.
- UNDP (1991) Cities, People and Poverty, United Nations Development Programme. New York: UNDP.
- UNFPA(2008) State of the World Population 2007: Unleashing the Potential of Urban Growth.
- UN-Habitat (2003) The Challenge of Slums: Global Report on Human Settlement 2003. London: Earthscan Publications.
- UN-Habitat (2005) Enabling shelter strategies: Review of experience from two decades of implementation. Nairobi: UN-Habitat.
- UN-Habitat (2006a) The State of World Cities 2006/7: The Millennium Development Goals and Urban Substantiality-30 years of Shaping the Habitat Agenda. London: Earthscan Publications.
- UN-Habitat (2006b) Meeting Development Goals in Small Urban Centres: Water and Sanitation in the World's Cities 2006. London: Earthscan Publications.
- UN-Habitat (2007) Enhancing Urban Safety and Security: Global Report on Human Settlements. London: Earthscan.
- UN-Habitat (2008) State of the World's Cities 2008/2009: Harmonious Cities. London: Earthscan Publications.
- UN-Habitat (2012) Gender and Urban Development: Issues and Trends. Nairobi: UN-Habitat.
- UN-Habitat (2013) State of Women in Cities 2012-2013: Gender and the Prosperity of Cities. Nairobi: UN-Habitat.
- UN-Habtat and OHCHR (2010) Fact Sheet No. 21/Rev.1: The Right to Adequate Housing. Geneva: United Nations.
- UN-Habitat, UNESCO and ISS (2005) Discussion Paper: Urban Policies and the Right to the City. Public Debate. 18 March 2005.
- Vanderschueren, F. (1996) From Violence to Justice and Security in Cities. Environment and Urbanisation. 8(1). p.94
- Vasconcellos, E. A. (2001) Urban Transport, Environment and Equity: The Case for Developing Countries. London: Earthscan Publications.

- World Bank (1991) Urban Policy and Economic Development: An Agenda for the 1990s. New York: World Bank.
- WHO (1999) Creating health cities in the 21st century. In Satterthwaite, D. (ed.) The Earthscan Reader on Sustainable Cities, London: Earthscan Publications.

제4절 이주와 개발

- Agustín, L. M. (2006) Sex at the Margins: Migration, Labour Markets and the Rescue Industry. London: Zed Books Ltd.
- Bales, K. (2004) Disposable People: New Slavery in the global Economy. London: University of California Press.
- Bastia, T. (ed) (2013) Migration and Inequality (Routledge Studies in Development Economics). Oxon: Routledge.
- Bastia, T., Piper, N., Carrón, M. P. (2011) Geographies of migration, geographies of justice? Feminism, intersectionality, and rights. Environment and Planning A, Vol. 43. No. 7, pp. 1492-1498
- Biao, X. (2005). Promoting Knowledge Exchange through Diaspora Networks (The Case of People's Republic of China). Available at: http://www.adb.org/Documents/Reports/GCF/reta6117-prc.pdf
- Castles, S. and Miller, M. J. (2009) The Age of Migration: International Population Movements in the Modern World (Fourth Edition). Basingstoke: Palgrave MacMillan.
- Conway, D. (2008) Irregular migrant workers. In Desai, V and Potter, R. B. (eds) The Companion to Development Studies, Second Edition. London: Hodder Arnold, pp. 229-234
- Crush, J. et al. (2006) Migration, Remittances and Development in Southern Africa. Southern Africa. Migration Project.
- Davies, J. B. and Wooton, I (1992) Income Inequality and International Migration. Economic Journal. Royal Economic Society. Vol. 102. No. 413. pp. 789-802, July.
- de Hass, H (2012) The mitration and Development Pendulum: A critical vies on Research and Policy. International Migration, Vol. 50. pp. 8-25
- Durand, J., Parrado, E. A. and Massey, D. S. (1996) Migradollars and Development: A Reconsideration of the Mexican Case. International Migration Review. Vol. 30, No. 2, pp. 423-444
- Düvell, F. (ed) (2006). Illegal Immigration in Europe-Beyond Controversy. Houndmills: Palgrave MacMillan
- Faist, T. and Fauser, M. (2011) The Migration-Development Nexus: Towards a Trans-

national Perspective, in Faist, T., Fauser, M., and Kivisto, P. (eds) The Migration-Development Nexus: A transnational Perspective. Basingstoke: Palgrave MacMillan. pp. 29-56

- Glick Schiller, N. (2011) A Global Perspective on Migration and Development, in Faist, T., Fauser, M., and Kivisto, P. (eds) The Migration-Development Nexus: A transnational Perspective. Basingstoke: Palgrave MacMillan. pp.29-56
- Glick Schiller, N. and Faist, T. (2010) Migration, Development and Transnationalisation : A Critical Stance. New York: Berghahn Books.
- Hart, G. (2001) Development Critiques in the 1990s: Culs de Sac and Promising Paths. Progress in Human Geography Vol. 25. pp.649-658
- Hollifield, J. 2004. The Emerging Migration State. International Migration Review, Vol. 38. No. 3. pp.885-912
- International Labour Organization (2005) Minimum Estimate of Forced Labour in the World
- International Labour Organization (2012) ILO global estimate of forced labour: results and methodology.
- Koser, K. (2009) International Migration and Development. in Haslam, P., Schafer, J., and Beaudet, P. (eds) Introduction to International Development: Approaches, Actors, and Issues. Don Mills, Oxford University Press.
- Koser, K. (2010) Introduction: International Migration and Global Governance. Global Governance Vol. 16. No. 3. pp.301-315
- Kothari, U. (2003) Staying Put and Staying Poor? Journal of International Development. Vol. 15, No. 5, pp.645-657
- Levitt, P. (1998) Social Remittances: Migration Driven Local-local Forms of Cultural Diffusion. International Migration Review, Vol. 32. pp.926-948
- May et al. (2007) Keeping London working: global cities, the British state and London's new migrant division of labour. Transactions of the Institute of British Geographers. Vol 32. No. 2. pp.151-167
- Passel, J. S. (2005) Unauthorized Migrants: Numbers and Characteristics. Washington, DC: Pew Hispanic Centre.
- Pieterse, J. N. (2003) Social Capital and Migration. Ethnicities. Vol. 3. No. 1. pp.5-34
- United Nations, Department of Economic and Social Affairs (2013). Trends in International Migrant Stock: Migrants by Destination and Origin (United Nations database, POP /DB/MIG/Stock/Rev.2013).
- Ratha, D, and Shaw, W. (2007) South-South Migration and Remittances. Washington, DC: World Bank.

- Raghuram, P. and Kofman, E. (2004) Out of Asia: skilling, re-skilling and deskilling of female migrants. Women's Studies International Forum Vol. 27. pp.95-100
- Samers, M. (2010) Migration (Key Ideas in Geography). Oxon: Routledge.
- Shah, N. M. and Menon, I. (2002) Chain Migration Through the Social Network: Experience of Labour Migrants in Kuwait. International Migration. Vol. 37. No. 2. pp.361-382
- Skeldon R. (2012) Going round in circles: Circular Migration, Poverty Alleviation and Marginality. International Migration. Vol. 50. pp.43-60
- Skeldon R. (1997) Migration and Development: A Global Perspective. Longman: Harlow.
- Stalker, P. (2000) Workers Without Frontiers – The Impact of Globalization on International Migration. International Labour Organization (ILO), Geneva: Lynne Rienner Publishers, all quotes are taken from the ILO press release ILO/00/2.
- Taran, P. A. (2000) Human Rights of Migrants: Challenges of the New Decade. International Migration. Vol. 38. No. 6. Special Issue
- Tayler, E, J. (1999) The New Economics of Labour Migration and the Role of Remittances in the Migration Process. International Migration. Vol. 37. pp.63-88
- Todaro, M. E (1985) Economic Development in the Third World. New York: Longman.
- Tung, R. L. (2008). Brain Circulation, Diaspora, and international competitiveness. European Management Journal, pp.298-304
- Vertovec, S. (2007) Circular Migration: the way forward in global policy? Working Papers. International Migration Institute of University of Oxford.
- Williams, P. (1999) Illegal Immigration and Commercial Sex: The new Slave Trade. Oxon: Frank Cass Publishers.
- World Bank (2011) Outlook for Remittance Flows 2012-14. Migration and Development Brief 17. Migration and Remittances Unit.
  http://siteresources.worldbank.org/INTPROSPECTS/Resources/334934-11103 15015165/MigrationandDevelopmentBrief17.pdf
- Wouterse, F. S. (2008) Migration, Poverty and inequality: Evidence from Burkina Faso. International Service for National Agricultural Research Division.

제5절 인류학과 개발

- Apthorpe, R. (1997) Human Development Reporting and Social Anthropology. Social anthropology. Cambridge 5(1):21-34

- Aronson, R. et al. (2007) Ethnographically Informed Community Evaluation: A Framewor and Approach for Evaluating Community-Based Initiatives. Maternal Health Journal 11:97-109
- Barnett, T. (1977) The Gezira Scheme: An Illusion of Development. London.
- Bennett, J. (1996) Applied and Action Anthropology: Ideological and Conceptual Aspects. Current Anthropology 37(S):23-54
- Cernea, M. (1995) Social Organization and Development Anthropology. Human Organization 54(3):340-352
- Ferguson, J. (1997) Anthropology and its Evil Twin. in Cooper ed. International Development and the Social Sciences. Berkeley: Univ. of California Press.
- Friedman, J. (2006) Beyond the Post-Structural Impasse in the Anthropology of Development. Dialectical Anthropology (2006)30:201-225
- Gardner, K. and Lewis, D. (2000) Dominant Paradigms Overtuned or Business as Usual? Development Discourse and the White Paper on International Development. Critique of Anthropology 20(1): 15-29
- Gates, M. (1996) Anthropology and the Development Encounter. Current Anthropology 37(3):575-577
- Goldschmidt, W. (2001) Notes Toward a Theory of Applied Anthropology. Human Organization 60(4): 423-29
- Gow, D. (2002) Anthropology and Development: Evil Twin or Moral Narrative? Human Organization 61(4): 299-313
- Green, E. (ed.) (1986) Practicing Development Anthropology. Colorado: Westview Press.
- Hackenberg, R. (1999) Advancing Applied Anthropology- Globalization: Touchstone Policy Concept or Sucked Orange? Human Organization 58(2): 212-215
- Lewis, D. (2005) Anthropology and Development : the Uneasy Relationship. London: LSE Research Online. (http://eprints.lse.ac.uk/archive/000000253)
- Little, P. (1995) Discourse, Politics, and the Development Process : Reflections on Escobar's Anthropology and the Development Encounter. American Ethnologist 22(3):602-609
- Mehta, L. (2001) The World Bank and its Emerging Knowledge Empire. Human Organization 60(2): 189-196
- Moseley, W. (2009) Area Studies in a Global Context. Chronicle of Higher Education 56(15): B4-5
- Norgaard, R. (1994) Development Betrayed : The End of Progress and a Coevolutionary Revisioning of the Future. London: Routledge.

- Okongwu, A. and Mencher, J. (2000) The Anthropology of Public Policy: Shifting Terrains. Annual Review of Anthropology 29: 107-24
- Purcell, T. (1998) Indigenous Knowledge and Applied Anthropology: Questions of Definition and Direction. Human Organization 57(3):258-272
- Quinlan, T. (1996) Circumscribing the Environment: Sustainable Development, Ethnography and Applied Anthropology in Southern Africa. In Grasping the Changing World: Anthropological Concepts in the Postmodern Era. London: Routledge. pp.74-99
- Robertson, A. (1984) People and the State: An Anthropology of Planned Development. Cambridge Univ. Press.
- Sorensen, N. and Gibbon, P. (1999) The Collaboration between Sida and SAI. The Department of Social Anthropology, Development Studies Unit, Stockholm University, Sida Evaluation 99/8.
- Stubbs, P. (2002) Globalisation, Memory and Welfare Regimes in Transition: Towards an Anthropology of Transnational Policy Transfer. International Journal of Social Welfare 11: 321-330.
- Tax, S. ed. (1968) The People vs. the System. Chicago.
- Weiner, J. (1986) Social Organization of Foi Silk Production: The Anthropology of Marginal Development. Journal of the Polynesian Society 95(4):4421-439
- Willigen, J. (1993) Applied Anthropology: An Introduction. London: Bergin & Garvey. World Bank.
- Willigen, J. (1992) Development and the Environment, World Development Report. Oxford: Oxford Univ. Press.
- Zamora, M. (1987) Comparative Field Research: Implications for Development Anthropology. Journal of Social Research 30(1-2):104-110

제4장 개발과 정치

제1절 국제연합과 국제평화, 그리고 국제개발

- Archibugi, D. and Held, D. (eds.) (1995) Cosmopolitan Democracy: An Agenda for a New World Order. Cambridge: Polity Press.
- Beck, U. (2002) The Terrorist Threat: World Risk Society Revisited. Theory, Culture and Society. 19(4). pp.39-55
- Carney, S. (2005) Justice Beyond Borders: A Global Political Theory. Oxford: Oxford University Press.

- Jackson, R. (1991) Quasi-states: Sovereignty, International Relations and the Third World. Cambridge: Cambridge University Press.
- Kaplan, R. (1994) The Coming Anarchy. Atlantic Monthly. 273(2). pp.44-76
- Lowe, V. et al. (2010) The United Nations Security Council and War: The Evolution of Thought and Practice Since 1945. Oxford: Oxford University Press.
- McInnes, C. (2003) A Different Kind of War? September 11 and the United States' Afghan war. Review of International Studies. 29(2). pp.165-84
- Mearsheimer, J. (1990) Back to the Future: Instability in Europe After the Cold War. International Security. 15(1). pp.5-56
- Paris, R. (2001) Human Security: Paradigm Shift or Hot Air? International Security. 26(2). pp.87-102
- Reiss, H. S. (ed.) (1991) Kant: Political Writings. Cambridge: Cambridge University Press.
- Riss-Kappen, T. (1995) Democratic Peace: Warlike Democracies. European Journal of International Relations. 1(4). pp.419-517
- Roberts, A. and Zaum, D. (2009) Selective Security: War and the UN Security Council Since 1945(Adelphi series). Oxdon: Routledge.
- Simms, B. and Trim, D. (2013) Humanitarian Intervention: A History. Cambridge: Cambridge University Press.
- Wheeler, N. (2000) Saving Strangers: Humanitarian Intervention in International Society. Oxford: Oxford University Press.
- Williams, M. (2001) The Discipline of the Democratic Peace. European Journal of International Relations. 7(4). pp.525-53
- Williams, P. (ed.) (2012) Security Studies: An Introduction. 2nd Ed. Oxon: Routledge.
- 임소진 (2013a). Post-2015 개발 프레임워크와 UN 고위급 패널 보고서. 개발협력 정책과 이슈 제10호. 한국국제협력단.
- 임소진 (2013b). 모두를 위한 품위 있는 삶 : Post-2015 개발의제를 위한 UN 사무총장 보고서. 개발과 이슈 제12호. 한국국제협력단.

제2절 민주주의와 거버넌스 그리고 권리

- 앤서니 기든, 김용학·박길성 외 1명 역,《현대 사회학》(개정6판), 을유문화사, 2011
- 최장집, '정치와 도덕: 민주주의와 민주주의의 도덕적 기초', 네이버 열린 연단 강의, 2014. 3. 29. [Online] Available from: http://openlectures.naver.com/contents? contentsId = 48448andrid = 246 [Accessed: 10th May 2014]
- 한국국제협력단,《국제개발협력의 이해》(개정판), 한울아카데미, 2013

- Abdellatif, Adel. (2003) Good Governance and Its Relationship to Democracy and Economic Development. Global Forum on Fighting Corruption and Safeguarding Integrity. Seoul 20–31 May 2003.
- Barnett, M. and Finnemore, M. (1999) The Politics, Power, and Pathologies of International Organizations. International Organization 53. pp.699–732
- Bevir, Mark (2013). Governance: A very short introduction. Oxford: Oxford University Press.
- Blaney, D.L. and Pasha, M.K. (1993) Civil society and democracy in the Third World: Ambiguities and historical possibilities. Studies in Comparative International Development. 28 (1)
- Chris Allen (1997) Who Needs Civil Society?. Review of African Political Economy. No.73
- Clayton, A. (1996) NGOs, Civil Society and the State: Building Democracy in Transnational Societies. Oxford:INTRAC.
- Cohen, J. and Arato, A. (1992) Civil Society and Political Theory. MIT Press.
- Diamond, L. (1999) Defining and Developing Democracy: Toward Consolidation. Baltimore: Johns Hopkins University Press.
- Escobar, A and Alvarez, S. (1992) The Making of Social Movements in Latin America: Identity, Strategy, and Democracy. Westview Press.
- Huntington, S. (1991) The Third Wave: Democratization in the Late 20th Century. University of Oklahoma Press.
- Kamrava, M. and Mora, F. (1998) Civil Society and democratisation in comparative perspective: Latin America and the Middle East. Third World Quarterly. 19 (5)
- Lawal, G. (2007) Corruption and Development in Africa: Challenges for Political and Economic Change. Humanity and Social Sciences Journal. 2(1). pp.1–17
- Lee, Eugenia. Does foreign aid make NGOs corrupt?. The Guardian. [Online] Available from:
  http://www.theguardian.com/global–development–professionals–network/2014/may/01/aid–local–ngos–dishonest–development?CMP=new_1194 [Accessed: 10th May 2014].
- Lipset, S. M. (1959) Some social requisites of democracy: Economic development and political legitimacy. American Political Science Review. 53. pp.69–105
- Marx, K and Angels, F. (2003) The Communist Manifesto. Bookmarks.
- Medard, J.F. (1991) Authoritarismes et democracities en Afrique noire. Politique africaine 43. pp.92–104
- Nelson, P. (2000) Whose civil society? Whose Governance? Decision making and prac-

tice in the new agenda at the Inter-American Development Bank and the World Bank. Global Governance. 6. pp.405-431

- Olson, M. (1993) Dictatorship, Democracy, and Development. American Political Science Review 87(3). pp.567-576
- Przeworski, A. et al. (2000) Democracy and Development: Political Institutions and Well-Being in the World, 1950-1990. Cambridge: Cambridge University Press.
- Sen, A. (2001) Culture and development. Paper presented at the World Bank meeting, December 13th, 2001, Tokyo.
- Stiglitz, J. (2002) Globalization and its Discontents. New York: W. W. Norton.
- Stoker, G. (1998). Governance as theory: five propositions. International Social Science Journal. 50.
- Thakur, R. and Langenhove, L. (2006) Enhancing Global Governance Through Regional Integration. Global Governance. 12 (3). pp.233-240
- Transparency International. (2014) Official Website [Online] Available from: www.transparency.org [Accessed: 10th May 2014].
- UNDP. (2002) Human Development Report: Deepening democracy through a fragemented world. New York: United Nations Development Programme.
- UNDP (2002) UNDP and Civil Society Organizations: A Policy Note on Engagement. New York: United Nations Development Programme.
- U4 Anti-Corruption Resource Centre(2014) Official Website [Online] Available from: www.u4.no [Accessed: 10th May 2014].
- Wintrobe, R. (2000) The Political Economy of Dictatorship. Cambridge University Press.
- Alston P. and Robinson M. (2005) The Challenges of Ensuring the Mutuality of Human Rights and Development Endeavours. In Alston P. and Robinson M. (eds) Human Rights and Development: Towards Mutual Reinforcement. Oxford: Oxford University Press.
- Arzabe P. (2001) Human Rights: A New Paradigm. in Genugten W. and Perez-Bustillo C. (eds) The Poverty of Rights: Human Rights and the Eradication of Poverty. NY: CROP.
- Betcherman G., Fares J., Luinstra A. and Prouty R. (2005) Child Labor, Education, and Children's Rights. In Alston P. and Robinson M. (eds) Human Rights and Development: Towards Mutual Reinforcement. Oxford: Oxford University Press.
- Beuchelt T. and Virchow D. (2012) Food sovereignty or the human right to adequate food: which concept serves better as international development policy for global hunger and poverty reduction? Agric Hum Vaules. 29, pp.259-273

- Cousins B. (2009) Capitalism obscured: the limits of law and rights-based approaches to poverty reduction and development. The Journal of Peasant Studies. 36 (4), pp.893-908
- Drèze J. (2005) Democracy and the Right to Food. In Alston P. and Robinson M. (eds) Human Rights and Development: Towards Mutual Reinforcement. Oxford: Oxford University Press.
- Fukuda-Parr S. (2006) Millennium Development Goal 8: Indicators for International Human Rights Obligations? Human Rights Quarterly. 28, pp.966-997
- Gaiha R. (2003) Does the Right to Food Matter? Economic and Political Weekly. pp.4269-4276
- Gauri V. and Gloppen S. (2012) Human Rights-Based Approaches to Development: Concepts, Evidence and Policy. Polity. 44 (4), pp.485-503
- Ghai Y. (2001) Human Rights and Social Development: Toward Democratization and Social Justice. Democracy, Governance and Human Rights Programme Paper. 5. UN-RISD.
- Haugen H. (2012) International Obligations and the Right to Food: Clarifying the Potentials and Limitations in Applying a Human Rights Approach When Facing Biofuels Expansion. Journal of Human Rights. 11 (3), pp.405-429
- Hoen E. (2003) TRIPS, Pharmaceutical Patents and Access to Essential Medicines: Seattle, Doha and Beyond. [Online] Available: http://cdrwww.who.int/intellectualproperty/topics/ip/tHoen.pdf. [Accessed: 13th Jan 2013]
- Howard-Hassmann R. (2011) Universal Women's Rights Since 1970: The Centrality of Autonomy and Agency. Journal of Human Rights. 10, pp.433-449
- Leeuwen F. (2009) Women's Rights Are Human Rights: The Practice of the United Nations Human Rights Committee and the Committee on Economic, Social and Cultural Rights. Oxford: Intersentia.
- Meier B. (2010) Global Health Governance and the Contentious Politics of Human Rights: Maintreaming the Right to Health for Public Health Advancement. HeinOnline.
- Narula S. (2005) The Right to Food: Holding Global Actors Accountable Under International Law. HeinOnline.
- Navarro V. (2000) Development and Quality of Life: A Critique of Amartya Sen's Development as Freedom. International Journal of Health Services. 30 (4), pp.661-674
- Rathgeber E. (1990) WID, WAD, GAD: Trends in Research and Practice. The Journal of Developing Areas. 24 (4), pp.489-502
- Roberts B. (1996) The Beijing Fourth World Conference on Women. The Canadian

Journal of Sociology. 21 (2), pp.237-244

- Robinson M. (2005) What Rights Can Add to Good Development Practice. In Alston P. and Robinson M. (eds) Human Rights and Development: Towards Mutual Reinforcement. Oxford: Oxford University Press.
- Romero-Ortuño R. (2004) Access to health care for illegal immigrants in the EU: should we be concerned? European Journal of Health Law. 11, pp.245-272
- UN Women. (2010) About UN Women. [Online] Available from: http://www.unwomen.org/about-us/about-un-women. [Accessed: 15th Jan 2013]

제3절 분쟁과 개발

- Abild, E. (2009) Creating Humanitarian Space: A Case Study of Somalia. New Issues in Refugee Research Paper 184, December. Geneva: UNHCR.
- Abrahamsen, R. (2000) Disciplining Democracy: Development Discourse and Good Governance in Africa. London: Zed Books.
- Barbara, J. (2008) 'Rethinking Neo-liberal State Building: Building Post-Conflict
- Development States', Development in Practice, vol.18, no.3, pp.307-318
- Ballentine, K and Sherman, J. (2003) 'Introduction', in Ballentine, K and Sherman. J. (eds), Beyond Greed and Grievance: The Political Economy of Armed Conflict. Boulder, Colo. :Lynne Rienner.
- Bellamy, A. (2012), Massacres and Morality: Mass Atrocities in an Age of Civilian Immunity. Oxford: Oxford University Press.
- Bellamy, A. (2008) 'The "Next Stage "in Peace Operations Theory', in Bellamy and Paul Williams (eds) Peace Operations and Global Order. London: Routledge, pp.17-38
- Bellamy, A. (2011), 'Libya and the Responsibility to Protect: The Exception and the Norm', Ethics and International Affairs, vol. 25, no. 3, pp.263-269
- Boege, V., A. Brown, K. Clements, and A. Nolan. (2009) Building Peace and Political Community in hybrid Political Orders. International Peacekeeping. Vol.16. pp.599-615
- Boutros-Ghali, B. (1992) An Agenda for Peace: Preventive Diplomacy, Peacemaking and Peace-keeping. International Relations, vol.11, pp.201-218
- Cousens, E. M., Chetan, K. and Karin, W. (2001) Peacebuilding as Politics: Cultivating Peace in Fragile Societies. Boulder: Lynne Rienner Publishers Inc.
- Chandler, D (2010) The Uncritical Critique Of 'Liberal Peace'. Review of International Studies, vol. 36, pp.137-155
- Chandler, D. (2008) Human Security: the dog that didn't bark. Security Dialogue, vol.

39, no. 4, pp. 427–438

- Chandler, D. (2006) Empire in Denial: The Politics of State–Building. London: Pluto Press.
- Chesterman, S., Ignatieff, M. and Thakur, R. (eds) (2005) Making States Work: State Failure and the Crisis of Governance. New York: United Nations University Press.
- Collier, Paul, et al. (2003). Breaking the Conflict Trap: Civil War and Development Policy. Washington: World Bank and Oxford University Press.
- Collinson, S. and Elhawary, S. (2012) Humanitarian space: a review of trends and issues. Humanitarian Policy Group Report 32, April 2012. London: Overseas Development Institute.
- Cramer, C. (2006) Civil War Is Not a Stupid Thing: Accounting for Violence in Developing Countries. London: Hurst.
- Cramer, C. (2002) Homo Economicus goes to War: Methodological Individualism, Rational Choice and the Political Economy of War. World Development Vol. 30. No. 11, pp. 1845–1864
- Cunliffe, P. (2011). Critical Perspectives on the Responsibility to Protect: Interrogating Theory and Practice (Routledge Studies in Intervention and Statebuilding). London: Routledge.
- Cunliffe, P (2011) 'A Dangerous Duty: Power, Paternalism and the Global 'Duty of Care', in Cunliffe, P. Critical Perspectives on the Responsibility to Protect: Interrogating Theory and Practice (Routledge Studies in Intervention and Statebuilding). London: Routledge. pp. 51–70
- DFID (2005) Why we need to work more effectively in fragile states. DFID, Poverty Reduction in Difficult Environments Team/ Aid Effectiveness Team Policy Division, DFID
- Dobbins, J. et al (2007) The Beginners' Guide to Nation–Building. Santa Monica, CA: RAND Corporation.
- Doyle, M. W. (1983) 'Kant, Liberal Legacies, and Foreign Affairs', part 1 and 2. Philosophy and Public Affairs Vol. 12. pp. 205–35, 324–53
- Duffield, M. R. (2001) Global Governance and the New Wars: The Merging of Development and Security. London: Zed Books Ltd.
- Dunne, T. (2013) 'Distributing Duties and Counting Costs' Global Responsibility to Protect. Vol.5. pp. 443–465
- Elias, N. (2000) The Civilizing Process. Oxford, Wiley–Blackwell.
- Fukuyama, F. (2005) State Building: Governance and World Order in the 21st Century: Governance and World Order in the Twenty–first Century. London: Profile Books.

- Glanville, L. (2013) Sovereignty and the Responsibility to Protect: A New History. Chicago: The University of Chicago Press.
- Gurr, T., Marshall, M. & Khosla, D. (2001) Peace and Conflict 2001. A Global Survey of Armed Conflicts, Self-Determination Movements and Democracy. Centre for International Development and Conflict Management, University of Maryland, US.
- Hagmann, T. and Péclard, D. (2010) Negotiating Statehood: Dynamics of Power and Domination in Africa. Development and Change, vol. 41, pp.539-562
- Hehir, A (2011) 'The Responsibility to Protect and International Law', in Cunliffe, P. Critical Perspectives on the Responsibility to Protect: Interrogating Theory and Practice (Routledge Studies in Intervention and Statebuilding). London: Routledge. pp.84-100
- Hill, J. (2005) Beyond the Other? A postcolonial critique of the failed state thesis. African Identities, vol.3, pp.139-154
- Hilpold, Peter (2012), Intervening in the Name of Humanity: R2P and the Power of Ideas. Journal of Conflict and Security Law, vol. 17, no. 1, pp.49-79
- Huntington, S. (2006) Political Order in Changing Societies (Henry L. Stimson Lectures). Yale University Press.
- Jacoby, T. (2007) Hegemony, Modernisation and Post-War Reconstruction. Global Society, vol.21, no.4, pp.521-537
- Krasner, S. D. (2004) Sharing Sovereignty: New Institutions for Collapsed and Failing States. International Security, Vol. 29, pp.85-120
- Lemay-Hébert, N. (2009) Statebuilding without Nation-building? Legitimacy, State Failure and the Limits of the Institutionalist Approach. Journal of Intervention and Statebuilding, vol.3, pp.21-45
- Maley, W., Charles, S. and Ramesh, T. (2002) From Civil Strife to Civil Society: Civil and Military Responsibilities in Disrupted States (Foundations of Peace). New York: United Nations University.
- Milliken, J. (2003) State Failure Collapse Reconstruction: Issues and Responses (Development and Change Special Issues). Malden, MA: Oxford, UK: Melbourne, Victoria: Berlin, Wiley-Blackwell.
- Paris, R. (2004). At War's End: Building Peace after Civil Conflict. Cambridge: Cambridge University Press.
- RICHMOND, O. P. (2011) A Post-Liberal Peace (Routledge Studies in Peace and Conflict Resolution). London: Routledge.
- Richmond, O. P. (2008). Peace in International Relations: A New Agenda (Routledge Studies in Peace and Conflict Resolution). Oxon: Routledge.
- Rieff, D. (2002) A Bed for the Night: Humanitarianism in Crisis. New York: Simon and

참고문헌

Schuster

- Snyder, J. (2000) From Voting to Violence. NY: W. W. Norton.
- Stewart, F. and Brown, G. (2010) Fragile States: CRISE Overview 3. Centre for Research on Inequality, Human Security and Ethnicity (CRISE), Oxford
- Tennant, V., B. Doyle and R. Mazou (2010) Safeguarding Humanitarian Space: a Review of Key Challenges for UNHCR. UNHCR Policy Development and Evaluation Service.
- UN (2005a), In Larger Freedom: Towards Development, Security and Human Rights for All (A/59/2005). 21 March, http://undocs.org/A/59/2005.
- UN (2005b), Resolution on the 2005 World Summit Outcome (A/RES/60/1). 24 October, http://undocs.org/A/RES/60/1.
- Wallensteen, P and Sollenberg, M. (1998) Armed Conflict and Regional Conflict Complexes, 1989-97. Journal of Peace Research, vol 35, no.5, pp.621-634
- Wood, E.J. (2003) Insurgent Collective Action and Civil War in El Salvador. New York: Cambridge University Press.
- Woodward, S. (2010) 'Post-Cold War Debates on International Security'mimeo. Presentation to the New School GPIA Workshop: The Practices of Human Rights - Human Security.

제5장 **개발과 원조**

제1절 원조 비판론

- Boone, P. (1996). "Politics and the Effectiveness of Foreign Aid."European Economic Review. 40(2): pp.289-329
- Browne, S. (1990). Foreign Aid in Practice. London: Pinter Reference.
- Cassen, R. (1998). Does Aid Work? Oxford: Oxford University Press.
- Chang, H-J. (2002). Kicking Away the Ladder: Development Strategy in Historical Perspective. London: Anthem.
- Collier, P. (2007). The Bottom Billion: Why the Poorest Countries Are Failing and What Can Be Done About It. New York: Oxford University Press.
- Collier, P. (2011). Conflict, Political Accountability and Aid. Oxon: Routledge.
- Easterly, W. (2001). The Elusive Quest for Growth: Economists' Adventures and Misadventures in the Tropics. Cambridge, MA: MIT Press.
- Easterly, W. (ed.) (2008). Reinventing Foreign Aid. Cambridge, MA: MIT Press.
- Henrik, H. and F. Tarp (2000). "Aid Effectiveness Disputed."Journal of International

Development. 12(3): pp.375-398
- Hubbard, G. and W. Duggan (2009). The Aid Trap. New York: Columbia University Press.
- Lancaster, C. (2007). Foreign Aid: Diplomacy, Development, Domestic Politics. Chicago: University of Chicago Press.
- Riddell, R. (2007). Does Foreign Aid Really Work? Oxford: Oxford University Press.
- Sachs, J. (2005). The End of Poverty: Economic Possibilities for Our Time. New York: Penguin Books.

제2절 원조 옹호론

- Burnside, C. and D. Dollar (2000). "Aid, Policies and Growth." American Economic Review. 90(4): pp.847-868
- Chang, H-J. (2002). Kicking Away the Ladder: Development Strategy in Historical Perspective. London: Anthem.
- Cassen, R. (1998). Does Aid Work? Oxford: Oxford University Press.
- Collier, P. (2011). Conflict, Political Accountability and Aid. Oxon: Routledge.
- Dollar, D. and L. Pritchett (1998). Assessing Aid: What Works, What Doesn't, and Why. New York: Oxford University Press/Washington D.C.: World Bank.
- Easterly, W. (2003). "Can Foreign Aid Buy Growth?"Journal of Economic Perspectives. 17(3): pp.23-48
- Easterly, W. (2006). The White Man's Burden: Why The West's Efforts to Aid the Rest Have Done So Much Ill and So Little Good. New York: Penguin Press.
- Moyo, D. (2009). Dead Aid: Why Aid Is Not Working and How There Is Another Way for Africa. London: Penguin Books.

제3절 21세기 원조 동향

- Kindornay, S. (2011). From Aid to Development Effectiveness: A Working Paper. The North- South Institute.
- OECD (1996). Shaping the 21 Century: The Contribution of Development Cooperation. Paris, OECD.
          (2011). Aid Effectiveness 2005- 10: Progress in Implementing the Paris Declaration. Paris, OECD.
          (2011). Busan Partnership for Effective Development Cooperation.
          (2013). A New Measure of Total Official Support for Development: Issues

and Options. DCD/DAC(2013)36. Paris: OECD.

_____ (ODA): Options for Modernising the ODA Measure. DCD/DAC(2014)3. Paris: OECD.

- OECD/UNDP (2014). Making Development Cooperation More Effective: 2014 Progress Report. Report. OECD Publishing.

- UN (2013a). A Life of Dignity for All: Accelerating Progress towards the Millennium Development Goals and Advancing the United Nations Development Agenda beyond 2015. General Assembly. A/68/202. New York, UN.

_____ (2013b). A New Global Partnership: Eradicate Poverty and Transform Economies Through Sustainable Development. The Report of the High- Level Panel of Eminent Persons on the Post- 2015 Development Agenda. New York, UN.

_____ (2013c). Financing for Development: Monterrey Consensus of the International Conference on Financing for Development. New York, UN.

- _____ (2014). Introduction to the Proposal of the Open Working Group for Sustainable Development Goals.

- UN System Task Team (2012). Realising the Future We Want for All. Report to the Secretary- General. New York, UN.

제4절 개발, 반개발 그리고 포스트 개발

- Homi K. Bhabha (1990) The Other Question : Difference, discrimination and the Discourse of Colonialism In Russell Ferguson et al. Out There : Marginalization and Contemporary cultures. New Museum of Contemporary Art, New Yrok and MIT Press, Cambridge, Mass.

- Schuurman, F.J. (ed.) (1993) Beyond the Impasse : New Directions in Development Theory. London : Zed Books

- Babbington, A. (2000) Re-encountering development: Livelihood transitions and place transformations in the Andes. Annals of the Association of American Geographers 90 (3)

- Crush, J. 1995. Power of Development. London : Routledge.

- Esteva, Gustavo, and Madu Suri Prakash, From Global thinking to local thinking. In Rahnema and Bawtree, pp.277-289

- Frank, A.G. (1969) Capitalism and Unerdevelopmnet in Latin America. New York: Monthly Review Press.

- Mitchell, T. (2002) Rule of Experts : Egypt, Techno-Politics, Modernity. Berkeley: University of California Press.

- Rahnema, M., and V. Bawtree. (2006) The Post-Development Reader. London : Zed Books; Dhaka: University Press; Halifax: Fernwood; Cape Town : David Philip
- Rist, Gilbert. (2002) The History of Development: From Western Origins to Global Faith. London : Zed Books.
- Sachs, Wolfgang. (1993) The Development Dictionary. London: Zed Books.
- Sylvester, C. (1999) Development studies and postcolonial studies: Disparate tales of the "Third World". Third World Quarterly 20(4).
- Blaikie, P. (2000) Development, post-, anti-, and populist: a criticalreview. Environment and Planning A, 32, pp.1033-1050
- Booth, D. (1993) Development research: from impasse to new agenda In Schurmann, F. (ed.) Beyond the Impasse: New Directions in Development Theory. London: Zed Books.
- Chambers, R. (1983) Rural Development: Putting the Last First. London: Longman
- Chant, S. (1996) Gender, Uneven Development and Housing. New York: UNDP.
- Corbridge, S. (1992) Third World Development. Progress in Human Geography. 16(54), pp.584-595
- Corbridge, S. (ed) (1995) Development Studies: A Reader. London : Edward Arnold.
- Corbridge, S. (1997) Beneath the pavement only ssoil: the poverty of post-development. Journal of Development Studies, 2, pp.183-217
- Escobar, A. (1995) Encountering Development. Princeton NJ: Princeton University Press.
- Harris, J., Harriss, B. (1979) Development studies. Progress in Human Geography, 3(4), pp.577-582
- Hettne, B. (1990) Development Theory and the Three Worlds. London: Longman.
- McGee, T.G. (1995) Eurocentralism and geography. In Crush, J. (ed.) Power of Development. London: Routledge. pp.192-207.
- McGee, T.G. (1997) The problem of identifying elephants: globalization and the multiplicities of development. Paper presented at the Lectures in Human Geography Series, University of St Andrews.
- Mehmet, O. (1995) Westernising the Third World. London: Routledge.
- Nederveen Pieterse, J. (2000) After post-development. Third World Quarterly, 21, pp.175-191
- Parfitt, T. (2002) The End of Development: Modernity, Post-Modernity and Development. London: Pluto Press.
- Preston, P. W. (1996) Development Theory: An Introduction. Oxford : Blackwell.

- Rigg, J. (1997) Southeast Asia. London: Routledge.
- Schuurman, F. J. (2008) The impasse in development studies, ch. 13 In Desai, V. and Potter, R.B. (eds) The Companion to Development Studies, 2nd Ed. London: Hodder-Arnold and New York: Oxford University Press. 12-15
- Simon, D. (2007) Beyond antidevelopment: discourses, convergences, practices. Singapore Journal of Tropical Geography. 28. pp.205-218
- Stohr, W. B., Taylor, D.R.F. (1981) Development from Above or Below? The Dialectics of Regional Planning In Developing Countries. Chichester: John Wiley.
- UNDP (1996) Human Development Report, 1996. United Nations Development Programme. Oxford: Oxford University Press.
- Watts, M., McCarthy, J. (1997) Nature as artifice, nature as artefact: development, environment and modernity in the twentieth century. Paper presented in the Lectures in Human. Geography Series, University of St Andrews.

제1장 개발학이란

- Cowen, M. and Shenton, R. (1995) "The invention of development", Chapter 1 In J.Crush (ed.) Power of Development. London : Routledge.
- Davis, M. (2002) Late-Victorian Holocausts : ElNiño Famines and the Making of the Third World.
- Kilby, P. (2012) The Changing Development Landscape in the First Decade of the 21st Century and its Implications for Development Studies.
- Adelman, I and Morris, C. (1997), World Development 25:831-40
- Arnold, D. (2006) The Tropics and the Traveling Gaze : India, Landscape and Science, 1800-1856, Washington: University of Washington Press.
- Cowen, M.P. and R. W. Shenton (1996) Doctrines of Development, London : Routledge.
- Ferguson, N. (2006) The War of the World : Twentieth- Century Conflict and the Descent of the West ,Penguin.
- Lake, M. and Reynolds, H. (2008) Drawing the Global Colour Line: White Men's Countries and the International Challenge of Racial Equality Cambridge: CUP.
- Pinney, C. (1990) Colonial anthropology in the laboratory of mankind in Bayly, CA (ed) The Raj : India and the British, 1600-1947. London: National Portrait Gallery.
- Power, M. (1998) The dissemination of development, Environment and Planning
- Said, E. (1978) Orientalism, NY: Vintage.

제2장 개발과 정치경제

제1절 브레튼우즈 체제와 국제무역 이론

- Dicken, P. (2007), Global Shift: Mapping the Changing Contours of the World Economy 5th, London: Sage.
- Goldstein, J. (1996), International Relations 2nd, New York: Harper Collins
- Hass, Peter M. (1992) From theory to Practice: Ecological Idea and Development Policy, Combridge: Harvard University Press, pp. 31- 34
- Maizels, A. (2000), The Manufactures Terms of Trade of Developing Countries with the United States, 1981- 97, Oxford: Oxford University Press.
- Rodrik, D. (1998), An Introduction, Journal of Economic Perspectives Vol.12, pp. 3-8
- Rodrik, D. (1998) Globalization, Social Conflict and Economic Growth, World Economy Vol.21, pp.143-158
- Stiglitz, J. (2007) Making Globalization Work. W. W. Norton & Company.

제2절 근대화와 정부 주도 개발

- Chang, H-J. (2004) Globalization, Economic Development, and the Role of the State. Zed Books.
- Chang, H-J. (2006) The East Asian Development Experience: The Miracle, the Crisis and the Future. Zed Books.
- 장하준, 《사다리 걷어차기》, 부키, 2004
- Desai, V. et al. (2009) The Companion to Development Studies. Hodder Education.
- Haslam, P. et al. (2009). Introduction to International Development. Oxford University Press.
- Hwedi, O. (2001) The State and Development in Southern Africa: A Comparative Analysis of Botswana and Mauritius with Angola, Malawi and Zambia. African Studies Quarterly 5(1) 1. [online] URL: http://web.africa.ufl.edu/asq/v5/v5i1a2.htm
- Kohli, A. (2004) State-directed Development. Cambridge University Press.
- Onis, Z. (1991) The Logic of the Developmental State. Comparative Politics 24(1)
- Peet, R. (2009) Theories of Development. The Guilford Press
- Potter, R. et al. (2008) Geographies of Development. Pearson Education.
- Weyland, K. et al. (2010) The Policies and Performance of the Contestatory and Moderate Left. Leftist Governments in Latin America: Successes and Shortcomings. Cambridge University Press.

- Woo-Cumings, M. (1999) The Developmental State. Cornell University Press.

제3절 경제성장과 산업화

- Hirst, P and Thompson, G. (1996), Globalization and in Question, Combridge: Polity Press.
- Kenny, C., Williams, D. (2001), What Do we Know About Economic Growth? Or Why don't We Know Very Much? World Development Vol.29, No.1 pp.1-22
- Krugman, P. (2008), The Return of Depression Economics and the Crisis of 2008, Harmondsworth: Penguin Books.
- Leiziger, Danny M. (2008), Lessons From East Asia, Michigan: The University of Michigan Press.
- Stiglitiz, J. (2007), Making Globalization Work, Harmondsworth: Penguin Books.
- Thirlwall A.P, (2003), Growth and Development 7th, New York: Palgrave Macmillan.
- Toye, J.F.J. (2003), Changing Perspectives in Development Economics, In Chang, H.-J., (ed.) Rethinking Development Economics. London: Anthem Press.
- Tribe, M., Sumner A. (2006), Development Economics at a Crossroads: Introduction to a Policy Arena, Journal of International Development Vol. 18. No. 7, pp.957- 966

제4절 식민주의와 비전통적 비판 이론

- Acemoglu, D. et al (2001) The colonial origins of comparative development: An empirical investigation. The American Economic Review. 91 (5). 1369-1401
- Brewer A. (1990) Marxist Theories of Imperialism: A critical Survey. London: Routledge.
- Bush B. (2006) Imperialism and Postcolonialism. Harlow: Pearson Education.
- Chang, H. (2002) Kicking Away the Ladder: Development Strategy in Historical Perspective. Anthem Press.
- Fanon F. [1961] (1985) Wretched of the Earth. Middlesex: Penguin Books.
- Hardt M. and T. Negri (2000) Empire. Harvard: Harvard University Press.
- Harvey D. (2005) The New Imperialism. Oxford: Oxford University Press.
- Hayter, T. (1971) Aid as Imperialism. Middlesex: Penguin Books.
- Kothari U. (2006) From Colonialism to Development: Reflections of former Colonial Officers. Journal of Commonwealth and Comparative Politics 44(1), pp.118-136
- Le Sueur J. (2003) (ed) The Decolonization Reader. London: Routledge.
- Lenin V. I. [1916] (1997) Imperialism: The Highest Stage of Capitalism. New York:

International Publishers.

- Memmi A. (2006) Decolonisation and the Decolonised. Minnesota: Univeristy of Minnesota Press.
- Michael H. (2003) Super Imperialism: The Origin and Fundamentals of U.S. World Dominance. London: Pluto Press.
- Polanyi. K. [1971] (2001) The Great Transformation: The Political and Economic Origins of Our Time. 2nd ed. Beacon Press.
- Said, E. (1978) Orientalism. NY: Pantheon Books.

제5절 신자유주의와 세계화

- CORNIA, G.A. (2003) Globalization and the distribution of income between and within countries. In Chang, H. (ed) Rethinking Development Economics.
- CRAIG, D. and PORTER, D. (2006) Development Beyond Neoliberalism? Governance, Poverty reduction and political economy.
- HASLAM, P.A, et al. (2009) Introduction to International Development: Approaches, Actors and Issues. Oxford University Press.
- RODRIK, D. (2003) Growth Strategies, a paper for the Handbook of Economic Growth. NBER Working Paper No. 10050
- SAAD-FILHO, A. (2005) From Washington to Post-Washington Consensus: Neoliberal Agendas for Economic Development. Neoliberalsim: A Critical Reader. London: Pluto Press.
- SIMON, D. (2008) The companion to development studies: Routledge.
- SUTCLIFFE, B. (2005) A Converging or Diverging World? UN DESA Working paper No. 2
- WHITFIELD, L. (2010) The Politics of Aid: African Strategies for Dealing with Donors. Oxford: OUP.
- WORLD BANK (1997) World Development Report 1997: The State in a Changing World.
- HUNT, D. (1989) Economic Theories of Development: An Analysis of Competing Paradigms. Hemel Hempstead.

제3장 개발경제와 사회 정책

제1절 빈곤

- ADB (1999) Fighting Poverty in Asia and the Pacific: The Poverty Reduction Strategy. Manila: Asian Development Bank.
- Booth, D. (2005) Missing Links in the Politics of Development: Learning From the PRSP Experiment. ODI Working Paper256. London: Overseas Development Institute.
- Collier, P. (2007) The Bottom Billion: Why the Poorest Countries are Failing and What Can Be Done About It. New York: Oxford University Press.
- Dollar, D. and Kraay, A. (2001) Growth Is Good for the Poor. World Bank Policy Research Working Paper no. 2587. Available from: http://www-wds.worldbank.org/servlet/WDSContentServer/WDSP/IB/2001/05/11/000094946_01042806383524/Rendered/PDF/multi0page.pdf. [Accessed: 24th April, 2014]
- Ellis, F. et al. (2009) Social protection in Africa. Cheltenham: Elgar.
- Nanak, K. and Ernesto, M. P. (2000) What is Pro-poor Growth?. Asia Development Review, 18(1). Asian Development Bank.
- Ray, D. (1998) Development Economics. Chicago: Princeton University Press.
- Roelen, K. and Devereux, S. (2013) Promoting Inclusive Social Protection in the Post-2015 Framework. IDS Policy Briefing 39. Brighton: IDS
- Sen, A. (1999) Development as Freedom. Oxford: Oxford University Press.
- World Bank. (2001) World Development Report 2000/2001 : Attacking Poverty. New York: Oxford University Press.

제2절 농촌 개발

- Allen, T. and Thomas, A. (eds) (2000) Poverty and Development into The 21st Century. Oxford: Oxford University Press.
- Azadi, H. and Ho, P. (2010) Genetically modified and organic crops in developing countries : A review of options for food security. Biotechnology Advance 28, pp.160-168
- Chambers, R. and Conway, G. (1991) Sustainable rural livelihoods: Practical concepts for the 21st century, Discussion paper 296, Brighton: Institution of Development Studies.

- Ellis, F. (2000) Rural Livelihoods and Diversity in Developing Countries, Oxford: Oxford University Press.
- Potter, B and Desai, V. (eds) (2012) The Companion to Development Studies. NY: Routledge.
- Haslam, A. et al. (2009) Introduction to International Development Approaches, Actors, and Issues. Canada: Oxford.
- International Fund for Agricultural Development(IFAD) (2001) Rural Poverty Report 2001: The Challenge of Ending Rural Poverty, Rome: IFAD
- Kothari, U. (2003) 'Staying put and staying poor'. Journal of International Development, Vol. 15, No. 5, pp. 645- 657
- Potter, B. et al. (2008) Geographies of Development (3rd ed). England: Pearson.
- World Bank (2007) World Development Report 2008: Agriculture for Development. Washington: World Bank.

제3절 도시 개발

- UN-Habitat (2006a) The State of World Cities 2006/7: The Millennium Development Goals and Urban Substantiality - 30 years of Shaping the Habitat Agenda. London: Earthscan Publications.
- World Bank (1991) Urban Policy and Economic Development: An Agenda for the 1990s. New York: World Bank.
- UNCHS (Habitat) (1996) An Urbanising World: global report on human settlements 1996. Oxford: Oxford University Press.
- Satterthwaite, D. (2007) The Transition to a Predominantly Urban World and its Underpinnings, Human Settlements Discussion Paper, London: International Institute for Environmental and Development.
- Friedmann, J. (1986) The world city hypothesis, Development and Change. 17. p.69-83
- Lipton, M (1977) Why Poor People Stay Poor: A Study of Urban Bias in World Development. London: Temple Smith.
- Jones, G. A. and Corbriege, S. E. (2010) The continuing debate about urban bias: The thesis, its critics, its influence and its implications for poverty reduction strategies. Progress in Development Studies. 18(1). pp.1-18
- UNDP (1991) Cities, People and Poverty, United Nations Development Programme. New York: UNDP.
- Rakodi, C. and Lloyd-Jones, T. (eds.) (2002) Urban Livelihoods: A People-Centred Approach to Reducing Poverty. London: Earthscan Publications.

- Devas, N., Amis, P., Beall, J., Grant, U., Mitlin, D., Nunan F. and Rakodi, C. (2004) Urban Governance, Voice and Poverty in Developing World. London: Earthscan Publications.
- Overseas Development Institute (2002) Rural-Urban Linkages. Key Sheets for Sustainable Livelihood Policy Planning and Implementation No. 10

제4절 이주와 개발

- Castles, S. and Miller, M. J. (2009) The Age of Migration: International Population Movements in the Modern World (Fourth Edition). Basingstoke: Palgrave MacMillan.
- Faist, T., Fauser, M., and Kivisto, P. (eds) The Migration-Development Nexus: A transnational Perspective. Basingstoke: Palgrave MacMillan.
- Skeldon R. (1997) Migration and Development: A Global Perspective. Longman: Harlow
- Vertovec, S. (2007) Circular Migration: the way forward in global policy? Working Papers. International Migration Institute of University of Oxford.
- Williams, P. (1999) Illegal Immigration and Commercial Sex: The new Slave Trade. Oxon: Frank Cass Publishers.

제5절 인류학과 개발

- Harrison, L. and Huntington, S. (eds) (2001) Culture Matters: How Values Shape Human Progress. Basic Books. [번역본: 헌팅턴 외, 이종인 역,《문화가 중요하다》, 김영사, 2000]
- Chambers, R. (2011) Provocations for Development. IDS: University of Sussex.
- Chambers, R. (1983) Rural Development: Putting the First Last. London.
- Chari, S. and Corbridge, S. eds. (2008) Development Reader. Routledge, London.
- Escobar, A. (1995) Encountering Development: The Making and Unmaking of the Third World. Princeton: Princeton Univ. Press.
- Ferguson, J. (1990) The Anti-Politics Machine: 'Development', Depoliticization, and Bureaucratic Power in Lesotho. Cambridge: Cambridge Univ Press.
- Gardner, K. and Lewis, D. (1996) Anthropology and the Post-Modern Challenge. Chicago.
- Geertz, C. (1983) Local Knowledge: Further Essays in Interpretive Anthropology. New York.
- Harrison, E. and Crewe, E. (1998) Whose Development? An Ethnography of Aid. Lon-

don: Zed Books.
- Hobart, M. ed. (1993) An Anthropological Critique of Development: The Growth of Ignorance. London: Routledge.
- Mosse, D. (2011) Adventures in Aidland: The Anthropology of Professionals in the International Development, 2005. Cultivating Development
- Sen, A. (1999) Development as Freedom. Oxford Univ. Press
- Shore, C. and Wright, S. (1997) Anthropology of Policy: Critical Perspectives on Governance and Power. London: Routledge.

제4장 개발과 정치

제1절 국제연합과 국제평화, 그리고 국제개발

- Burchill, S et al. (1996) Theories of International Relations. Basingstoke: Macmillan.
- Buzan, B. (1991) People, States and Fear: An Agenda for International Security Studies in the Post- Cold War Era. 2nd Ed. Colchester: European Consortium for Political Research Press
- Doyle, M. (1983) Kant, liberal legacies and foreign affairs. part 1 and 2. Philosophy and Public Affairs. 12(3) and (4), pp. 205-35 and 323- 53
- Kaldor, M. (2012) New and Old Wars: Organized Violence in a Global Era. 3rd Ed. California: Stanford University Press. [국내 번역본: 유강은 역,《새로운 전쟁과 낡은 전쟁 – 세계화 시대의 조직화된 폭력》, 그린비, 2010]
- Krasner, S. and Pascual (2005) Addressing State Failure. Foreign Affairs. 84(4). pp.139-54
- Rist, G. (2008) The History of Development: From Western Origins to Global Faith. 3rd En. London: Zed Books.
- Smith, S., Baylis, J. and Owens, P. (2008) The Globalization of World Politics: An Introduction to International Relations. 4th Ed. Oxford: Oxford University Press.
- United Nations. (2011) Basic Facts about the United Nations. NY: UN Department of Public Information.
- Weiss, T. and Evans, G. (2012) Humanitarian Intervention. 2nd Ed. Cambridge: Polity Press.
- Weiss, T. and Wilkinson, R. (ed.) (2014) International Organization and Global Governance. Oxon: Routledge.
- 한국국제협력단,《국제개발협력의 이해》(개정판), 한울아카데미, 2013

제2절 민주주의와 거버넌스 그리고 권리

- Chandhoke, N. (1995) State and Civil Society: Explorations in Political Theory. Sage Publications.
- Desai, V. et al. (2009) The Companion to Development Studies. Hodder Education.
- Haslam, Paul et al. (2009) Introduction to International Development. Oxford University Press.
- Leftwich, A. ed. (1996) Democracy and Development: Theory and Practice. Polity Press.
- Peet, R. (2009) Theories of Development. The Guilford Press.
- Kaviraj, S. and Khilnani, S. (2002) Civil Society History and Possibilities. Cambridge University Press.
- Alston P. and Robinson M. (eds) (2005) Human Rights and Development: Towards Mutual Reinforcement. Oxford: Oxford University Press.
- Genugten W. and Perez-Bustillo C. (eds) (2001) The Poverty of Rights: Human Rights and the Eradication of Poverty. New York: CROP.
- Gready, P. and Ensor, J. (eds) (2005) Reinventing development? Translating rights-based approaches from theory into practice. London: Zed Books.
- Hickey, S. and Mitlin, D. (eds) (2009) Rights-Based Approaches to Development: Exploring the Potential and Pitfalls. Kumarian Press.
- OECD. (2006) Integrating Human Rights into Development: Donor Approaches, Experiences and Challenges. [Online] Available from: http://www.oecdbookshop.org/oecd/display.asp?LANG=ENandSF1=DIandST1=5LGH2Z2QG1BN. [Accessed: 1st May 2014]
- Sen A. (2001) Development as Freedom. Oxford.
- Sen A. (2009) The Idea of Justice. Cambridge, MA: Harvard University Press.
- Uvin P. (2004) Human Rights and Development. Bloomfield: Kumarian Press.

제3절 분쟁과 개발

- Bellamy and Paul Williams (eds) Peace Operations and Global Order. London: Routledge.
- Chandler, D. (2006) Empire in Denial: The Politics of State-Building. London: Pluto Press.
- Collier, Paul, et al. (2003) Breaking the Conflict Trap: Civil War and Development Policy. Washington: World Bank and Oxford University Press.

- Duffield, M. R. (2001) Global Governance and the New Wars: The Merging of Development and Security. London: Zed Books Ltd.
- Paris, R. (2004) At War's End: Building Peace after Civil Conflict. Cambridge: Cambridge University Press.
- Richmond, O. P. (2011) A Post-Liberal Peace(Routledge Studies in Peace and Conflict Resolution). London: Routledge.

제5장 개발과 원조

제1절 원조 비판론

- Easterly, W. (2006). The White Man's Burden: Why The West's Efforts to Aid the Rest Have Done So Much Ill and So Little Good. New York: Penguin Press.
- Moyo, D. (2009). Dead Aid: Why Aid Is Not Working and How There Is Another Way for Africa. London: Penguin Books.

제2절 원조 옹호론

- Banerjee, A. (2007). Making Aid Work. Cambridge, MA: MIT Press.
- Burnside, C. and D. Dollar (1997). Aid, Policies and Growth. World Bank Policy Research Working Paper 1777. Washington D.C.: World Bank.
- Burnside, C. and D. Dollar (2004). Aid, Policies, and Growth: Revisiting the Evidence. World Bank Policy Research Paper No. O-2834. Washington D.C.: World Bank.
- Calderisi, R. (2006). The Trouble with Africa: Why Foreign Aid Isn't Working. New York: Palgrave MacMillan.
- Collier, P. (2007). The Bottom Billion: Why the Poorest Countries Are Failing and What Can Be Done About It. New York: Oxford University Press.
- Collier, P. and D. Dollar (2002). "Aid Allocation and Poverty Reduction." European Economic Review. 46(8): pp.1475-1500
- Lancaster, C. (2007). Foreign Aid: Diplomacy, Development, Domestic Politics. Chicago: University of Chicago Press.
- Riddell, R. (2007). Does Foreign Aid Really Work? Oxford: Oxford University Press.
- Sachs, J. (2005). The End of Poverty: Economic Possibilities for Our Time. New York: Penguin Books.

제3절 21세기 원조 동향

- 임소진 (2013). 모두를 위한 품위있는 삶: Post-2015 개발의제를 위한 UN 사무총장 보고 서. KOICA 개발과 이슈 제12호. 한국국제협력단.
  _____ (2014). 21세기 국제사회의 개발협력 규범과 동향: 제1차 부산 글로벌 파트너십 이 행 모니터링과 2014년 멕시코 고위급 회의를 중심으로. 한국국제협력단.

제4절 개발, 반개발 그리고 포스트 개발

- Schuurman, F.J. (2008) The impasse in development studies. 1 (3). In Desai, V. and Potter, R.B. (eds) The Companion to Development Studies, 2nd Ed. London: Hodder-Arnold and New York : Oxford University Press, 12-15.
- Schuurman, F.J. (2000) Paradigms lost, paradigms regained? Development studies in the twenty-first century. Third World Quarterly.
- Escobar, A. (1995) Encoungering Development : The Making and Unmaking of the Third World. Princeton, NJ: Princeton University Press.
- Escobar, A. (1995) Imagining a post-development era. In J. Crush. Power of Development. 211017. London: Routledge.
- Potter, R.B., Binns T., Elliott, J.A., Smith, D., (2008) Geographies of Development; An Introduction to development studies. Pearson Education Limited.

이 책과 함께 읽으면 좋은 주요 문헌

개발학 강의

첫판 1쇄 펴낸날 2014년 9월 1일
6쇄 펴낸날 2018년 6월 4일

지은이 한국국제협력단(KOICA)
발행인 김혜경
편집인 김수진
책임편집 이은정
편집기획 김교석 조한나 최미혜 김수연
디자인 박정민
경영지원국 안정숙
마케팅 문창운 노현규
회계 임옥희 양여진 김주연

펴낸곳 (주)도서출판 푸른숲
출판등록 2003년 12월 17일 제 406-2003-000032호
주소 경기도 파주시 회동길 57-9, 우편번호 10881
전화 031)955-1400(마케팅부), 031)955-1410(편집부)
팩스 031)955-1406(마케팅부), 031)955-1424(편집부)
www.prunsoop.co.kr

ⓒ푸른숲, 2014
ISBN 979-11-5675-523-4 (03300)

* 잘못된 책은 구입하신 서점에서 바꾸어 드립니다.
* 본서의 반품 기한은 2023년 6월 30일까지 입니다.

이 도서의 국립중앙도서관 출판시도서목록(CIP)은 e-CIP 홈페이지(http://www.nl.go.kr/ecip)와 국가자료공동목록시스템(http://www.nl.go.kr/kolisnet)에서 이용하실 수 있습니다. (CIP2014024979)